Syndromale Diagnostik psychischer Störungen

Syndromale Diagnostik psychischer Störungen

herausgegeben von

Rolf-Dieter Stieglitz, Erdmann Fähndrich
und Hans-Jürgen Möller

Hogrefe · Verlag für Psychologie
Göttingen · Bern · Toronto · Seattle

PD Dr. rer. nat. Rolf-Dieter Stieglitz, geb. 1952, Studium der Psychologie und wissenschaftlicher Mitarbeiter am Institut für Psychologie der Christian-Albrechts-Universität Kiel, 1986 Promotion, wissenschaftlicher Mitarbeiter an der Psychiatrischen Klinik der FU Berlin. Seit 1992 an der Abteilung für Psychiatrie und Psychotherapie mit Poliklinik der Albert-Ludwigs-Universität Freiburg tätig. Forschungsschwerpunkte: Klinisch-psychologische Diagnostik, Klassifikationsforschung, Therapieforschung.

Prof. Dr. med. Erdmann Fähndrich, geb. 1941. 1961-1968 Studium der Medizin an der FU Berlin. 1968 Promotion. 1970-1977 Wissenschaftlicher Assistent an der Universitäts-Nervenklinik Berlin. 1977-1984 Oberarzt an der Psychiatrischen Universitätsklinik der FU Berlin. 1984 Habilitation. 1984 Berufung zum Chefarzt der Psychiatrischen Abteilung am Krankenhaus Berlin-Neukölln. Seit 1985 Aufbau der Abteilung und Organisation der teilstationären, komplementären und ambulanten Versorgung psychisch Kranker in Neukölln.

Prof. Dr. Hans-Jürgen Möller, geb. 1945. 1965-1971 Studium der Musikwissenschaft, Philosophie und Medizin in Berlin, Göttingen, Hamburg. 1981 Habilitation. Seit 1994 Ordinarius für Psychiatrie an der Ludwig-Maximilians-Universität München und Direktor der Psychiatrischen Klinik der Ludwig-Maximilians-Universität München. Forschungsschwerpunkte: Methodik psychiatrischer Forschung, Klinische Evaluations- und Verlaufsforschung, Klinische Psychopharmakologie, Gerontopsychiatrie.

Die Deutsche Bibliothek - CIP-Einheitsaufnahme

Syndromale Diagnostik psychischer Störungen / Rolf-Dieter Stieglitz, Erdmann Fähndrich und Hans-Jürgen Möller (Hrsg.). - Göttingen ; Bern ;Toronto ; Seattle : Hogrefe, Verl. für Psychologie, 1998
ISBN 3-8017-1112-9

© by Hogrefe-Verlag, Göttingen · Bern · Toronto · Seattle 1998
Rohnsweg 25, D-37085 Göttingen

Das Werk einschließlich aller seiner Teile ist urheberrechtlich geschützt. Jede Verwertung außerhalb der engen Grenzen des Urheberrechtsgesetzes ist ohne Zustimmung des Verlages unzulässig und strafbar. Das gilt insbesondere für Vervielfältigungen, Übersetzungen, Mikroverfilmungen und die Einspeicherung und Verarbeitung in elektronischen Systemen.

Druck: Dieterichsche Universitätsbuchdruckerei
W. Fr. Kaestner GmbH & Co KG, D-37124 Rosdorf
Printed in Germany
Auf säurefreiem Papier gedruckt

ISBN 3-8017-1112-9

Inhaltsverzeichnis

Autorenverzeichnis IX

Vorwort 1

Einführung
Methodische Probleme der Prüfung von Antidepressiva 5
Jules Angst und Hans H. Stassen

I. Standards in der syndromalen Diagnostik bei Demenzen

Aktueller Stand der Syndromdiagnostik bei Demenz 15
Michael Rösler

Psychopathologische Standardbeurteilung und Testverfahren
in der Diagnostik organisch psychiatrischer Syndrome 35
Friedel M. Reischies

Vergleichende Darstellung computerunterstützter Gedächtnistests
des CANTAB-Systems mit Daten der Berliner Gedächtnis-
sprechstunde 43
Ralf Berneis und Hans Gutzmann

Evaluation zweier Interviews zur syndromalen Diagnostik
dementieller Störungen (SIDAM und CAMDEX) 49
*Petra Dykierek, Helga Maes, Dieter Riemann, Rainer Wolf,
Godehard Stadtmüller, Dieter F. Braus, Wagner F. Gattaz
und Mathias Berger*

Neue Ergebnisse zur Skalenanalyse, Reliabilität und Validität
des AGP-Systems 57
Hans Gutzmann, Klaus-Peter Kühl und Kristian Göhringer

Sensitivität und Spezifität der Fremdanamnese in Familienstudien 63
Reinhard Heun und Wolfgang Maier

II. Standards in der syndromalen Diagnostik schizophrener Störungen

Der heutige Stand syndromaler Schizophreniediagnostik 71
Wolfgang Gaebel, Wolfgang Wölwer und Christoph Winkler

Stabilität der Items des AMDP-Faktors "Apathie" in den
unterschiedlichen ICD-10 - Diagnosegruppen 92
*Arno Deister, Karl-Werner Burghof, Barbara Hawellek,
Vera Paul, Gerd Laux und Hans-Jürgen Möller*

Facettentheoretische Überprüfung einer Zwei-Faktorenlösung für
das AMDP-System zur Erfassung schizophrener Symptomatik 98
*Matthias Albers, Joachim Klosterkötter, Brigitte Woggon,
Eckhard M. Steinmeyer und Henning Saß*

Der diagnostische Stellenwert von Negativsymptomen 104
*Ingrid Kamps, Matthias Albers, Eckhard M. Steinmeyer
und Joachim Klosterkötter*

III. Standards in der syndromalen Diagnostik depressiver Störungen

Aktueller Stand der syndromalen Diagnostik depressiver Störungen 115
Rolf-Dieter Stieglitz

Probabilistische Testmodelle zur Abschätzung der Homogenität
von BDI-Subskalen 129
Ferdinand Keller

Kliniksuizide von Patienten mit depressiven Psychosen 137
*Martin Krupinski, Alfred Fischer, Renate Grohmann,
Rolf R. Engel, Matthias Hollweg und Hans-Jürgen Möller*

Vermutete krankheitsfördernde Einflüsse im Vergleich von
manischen und depressiven Episoden 141
Michael Linden, Sonja Kirchmann und Rainer T. Schaub

IV. Standards in der syndromalen Diagnostik von Angststörungen

Syndromale Diagnostik der Angststörungen 151
Raimund Buller

Evaluation der deutschen Version der PTSD Symptom Scale (PSS) 178
Rolf-Dieter Stieglitz, Ulrich Frommberger und Mathias Berger

Entwicklung eines AMDP-Moduls zur Erfassung von Zwangssymptomen - Konzeptualisierung und erste empirische Ergebnisse 184
Hans-Jörgen Grabe, Andreas Thiel, Harald J. Freyberger, Norbert Kathmann, Reinhard J. Boerner und Paul Hoff

Wie sah es nach 20 Monaten aus? Zur Langzeitreliabilität von
CIDI - Angstsymptomen in der Allgemeinbevölkerung 191
Hans-Rudolf Wacker

V. Weitere diagnostische und methodische Untersuchungen

Selbst- und Fremdrating mit dem Münchner Persönlichkeitstest (MPT) bei Patienten mit und ohne Persönlichkeitsstörung 201
Hans-Jörg Assion, Horst Müller und Hans-Jürgen Möller

Diagnostic Interview for Genetic Studies (DIGS): Interrater und
Test-Retest Reliabilität für Alkohol- und Drogenerkrankungen 204
Alexandre Berney, Martin Preisig, Marie-Louise Matthey und François Ferrero

Vergleich der AMDP-Syndrome bei schizoaffektiven Psychosen
nach den Kriterien der ICD-9 und ICD-10 209
Ronald Bottlender, Christine Mirlach, Anton Strauß, Paul Hoff und Hans-Jürgen Möller

Münchner Katamnese-Studie:
Erste Ergebnisse einer Verlaufsuntersuchung an Patienten
mit schizophrenen Psychosen im Vergleich zu Patienten mit
schizoaffektiven und affektiven Psychosen 215
Ulrike Wegner, Ronald Bottlender, Anke Groß, Paul Hoff, Anton Strauß, Johannes Wittmann und Hans-Jürgen Möller

Unterschiede in der Remission somatischer und depressiver
Symptome bei türkischen und deutschen depressiven Patienten
nach stationärer Therapie 222
Gerhard Heim und Albert Diefenbacher

Dokumentation in der forensischen Psychiatrie - Zielsetzungen,
Fehlerquellen und neuere Entwicklungen 226
Matthias Hollweg

Darstellung der psychiatrischen Dokumentation in den Berufsgruppen der Ärzte, des Pflegepersonals und der Verwaltung
des Zentrums für Psychiatrie Reichenau 229
Frieder Lehmann-Waldau und Klaus Hoffmann

Inspection Time und psychometrische Intelligenz 234
Wolfgang Satzger und Rolf R. Engel

Vergleich deutscher und kanadischer AMDP-Befunde - ein Beitrag
zur Bewertung der Übertragbarkeit psychopathologischer Befunde
mit dem AMDP-System 242
Rainer T. Schaub und Bernd Ahrens

Anwendung der nichtparametrischen Diskriminanzanalyse nach
der k - nächste - Nachbarn - Methode für die polytome
Klassifikation psychopathologischer Daten 248
Anton Strauß, Dieter Brothag und Hans-Jürgen Möller

Krankheitsbezogenes Wissen von schizophrenen Patienten 252
Peter Streb und Hans-Joachim Haug

Erfassung differentieller Störungsmuster der Informationsverarbeitung bei schizophrenen, schizoaffektiven, depressiven
und dementiellen Krankheitsbildern 257
Burkhard Wiebel

Autorenverzeichnis[1)]

Albers, Matthias, Dr. med., Klinik für Psychiatrie und Psychotherapie der Universität zu Köln, Joseph-Stelzmann-Str. 9, 50924 Köln

Angst, Jules, Prof. Dr. med., Psychiatrische Universitätsklinik Zürich, Postfach 68, CH-8029 Zürich

Assion, Hans-Jörg, Dr. med., St-Josef-Krankenhaus, Akad. Lehrkrankenhaus der Universität Essen, Neurologische Abteilung, Mülheimer Str. 83, 46045 Oberhausen

Berneis, Ralf, Dr. med., Auguste-Viktoria-Krankenhaus, Neurologische Abteilung, Rubensstr. 125, 12157 Berlin

Berney, Alexandre, Dr. med., University of Lausanne, Hôpital de Cery, Department of Adult Psychiatry, Route de Cery, CH-1008 Prilly

Bottlender, Ronald, Dr. med., Psychiatrische Klinik der Ludwig-Maximilians-Universität München, Klinikum Innenstadt, Nußbaumstr. 7, 80336 München

Buller, Raimund, Dr. med., Hoffmann - La Roche AG, Abt. f. Klinische Forschung - ZNS, PDC3, Bau 52/1006, CH-4002 Basel

Deister, Arno, PD Dr. med., Krankenhaus Itzehoe, Abt. Psychiatrie und Psychotherapie, Robert-Koch-Str. 2, 25524 Itzehoe

Dykierek, Petra, Dipl.-Psych., Universitätsklinik für Psychiatrie und Psychosomatik, Abt. für Psychiatrie und Psychotherapie mit Poliklinik, Hauptstr. 5, 79104 Freiburg

Gaebel, Wolfgang, Prof. Dr. med., Rheinische Kliniken Düsseldorf, Psychiatrische Klinik der Heinrich-Heine-Universität, Bergische Landstr. 2, 40629 Düsseldorf

Grabe, Hans-Jörgen, Dr. med., Klinik und Poliklinik für Psychiatrie und Psychotherapie der Universität Bonn, Sigmund-Freud-Str. 25, 53105 Bonn

Gutzmann, Hans, PD Dr. med., Wilhelm-Griesinger-Krankenhaus, Gerontopsychiatrische Abteilung, Brebacher Weg 15, 12683 Berlin

Heim, Gerhard, Dr. rer. soc., Dipl.-Psych., Düppelstr. 29, 12163 Berlin

Heun, Reinhard, PD Dr. med., Klinik und Poliklinik für Psychiatrie und Psychotherapie der Universität Bonn, Sigmund-Freud-Str. 25, 53105 Bonn

Hollweg, Matthias, Dr. med., Psychiatrische Klinik und Poliklinik der Ludwig-Maximilians-Universität München, Abt. für Forensische Psychiatrie, Nußbaumstr. 7, 80336 München

---

[1)] nur Erstautoren

Kamps, Ingrid, Dr. med., Klinik für Psychiatrie und Psychotherapie der RWTH Aachen, Pauwelsstr. 30, 52057 Aachen

Keller, Ferdinand, PD Dr. rer. biol. hum., Dipl.-Psych., Zentrum für Psychiatrie Weissenau, Abt. Psychiatrie I der Universität Ulm, AG Verlaufsforschung, Weingartshofer Str. 2, 88214 Ravensburg-Weissenau

Krupinski, Martin, Dr. med., Psychiatrische Klinik und Poliklinik der Ludwig-Maximilians-Universität München, Nußbaumstr. 7, 80336 München

Lehmann-Waldau, Frieder, Dr. med., Zentrum für Psychiatrie Reichenau, Feursteinstr. 55, 78479 Reichenau

Linden, Michael, Prof. Dr. med., Dipl.-Psych., Psychiatrische Klinik und Poliklinik der FU Berlin, Eschenallee 3, 14050 Berlin

Reischies, Friedel M., PD Dr. med., Psychiatrische Klinik und Poliklinik der FU Berlin, Eschenallee 3, 14050 Berlin

Rösler, Michael, Prof. Dr. med., Psychiatrische Klinik der Universität, Füchsleinstr. 15, 97080 Würzburg

Satzger, Wolfgang, Dr. rer. biol. hum., Psychiatrische Klinik und Poliklinik der Ludwig-Maximilians-Universität München, Nußbaumstr. 7, 80336 München

Schaub, Rainer T., Dr. med., Dipl.-Psych., Psychiatrische Klinik der FU Berlin, Forschungsgruppe Ambulante Therapie (BASE), Eschenallee 3, 14050 Berlin

Stieglitz, Rolf-Dieter, PD Dr. rer. nat., Dipl.-Psych., Universitätsklinik für Psychiatrie und Psychosomatik, Abt. für Psychiatrie und Psychotherapie mit Poliklinik, Hauptstr. 5, 79104 Freiburg

Strauß, Anton, Dr. med., Psychiatrische Klinik und Poliklinik der Ludwig-Maximilians-Universität München, Nußbaumstr. 7, 80336 München

Streb, Peter, Dr. med., Dipl.-Psych., Psychiatrische Universitätsklinik Basel, Wilhelm-Klein-Str. 27, CH-4025 Basel

Wacker, Hans-Rudolf, PD Dr. med., Psychiatrische Universitätspoliklinik Basel, Petersgraben 4, CH-4031 Basel

Wegner, Ulrike, Dr. med., Psychiatrische Klinik und Poliklinik der Ludwig-Maximilians-Universität München, Nußbaumstr. 7, 80336 München

Wiebel, Burkhard, Dipl.-Psych., Ev. Krankenhaus Lütgendortmund, Abt. für Psychologische Medizin, Volksgartenstr. 40, 44388 Dortmund

Vorwort

Die Arbeitsgemeinschaft für Methodik und Dokumentation in der Psychiatrie (AMDP), die 1965 gegründet wurde und seit 1989 als eingetragener Verein existiert, ist eine deutschsprachige Vereinigung von Wissenschaftlern verschiedener Fachdisziplinen, die sich vor allem mit Fragen der Methodologie in der Psychiatrie beschäftigt. Zur Verwirklichung dieser Aufgabe gehört auch die Durchführung wissenschaftlicher Tagungen, die im Abstand von zwei Jahren abgehalten werden. Die Themen der Tagungen stehen jeweils unter speziellen Fragestellungen. Die letztjährige Tagung, als dessen Ergebnis dieser Band hervorgegangen ist, hatte das Ziel einer aktuellen Bestandsaufnahme der syndromalen Diagnostik psychischer Störungen. Während die Entwicklungen im Bereich der klassifikatorischen Diagnostik durch die Einführung der aktuellen Klassifikationssysteme wie ICD-10 und DSM-IV zu einem vorläufigen Abschluß gekommen sind, ist dieser im Hinblick auf die syndromale Diagnostik noch lange nicht zu erwarten. Dies hat verschiedene Gründe. Im Bereich der Forschung stellen Syndromskalen immer noch die zentralen Outcome-Kriterien zur Evaluation therapeutischer Interventionen sowie zur Evaluation des Verlaufs dar. Gerade in den letzten Jahren sind immer wieder neue Verfahren zu sehr unterschiedlichen Bereichen entwickelt worden. Demgegenüber steht jedoch eine Reihe von nicht oder nur z.T. gelösten methodischen Problemen derartiger Skalen (z.B. Dimensionalität, Änderungssensitivität). Im Hinblick auf die Praxis gewinnen Skalen zunehmend an Bedeutung im Zusammenhang mit Überlegungen zur Qualitätssicherung. Unter dem Aspekt der Prozeßqualität gilt es zu zeigen, daß adäquate diagnostische Verfahren Anwendung gefunden haben. Unter dem Aspekt der Ergebnisqualität gilt es vor allem zu belegen, daß entsprechend den Zielen einer Behandlung Veränderungen in die gewünschte Richtung eingetreten sind. Hierzu bedarf es geeigneter Untersuchungsinstrumente.

Unter beiden Aspekten, d.h. der Forschung wie der Praxis, war es Ziel der AMDP-Tagung, einen Überblick über den aktuellen Stand von Verfahren im Bereich der syndromalen Diagnostik zu geben. Da dies nicht in bezug auf alle Störungsgruppen möglich war, wurde eine Eingrenzung vorgenommen auf Demenzen, schizophrene Störungen, depressive Störungen sowie Angsterkrankungen. Dabei wurde zunächst jeweils in einem Vortrag ein Gesamtüberblick zu den jeweiligen Störungsgruppen gegeben und dann anschließend in verschiedenen Beiträgen spezielle Teilaspekte vertieft. In einem eigenen Abschnitt wurden allgemeine diagnostische und methodische Untersuchungen zusammengefaßt, die über die genannten Störungsgruppen hinausgehen.

Entsprechend der Tradition der AMDP wird jede Tagung mit einem Festvortrag eingeleitet, der diesmal von Prof. Dr. Jules Angst (Zürich) zum Thema "Methodische Probleme der Prüfung von Antidepressiva" gehalten wurde. Auch in diesem Vortrag wurden u.a. Fragen der syndromalen Diagnostik bei depressiven Störungen unter versuchsplanerischen Aspekten diskutiert.

Auf der letztjährigen Tagung wurde erstmals ein AMDP-Forschungspreis verliehen. Dieser Preis, der in Zukunft alle zwei Jahre vergeben werden soll, hat das Ziel, methodische Arbeiten aus dem Bereich Psychiatrie zu würdigen. Der Preis wurde verliehen an Prof. Dr. Detlev von Zerssen (München) sowie Prof. Dr. Urs Baumann (Salzburg) für ihre langjährige engagierte Arbeit zu Fragen der Methodik in der Psychiatrie.

Die Herausgeber danken den Autoren dieses Bandes für Ihre Kooperationsbereitschaft, ohne die es nicht möglich gewesen wäre, diesen Band innerhalb so kurzer Zeit nach der Tagung herauszugeben. Für die redaktionelle Mithilfe bei der Endredaktion danken wir Frau Dipl.-Psych. Margarete Dietl sowie Herrn cand. psych. Ulrich Ebner. Unser besonderer Dank gilt Frau Edith Motschall (Medizinische Dokumentarin) für die technische Umsetzung der Manuskripte in die Buchvorlage. Sie hat mit großer Sorgfalt die Druckvorlagen erstellt und auch bei erheblichen Kompatibilitätsproblemen, bedingt durch vielfältige Programmversionen, die Geduld nie verloren.
Herrn Dr. M. Vogtmeier vom Hogrefe-Verlag danken wir für die Bereitschaft, diesen Band in das Verlagsprogramm aufzunehmen.

Rolf-Dieter Stieglitz	Erdmann Fähndrich	Hans-Jürgen Möller
Freiburg	Berlin	München

Februar 1998

Einführung

Einführung

Methodische Probleme der Prüfung von Antidepressiva

Jules Angst und Hans H. Stassen

Einführung

Die moderne EDV erlaubt es den neue Pharmaka entwickelnden Firmen, große **Datenbanken** über klinische Prüfungen anzulegen. Erfahrungsgemäß liegen diese Daten nach Einführung der Präparate weitgehend brach oder werden im Falle von Nicht-Einführung eines Präparates oft nicht publiziert, obwohl sie aus methodischer Sicht wertvolle Informationen enthalten. **Meta-Analysen** solcher Informationen, unter Einschluß sämtlicher durchgeführter Prüfungen, können sehr viel aufschlußreicher sein als konventionelle Meta-Analysen aufgrund publizierter Ergebnisse. Das Interesse pharmazeutischer Firmen an solchen Auswertungen ist unterschiedlich, und es wäre eine vornehme Pflicht des European College of Neuropsychopharmacology (ECNP), des American College of Neuropsychopharmacology (ACNP) sowie des Collegium Internationale Neuropsychopharmacologicum (CINP), dieses Interesse zu stimulieren und aus ethischer Sicht darauf hinzuweisen, daß ein wissenschaftlich überragendes Interesse an methodischen Fragen, z.B. im Placebo-Bereich, aber auch im Bereich von Pharmaka, existiert. Daß diese Daten, welche schließlich doch durch Kliniker gesammelt wurden, der wissenschaftlichen Forschung vorenthalten bleiben, ist unverständlich und auf die Dauer problematisch. In Zürich hatten wir über die letzten Jahre von der Firma Ciba-Geigy in Basel sowie der Firma F. Hoffmann-La Roche, Basel, umfangreiche Datensammlungen aus Antidepressivaprüfungen für Meta-Analysen erhalten. Diese wurden in finanzieller Unabhängigkeit durchgeführt.

Wirkungskriterien

Die Mehrzahl der Prüfungen von Antidepressiva wird noch immer mit der globalen Einschätzung aufgrund der **Clinical Global Impressions (CGI)** und aufgrund verschiedener Versionen der **Hamilton Depression Scale (HAMD)** durchgeführt. In einer Meta-Analyse (Angst, 1993) von 2684 Patienten, die mit Placebo oder Antidepressiva behandelt worden waren, fanden wir eine recht hohe Korrelation (0.67) der 50% Responderrate über 4 Wochen mit der globalen Erfolgseinschätzung "sehr gut bis gut". Diese Korrelation war, was wesentlich ist, unabhängig vom Schweregrad der Depression; die Phi-Koeffizienten lagen zwischen 0.60 und 0.73 und blieben mit zunehmender Schwere der Depression vor Behandlungsbeginn stabil.

Als **Response** wird im allgemeinen eine 50% Reduktion des Ausgangswertes während einer Behandlung (z.B. über 4 Wochen) angenommen. Ein verschärftes Kriterium, das oft empfohlen wird, besteht zusätzlich in einem vorgegebenen Endpoint-Score, z.B. von 10 oder weniger auf der HAMD-17-Skala. Das letztere Kriterium ist weniger empfehlenswert, da die Sensitivität (power) dieses Maßes in bezug auf die Auflösung von Unterschieden zwischen Prüfsubstanz und Placebo in Doppelblind-Studien geringer ist als das einfache 50% Reduktions-Kriterium. Ein Cut-off-Kriterium ist zudem nachteilig, weil trivialerweise leichter Depressive einen solchen Schwellenwert während der Therapie rascher erreichen als schwerer Depressive. Ein Cut-off-Wert ist somit für Akutversuche nicht zu empfehlen, spielt hingegen bei Langzeitversuchen eine wesentliche Rolle (Angst & Stassen, 1994).

Große Datenmengen erleichtern auch die Durchführung von **Faktorenanalysen der HAMD-Skala** mit dem Ziel, den Gesamtscore der HAMD-Skala als globales Depressionsmaß durch mehr differenzierende, die unterschiedlichen Aspekte der Depression besser erfassende Subskalen zu ergänzen. Aufgrund von 2371 Fällen konnten wir 12 mal 8 Faktorenanalysen an je 298 immer wieder zufällig aus dem Pool gezogenen Fällen durchführen. Für ein Item wurde eine Faktorenladung von mindestens 0.3 gefordert. Als Stabilitätskriterium wurde die minimale Präsenz eines Items auf einem Faktor bei mindestens 8 von 12 Lösungen gewählt. Für die Skalen wurde ein Stabilitätskoeffizient von mindestens 0.7 gefordert. Das Resultat war eine Lösung mit zwei Faktoren, einem **Faktor "Gehemmte Depression"** mit den Items "1 = depressive Stimmung", "2 = Schuldgefühle", "3 = Suizid", "6 = Schlafstörungen am Morgen", "7 = Arbeit und sonstige Tätigkeiten" und "8 = depressive Hemmung", sowie dem zweiten Faktor **"Angst, Agitation"**, der ebenfalls 6 Items umfaßte: "9 = Erregung", "10 = Angst - psychisch", "11 = Angst - somatisch", "12 = körperliche Symptome - gastro-intestinale", "13 = körperliche Symptome - allgemeine" und "15 = Hypochondrie". Es ist offenkundig, daß die erste Subskala die reine Depression mißt, und die zweite eher die Angst mit den verschiedenen somatischen Symptomen. Die beiden Faktoren interkorrelieren schwach (Pearson, r = 0.19; Angst et al., 1993b). Es empfiehlt sich, diese Subskalen in die Datenanalysen einzubeziehen, da die Daten aus Antidepressiva-Studien mehrheitlich an klinischen und ambulanten Patienten mit einer DSM-III-Diagnose "Major Depression" oder "Dysthymie" erhoben werden.

Es ist bekannt, daß die **Entwicklung neuer Antidepressiva** gegenüber den traditionellen Trizyklika große Fortschritte im Bereich der Toxizität und der Nebenwirkungen gebracht hat, hingegen bestehen keine Beweise für eine bessere Wirksamkeit. Eine wichtige Zielsetzung bei der Entwicklung neuer Antidepressiva ist ein früherer Wirkungseintritt, wie er z.B. für Sertralin gegenüber Fluoxetin behauptet wird (Newhouse & Richter, 1994). Der Nachweis eines früheren Wirkungseintrittes führt jedoch zu methodologischen Schwierigkeiten, da die statistische Standardmethode zum **Wirksamkeitsnachweis** von Antidepressiva wenig geeignet ist, um Untersuchungen zum **Zeitpunkt des Wirkungseintritts** von Antidepressiva durchzuführen. Dies hat mehrere Gründe:

1. Die **Standardmethode** zum Wirkungsnachweis basiert auf Varianz-/Kovarianzanalysen für wiederholte Messungen in Verbindung mit einer Reihe univariater und multivariater Signifikanztests.
2. **Lineare** Regressionsanalysen mit den Beobachtungszeitpunkten als **unabhängige** Variablen werden benutzt, um zeitliche Unterschiede in der Abnahme der HAMD-Scores zu überprüfen (vgl. Overall, 1995).
3. Da die HAMD-Scores zumeist in wöchentlichen Abständen erhoben werden und die Erhebungszeiten als diskrete Variablen in das Regressionsmodell eingehen, ist die zeitliche Auflösung ungenügend.
4. Die Verwendung von HAMD-Mittelwerten verschleiert die Tatsache, daß sich Behandlungsgruppen in der Regel aus sehr unterschiedlichen Untergruppen zusammensetzen: Patienten, die sich früh bessern, langsam bessern, nur teilweise bessern, überhaupt nicht bessern oder vorzeitig abbrechen.
5. Das Problem der vorzeitigen Abbrüche (typisch 20 - 40% einer Behandlungsgruppe) wird durch die Weiterführung der letzten Beobachtung (LOCF-Methode) auf unbefriedigende Weise gelöst, was die zeitliche Auflösung weiter reduziert und überdies zur Folge hat, daß die Ergebnisse zuungunsten der Behandlungsgruppe mit den meisten Abbrüchen verzerrt werden (Placebo hat zumeist die höchsten Raten zum frühesten Zeitpunkt = doppelter Bias).

Die Abbildung 1 soll die Heterogenität der individuellen Verläufe unter Antidepressiva verdeutlichen. In diesem "Scatter-Diagramm" wurden die HAMD-Werte von 440 Patienten unter Fluoxetin (y-Achse) als Funktion der Zeit aufgetragen (x-Achse; 40 Beobachtungstage, vorzeitige Abbrüche nur bis zum Zeitpunkt des Abbruchs). Deutlich erkennt man eine ganze Reihe von Patienten, die sich sehr früh bessern, während andere sich im Gesamtverlauf sogar verschlechtern. Für die Behandlungsgruppe als Ganzes ergibt sich anfangs eine rasche Abnahme der HAMD-Werte, die sich aber mit zunehmender Dauer abflacht. Aus diesem Grunde ist die empirisch gefundene Regressionskurve, die die meiste Varianz erklärt, nichtlinear (durchgezogene Linie; die gestrichelten Linien bezeichnen das 95%-Konfidenzintervall der Regressionskurve). Die Nichtlinearität erlaubt keine sichere Bestimmung des Zeitpunktes, an dem die Behandlungsgruppe als Ganzes eine Reduktion des HAMD-Ausgangswertes um 40% erreicht hat, obwohl 48% der Patienten Therapie-Responder mit einer Reduktion des HAMD-Ausgangswertes von 50% sind.

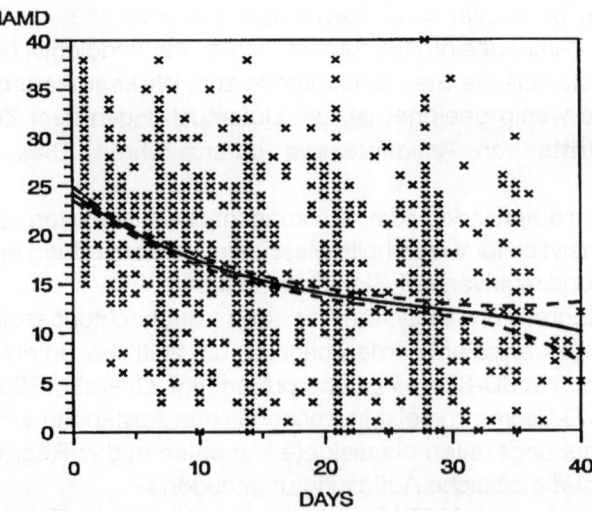

Abbildung 1 Zeitlicher Verlauf der Besserung unter Fluoxetin (N = 440), wie er sich als "Scatter"-Plot der HAMD-Depressionswerte als Funktion der Beobachtungstage darstellt. Die Abnahme der Depressionswerte für die Behandlungsgruppe als Ganzes zeigt eine quadratische/kubische Charakteristik (durchgezogene Linie). Die 95% Konfidenzintervalle der entsprechenden Regressionskurve sind als gestrichelte Linien angegeben.

Die in Abbildung 1 gezeigte Heterogenität der Einzelverläufe ist unter den verschiedenen Antidepressiva im wesentlichen gleich, und Unterschiede zwischen Präparaten sind marginal. Dies belegt das in Abbildung 2 dargestellte "Scatter-Diagramm", in welchem die HAMD-Scores von 437 Patienten unter Moclobemid (y-Achse) als Funktion der Zeit dargestellt sind (x-Achse; 40 Beobachtungstage, vorzeitige Abbrüche nur bis zum Zeitpunkt des Abbruchs). Man beachte, daß die Regressionskurven unter Fluoxetin und Moclobemid nahezu identisch verlaufen.

Im Hinblick auf die Erfassung des **Zeitpunktes des Wirkungseintritts** von Antidepressiva bedürfen die statistischen Standardanalysen der Psychopharmaka-Prüfungen einer Ergänzung durch **Survival-Analysen** (Greenhouse et al., 1989; Stassen et al., 1993; Lavori et al., 1996). In diesem methodischen Ansatz wird die Zeit als Funktion der HAMD-Reduktion, d.h. als abhängige Variable, behandelt. Dies hat den Vorteil, daß Abweichungen von den vorgegebenen Beobachtungszeitpunkten um typisch 2 Tage, wie sie in Pharmaprüfungen häufig vorkommen, in die Datenanalysen einbezogen werden können und so zu einer verbesserten zeitlichen Auflösung beitragen. Weitere **Vorteile** sind:

1. Der Zeitpunkt des Wirkungseintrittes wird nicht für die Stichprobe als Ganzes, sondern in jedem individuellen Fall bestimmt, so daß die Heterogenität der individuellen Verläufe berücksichtigt wird.
2. Es ist möglich, den prädiktiven Wert einer frühen Besserung zu bestimmen.

3. Vorzeitige Abbrüche werden bis zum Zeitpunkt des Abbruchs als potentielle Responder in der Analyse belassen und nach diesem Zeitpunkt als "zensurierte Fälle" behandelt, so daß auf diese Weise die Verzerrungen der LOCF-Methode vermieden werden (unter der Voraussetzung, daß die beiden Prozesse, die zur Response, bzw. zum vorzeitigen Abbruch führen, unkorreliert sind). Die Anwendung von Survival-Analysen mit dem Responder-Kriterium von 50% ist deshalb als Ergänzung zu den Standardmethoden der Psychopharmaka-Prüfungen unbedingt empfehlenswert (Stassen et al., 1997).

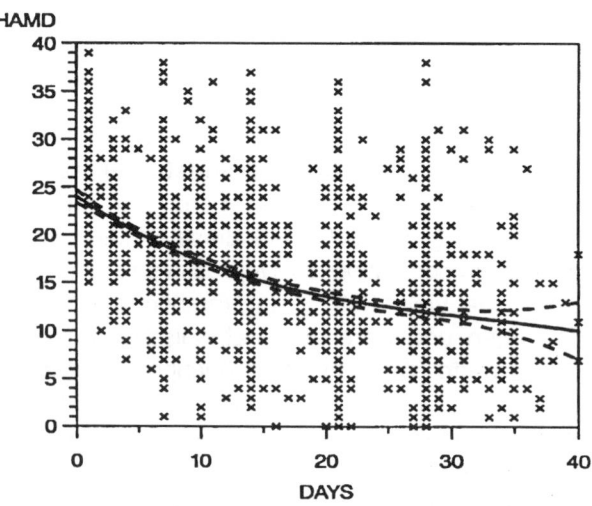

Abbildung 2 Zeitlicher Verlauf der Besserung unter Moclobemid (N = 437), wie er sich als "Scatter"-Plot der HAMD-Depressionswerte als Funktion der Beobachtungstage darstellt. Die Abnahme der Depressionswerte für die Behandlungsgruppe als Ganzes zeigt eine quadratische/kubische Charakteristik (durchgezogene Linie). Die 95% Konfidenzintervalle der entsprechenden Regressionskurve sind als gestrichelte Linien angegeben.

Stassen et al. (1993) haben gezeigt, daß das Kriterium einer zwanzigprozentigen Besserung ohne nachfolgende wesentliche Verschlechterung sehr geeignet ist, um die initiale Besserung während einer Behandlung zu erfassen: 70% der innerhalb der ersten 2 Wochen Gebesserten werden nach 4 Wochen Responder, und von allen späteren Respondern hatten 80% einen frühen Eintritt der Besserung. Generell zeigen die Analysen, daß Antidepressiva einen frühen Wirkungseintritt haben und daß dieser in der Regel in den ersten 10 bis 14 Tagen eintritt. Später ergeben sich nur noch wenige Besserungen, welche sich in ihrer Häufigkeit von Placebo-Reaktionen nicht mehr unterscheiden. Die Hypothese einer Latenz des antidepressiven Effektes scheint daher widerlegt (Stassen et al., 1996, 1997). Tatsächlich geht diese Hypothese auf eine

Fehlinterpretation der Resultate aus den **Wirksamkeitsprüfungen** der Antidepressiva zurück, wo im Mittelwertsvergleich der Varianzanalyse die relativ kleinen Unterschiede zwischen Wirksubstanzen und Placebo erst nach der dritten Woche Signifikanz erreichen. Der bei der Mehrzahl der Patienten (70 - 80%) zu beobachtende frühe Eintritt der Besserung bleibt dabei unentdeckt, obwohl er mit der klinischen Erfahrung übereinstimmt (z.B. Grey, 1993). Die biologischen Erklärungsversuche für die nicht nachweisbare Latenz des antidepressiven Effektes können wohl ad acta gelegt werden.

Prädiktion der Response

Die Responderraten auf Antidepressiva sind über die letzten Dekaden gesunken, weil die Patienten für **Doppelblindstudien** schärferen Auswahlkriterien unterzogen werden und in ihrer übergroßen Mehrzahl bereits vorbehandelt sind. Nachteilig ist auch, daß diese Studien immer weniger repräsentativ für die Gesamtpopulation der Depressiven sind. Die Dokumentation der Selektion, d.h. wie viele Fälle vom Versuch ausgeschlossen werden mußten, liegt im argen und wäre aus methodischer Sicht unbedingt wünschenswert. Die scharfe Auswahl der Stichproben für Antidepressiva-Prüfungen, besonders bei Placeboversuchen, ist unter Umständen auch mit einer Reduktion des Schweregrades der Depression verbunden. Die Berücksichtigung des Schweregrades der Depression bei der Analyse der Wirkung spielt daher eine wesentliche Rolle. Andere Faktoren sind die Phasenlänge bei Behandlungsbeginn, vor allem aber die Frage, ob eine Vorbehandlung erfolgte oder nicht, und ob während des Experimentes Benzodiazepine verabreicht wurde (z.B. als Hypnotika). Die meisten Analysen neu entwickelter Antidepressiva berücksichtigen die **Komedikation** nicht, obwohl sie einen bedeutenden Einfluß, z.B. auf die Placebo-Responderrate oder auf den Zeitpunkt des Wirkungseintrittes, haben kann. Wir konnten nachweisen (Angst, 1993), daß vorbehandelte Depressive sowohl auf Placebo wie auch auf Antidepressiva weniger reagieren, d.h. sie sind bereits selegiert und therapieresistenter als nicht-vorbehandelte Patienten. Im Zusammenhang mit dieser Vorbehandlung werden in der Regel auch Benzodiazepine verabreicht, und diese Behandlung wird dann in den Experimenten als Komedikation weitergeführt. Vorbehandelte Patienten stehen also häufiger unter Benzodiazepinen und sind wegen der Vorbehandlung, nicht aber wegen der Benzodiazepin-Begleitmedikation, etwas therapieresistenter. Dieser Befund erklärt die Beobachtung von Baumhackl et al. (1989), wonach Patienten, die ein Antidepressivum zusammen mit einem Benzodiazepin erhielten, weniger auf die Therapie ansprachen.

Die **Anamnese der Depression** ist ein weiterer Prädiktor der Response. In einer Praktikerstudie in der Schweiz an 582 Patienten war eine Therapieresistenz bei Ersterkrankungen in 10%, bei wiederholten Erkrankungen in 16%

und bei eher chronischen Erkrankungen in 22% der Fälle gefunden worden (Angst et al., 1993a).

Die Abhängigkeit der Responderrate vom **Schweregrad der Depression** ist bekannt. Ebenso ist bekannt, daß es äußerst schwierig ist, bei sehr milden Depressionen die Effizienz von Antidepressiva gegenüber Placebo nachzuweisen, da hier die Placebo-Responderrate besonders hoch ist. Abbildung 3 illustriert die Befunde unserer Meta-Analysen (Angst & Stassen, 1994), die durch Angst (1993) detailliert publiziert wurden.

Milde Depressionen zeigten eine Placebo-Responderrate um 40%, schwere Depressionen um 16% in der HAMD und sogar nur um 8% in der CGI. Es zeigte sich ferner, daß die Placebo-Responderrate bei milden Depressionen vor allem durch die Komedikation mit Benzodiazepinen zustande kommt. Ein Verzicht darauf würde also die Sensitivität von Psychopharmakaversuchen wesentlich vergrößern, ist aber in der Praxis äußerst schwer durchzuführen. Während die Placeboreaktion mit dem Schweregrad der Depression abnimmt, erweisen sich echte Antidepressiva als eher wirkungsvoller bei schwereren Depressionen. Das Auseinanderscheren der beiden Kurven ist wohl einer der sichersten Hinweise auf eine echte Pharmakawirkung. Die Analyse benötigt aber eine große Stichprobe.

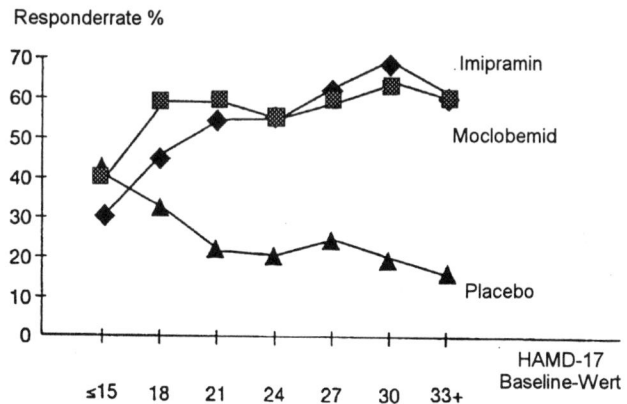

Abbildung 3 Schweregrad zur Baseline und Response nach vierwöchiger Behandlung mit Placebo, Moclobemid, Imipramin

Schlußfolgerungen

Meta-Analysen von vereinigten großen Datenmengen sind aus methodischer Sicht höchst wünschenswert und relativ leicht durchführbar. Sie sollten nicht nur im Bereich der Antidepressiva, sondern für alle Psychopharmaka angestrebt werden, z.B. besteht eine wesentliche Wissenslücke im Bereich der Placebo-Response von Schizophrenen. Große Datenmengen erlauben feinere

Analysen, da die Gruppengrößen immer noch genügend sind. Meta-Analysen haben daher nicht ersetzbare Vorzüge. Sie können aber natürlich nicht die Effizienz eines Pharmakons direkt beweisen, hingegen wertvolle Hinweise für die Planung neuer Versuche zur Effizienzprüfung liefern. Dazu gehört z.B. die Empfehlung einer höheren Dichte der Messungen in den ersten 2 Wochen, um den Wirkungseintritt zu erfassen und, wenn möglich, 2 oder 3 Messungen vor Wirkungseintritt durchzuführen.

Literatur

Angst, J. (1993). Severity of depression and benzodiazepine co-medication in relationship to efficacy of antidepressants in acute trials. A meta-analysis of moclobemide trials. *Human Psychopharmacology, 8*, 401-407.

Angst, J., Gachoud, J.P., Gasser, U.E. & Köhler, M. (1993a). Antidepressant therapy with moclobemide in primary care practice. *Human Pharmacology, 8*, 319-325.

Angst, J., Scheidegger, P. & Stabl, M. (1993b). Efficacy of moclebemide in different patient groups. Results of new subscales of the Hamilton Depression Rating Scale. *Clinical Neuropharmacology, 16 (Suppl. 2)*, 55-62.

Angst, J. & Stassen, H.H. (1994). Methodische Aspekte von Studien zur andidepressiven Wirksamkeit. In R. Steinberg, M. Philipp & H.-J. Möller (Hrsg.), *Spezielle Aspekte der antidepressiven Therapie* (S. 147-166). München: MMV Medizin Verlag.

Baumhackl, U., Bizière, K., Fischbach, R., Geretsegger, C., Hebenstgreit, G.F., Radmayr, E. & Stabl, M. (1989). Efficacy and tolerability of moclobemide compared with imipramine in depressive disorder (DSM-III). An Australian double-blind, multicentre study. *British Journal of Psychiatry, 55 (Suppl. 6)*, 78-83.

Greenhouse, J.B., Stangl, D. & Bromberg, J. (1989). An introduction to survival analysis: statistical methods for analysis of clinical trial data. *Journal of Consulting and Clinical Psychology, 57*, 536-544.

Grey, P. (1993). Fluoxetine and onset of its therapeutic effect. *American Journal of Psychiatry, 150*, 984.

Lavori, P.W., Dawson, R., Mueller, T.I., Warshaw, M., Swartz, A. & Leon, A. (1996). Analysis of course of psychopathology: transitions among states of health and illness. *International Journal of Methods in Psychiatric Research, 6*, 321-334.

Newhouse, P.A. & Richter, E.M. (1994). SSRIs in depressed elderly: a double-blind comparison of sertraline and fluoxetine in depressed geriatric outpatients. *Poster presented at the 7th ECNP Congress*, Jerusalem, Israel.

Overall, J.E. (1995). Justifying a "fast acting" claim for antidepressant drugs. *Psychopharmacology Bulletin, 31*, 45-55.

Stassen, H.H., Angst, J. & Delini-Stula, A. (1996). Delayed onset of action of antidepressant drugs? Survey of results of Zurich meta-analyses. *Pharmacopsychiatry, 29*, 87-96.

Stassen, H.H., Angst, J. & Delini-Stula, A. (1997). Onset of improvement under fluoxetine and moclobemide. *British Journal of Psychiatry (submitted for publication)*.

Stassen, H.H., Delini-Stula, A. & Angst, J. (1993). Time course of improvement under antidepressant treatment: a survival-analytic approach. *European Neuropharmacology, 3*, 127-135.

I.

Standards in der syndromalen Diagnostik bei Demenzen

Standards in der syndromalen Diagnostik
bei Demenzen

Aktueller Stand der Syndromdiagnostik bei Demenz

Michael Rösler

Einleitung

Hinsichtlich der Frage, was unter einer Demenz zu verstehen ist, hat es in unserem Jahrhundert erhebliche Verschiebungen gegeben. Unter dem Terminus Demenz wurden früher **ganz unterschiedliche Störungsmuster** geführt, z.B. die Dementia praecox, die Dementia senilis, die angeborene Demenz oder die sozial verursachte Demenz. Jaspers (1913) sprach im Zusammenhang mit den erworbenen organischen Demenzen von einer Erkrankung der Intelligenz und ihrer Vorbedingungen, zu denen er Gedächtnis und Merkfähigkeit zählte. An den Jasperschen Standpunkt anknüpfend hat K. Schneider (1946) eine weitere Einengung vorgenommen und die Demenzen als Störungen der Intelligenz gesehen, die er als das "Ganze der Denkanlagen und Denkvollzüge mit ihrer Anwendung auf die praktischen und theoretischen Aufgaben des Lebens" bezeichnete. Schneiders Bemühen war darauf gerichtet, einen von nosologischen Betrachtungsweisen unabhängigen Demenzbegriff als psychopathologisch-deskriptives Achsensyndrom zu vertreten. In den Störungen der Merkfähigkeit, Auffassungsgabe und Persönlichkeit hat er eigenständige psychopathologische Merkmalsbereiche gesehen.

Die enge Schneidersche Lösung hat sich nicht durchsetzen können. Die **heutigen Begriffsfassungen** beziehen sich auf ein weites psychopathologisches Spektrum. Nach der ICD-10 (Abschnitt F0) handelt es sich um folgende Muster:

- Störungen höherer kortikaler Funktionen: Gedächtnis, Denken, Orientierung, Auffassung, Rechnen, Lernfähigkeit, Aufmerksamkeit, Sprache, Urteilsvermögen,
- Verschlechterung der emotionalen Kontrolle,
- Verschlechterung der Motivation,
- Verschlechterung des Sozialverhaltens sowie
- Beeinträchtigungen in den persönlichen Aktivitäten des täglichen Lebens.

Nach diesen Vorgaben kann man im heutigen Demenzkonzept **3 große psychopathologische Merkmalsbereiche** abgrenzen, die Störungen der

Intelligenz (höhere kortikale Funktionen), der Persönlichkeitswandel (emotionale Kontrolle, Motivation, Sozialverhalten) und die Aktivitäten des täglichen Lebens.

Nutzen von Verfahren zur Demenzdiagnostik

Neben den psychopathologischen Inhalten gilt es einige **Besonderheiten** zu berücksichtigen, die sich aus den Eigentümlichkeiten des Meßgegenstandes ableiten lassen. Ein **geeignetes Untersuchungsinstrumentarium** muß z.B. im Blickfeld behalten, daß die Psychopathologie der Demenzen in extrem unterschiedlicher qualitativer wie quantitativer Ausprägung vorliegen kann, die mit diskreten, vielfach im Subjektiven bleibenden kognitiven Behinderungen beginnen und bei Zuständen vollkommener Pflegebedürftigkeit enden können. Ein ideales Instrument sollte in allen Graduierungen des Demenzsyndromes ohne Decken- oder Bodeneffekte Messungen erlauben. Diese Forderung kann nur selten eingelöst werden, die meisten Verfahren konzentrieren sich auf bestimmte Bereiche, z.B. auf die Symptomatik leichter- und mittelgradiger Demenzerkrankungen.

Weil die Mitarbeits- und Berichtsfähigkeit der Patienten mit Demenzsyndrom vielfach eingeschränkt sind, müssen Demenzskalen einfach aufgebaut sein. In der Regel ist eine umfassende Beurteilung der verschiedenen Symptombereiche **allein mit der Untersuchung des Patienten** nicht zu erreichen, deswegen sind **fremdanamnestische Erhebungen** durch Angehörige und weitere Informationsgeber häufiges Mittel der Informationsgewinnung.

Zu bedenken ist auch, daß die **Heterogenität** der psychopathologischen Zielvariablen zu einer Kombination verschiedener Untersuchungsmethoden führt. Gewöhnlich unterscheidet man die psychopathologischen Untersuchungsverfahren entsprechend ihrer **methodischen Ausgangsposition**, z.B. Symptomchecklisten, Selbstbeurteilungsverfahren, Fremdratings, Verhaltensbeobachtungen, Testverfahren, Interviews, etc. Bei der Demenzdiagnostik ist dies vielfach nicht möglich, vielmehr stößt man auf einen **multimodalen Ansatz**. Besonders charakteristisch ist die Kombination eines neuropsychologischen Tests mit einer Fremdratingskala und einem Interviewteil.

Die allgemeinen Gütekriterien im Sinne von Reliabilität und Validität sind ebenfalls zu beachten. Welche Maßstäbe hierbei anzulegen sind, wird exemplarisch von Stieglitz (1988) erläutert.

Die verschiedenen Skalentypen

Auf dem Gebiet der Syndromdiagnostik bei Demenzen sind seit den 80er Jahren **zahlreiche neue Instrumente** eingeführt worden. Eine Beschränkung auf das praktisch wie wissenschaftlich Wesentliche ist daher unumgänglich. Besonders bewährte Instrumente werden in der nachfolgenden Darstellung mit dem Symbol " • " herausgehoben. Die Skalen werden nach ihrem wichtigsten Bestimmungstyp geordnet, wobei umfassende gerontopsychiatrische Dokumentationen und Diagnoseinterviews von allgemeinen Demenzskalen, neuropsychologischen Tests, Schweregradabstufungen, Funktionsskalen, allgemeinen psychopathologischen oder Verhaltensskalen und Globalbeurteilungen abgegrenzt werden. In der Literatur stößt man zudem auf Instrumente, die singuläre psychopathologische Phänomene herausgreifen, z.B. Affekt- und Psychomotorikeinschätzungen. Diese Skalen können hier nicht berücksichtigt werden.

Gerontopsychiatrische Dokumentationen und diagnostische Interviews

Die hier angesprochenen Verfahren reichen über das Thema der Syndromdiagnostik bei Demenzen hinaus. Es geht in der Regel um die Erfassung des gesamten Symptom- und Diagnosenspektrums der Psychiatrie des höheren Lebensalters. In diesen Verfahren, die vielfach bei epidemiologischen Projekten und Basisdokumentationen Verwendung finden, sind indessen stets Bausteine enthalten, die auf die oben genannten 3 Merkmalsbereiche des Demenzsyndromes zielen und die Berechnung von entsprechenden Syndromskores erlauben. Sie können deswegen nicht unerwähnt bleiben (vgl. Tabelle 1). Besonders gut elaboriert sind folgende Instrumente:
 • **GMS-HAS-AGECAT** - Geriatric Mental State - History and Aetiology Schedule - Automated Geriatric Examination for Computer Assisted Taxonomy (Copeland et al., 1976; Copeland et al., 1986). Das Verfahren ist ursprünglich aus der Present State Examination (PSE) hervorgegangen und besteht aus einem strukturierten Interview mit 157 Merkmalen, die die gesamte Breite der Psychopathologie erfassen. Dazu kommen 91 Merkmale, die in einem freien Rating beurteilt werden und verschiedene Affekt- und Verhaltensaspekte beinhalten. Es fehlen allerdings ADL- und IADL-Merkmale (siehe hierzu Seite 28). Mit der HAS werden frühere Erkrankungen und wichtige Anamnesemerkmale erfaßt, das AGECAT Computerprogramm liefert 31 Syndromwerte, 8 Syndromcluster, Haupt- und Differentialdiagnosen nach eigenständiger Definition. Korrelationen mit ICD-Diagnosen sind verfügbar. Die Interrater-Reliabilität über alle Merkmale ist gut (Kappa: .78). Das Verfahren (GMS-HAS) ist aufwendig und erfordert mindestens 90 - 120 Minuten. Es ist international weithin erprobt und in epidemiologischen Studien (z.B. Berliner Altersstudie; Helmchen, 1996) fast ein "Golden Standard".

- **CAMDEX** - The Cambridge Examination for Mental Disorders of the Elderly (Roth et al., 1986). Der CAMDEX ist ein weiteres "klassisches" Verfahren für Epidemiologie und gerontopsychiatrische Basisdokumentation, bestehend aus einem Manual, Patienteninterview, neuropsychologischem Test (CAMCOG), dazu kommen ein freies Rating des Patienten hinsichtlich besonderer psychopathologischer Merkmale, neurologischer Status, Laborbefunde, Medikamente, Befragung der Versorgungsperson. 340 Einzelmerkmale verteilen sich auf 8 Bereiche und 30 Subbereiche. In dem Verfahren enthalten sind die Blessed Skala, Mini-Mental-State-Examination (MMSE), IMC-Test und der Hachinski-Score. Es sind alle wesentlichen Bereiche der Psychopathologie enthalten. Die Interrater-Reliabilität auf Subskalenniveau liegt zwischen .81 - .99 (Kappa). Die Korrelation CAMCOG/MMSE wird mit -.76 angegeben. Das Verfahren verfügt über eine Computerauswertung, die zu verschiedenen gerontopsychiatrischen Diagnosen führt. Adaptierte ICD- und DSM-Diagnosen sind möglich. Das Verfahren ist aufwendig, die durchschnittliche Bearbeitungszeit liegt bei 120 Minuten, nicht selten benötigt man 2 Sitzungen. Eine Kurzversion mit 106 Merkmalen kann in ca. 45 Minuten appliziert werden.
- **SIDAM** - Strukturiertes Interview für die Diagnose einer DAT, MID oder VD und Demenzen anderer Ätiologie nach DSM-III-R, DSM-IV und ICD-10 (Zaudig & Hiller, 1996). Im Unterschied zu GMS und CAMDEX zielt SIDAM ausschließlich auf die Diagnostik von Demenzen. Das Verfahren besteht aus einem allgemeinen Patienteninterviewteil mit 12 Merkmalen. Im Leistungsteil mit 55 Items werden durch Rating oder Test Orientierung, Rechnen, Sprache, Praxis, Gnosis, Visumotorik, Gedächtnis, Abstraktion und Urteilskraft geprüft. Aus diesen Variablen kann ein MMSE-Score und ein weiterer neuropsychologischer Score - SISCO - berechnet werden. In den weiteren Abschnitten werden mit 3 Merkmalen Persönlichkeitsveränderungen unter Einbeziehung von fremdanamnestischen Angaben beurteilt. Mit 15 Merkmalen werden Beeinträchtigungen des Alltags (ADL/IADL) festgestellt. Weitere Untersuchungsabschnitte beziehen sich auf die Bewußtseinslage, ätiologische Faktoren und Verlaufsaspekte. Neben den verschiedenen Demenzdiagnosen stehen 9 Subscores für verschiedene höhere kortikale Funktionen zur Verfügung, und man kann den Schweregrad der Gedächtnisstörung sowie der Intelligenzbeeinträchtigung auf einer 3-Stufen Skala dokumentieren. Das Verfahren ist in WHO-Studien erprobt. Die Übereinstimmungsvalidität mit anderen Demenzmaßen ist hoch (GDS .88; CDR -.88). Die Untersuchungsdauer liegt zwischen 30 und 45 Minuten.

Weniger gebräuchlich wegen seines enormen Aufwandes ist das Instrument **CARE** (The Comprehensive Assessment and Referral Evaluation; Gurland et al., 1977). Das Interviewsystem erfaßt ca. 1500 Merkmale, die keinen psychopathologischen, medizinischen oder sozialen Bereich unberührt lassen. Es ist damit das umfassendste gerontopsychiatrische Erhebungsverfahren. In seinem Ursprung geht es auf die GMS zurück. Es gibt Kurzfassungen (SHORT-CARE und CORE-CARE). Die Instrumentenfamilie wird durch ein Selbstbeurteilungsverfahren (SELF-CARE), ein Instrument für stationäre Patienten (IN-CARE) und eine Version abgerundet (CLIN-CARE), die verschiedene CARE-Scores in klinische Entscheidungshilfen umsetzen will.

Tabelle 1 Übersicht zu den wichtigsten Verfahren aus den Bereichen gerontopsychiatrische Dokumentation und allgemeine Demenzskalen. Das Verfahren SIDAM nimmt eine Mittelstellung ein (siehe Text).

	Die wichtigsten Instrumente Gerontopsych. Dokumentationen - Allgemeine Demenzskalen			
	Skala / Autor	Bereiche	Zeit	Engl. + Deutsch
Gerontopsychiat. Dokumentationen	GMS-HAS-AGECAT Copeland et al.	alle außer ADL / IADL	120 Min	ja
	CAMDEX Roth et al.	alle	120 Min	ja
Demenzdiagnose-Interview	SIDAM Zaudig & Hiller	Neuropsych. Persönlichk. ADL / IADL	40 Min	ja
Allgemeine Demenzskalen	BDS Blessed et al.	Neuropsych. Persönlichk. ADL / IADL	30 Min	ja (CAMDEX)
	GBS Gottfries et al.	Neuropsych. Persönlichk. ADL / IADL	30 Min	ja
	NOSGER Spiegel et al.	Neuropsych. Persönlichk. ADL / IADL	20 Min	ja
	IQCODE Jorm et al.	Neuropsych. ADL / IADL	20 Min	nur engl. Version

Das **AGP**-System (Manual zur Dokumentation gerontopsychiatrischer Befunde; Gutzmann et al., 1989) ist in seinem Kern ein Fremdratinginstrument, das alle wesentlichen Teile des psychopathologischen und somatischen Befundes mit 243 Merkmalen beschreibt. Enthalten sind dabei der Basisbefund aus dem AMDP-System, die wichtigsten neuropsychologischen Syndrome, Sozialverhaltensvariablen und ADL/IADL-Kriterien. Zentrale Daten zur Anamnese vervollständigen das Material. Die Interrater-Reliabilität der Merkmale wird als befriedigend angegeben. Das Verfahren erlaubt die Berechnung von 5 psychopathologischen Scores (POS, DEPRES, PARHAL, PSYCHOMOT und

SCHLAF-WACH), die aufgrund von faktorenanalytischen Berechnungen bestimmt wurden (vgl. auch Gutzmann et al., in diesem Band).

Das CIE (Canberra Interview for the Elderly; Christensen et al., 1992) nimmt für sich in Anspruch, vergleichsweise zeitökonomisch anwendbar zu sein. Es handelt sich um ein Interview mit der Betreuungsperson und dem Patienten, das offensichtlich für den bevorzugten Gebrauch durch psychiatrische Laien entwickelt wurde. Die Merkmalsselektion ist an den DSM- und ICD-Diagnosen orientiert. Neben Demenzen können auch Diagnosen aus dem Bereich der affektiven Erkrankungen unter Verwendung eines Computerprogrammes gestellt werden. Im Verfahren ist der MMSE-Score inkorporiert. Noch nicht befriedigend gelöst scheint das Problem der Interrater-Reliabilität.

Allgemeine Demenzskalen

Gemeint sind mit diesem Terminus Skalentypen, die ausschließlich auf eine **deskriptive Erfassung der Demenzsymptomatik** zielen. Es handelt sich insofern um die Instrumente, die im Hinblick auf die hier interessierende Thematik besondere Aufmerksamkeit verdienen (vgl. Tabelle 1).

• **BDS** - Blessed - Roth - Dementia - Scale (Blessed et al., 1968). Es handelt sich gewissermaßen um den "Urmeter" dieses Skalentyps. 22 Merkmale werden durch Interview des Patienten und der Versorgungsperson beurteilt. Enthalten sind ADL/IADL und Persönlichkeitsveränderungen. Mit dem IMC-Test werden Orientierung, Konzentration, Merkfähigkeit und Langzeitgedächtnis geprüft. Es liegen verschiedene Normierungen vor. Die Übereinstimmungsvalidität ist hoch (MMSE: .80). Spezifität und Sensitivität für die Demenzdiagnostik werden mit jeweils über 90% angegeben. Die Reliabilitätswerte sind überzeugend. Das Verfahren wird auch heute noch gerne eingesetzt und ist Teil von CAMDEX. Die Bearbeitungsdauer liegt bei 30 Minuten.

• **GBS** - Gottfries - Brane - Steene Scale (Gottfries et al., 1982). Die Fremdbeurteilungsskala umfaßt 26 Merkmale, die nach einer 7-Punkte Graduierung zu quantifizieren sind. Befragt werden der Patient und seine Versorgungsperson. Erfaßt werden Orientierung, Merkfähigkeit, Langzeitgedächtnis, Konzentration, formale Denkstörungen, Antriebs- und Affektmerkmale und 6 ADL Symptome. Die Interrater-Reliabilität ist gut, es liegen verschiedene Normierungen vor, 4 verschiedene Syndromscores können berechnet werden. Die Übereinstimmungsvalidität mit der MMSE liegt in mittleren Bereichen (.33 - .62). Die Bearbeitungsdauer liegt bei 30 Minuten.

• **NOSGER** - Nurses Observation Scale for Geriatric Patients (Spiegel et al., 1991). Im Unterschied zur BDS und GBS ist dieses Instrument für Angehörige und Versorgungspersonen bestimmt. 30 Fragen sind über den Patienten zu beantworten und auf einer 5-Stufen Skala zu graduieren. Erfaßt werden Merkfähigkeit, Langzeitgedächtnis, ADL/IADL, Affekt, Sozialverhalten und Hostilität. Das Verfahren ist in mehrere Sprachen übersetzt. Es liegen unterschiedliche Populationsnormen vor, die Interrater-Reliabilität ist befriedigend (Kappa .53 - .91). Mit 6 Syndromscores kann die Demenzsymptomatik charakterisiert werden. Die Bearbeitungszeit liegt bei 20 Minuten.

- **IQCODE** - Informant Questionnaire to measure Cognitive Decline in the Elderly (Jorm et al., 1989). Die Besonderheit dieses Verfahrens ist darin zu erblicken, daß es ganz auf die Erfassung des beginnenden Demenzsyndromes gerichtet ist. Eine dem Patienten möglichst nahestehende Person wird gebeten, 26 Merkmale über Merkfähigkeit, Langzeitgedächtnis, Orientierung, Auffassungsgabe, Urteilsfähigkeit, ADL und IADL zu beantworten. Dabei wird erwartet, daß das aktuelle Bild mit dem früheren, ca. 10 Jahre zurückliegenden Status verglichen wird. Die innere Konsistenz der Skala ist hoch (α = .93), die Übereinstimmungsvalidität mit der MMSE wird mit .74 angegeben. Ein Nachteil ist das Fehlen von Merkmalen zu Veränderungen der Persönlichkeit. Die Bearbeitungszeit liegt bei 20 Minuten.

Es gibt noch zahlreiche weitere Instrumente mit den Merkmalen einer allgemeinen Demenzskala. Aus der Nootropikaforschung, wo sie noch gerne eingesetzt wird, stammt die **SCAG** (Sandoz Clinical Assessment Geriatric; Shader et al., 1974), die in verschiedenen Sprachen vorliegt und 18 Merkmale auf einer 7-stufigen Skala umgreift. Es handelt sich um eine Ratingskala, die eine genaue Kenntnis des psychopathologischen Status beim Patienten voraussetzt. Beurteilt werden Orientierung, Auffassungsgabe, Merkfähigkeit, Affekt, Antrieb, Sozialverhalten, Hostilität und ADL. Im Vergleich zu jüngeren Skalen ist der Bereich ADL/IADL weniger differenziert. Die Interrater-Reliabilität ist gut, ebenso die Übereinstimmungsvalidität mit anderen Verfahren.

Die **KDRS** (Kingston Dementia Rating Scale; Pelletier et al., 1991) ist eine Aktualisierung eines älteren Instrumentes. Die Ratingskala besteht aus 21 Merkmalen, die durch unmittelbare Überprüfung am Patienten und mit der Fremdanamnese beantwortet werden. Geprüft werden Orientierung, Sprache, Schreiben, Affektlabilität, ADL/IADL und Psychomotorik. Die Skala ist psychometrisch gut überprüft, aber in den Bereichen Persönlichkeitswandel und IADL/ADL nicht ganz befriedigend.

Das Nürnberger-Alters-Inventar (**NAI**; Oswald & Fleischmann, 1995) zielt nicht allein auf das Demenzsyndrom, sondern eignet sich auch zur Charakterisierung gesunder älterer Personen. Das Verfahren ist aufwendig konstruiert, enthält verschiedene Speed- und Gedächtnistests, Selbstbeurteilungsskalen zu ADL/IADL, Lebensqualität und Befindlichkeit. Zwei Fremdbeurteilungsskalen runden das Instrumentarium ab. Die psychometrischen Gütekriterien zur Reliabilität und Validität sind gut. Es liegen verschiedene Normierungsstichproben vor. Die Bearbeitungsdauer in klinischen Populationen liegt bei mindestens 60 Minuten. Das Verfahren enthält einige Einzelmaße, die auch isoliert sinnvoll angewendet werden können, z.B. der Zahlen-Verbindungs-Test oder der Zahlen-Symbol-Test. Eine englischsprachige Version steht vor der Einführung.

Der **DQ** - Dementia Questionnaire (Kawas et al., 1994) ist ein Verfahren zur Befragung von Angehörigen oder Betreuungspersonen. 49 Merkmale über Gedächtnis, Sprache, Auffassungsgabe, ADL/IADL, Affekt und andere medizinische Items werden erfaßt. Die Interrater-Reliabilität ist hoch (Kappa .83). Sensitivität und Spezifität bei der Demenzdiagnostik werden mit > 90% angegeben.

Eine Methode zur Erfassung des Demenzsyndromes in fortgeschrittenen Stadien ist die **ECA** (Echelle Comportement et Adaptation; Ritchie & Ledesert, 1991). 32 Merkmale einer Fremdratingskala stehen zur Bearbeitung an. Die verschiedenen Items verfügen über diverse Graduierungsstufen, die allerdings heterogen konstruiert wurden. Zielbereiche sind Sprache, Auffassungsgabe, Langzeitgedächtnis, Sozialverhalten, Orientierung, ADL/IADL, Mobilität. 5 Subskalen können berechnet werden. Die psychometrischen Gütekriterien einschließlich der Übereinstimmungsvalidität sind befriedigend.

Ebenfalls auf schwere Demenzzustände zielen die **MOSES** (Multidimensional Observation Scale for Elderly Subjects; Helmes et al., 1987), die 40 Merkmale zu ADL/IADL, Sprache, Orientierung, Merkfähigkeit, Langzeitgedächtnis, Affekt, Antrieb und Sozialverhalten enthält und die **SIB** (Severe Impairment Battery; Panisset et al., 1994), deren Einzelbereiche Orientierung, Gedächtnis, Aufmerksamkeit, Sprache, Visumotorik, Praxis sowie Sozialverhalten umfassen.

Schweregradabstufungen und Stadieneinteilungen des Demenzsyndromes

Auf die enorme Bandbreite der Symptomatik bei Demenzen ist bereits hingewiesen worden. Dadurch entsteht häufig das Bedürfnis auf einen Skalentyp zurückgreifen zu können, der in der **longitudinalen Syndromentwicklung** Orientierungsmarken setzt und zum Ausprägungsgrad einen Maßstab bereithält. Beispielsweise kann es in Antidementivastudien sinnvoll sein, die Wirkung einer Substanz in Abhängigkeit von verschiedenen Demenzstadien zu untersuchen. In diesem Zusammenhang muß darauf aufmerksam gemacht werden, daß sich die vorliegenden Instrumente in der Regel auf die Syndromentwicklung bei der Alzheimer'schen Erkrankung beziehen. Es handelt sich demnach nicht um Verfahren, die bei allen Erkrankungen, die mit dementieller Symptomatik einhergehen, eingesetzt werden können (vgl. Tabelle 2).

Es ist ein typisches Merkmal dieses Skalentypes, daß der Itembestand aus allen psychopathologischen Aspekten des Demenzsyndromes gebildet wird. Eine Verwandschaft mit den allgemeinen Demenzskalen liegt auf der Hand und das Clinical Dementia Rating (CDR; Hughes et al., 1982), das auf hohe Akzeptanz gestoßen ist, wird nicht selten als allgemeine Skala eingesetzt.

• CDR - Das Verfahren prüft Gedächtnis, Orientierung, Urteilsvermögen, IADL, Antrieb und ADL mit einem semistrukturierten Interview. Die Zuordnung der Befunde orientiert sich an einer 5-Punkte Skala, die die Ankerpunkte gesund (0), fragliche Demenz (0.5), leichte Demenz (1), milde Demenz (2) und schwere Demenz (3) zur Verfügung stellt. Für die Ermittlung der Gesamteinstufung wurde dem Gedächtnisbereich besonderes Gewicht zugewiesen. Die

Interrater-Reliabilität ist gut (Kappa .87). Die Übereinstimmungsvalidität mit anderen Instrumenten (IMC, MMSE, GDS/FAST) ist gesichert (Reisberg et al., 1994).

Tabelle 2   Besonders gebräuchliche Staginginstrumente und Funktionsskalen

	Die wichtigsten Instrumente Schweregradabstufung, Stadiendiagnostik, Funktionsdiagnostik			
	Skala / Autor	Bereiche	Zeit	Engl. / Deutsch
Schweregrad-abstufung, Stadien-diagnostik, Staging	CDR Hughes et al.	5 Stufen Neuropsychol, ADL / IADL, Antrieb	30 Min	ja
	GDS/FAST Reisberg et al.	7 Stufen Neuropsychol, ADL / IADL, Persönlichkeit	20 Min	ja
	HDS Cole et al.	20 neuropsych. Funktionen, 10 Hierarchiestufen	30 Min	nein
Funktions-diagnostik	IDDD Teunisse et al.	33 Merkmale ADL + IADL	30 Min	nein
	PDS De Jong et al.	27 Items ADL + IADL Vis. Analogskala	30 Min	ja

- **GDS/FAST** - Global Deterioration Scale/Functional Assessment Staging (Reisberg et al., 1982; Reisberg, 1988). Die GDS besteht aus 7 Stadien, die von 1 (keine kognitiven Einbußen) bis 7 (sehr schwere Demenz) reichen. Ausschlaggebend für die Einstufung ist in erster Linie die Beeinträchtigung höherer kortikaler Funktionen, wobei Gedächtnis, Orientierung, Konzentration, Sprache und Urteilsvermögen eine entscheidende Rolle spielen. Daneben werden auch ADL/IADL-Merkmale und Veränderungen der Persönlichkeit berücksichtigt. Die Spanne reicht von einem unauffälligen Befund bis zu terminalen Zuständen, in denen auch neurologische Symptome berücksichtigt werden. Die GDS kann isoliert eingesetzt werden, was in Antidementivastudien häufig der Fall ist, oder durch das FAST sinnvoll ergänzt werden. Diese Skala besteht ausschließlich aus ADL/IADL-Kriterien und führt hinsichtlich der GDS Stadien 6 (schwere Demenz) und 7 (sehr schwere Demenz) 5 bzw. 6 Sub-stadien ein mit der Folge, daß das Instrumentarium auch in Fällen fortge-schrittener Symptomatik noch Differenzierungsmöglichkeiten bietet, die beispielsweise im CDR nicht zur Verfügung stehen. Für GDS/FAST-Skalen liegt eine deutsche Bearbeitung vor (Ihl & Frölich, 1991), die über befriedigende

Maße zur Interrater-Reliabilität und Validität berichtet. GDS/FAST sind Ratingskalen, die genaue Kenntnis der Situation des Patienten erfordern, dann aber in wenigen Minuten bearbeitet werden können.

Die **HDS** - Hierarchic Dementia Scale (Cole et al., 1983) folgt einem anderen Konstruktionsprinzip insofern, als unter Verweis auf die hierarchische Struktur des Nervensystems und seiner Entwicklung im Sinne von H. Jackson und J. Piaget insgesamt 20 Funktionsbereiche ausgewählt wurden, für deren Charakterisierung jeweils eine Symptomhierarchie erstellt wurde. In jedem Funktionsbereich können maximal 10 Punkte für eine intakte Funktion erreicht werden. Eine Punktzahl von 1 enspricht einem Funktionsniveau, das von vielen schwer dementen Menschen noch aufrecht erhalten werden kann. Die Skala beschäftigt sich ausschließlich, aber besonders differenziert, mit dem kognitiven Status. Die Untersuchungs- und Beurteilsmethode entspricht einem klinischen Rating. Die Angaben zur Interrater-Reliabilität und konvergenten Validität sind gut. Die Bearbeitungszeit beträgt 20 bis 30 Minuten.

Eine 6-Stadien Einteilung (**Six Clinical Phases** of Cognitive Decline) auf dem Boden eines Fragebogens für Betreuungspersonen stammt von Overall et al. (1990). Verwendet werden kognitive Merkmale, ADL/IADL-Symptome und Zeichen des Persönlichkeitswandels. Die Skalierung beginnt mit einer unspezifischen Vorphase der Demenz und endet bei den Spätzuständen.

Die **FCS** - Funcional Capacity Scale (Pfeffer et al., 1982) arbeitet mit 7 Abstufungen. Die Beurteilung fußt auf einer Untersuchung und Einschätzung des Patienten. Neben Merkfähigkeit und Orientierung gehen vor allem ADL/IADL-Merkmale ein.

Neuropsychologische Instrumente

Die Instrumente dieser Gruppe greifen aus dem Merkmalsspektrum der Demenzen den Aspekt der Beeinträchtigung höherer kognitiver Funktionen heraus. Es handelt sich meistens um Testverfahren, z.T. auch um Fragebogenmethoden (vgl. Tabelle 3).

Neben dem **MSQ** (Mental State Questionnaire; Kahn et al., 1960) ist der **IMC** aus der BDS und der **CAMDEX** als ein traditionelles Verfahren zu erwähnen.

- **MMSE** - Mini-Mental-State-Examination (Folstein et al., 1975). Mit keinem Test konnten so umfangreiche Erfahrungen gesammelt werden wie mit diesem Verfahren, das wegen seiner zeitökonomischen Qualitäten (Dauer ca. 10 Minuten) besticht. Mit 11 Aufgaben werden Orientierung, unmittelbares Behalten, Merkfähigkeit, Aufmerksamkeit, Sprache und Visumotorik geprüft. Das Instrument wird universell als Demenzscreeningmethode, zum Staging, als Verlaufsindikator und in Therapiestudien eingesetzt. Die Interrater-Reliabilität ist gut (Kappa .82), die Übereinstimmungsvalidität mit anderen Instrumenten ebenfalls (WAIS verbal .78). Das Verfahren weist Boden- und Deckeneffekte auf und ist deswegen hinsichtlich seiner Validität bei sehr gering und besonders intensiv ausgeprägter Demenz mit Zurückhaltung einzusetzen. Offensichtlich besteht auch eine gewisse Abhängigkeit von edukativen Einflüssen. Erweiterte Versionen (3MS und mMMS) sind auf begrenzte Resonanz gestoßen.

Tabelle 3   Besonders gebräuchliche Skalen aus den Bereichen Neuropsychologie und allgemeine Psychopathologie

\multicolumn{5}{c}{Die wichtigsten Instrumente Neuropsychologie - allgemeine Psychopathologie und Verhalten}
	Skala / Autor	Bereiche	Zeit	Engl. / Deutsch
Neuropsychologie	MMSE Folstein et al.	11 Einzelitems Orient, Visumot, Gedächt, Sprache	10 - 15 Min	ja
	ADAS-COG Rosen et al.	11 Einzelitems Gedächt, Sprache, Orient, Visumot	20 Min	ja
	CERAD Morris et al.	7 Subtests einschl. MMSE Sprache, Gedächt, Visumot, Orient,	30 Min	in Teilen (MMSE)
Allgemeine Psychopathologie	BRSD Tariot et al.	51 Items, 8 Fakt. Depres, Psychose, Agitat, Apathie, Aggres, Affektlab Verhalten, Vegetat	45 Min	nein
	BEHAVE-AD Reisberg	25 Items Wahn, Halluz, Psychomot, Host, Angst, Phobie Diurn Rhythmik	30 Min	nein
	AMDP-System Bogen 4 AMDP	59 Items Wahn, Halluz, Affekt, Antrieb, Psychomot, Andere	50 Min	ja

- **ADAS-COG** - Alzheimer's Disease Assessment Scale - Cognitive Subscale (Rosen et al., 1984). Das Verfahren verdankt seine Bedeutung seiner guten Eignung für Antidementivastudien. ADAS-COG besteht aus 11 Aufgaben, die Orientierung, Merkfähigkeit, Sprache, Auffassungsgabe, Visumotorik und Praxis betreffen. Der Maximalscore von 70 zeigt die höchste Defizitausprägung an. Eigenartigerweise ist das Merkmal Konzentrationsfähigkeit im nichtkognitiven Teil der ADAS enthalten und entgeht damit der Auswertung, weil die nicht-kognitive ADAS Subskala deutlich weniger Akzeptanz findet. Die Interrater-Reliabilität ist gut (ICC = .99), die Übereinstimmungsvalidität mit MMSE und SCAG ebenfalls (.90 bzw. .67). Die Bearbeitungszeit beträgt 20 - 30 Minuten.

- **CERAD** - Neuropsychological Battery (Consortium to Establish a Registry for Alzheimer's Disease; Morris et al., 1989). Sie besteht aus 7 eingeführten Testverfahren, u.a. dem MMSE und Boston Naming Test, weitere Verfahren beziehen sich auf Wortfindung, unmittelbares Behalten, Merkfähigkeit, Visumotorik. Bei einer Faktorenanalyse ließen sich mit Gedächtnis, Sprache und Visumotorik 3 Merkmalsbereiche differenzieren. Als Bearbeitungszeit werden ca. 30 Minuten genannt. Die Interrater-Reliabilität ist gut (ICC .92 - 1.0). Neben der Diagnostik und Verlaufsbeurteilung wird das CERAD Instrumentarium auch zur Stadienbeurteilung herangezogen (Welsh et al., 1992).

In der Kanadischen Altersstudie hat man entsprechend den DSM-III-R Kriterien für Demenz eine Testbatterie aus bekannten Instrumenten aufgebaut und damit einen ähnlichen Ansatz wie bei CERAD gewählt (Tuokko et al., 1995).

Zu den bekannten neuropsychologischen Verfahren gehört die Cognitive Assessment Scale (**CAS**) aus den Clifton Assessment Procedures for the Elderly (**CAPE**; Patti & Gilleard, 1979), von deren 3 Bereichen die Information/Orientation Scale häufig eigenständig eingesetzt wird.

Das **KSCA** (Kingston Standardized Cognitive Assessment; Roddenburg et al., 1991) besteht aus 17 Sektionen, die Gedächtnis, Orientierung, Sprache, Abstraktionsvermögen, Visumotorik und Praxis messen. Neben dem Gesamtscore können 3 Bereichsscores berechnet werden. Die konvergente Validität mit dem MMSE liegt bei .90. Die Interrater-Reliabiltät ist gut.

Ein interessantes Verfahren ist die computerunterstützte **ECO** (Computerized Cognitive Examination of the Elderly; Ritchie et al., 1993). Ursprünglich für epidemiologische Studien entwickelt, steht ein transportables Computersystem zur Verfügung. Mit 17 Untertests werden verschiedene Merkmale aus den Bereichen Aufmerksamkeit, Sprache, Gedächtnisfunktionen und Visumotorik erfaßt.

Einen anderen Ansatz verfolgt die **BCRS** (Brief Cognitive Rating Scale; Reisberg et al., 1983). Es handelt sich um ein klinisches Ratingverfahren, bei dem 10 Bereiche auf einer 7-stufigen Skala zu raten sind. Konzentration, Kurz- und Langzeitgedächtnis, Orientierung, Sprache, Visumotorik und Rechenfähigkeit sind die kognitiven Items. 3 Merkmale befassen sich mit Alltagskompetenzen, Affekt und Psychomotorik. Es handelt sich demnach nicht, wie der Name suggeriert, um ein rein neuropsychologisches Instrument.

Die Mattis Dementia Rating Scale (**MDRS**; Mattis, 1976) prüft Aufmerksamkeit, Sprache, Abstraktionsvermögen, Visumotorik und Gedächtnis.

Vor allem in den europäischen Untersuchungen zur Nootropikaentwicklung spielt der **SKT** (Syndrom-Kurz-Test; Erzigkeit, 1989) eine beachtliche Rolle. Die 9 Subtests des Verfahren arbeiten ausnahmslos auf Speedbasis. Inhaltlich werden unmittelbares Behalten, Merkfähigkeit und Konzentration geprüft. Die Bearbeitungszeit beträgt 10 bis 15 Minuten. Es liegen verschiedene Normierungstichproben vor. Die psychometrischen Eigenschaften des Tests sind jedoch umstritten (Kranzhoff & Fürwentsches, 1995).

Zur Erfassung des neuropsychologischen Befundes ist auch der kognitive Teil des NAI (s.o.) geeignet. Die Besonderheit von **NAI-COG** besteht in der Kombination von 4 Speedtests mit 8 Gedächtnistests, die unmittelbares Behalten und Merkfähigkeit in verschiedenen Varianten prüfen und dadurch besonders für die Diagnostik der beginnenden Demenzen geeignet erscheinen.

Allgemeine Psychopathologie- und Verhaltensskalen

Im Rahmen der Symptomatik der Demenzen werden stets auch Veränderungen in Affekt, Antrieb und verschiedenen Verhaltensaspekten deutlich. Die Skalentypen, die diesen Phänomenen Rechnung tragen sollen, werden - begrifflich ziemlich unscharf - auch als Verhaltensskalen (Behavioral Ratings) bezeichnet. Die meisten Skalen beschränken sich nicht auf die Merkmale, die hinsichtlich des Demenzsyndromes nach ICD-10 genannt werden, sondern decken ein viel weiteres Spektrum ab.

- **BRSD** - Behavior Rating Scale for Dementia of the Consortium to Establish a Registry for Alzheimer's Disease (Tariot et al., 1995). Semistrukturiertes Interview bestehend aus 51 Merkmalen. Nach einer Faktorenanalyse wurden 8 Merkmalsbereiche angegeben: Depressivität, Psychosezeichen, Verschlechterung der Verhaltenssteuerung, Agitation, vegetative Symptome, Apathie, Aggression und Affektlabilität. Zu bedenken ist allerdings, daß die Faktoren 3 bis 8 nur zwischen 1.6 und 4.2% der Varianz aufklären. Hingegen sind die Kappa-Werte für die Interrater-Reliabilität mit .77 bis 1.0 als gut zu bezeichnen.

- **BEHAVE-AD** - Behavioral Pathology in Alzheimers Disease Rating Scale (Reisberg et al., 1987). Das Instrument besteht aus 25 Merkmalen, die aus Krankengeschichten von Patienten mit DAT gewonnen wurden. Die Skala eignet sich ähnlich wie die BRSD bevorzugt für das Demenzsyndrom im Rahmen der Alzheimer Krankheit. Erfaßt werden Wahn, Sinnestäuschungen, Psychomotorik, Hostilität, Diurnale Rhythmik, Angst und Phobie. Es besteht die Möglichkeit, den Grad der Symptomatik in einem Globalurteil von 0 (keine störenden Symptome) bis 3 (schwer störende Symptome) zu skalieren.

- **AMDP**-System - Arbeitsgemeinschaft für Methodik und Dokumentation in der Psychiatrie (1997). Der Psychische Befund (Bogen Nr. 4) aus dem AMDP-System ist geeignet, den allgemeinen psychopathologischen Status im Rahmen des Demenzsyndromes umfassend zu skizzieren. Das Verfahren ist in zahlreiche Sprachen übersetzt, die Merkmale sind sorgfältig definiert, es liegen klare Quantifizierungsregeln vor. Für die Beschreibung des Persönlichkeitswandels im Rahmen des dementiellen Syndromes eigenen sich die Bereiche Störungen der Affektivität, Antriebs- und psychomotorische Störungen und andere Störungen. Fakultativ bieten sich auch die Bereiche Wahn und Sinnestäuschungen an. Die Reliabilitäts- und Validitätsmaße sind gut. Das Verfahren kann bei allen Demenzkrankheiten angewendet werden.

Die **ADAS-NONCOG** (Rosen et al., 1984) ist eine Ratingskala, die Depressivität, Weinerlichkeit, Wahn, Sinnestäuschungen, Umherlaufen, motorische Unruhe, Tremor, Konzentrationsstörungen, mangelnde Kooperation und Appetitreduzierung erfaßt. Die einzelnen Merkmale werden auf einer 5-Stufen Skala eingeschätzt, deren Abstufungen nicht immer unproblematisch sind. Die Interrater-Reliabilität wird als ebenso gut wie bei der ADAS-COG angegeben.

Eine Neuentwicklung ist die **MOUSEPAD** (Manchester and Oxford Universities Scale for the Psychopathological Assessment of Dementia, Allen et al., 1996). Das Instrument besitzt 59 Items, die glossariell definiert sind. Erfaßt werden Wahn, Sinnestäuschungen, Antrieb, Eßverhalten, diurnale Rhythmik, Hostilität und Sexualverhalten. Die Untersuchungszeit soll 30 Minuten betragen. Die Interrater-Reliabilität beträgt .56 - 1.0 (Kappa). Die Übereinstimmungsvalidität wird mit .43 - .67 berichtet.

Die **CUSPAD** (Columbia University Scale for Psychopathology in Alzheimer's Disease; Devanand et al., 1992) liegt als halbstrukturiertes Interview vor, mit dem Betreuungspersonen befragt werden. Erfaßt werden mit 28 Items Wahn, Sinnestäuschungen, Depressivität, Psychomotorik, Schlafverhalten, Aggressivität und Appetit. Reliabilitäts- und Validitätsmaße werden als gut angegeben.

Weitere bekannte psychopathologische Skalen sind das **NPI** (Neuropsychiatric Inventory, Cummings et al., 1994) und die **BPE** (Present Behavioral Examination, Hope und Fairburn, 1992).

Die Funktionsskalen

Dieser Skalentyp hat in jüngerer Zeit erhebliche Aufmerksamkeit erfahren. In Tabelle 2 sind Instrumente enthalten, die auf hohe Akzeptanz gestoßen sind.

Gegenstand der Erfassung ist die Fähigkeit, den verschiedenen Alltagsanforderungen gerecht werden zu können, wobei üblicherweise instrumentelle und allgemeine Alltagsaktivitäten (IADL/ADL) unterschieden werden. Dieser Phänomenbereich ist für die Beschreibung des Demenzsyndromes inzwischen unverzichtbar geworden.

In den meisten allgemeinen Demenzskalen sind Merkmale aus diesem Feld berücksichtigt, z.B. in der BDS (Blessed et al., 1968), die über 11 ADL/IADL Symptome verfügt. Eine der ersten Spezialskalen war die **IADL**-Skala von Lawton und Brody (1969). Das oben bereits erwähnte FAST (Reisberg, 1988) wird neben seinem Einsatz als Stagingverfahren häufig als ADL/IADL-Skala verwendet.

• **IDDD** - Interview for Deterioration in Daily Living Activities in Dementia (Teunisse et al., 1991). Es handelt sich um ein besonders differenziert elaboriertes Interview mit 33 Merkmalen, die von einer Betreuungsperson in Erfahrung gebracht und auf einer 3-Stufen Skala beurteilt werden müssen. Unterschieden werden 2 große Bereiche: persönliche Versorgungsaktivitäten (z.B. Waschen, Zähneputzen, Anziehen, Essen) und komplexe Aktivitäten (z.B. Einkaufen, Lesen, Schreiben, Telephonieren).

- **DADS** - Disability Assessment in Dementia Scale (Gauthier et al., 1997) Zur Beurteilung verschiedener ADL/IADL-Symptome und Freizeitaktivitäten wird die Versorgungsperson befragt. Die Interrater-Reliabilität wird mit .95 (ICC) angegeben. Daten zur Übereinstimmungsvalidität sind verfügbar.
- **PDS** - Progressive Deterioration Scale (DeJong et al., 1989) 27 (neue Version: 29) ADL- und IADL-Merkmale werden in strukturierter Form vorgelegt und von der Betreuungsperson auf einer visuellen Analogskala markiert. Entsprechend sind jeweils Skorewerte von 0 bis 100 möglich. Die Autoren bezeichnen ihr Instrument als eine Quality of Life-Skala. Vom Itembestand ist aber kein Unterschied zu Funktionsskalen ersichtlich. Die Interrater-Reliabilität ist befriedigend, ebenso die konvergente Validität (GDS). Das Verfahren wird in Antidementiva-Studien gerne eingesetzt. Die Bearbeitungszeit liegt bei 30 Minuten

Die **RDRS** (Rapid Disability Rating Scale; Linn & Linn, 1982) ist keine reine ADL/IADL-Skala, sondern beinhaltet auch Merkmale zu Depressivität und Orientierung.

Ein besonderes Verfahren ist die komplexe **OARS** Methodologie (Older Americans Resources and Services; Fillenbaum, 1988), die u.a. auch ADL/IADL Symptome enthält. Die Besonderheit des Instrumentes besteht darin, daß zugleich die Inanspruchnahme von sozialen Versorgungsdiensten dokumentiert wird.

Globalurteile zur Veränderungsmessung des Demenzsyndromes

Streng genommen handelt es sich bei diesem Skalentyp nicht um Instrumente, die das Demenzsyndrom abbilden sollen, vielmehr geht es um die Besserung oder Verschlechterung des psychopathologischen Gesamtbildes. Der Ansatz spielt vor allem in der Antidementivaforschung insofern eine wichtige Rolle, als die Zulassungsbehörden inzwischen klinische Globalmaße als primäre Effizienzkriterien verlangen. Ausgehend von der **CGIC** (Clinicians Global Impression of Change) aus der **CGI** (Clinical Global Impressions) (NIMH, 1970), die ohne aufwendige Beurteilungsanweisungen auskommen konnte, sind diese Verfahren inzwischen sehr komplex gestaltet worden. Bevor der Kliniker sein Globalurteil über die Veränderung der Symptomatik in bezug auf eine Referenzexploration, die mit Video dokumentiert wird, fällen kann, müssen alle wesentlichen Felder des Demenzsyndromes durch ein Interview mit dem Patienten exploriert und kodiert werden. Mit Blick auf diese methodischen Weiterentwicklungen spricht man von **CIBIC** Skalen (Clinicians Interview Based Impression of Change). Inzwischen gibt es auch Versionen, die ein Interview mit der Versorgungsperson einschließen. Diese Instrumente werden als **CIBIC-plus** bezeichnet. Es sind Vorschläge zur Diskussion gestellt worden, die auf eine Vereinheitlichung der Konstruktion dieses Skalentyps zielen (Meya et al.,

1994). Eines der ersten publizierten Instrumente war das **CIBI Interview** (Knopman et al., 1994), das nach Vorgaben der FDA entwickelt worden ist. Das Globalurteil wird auf einer 7-Punkteskala abgegeben, wobei der Wert 4 eine unveränderte Symptomatik bedeutet. Das Interview bezieht sich auf Orientierung, Konzentration, Gedächtnis, Sprache, Antrieb, diverse Verhaltensaspekte und ADL-Merkmale.

Daneben sind gegenwärtig 2 CIBIC-plus Interviews in Entwicklung, die von L. Schneider und S. Ferris stammen und noch nicht publiziert wurden. Das NYU-CIBIC-plus (Ferris) besteht aus einem strukturierten Interview mit dem Patienten, das kognitive Funktionen (4 Merkmale), Psychosezeichen, Affekt, Psychomotorik und Antrieb (12 Merkmale) prüft. Es folgt ein Staging unter Berücksichtigung von ADL/IADL-Merkmalen, das an die GDS/FAST angelehnt ist. Das Verfahren wird abgeschlossen mit einem strukturierten Interview der Versorgungsperson (25 Items), in dem erneut nach Psychosezeichen, Affekt, Antrieb und Psychomotorik gefragt wird.

Über die psychometrischen Eigenschaften dieser Instrumentenfamilie ist noch vergleichsweise wenig bekannt.

Zusammenfassung

Bei der Auswahl geeigneter Untersuchungsinstrumente wird man sich in erster Linie vom Aspekt der Zweckmäßigkeit im Hinblick auf die existierende Fragestellung leiten lassen.

Die gerontopsychiatrischen Dokumentationen lohnen ihren Aufwand, wenn man das gesamte Feld der Psychiatrie des höheren Lebensalters ins Visier nimmt. Beispielsweise dient das CAMDEX im ambulanten Bereich der Würzburger Klinik als Basisdokumentation für alle Patienten ab dem 60. Lebensjahr.

Wenn es ausschließlich um die Dokumentation dementieller Symptomatik geht und Zeitökonomie gewährleistet sein muß, sind allgemeine Demenzskalen Instrumente der ersten Wahl. Die Blessed oder die GBS-Skala bieten wertvolle Basisinformationen zu den wesentlichen Syndrombereichen wie höhere kortikale Funktionen, Persönlichkeitswandel und ADL/IADL. Eine beachtenswerte Alternative zu diesen Verfahren ist das SIDAM, das zusätzlich Diagnosen nach ICD und DSM bereithält. Die angesprochenen Instrumente lassen sich in die Routineversorgung von Klinik und Praxis ohne großen Aufwand einbauen und eignen sich zur Basisdiagnostik und Verlaufsbeurteilung in leichten bis mittleren Demenzstadien. Die Differenzierung dieses Skalentyps in den verschiedenen Bereichen ist aus begreiflichen Gründen limitiert. Deswegen wird man heute für spezielle wissenschaftliche Fragestellungen besser eine Batterie von Spezialskalen zusammenstellen.

Für den Bereich der Erprobung neuer antidementiver Medikamente, aber auch allgemein für die Verlaufsbeobachtung, empfiehlt es sich, neuropsychologische Tests mit ADL/IADL-Skalen und Verfahren zur globalen Veränderungsmessung zu kombinieren. Wenn nicht nur der Leistungsaspekt interessiert, wird man auf eine allgemeine psychopathologische Skala (z.B. BRSD) nicht verzichten wollen.

Kommt es auf die Frühdiagnose der Demenzsymptomatik an, eignet sich eine Kombination neuropsychologischer Instrumente mit speziellen ADL/IADL-Skalen (z.B. CERAD + IDDD oder NAI-COG + FAST). Der Einsatz der MMSE in diesem Bereich kann wegen seiner Bodeneffekte nicht mehr empfohlen werden. Bei sozialpsychiatrischen Studien, die den Patienten in seinen interpersonellen und instrumentellen Bezügen ins Auge fassen, leisten ADL/IADL-Skalen wertvolle Dienste. Zusätzlich kann man daran denken, die Belastungen der Angehörigen und die Inanspruchnahme von sozialpsychiatrischen Dienstleistungen zu dokumentieren.

Literatur

Allen, N.H., Gordon, S., Hope, T. & Burns, A. (1996). Manchester and Oxford Universities scale for the psychopathological assessment of dementia (MOUSEPAD). *British Journal of Psychiatry, 169,* 293-307.

Arbeitsgemeinschaft für Methodik und Dokumentation in der Psychiatrie (1997). *Das AMDP-System* (6. unveränderte Auflage). Göttingen: Hogrefe.

Blessed, G., Tomlinson, B. & Roth, M. (1968). The association between measures of dementia and of senile change in the cerebral grey matter of elderly subjects. *British Journal of Psychiatry, 114,* 797-811.

Christensen, H., Cullen, J.S., Henderson, A.S. et al. (1992). The Canberra Interview for the Elderly: a new field instrument for the diagnosis of dementia and depression by ICD-10 and DSM-III-R. *Acta Psychiatrica Scandinavica, 85,* 105-113.

Cole, M.G., Dastoor, D.P. & Koszycki, D. (1983). The Hierarchic Dementia Scale. *Journal of Clinical and Experimental Gerontology, 5,* 219-234.

Copeland, J.R., Dewey, M.E. & Griffiths-Jones, H.M. (1986). A computerized psychiatric diagnostic system and case nomenclature for elderly subjects: GMS and AGECAT. *Psychological Medicine, 16,* 89-99.

Copeland, J.R., Kelleher, M.J., Kellet, J.M., Gourlay, A.J., Gurland, B.J., Fleiss, J.L. & Sharpe, L. (1976). A semistructured clinical interview for the assessment of diagnosis and mental state in the elderly: The Geriatric Mental State Schedule. *Psychological Medicine, 6,* 439-449.

Cummings, J.L., Mega, M., Gray, K., Rosenberg-Thompson, S., Carusi, D.A. & Gornbein, J. (1994). The Neuropsychiatric Inventory: comprehensive assessment of psychopathology in dementia. *Neurology, 44,* 2308-2314.

DeJong, R., Osterlund, O.W. & Roy, G.W. (1989). Measurement of quality-of-life changes in patients with Alzheimer's disease. *Clinical Therapeutics, 11,* 545-554.

Devanand, D.P., Miller, L., Richards, M., Marder, K., Bell, K., Mayeux, R. & Stern, Y. (1992). The Columbia University Scale for Psychopathology in Alzheimer's disease. *Archives of Neurology, 49,* 371-376.

Erzigkeit, H. (1989). *SKT - Ein Kurztest zur Erfassung von Gedächtnis- und Aufmerksamkeitsstörungen.* Weinheim: Beltz.

Fillenbaum, G.G. (1988). *Multidimensional functional assessment of older adults. The Duke Older Americans and Services Procedure.* Hillsdale, NJ: Lawrence Erlbaum Associates.

Folstein, M.F., Folstein, S.E. & McHugh, P.R. (1975). "Mini-Mental-State". *Journal of Psychiatry Research, 12,* 189-198.

Gauthier, S., Bodick, N., Erzigkeit, E. et al. (1997). Activities of daily living: Role in dementia drug development. *Alzheimer Disease and Associated Disorders,* in press.

Gottfries, C.-G., Brane, G., Gullberg, B. & Steen, G. (1982). A new rating scale for dementia syndromes. *Archives of Gerontology and Geriatry, 1,* 311-330.

Gurland, B.J., Kuriansky, J.B., Sharpe, L., Simon, R., Stiller, P. & Birkett, P. (1977). The Comprehensive Assessment and Referral Evaluation (CARE)-Rationale, development and reliability. *International Journal of Ageing and Human Development, 8,* 9-42.

Gutzmann, H., Kanowski, S., Krüger, H., Urban, R. & Ciompi, L. (1989). *Das AGP-System.* Berlin: Springer.

Helmchen, H. (1996). The Berlin Aging Study (Berliner Altersstudie, BASE): Recent psychiatric findings. In C. Stefanis & H. Hippius (Eds.), *Neuropsychiatry in Old Age* (pp. 83-85). Göttingen: Hogrefe & Huber.

Helmes, E., Csapo, K.G. & Short, J.A. (1987). Standardization and validation of the Multidimensional Observation Scale for Elderly Subjects (MOSES). *Journal of Gerontology, 42,* 395-405.

Hope, T. & Fairburn, C.G. (1992). The Present Behavioural Examination (PBE): the development of an interview to measure current behavioural abnormalities. *Psychological Medicine, 22,* 223-230.

Hughes, C.P., Berg, I., Danziger, W.L., Coben, L.A. & Martin, R.L. (1982). A new clinical scale for the staging of dementia. *British Journal of Psychiatry, 140,* 566-572.

Ihl, R. & Frölich, L. (1991). *Die Reisberg-Skalen.* Weinheim: Beltz.

Jaspers, K. (1913). *Allgemeine Psychopathologie.* Berlin: Springer.

Jorm, A.F., Scott, R. & Jacomb, P.A. (1989). Assessment of cognitive decline in dementia by informant questionnaire. *International Journal of Geriatric Psychiatry, 4,* 35-39.

Kahn, R.L., Goldfarb, A.I., Pollak, M. & Peck, A. (1960). Brief objective measures for the determination of mental status in the aged. *American Journal of Psychiatry, 117,* 326-329.

Kawas, K., Segal, J., Stewart, W.F., Corrada, M. & Thal, L.J. (1994). A validation study of the Dementia Questionnaire. *Archives of Neurology, 51,* 901-906.

Knopman, D.S., Knapp, M.J., Gracon, S.I. & Davis, C.S. (1994). The Clinicans Interview-Based Impression (CIBI). *Neurology, 44,* 2315-2321.

Kranzhoff, E.-U. & Fürwentsches, P. (1995). Der Syndrom-Kurztest (SKT) nach H. Erzigkeit. Darstellung des Verfahrens und kritische Anmerkungen. *Zeitschrift für Neuropsychologie, 6,* 143-151.

Lawton, M.P. & Brody, E.M. (1969). Assessment of older people: self maintaining and instrumental activities of daily living. *Gerontologist, 9,* 179-186.

Linn, M.W. & Linn, B.S. (1982). The rapid disability rating scale-2. *Journal of the American Geriatrics Society, 30,* 378-382.

Mattis, S. (1976). Mental status examination for organic mental syndrom in the elderly patient. In L. Bellak & T.B. Karasu (Eds.), *Geriatric Psychiatry* (pp. 77-122). New York: Grune & Stratton.

Meya, U., Raschig, A., Siegfried, G. & Wannemacher, W. (1994). Primary outcome measures in dementia drug trials. Modified clinical interview-based impression of change. *International Journal of Methods in Psychiatric Research, 4,* 189-192.

Morris, J.C., Heyman, A., Mohs, R.C., Hughes, J.P., van Belle, G., Fillenbaum, G., Mellits, E.D. & Clark, C. (1989). The Consortium to Establish a Registry for Alzheimer's Disease (CERAD), Part 1. Clinical and neuropsychological assessement of Alzheimer's disease. *Neurology, 39,* 1159-1165.

National Institute of Mental Health (1970). 12 - CGI. Clinical Global Impression. In W. Guy & R.R. Bonato (Eds.), *Manual for the ECDEU Assessment Battery* (pp. 12-1 - 12-6). Maryland: Chevy Chase.

Oswald, W.D. & Fleischmann, U.M. (1995). *Nürnberger-Alters-Inventar NAI.* Göttingen: Hogrefe.

Overall, J.E. & Gorham, D.R. (1962). The Brief Psychiatric Rating Scale. *Psychological Reports, 10,* 799-812.

Overall, J.E., Scott, J. & Rhoades, H.M. (1990). Empirical scaling of the stages of cognitive decline in senile dementia. *Journal of Geriatric Psychiatry and Neurology, 3,* 212-219.

Panisset, M., Roudier, M., Saxton, J. & Boller, F. (1994). Severe Impairment Battery. A neuropsychological test for severely demented patients. *Archives of Neurology, 51,* 41-45.

Patti, A.H. & Gilleard, C.J. (1979). *Manual of the Clifton Assessment Procedures for the Elderly.* Sevenoaks: Hodder & Stoughton.

Pelletier, F.L., Hopkins, R.W. & Hamilton, P.F. (1991). The Kingston Dementia Rating Scale. *International Journal of Geriatric Psychiatry, 6,* 227-233.

Pfeffer, R.I., Kurosaki, T.T., Harrah, C.H. Jr., Chance, J.M. & Filos, S. (1982). Measurement of functional activities in older adults in the community. *Journal of Gerontology, 37,* 323-329.

Reisberg, B. (1988). Functional Assessment Staging (FAST). *Psychopharmacology Bulletin, 24,* 653-659.

Reisberg, B., Borenstein, J., Saloh, S.P., Ferris, S.H., Franssen, E. & Georgotas, A. (1987). Behavioral symptoms in Alzheimer's disease: Phenomenology and treatment. *Journal of Clinical Psychiatry, 48,* 9-15.

Reisberg, B., Ferris, S.H., deLeon, M.J. & Crook, T. (1982). The Global Deterioration Scale for assessment of primary degenerative dementia. *American Journal of Psychiatry, 139,* 1136-1139.

Reisberg, B., Schneck, M.K., Ferris, S.H., Schwartz, G.E. & deLeon, M.J. (1983). The Brief Cognitive Rating Scale (BCRS): Findings in primary dementia. *Psychopharmacological Bulletin, 19,* 47-50.

Reisberg, B., Sclan, S.G., Franssen, E., Kluger, A. & Ferris, S. (1994). Dementia staging in chronic care populations. *Alzheimer Disease and Associated Disorders, 8,* Suppl. 1, 188-205.

Ritchie, K., Allard, M., Huppert, F.A., Nargeot, C., Pinek, P. & Ledesert, B. (1993). Computerized cognitive examination of the elderly (ECO): The development of a neuropsychological examination for clinic and population use. *International Journal of Geriatric Psychiatry, 8,* 899-914.

Ritchie, R. & Ledesert, B. (1991). The measurement of incapacity in the severely demented elderly: the validation of a behavioural assessment scale. *International Journal of Geriatric Psychiatry, 6,* 217-226.

Roddenburg, M., Hopkins, R.W., Hamilton, P.F., Ginsburg, L., Yousery, N. & Minde, N. (1991). The Kingston Standardized Cognitive Assessment. *International Journal of Geriatric Psychiatry, 6,* 867-874.

Rosen, W.G., Mohs, R.C. & Davis, K.L. (1984). A new rating scale for Alzheimer's disease. *American Journal of Psychiatry, 141,* 1356-1364.

Roth, M., Tyrn, E., Mountjoy, C.Q., Huppert, F.A., Hendrie, H., Verna, S. & Goddard, R. (1986). CAMDEX. A standardized instrument for the diagnosis of mental disorder in the elderly with special reference to the early detection of dementia. *British Journal of Psychiatry, 149,* 698-709.

Schneider, K. (1946). *Klinische Psychopathologie.* Stuttgart: Thieme.

Shader, R.I., Harmatz, J.S. & Salzman, C. (1974). A new scale for clinical assessment in geriatric populations: Sandoz Clinical Assessment - Geriatric (SCAG). *Journal of the American Geriatric Society, 22,* 107-113.

Spiegel, R., Brunner, Ch., Ermini-Fünfschilling, D., Monsch, A., Notter, M., Puxty, J. & Tremmel, L. (1991). A new behavioral assessment scale for geriatric out- and inpatients: The NOSGER. *Journal of the American Geriatric Society, 39,* 339-347.

Stieglitz, R.-D. (1988). Klinische Selbst- und Fremdbeurteilungsverfahren. *Diagnostica, 34,* 28-57.

Tariot, P.N., Mack, J.I., Patterson, M.B., Edland, S.D., Weiner, M.F., Fillenbaum, G., Blazina, L., Teri, L., Rubin, E., Mortimer, J.A., Stern, Y., Doody, R., Nelson, N., Blass, J., Nolan, K., Heyman, A., Vanbelle, G., Beekley, D., Devanand, D.P., Karp, H., Clark, C., Rabins, P., Mohs, R., Mellow, A., Sunderland, T. et al. (1995). The Behavioral Rating Scale for dementia of the Consortium to Establish a Registry for Alzheimer's Disease. *American Journal of Psychiatry, 152,* 1349-1357.

Teunisse, S., Derix M.M. & van Crevel, H. (1991). Assessing the severity of dementia. *Archives of Neurology, 48,* 274-277.

Tuokko, H., Kristjansson, E. & Miller, J. (1995). Neuropsychological detection of dementia: an overview of the neuropsychological component of the Canadian Study of Health and Aging. *Journal of Clinical and Experimental Neuropsychology, 17,* 352-373.

Welsh, K.A., Butters, N., Hughes, J.P., Mohs, R.C. & Heyman, A. (1992). Detection and staging of dementia in Alzheimer's disease. *Archives of Neurology, 49,* 448-452.

Zaudig, M. & Hiller, W. (1996). *SIDAM - Handbuch.* Bern: Huber.

Psychopathologische Standardbeurteilung und Testverfahren in der Diagnostik organisch psychiatrischer Syndrome

Friedel M. Reischies

Einleitung

Eine psychopathologische Untersuchung und Dokumentation sollte mindestens diejenigen Symptome einer psychiatrischen Erkrankung umfassen, welche die Diagnose sichern (im Grunde jedoch darüber hinaus auch Symptome, die eine weitere Charakterisierung und Differenzierung der Syndrome erlauben). Das AMDP - System ermöglicht keine ausreichende Dokumentation der Symptomatik der organisch psychiatrischen Syndrome wie der Demenz, des Delirs, des Amnestischen Syndroms und der Leichten Kognitiven Störung nach ICD-10 bzw. der Leichten Neuro-kognitiven Störung nach DSM-IV. Von modernen diagnostischen Klassifikationssystemen wird die Beurteilung von Merkmalen gefordert, die das AMDP-System nicht vorsieht. Hierfür sind die neuropsychologischen Syndrome Amnesie, Aphasie, Apraxie und Agnosie etc. zu diagnostizieren (Poeck, 1989; von Cramon & Zihl, 1988). Eine differenziertere Charakterisierung der organisch psychiatrischen Syndrome erlaubt das AMDP-System nicht.

Wie bildet sich das Demenzsyndrom im AMDP-System ab, ist die erste Frage, der sich diese Arbeit widmet. Deshalb werden wir zunächst die Befunde des AMDP-Systems bei Demenz betrachten, die uns eine Beschreibung nach der klassischen Psychopathologie demonstrieren. Die Notwendigkeit der Testung und der dazu erforderlichen adäquaten Normdaten für die Demenzdiagnose wird im zweiten Teil behandelt. Im dritten Teil wird noch kurz auf die Frage eingegangen, welche Tests eingesetzt werden sollten.

Klinische Beschreibung des AMDP - Systems bei Demenz

Welche Merkmale des AMDP-Systems werden bei Patienten, welche die Erstdiagnose einer Demenz erhalten, besonders häufig als Aufnahmebefund dokumentiert und in welchen Merkmalen wird die Störung als besonders schwer eingestuft? Analysiert wurden die AMDP-Ratings aller stationärer Patienten der

Psychiatrischen Klinik der Freien Universität Berlin, welche die Erstdiagnose Demenz erhielten: präsenile oder senile Demenz (auch mit depressiver und Wahn-Symptomatik, sowie mit akutem Verwirrtheitszustand, ICD-9 290.0 - 290.3). Die vaskuläre Demenz (290.4) wurde mit eingeschlossen, weil in vielen Fällen eine klinische Differenzierung der Ätiologie des Demenzsyndroms nicht gelingt. Leider war keine unabhängige Differenzierung des Schweregrades der Demenz möglich. Der Zeitraum der Erfassung erstreckte sich von 1981 bis 1996. Das mittlere Alter der 185 Patienten war 68.7 Jahre (s = 11.8), 59.1% waren Frauen; das Gymnasium besuchten 11.2%, die Realschule 15.4%, die Hauptschule 69.2% und die Sonderschule 4.1%. Kriterium für die Aufnahme des Symptoms in die primären Symptomlisten (Tabelle 1 und 2) war: Mehr als 40% mußten diese Symptomatik aufweisen, bzw. 10% und mehr der Patienten mußten das Symptom in mittlerer oder schwerer Ausprägung zeigen.

Tabelle 1   Häufigkeit der Schweregradausprägung der Symptome des Demenzsyndroms im AMDP-System in % bei 185 Patienten

Symptom	leicht	mittel	schwer	Dimensionen
Merkfähigkeitsstörung	17	29	38	Gedächtnis
Konzentrationsstörung	31	38	15	Aufmerksamkeit, Denken
Gedächtnisstörung	14	36	31	Gedächtnis
Auffassungsstörung	24	30	12	Sprache und Global
umständliches Denken	26	28	11	Denken
zeitliche Orientierung gestört	18	15	25	Gedächtnis
verlangsamtes Denken	22	26	11	Denken
Orientierung zum Ort gestört	15	21	17	Gedächtnis
Orientierung zur Situation gestört	14	16	13	Gedächtnis
Intelligenzstörung	8	10	15	Global
pflegebedürftig	20	15	12	Alltagsbeeinträchtigung
affektinkontinent	14	13	3	Affektkontrolle
Mangel an Krankheitseinsicht	11	12	17	"Anosognosie"

Tabelle 2 Affektive Symptome und Symptome des "Depressiven Syndroms" bei Demenz

Symptom	leicht	mittel	schwer	Dimensionen
deprimiert	26	28	6	Affekt
antriebsarm	27	21	6	Antrieb
hoffnungslos	18	15	4	Affekt
Insuffizienzgefühle	12	17	4	Affekt
sozialer Rückzug	25	19	8	Antrieb
Grübeln	19	12	2	Denken
gestörte Vitalgefühle	14	17	5	somatisch
ängstlich	28	19	4	Affekt
innerlich unruhig	22	18	4	Affekt
motorisch unruhig	23	15	4	Psychomotorik
affektarm	23	14	4	Affekt
ratlos	31	21	16	Affekt
Denken eingeengt	25	19	3	Denken

Es bestätigt sich die überragende Rolle der Gedächtnisstörung mit Defiziten in der Merkfähigkeit, im Neugedächtnis und der Orientierung. Ferner ist die Störung der Konzentration zu nennen und die der Auffassung, die sowohl das Sprachverständnis als auch globalere Denk- bzw. Intelligenzkomponenten betrifft. Die Patienten entstammen nicht einer Gerontopsychiatrischen Klinik oder Gedächtnissprechstunde, sondern einer allgemeinpsychiarischen Abteilung, das muß bei der Interpretation der Daten bedacht werden. Aus diesem Grund beobachteten wir möglicherweise mehr atypische Fälle. Einer allgemeinpsychiatrischen Abteilung werden normalerweise schwere Demenzfälle nicht überwiesen, die bereits ambulant eindeutig diagnostizierbar sind. Sie werden in vielen Fällen direkt in ein Pflegeheim eingewiesen. Diese Aspekte sind insbesondere für die Tabelle 2 wichtig, bei der die Ausprägung affektiver bzw. Depressions- Symptome dargestellt ist. Eine hohe Komorbidität von Demenz und Depression ist allerdings besonders bei Frühformen der Demenz häufig und auch in Bevölkerungsstichproben zu finden (Reischies et al., im Druck). Einige Merkmale der Tabelle 2 können nicht nur einem depressiven Syndrom, sondern auch einem organischen Syndrom zugeordnet werden (z.B. Antriebsarmut, motorische Unruhe oder sozialer Rückzug). An einem AMDP-Modul speziell der organisch psychiatrischen Syndrome wird gearbeitet . Allerdings ist die Rolle der neuropsychologischen Tests in der psychopathologischen Untersuchung noch zu klären.

Notwendigkeit von Grenzwerten für Tests

Mittelschwere und schwere Demenzsyndrome sind bereits klinisch festzustellen. Die Diagnose der leichten Demenz jedoch und noch in stärkerem Ausmaß die Diagnose der Leichten Kognitiven Störung nach ICD-10 (Forschungskriterien) erfordern den Einsatz von neuropsychologischen Tests. Zwar wird auch bei der psychiatrischen Aufnahmeuntersuchung eine rudimentäre Testung vorgenommen. Aber diese ist überraschend wenig standardisiert, sowohl in der Auswahl der Aufgaben als auch hinsichtlich der Normwerte (Reischies, 1987; Strub & Black, 1997). Validierte Grenzwerte von Tests erlauben erst die Identifizierung von kognitiven Leistungsdefiziten. Die Varianz von Testleistungen ist bereits normalerweise hoch. Bei Testleistungen von einer Standardabweichung (s) unter der Norm beginnt der Bereich der Leichten Kognitiven Störung (wenn die Zusatzkriterien erfüllt werden, Reischies, im Druck). Bei Testleistungen von 2 s unter der Norm beginnt, konventionell definiert, der Bereich eindeutig gestörter kognitiver Funktionen (vgl. auch Abbildung 1).

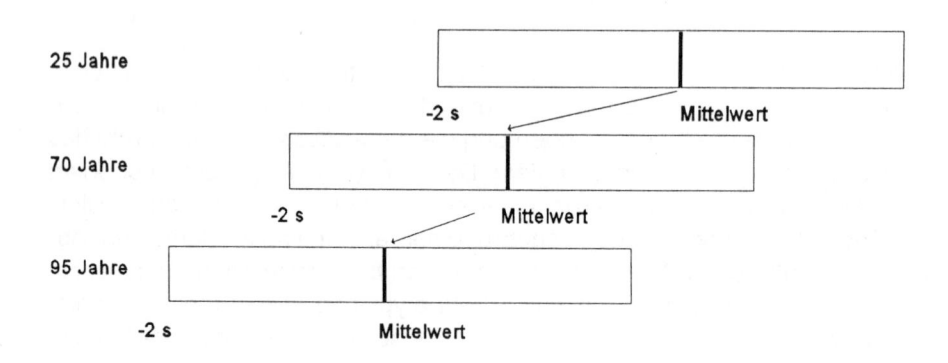

Abbildung 1 Alterseffekt auf die Testleistung gesunder Personen.
Schematisch ist die deutliche Verminderung der mittleren Testleistung im Lebenslauf dargestellt (bei weitgehend gleichbleibender interindividueller Varianz). In Anbetracht der konventionellen Abgrenzung gestörter Leistung bei zwei Standardabweichungen unterhalb der Norm ist eine Anpassung der Test-Grenzwerte - speziell im hohen Alter - unerläßlich (Reischies & Lindenberger, 1996).

Für die klinische Interpretation der Testdaten sind insbesondere Alters- und Bildungseinflüsse zu berücksichtigen. Man kann nach neueren Befunden die Frage zu beantworten versuchen, um wie viele Standardabweichungen sich der Wertebereich der Leistungen über die Lebensspanne hinweg verschiebt. Die aus Längsschnittstudien abschätzbare Verschlechterung der mittleren Leistung von Probandengruppen beträgt ca. 2 s vom 25. zum 67. Lebensjahr, bezogen auf die Standardabweichung der 25-jährigen; dies gilt vor allem für Tests, die schnelle Leistung der Wahrnehmung oder Wortfindung verlangen (Schaie, 1989). Der weitere Verlauf ist - u.a. wegen des selektiven Drop-outs von Demenzfällen - besser in Querschnittstudien zu erfassen und beträgt ca. 1 - 2 s vom 70. bis zum über 95. Lebensjahr (Reischies & Lindenberger, 1996). Dazu ist zu bemerken, daß sich die Varianz kognitiver Leistungen offenbar mit dem Alter nicht bedeutend verändert. Alterseffekte für eine Reihe von neuropsychologischen sowie kognitionspsychologischen Tests für den Altersbereich, in dem Demenzen besonders häufig auftreten (70 - 95+ Jahre), sind im Rahmen der Berliner Altersstudie in einer Bevölkerungsstichprobe ermittelt und jüngst publiziert worden (Reischies & Lindenberger, 1996).

Der Bildungseffekt bei Testleistungen ist stark, so daß bei niedriger Schulbildung im hohen Alter deutlich zu viele Demenzfälle diagnostiziert werden. Bei hoher Bildung jedoch ist die Situation umgekehrt: Für Patienten mit eindeutigen Demenzverläufen gelingt noch keine Objektivierung der Defizite in den gängigen Tests, weil keine Bildungskorrekturen für das hohe Alter existieren. In der Berliner Altersstudie war der Bildungseffekt auf einige Tests, speziell der allgemeinen Intelligenz, hoch - aber auch für den häufig verwendeten MMSE Test: Bei den 70 - 84jährigen fanden wir bei den niedrig Gebildeten (8 Jahre) 27.1 (s = 2.9) MMSE Punkte, bei den hochgebildeten (13+ Jahre) 28.4 (s = 1.5); bei den älteren Studienteilnehmern (85+ Jahre) war der Effekt noch stärker: 24.3 (s = 2.7) versus 26.3 (s = 2.3) MMSE Punkte. Der Unterschied war in beiden Fällen statistisch signifikant. Der Begriff Bildung steht hier für Einflußfaktoren wie Anlage, Entwicklungsförderung und kulturelle Aktivitäten im Erwachsenenalter. Bei ungleichen Chancen im Bildungssystem Anfang dieses Jahrhunderts ist der erreichte Bildungsstand bzw. das kulturelle Niveau nicht gut mit der Schulart oder der Anzahl der Schuljahre erfaßbar, speziell gilt dies für Frauen.

Auswahl der Tests entsprechend den Kriterien der Diagnosesysteme

Die ICD-10 Demenzkriterien verlangen, daß noch zusätzlich über die Merkmale hinaus, die im AMDP-System vorgesehen sind, die Störung des Lernens, Rechnens, der Sprache und des Urteils untersucht wird - letzteres, weil das Urteil hinsichtlich der eigenen Erkrankung, welches als Merkmal im AMDP-System existiert, nur einen speziellen Bereich gestörter Urteilsfähigkeit umfaßt. Neben den genannten neuropsychologischen Dimensionen spezifizieren die

ICD-10 Forschungskriterien, und auch ähnlich DSM-IV, verbales und averbales Gedächtnis und darüber hinaus die Störung im Planen und Organisieren (siehe Tabelle 3). Eine allgemeine Störung der Informationsverarbeitung, die in den ICD-10 Forschungskriterien zuletzt genannt wird, kann als Sammelbegriff für weitere neuropsychologische Symptome angesehen werden. DSM-IV fordert die Objektivierung der Defizite durch Testresultate, bei ICD-10 ist dies nur in den Forschungskriterien der Fall.

Tabelle 3 Dimensionen neuropsychologischer Testleistungen, die von den Diagnosesystemen für die Diagnose des Demenzsyndroms gefordert werden

Leistungsbereich	DSM-IV-Demenz	ICD-10-Demenz
Gedächtnis	Störung: - neue Informationen lernen - früher Gelerntes abrufen	Störung: - Gedächtnis - Lernen - Orientierung
Sprache	Aphasie	Störung der Sprache, im Sprachverständnis (und Rechnen)
motorische Aktivitäten	Apraxie, d.h. Fähigkeit zu motorischen Aktivitäten beeinträchtigt, keine Lähmung	
Wahrnehmung	Agnosie, d.h. Gegenstände nicht identifizieren können, Sensorik intakt	
Denken	Abstraktionsstörung	Störung des Denkens und der Urteilsfähigkeit
"Exekutivfunktionen"	Störung: Planen, Organisieren, Reihenfolgen einhalten	

Viele Studien beschäftigen sich mit der Frage, welche Tests mit hoher Sensitivität und Spezifität eine Demenzdiagnose bestätigen. Hierbei wird als besonders effizient immer wieder die Untersuchung der folgenden Funktionen genannt (siehe Reischies & Lindenberger, 1996; Reischies et al., im Druck): Wiedergabe von Wortlisten nach Ablenkung, Nutzung von semantischen Hilfestellungen beim Einspeichern und bei der Wiedergabe von Merkitems sowie die Wortfindung, speziell in Fluencyaufgaben, z.B. möglichst viele Tiere nennen. Es existieren über die genannten Leistungsdimensionen noch vielfältige weitere Dimensionen neuropsychologischer Störungen und Differenzierungsmöglichkeiten bei Demenz. Eine vollständige neuropsychologische Testerfassung des Symptomprofils dementer Patienten ist aus Praktikabilitätsgründen ausgeschlossen, und auch die geringe Belastbarkeit der Patienten steht einem derartigen Versuch entgegen.

Abschließend sollen die Empfehlungen der Amerikanischen Akademie der Neurologie zur allgemeinen neuropsychologischen Testung erwähnt und deutsche Testversionen, bzw. Erfahrungen mit den Tests in Deutschland aufgeführt werden (vgl. Tabelle 4).

Tabelle 4 Empfehlungen des Therapeutics and Technology Assessment Subcommittee der American Academy of Neurology (1996)

Leistungsdimension	Test	deutsch:	Lit.
Aufmerksamkeit	Zahlenspanne	+ Wechsler Memory Scale	*(1)
	Letter cancellation	d2	*
	Reitan Trailmaking A	+	*(1)
Sprache	Boston Naming	+	*
	Boston Diagnostic Aphasia Examination	Aachener Aphasie T. (Poeck, 1989)	
	Western Aphasia Battery	Aachener Aphasie T.	
	verbal fluency	+	*(1, 2)
Gedächtnis	Wechsler Memory Scale	1988	*
	Rey Auditory Verbal Learning Test	+	*(2)
	California VLT	Enhanced Cued Recall	(3)
Visuell-räumliche Funktionen	Rey-Osterrieth Complex Figure	+	*(3)
	Block Design	"Mosaik-Test"	*
Intelligenz	WAIS-R	HAWIE-R+	*
	Wechser Intell. Scale for Children	+	*
	National Adult Reading Test	MWT-B	(2)
Motorische Schnelligkeit	finger tapping	+	*
	Grooved Pegboard	+	*
Bildung	Wide Range Achievement Test		*

+ deutsche Version vorhanden, Literatur: *Spreen & Strauss (1991), (1) Reischies (1987), (2) Reischies et al. (1992), (3) Reischies & Lindenberger (1996)

Einige der genannten Tests hängen von mehreren der neuropsychologischen Dimensionen ab. Dies ist ein praktisch nicht zu vermeidendes Problem diagnostischer Testung. Apraxie-Tests sind bei visuell-räumlichen Fähigkeiten und der motorischen Schnelligkeit zu finden, und Wahrnehmungsleistungen sind nicht gesondert aufgeführt (siehe auch visuell-räumliche Fähigkeiten). In den nächsten Jahren wird sich zeigen, ob eine internationale Angleichung der in der klinisch-neurospychologischen Diagnostik verwendeten Tests gelingt, was zu wünschen ist. Die psychiatrische Standarddiagnostik muß sich zumindest auf die Kriterien der großen Klassifikationssysteme einstellen und in der besonders wichtigen Früh- und Differentialdiagnose von Demenzen neuropsychologische Standardtests einsetzen - darüber hinaus muß aber auch im AMDP-System eine differenzierte Beurteilung der organisch psychiatrischen Syndrome dokumentiert werden können.

Literatur

Cramon, D. von & Zihl, J. (1988). *Neuropsychologische Rehabilitation.* Berlin: Springer.
Poeck, K. (1989). *Klinische Neuropsychologie.* Stuttgart: Thieme.
Reischies, F.M. (1987). Neuropsychologisches Defizit Screening. *Nervenarzt, 58,* 219-226.
Reischies, F.M. Leichte Kognitive Störung. *Psychiatrie der Gegenwart,* 4. Auflage, im Druck.
Reischies, F.M., Elpers, M. & Stieglitz, R.-D. (1992). Wertung testpsychologischer Befunde bei endogener Depression. In W. Gaebel & G. Laux (Hrsg.), *Biologische Psychiatrie, Synopsis 1990/91* (S. 197-201). Heidelberg: Springer.
Reischies, F.M., Geiselmann, B., Geßner, R., Kanowski, S., Wagner, M., Wernicke, T. & Helmchen, H. (im Druck). Demenz bei Hochbetagten - Ergebnisse der Berliner Altersstudie. *Nervenarzt.*
Reischies, F.M. & Lindenberger, U. (1996). Grenzen und Potentiale kognitiver Leistungen im hohen Alter. In K.U. Mayer & P.B. Baltes (Hrsg.), *Die Berliner Altersstudie* (S. 351-377). Berlin: Akademie Verlag.
Schaie, K. W. (1989). Perceptual speed in adulthood: Cross-sectional studies and longitudinal studies. *Psychology and Aging, 4,* 443-453.
Spreen, O. & Strauss, E. (1991). *A compendium of neuropsychological tests - administration, norms and commentary.* New York: Oxford UP.
Strub, R.L. & Black, W. (1997). The mental status exam. In T.E. Feinberg & M.J. Farah (Eds.), *Behavioral neurology and neuropsychology* (pp. 25-42). New York: McGraw-Hill.
Therapeutics and Technology Assessment Subcommittee of the American Academy of Neurology (1996). Assessment: Neuropsychological testing of adults. *Neurology, 47,* 592-599.

Vergleichende Darstellung computerunterstützter Gedächtnistests des CANTAB-Systems mit Daten der Berliner Gedächtnissprechstunde

Ralf Berneis und Hans Gutzmann

Einleitung

Im Rahmen der im Max-Bürger-Krankenhaus bis 1994 eingerichteten "Berliner Gedächtnissprechstunde" wurde die Studie zum **"Langzeitverlauf dementieller Erkrankungen"** durchgeführt. Diese Studie ist eine vergleichende Verlaufsbeobachtung auf verschiedenen Meßebenen für drei Untersuchungsgruppen. Die erste Untersuchungsgruppe umfaßt Patienten mit primär degenerativer Demenz vom Alzheimer-Typ leichter bis mittelschwerer Ausprägung, die zweite Personen mit kognitiven Störungen und die dritte gesunde Versuchspersonen (Gutzmann et al., 1989).

Die **neuropsychologische Meßebene** wurde verbal mit dem Münchener Verbalen Gedächtnistest (MVG; Ilmberger, 1988) - einem Papier-Bleistift-Test - und nonverbal mit dem computerunterstützten Instrument der **C**ambridge **N**europsychological **T**est **A**utomated **B**attery (CANTAB) untersucht.

Die vier CANTAB-Tests (Evenden & Roberts, 1989) wurden unter Einsatz eines Computers auf einem Bildschirm vorgegeben und mußten direkt am Bildschirm bearbeitet werden. Bei Reaktionswahlaufgaben kann mittels dieser Apparatur die Wahl eines von mehreren Stimuli direkt durch Berühren des gewählten Stimulus auf dem Bildschirm erfolgen und registriert werden, ohne daß Assoziationsleistungen zwischen Reaktionstasten und Wahlstimuli geleistet werden müssen.

Um Strukturungleichheiten in Fall-Kontroll-Studien zu vermeiden, wendet man häufig das **"Matched Pairs"-Verfahren** an, indem bezüglich der Einflußgrößen übereinstimmende Fall-Kontroll-Paarlinge gebildet werden. Hier wurde analog für die drei Untersuchungsgruppen ein "Matched Triples"-Verfahren angewendet, um die Einflußgrößen Alter, Geschlecht und Bildung zu kontrollieren.

In unserer Studienpopulation waren die Alzheimer-Patienten rund 9 Jahre älter und hatten eine geringere Schulbildung als die Kontrollprobanden. Während zuvor das Alter und die schulische Bildung zwischen den Untersuchungsgruppen signifikant unterschiedlich waren, so ist für die Stichprobe keines der Merkmale mehr signifikant.

Charakterisierung der vier CANTAB-Tests

In der Präsentationsphase des **STAR-Tests** werden nacheinander zwölf abstrakte Muster auf dem Bildschirm präsentiert. Anschließend werden zwölf mal zwei Muster angeboten, wovon eines bereits präsentiert wurde und das zweite neu ist. Die Aufgabe besteht darin, das bereits präsentierte Muster wiederzuerkennen, wobei die Korrektheit und die Entscheidungsdauer gemessen werden.

Die "Anzahl richtiger Antworten" zeigt in allen 3 Paarvergleichen zwischen den Untersuchungsgruppen signifikante Unterschiede. Beim STAR-Test benötigen die Alzheimer-Patienten eine doppelt so lange und die kognitiv Gestörten eine ein Drittel längere Bearbeitungszeit als die Kontrollprobanden. Die Korrektheit lag in beiden Teiltests um rund 24 bzw. 14% unter der der Kontrollprobanden.

Der **DMTS-Test** (Delayed Match to Sample) zum verzögerten Zuordnen von Stimuli zu Vorlagen ist ein Maß für die Funktion des visuellen Kurzzeitgedächtnisses bei bedeutungslosen visuellen Reizen. In der Präsentationsphase wird ein visuell komplexes Muster gezeigt. In der Wiedererkennungsphase soll dann unter vier vorgegebenen Mustern das zuerst präsentierte ausgewählt werden. Zwischen der Präsentations- und der Wiedererkennungsphase werden vier verschieden lange Verzögerungen geprüft. Signifikante Parameter waren die "Anzahl der benötigten Versuche", die "Anzahl der richtigen Antworten im 1. Versuch" sowie die "Bearbeitungszeit für alle Versuche".

Alle Untersuchungsgruppen haben bei simultaner Zuordnung vergleichbar viele Versuche benötigt und mit der Zunahme der Latenzzeit benötigen alle Gruppen mehr Versuche bis zur richtigen Lösung der Aufgabe. Bei der Alzheimer-Gruppe wird im visuellen Kurzzeitgedächtnis ein eindeutiges Defizit deutlich. Bei allen Latenzzeiten, die einer Erinnerung bedürfen, schneidet die Alzheimer-Gruppe hochsignifikant schlechter ab als die Kontrollgruppe. Die kognitiv Gestörten nehmen eine Mittelstellung zwischen diesen Gruppen ein.

Der **DREP-Test** (Delayed Response Paradigma) dient der Messung des visuell-räumlichen assoziativen Gedächtnisses und der Lernfähigkeit in einem delayed response paradigma mit einem über 9 Sets stark ansteigenden Schwierigkeitsgrad.

Die Versuchsperson hat die Aufgabe, Assoziationen von Mustern zu Positionen zu erlernen. Zunächst sind 6 Quadrate kreisförmig auf dem Bildschirm angeordnet. In der Präsentationsphase werden alle Quadrate in zufälliger Reihenfolge "geöffnet" und enthalten entweder unterschiedliche abstrakte Muster oder sind leer. Nachdem das letzte Quadrat geöffnet wurde, erscheinen die gezeigten Muster jeweils einzeln im Zentrum des Kreises. Die Aufgabe besteht darin, auf das Quadrat im Kreis zu zeigen, unter dem das jeweilige Muster zuvor gezeigt worden war.

Alle drei Parameter des DREP-Tests zeigen Signifikanzen zwischen den Untersuchungsgruppen. Während der 7. Set noch von allen Kontrollprobanden gelöst werden kann, lösen ihn nur noch 3 der Alzheimer-Patienten und 13 der kognitiv Gestörten.

Im ersten Versuch erinnern die Alzheimer-Patienten nur rund halb so viel richtig wie die anderen Gruppen. Ihr Lernzugewinn ist ab dem dritten Versuch nur noch gering. Sie zeigen somit substantielle Beeinträchtigungen in den Lernkomponenten des **delayed response paradigmas**. Die kognitiv Gestörten haben gegenüber der Kontrollgruppe nur eine leicht verminderte Lernleistung (siehe auch Sahakian et al., 1988; Sahgal et al., 1991).

Zum Test des Arbeitsgedächtnisses wird der Working Memory Test - **MORM-Test** genannt - eingesetzt. Auf dem Bildschirm werden eine Anzahl von Quadraten gezeigt. Durch Berühren "öffnen" sich die Quadrate, die entweder leer sind oder jeweils ein kleines blaues Quadrat - den Stimulus - enthalten. Die einzelnen Quadrate sollen nach dem Stimulus abgesucht und in eine säulenförmige Ablage am Bildschirmrand transportiert werden, bis diese gefüllt ist. Die Probanden sollen unter Einsatz des Arbeitsgedächtnisses einen effizienten Suchweg entwickeln. Keiner der sechs Parameter des MORM-Tests vermag einen signifikanten Gruppenunterschied zwischen der Gruppe der kognitiv Gestörten und den anderen beiden Gruppen aufzuzeigen.

Diagnostische Aussagekraft der einzelnen CANTAB-Tests

Die diagnostische Aussagekraft der einzelnen CANTAB-Tests wird mittels der **Diskriminanzanalyse** für alle getesteten Versuchspersonen bestimmt. Sie versucht anhand der Testergebnisse die Versuchspersonen in die zutreffenden Untersuchungsgruppen einzuordnen. Das Maß, wie gut dies gelungen ist, ist die Prozentangabe richtig zugeordneter Personen. Das Ergebnis des sogenannten "Enter-Verfahrens" zeigt die Güte der Zuordnung, wenn alle verfügbaren Parameter gleichzeitig in die Diskriminanzanalyse miteinbezogen werden.

Die Zuordnungsraten der einzelnen CANTAB-Tests liegen zwischen 63% und 69%. Wird die Diskriminanzanalyse mit allen 18 Parametern der 4 CANTAB-Tests durchgeführt, so wird mit 3 Parametern des STAR-, MORM- und DREP-Tests eine fast 70% korrekte Klassifikation erreicht. Die gleichzeitige Einbeziehung aller CANTAB-Parameter verbessert das Ergebnis auf 77.7%.

Die differentialdiagnostisch schwirigste Abgrenzung der kognitiv Gestörten von den beiden Randgruppen fällt dem Verfahren am schwersten. So können jeweils mehr als 80% der Alzheimer-Gruppe und der Kontrollgruppe, aber nur rund 68% der kognitiv Gestörten korrekt klassifiziert werden.

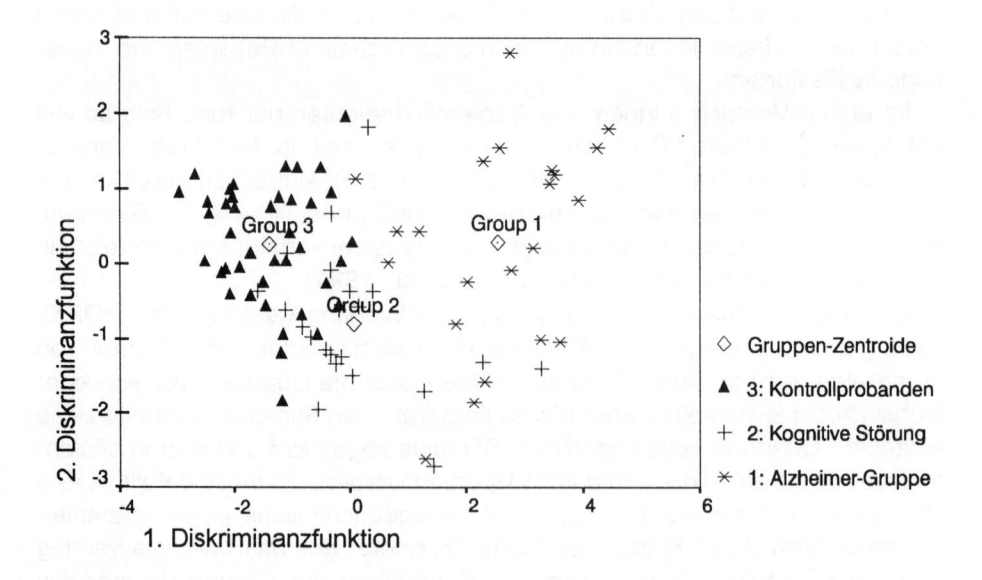

Abbildung 1 Kanonische Diskriminanz-Funktionen für die CANTAB-Tests

Die Abbildung 1 stellt die kanonische Diskriminanzfunktion für die CANTAB-Tests dar. Jede Markierung in der Abbildung steht für eine Versuchsperson und ihr persönliches Ergebnis, das in den beiden Diskriminanzfunktionen umgerechnet wurde. Die Alzheimer-Patienten streuen offensichtlich weit stärker als die Kontrollprobanden. Die große interindividuelle Streubreite und die starken Überlappungen zwischen den Gruppen werden hier anschaulich.

Die individuelle Streubreite der Leistungen in den CANTAB-Tests ist so groß, daß sie die Veränderungen durch kognitive Störungen zum Teil übertreffen, woraus sich kaum lösbare Zuordnungsprobleme für die Diskriminanzanalyse ergeben haben.

Die Berechnung von Sensitivität und Spezifität erfordert eine Zweiwertigkeit der abhängigen Variable. Für die Variante der homogenen Betrachtung der Alzheimer-Gruppe und der kognitiv Gestörten beträgt die Sensitivität 82.6% und die Spezifität 84.6%. Diese Werte sind für eine neuropsychologische Testmethode akzeptabel.

Die gefundene maximale diagnostische Fähigkeit des CANTAB-Systems beträgt rund 78% gegenüber 90% durch den verbalen neuropsychologischen MVG-Test. Die Ergebnisse zeigen die nicht ausreichende Potenz einer isolierten Betrachtungsebene und verdeutlichen die Notwendigkeit eines multimethodalen Ansatzes (Gutzmann et al., 1993).

Diagnostische Anwendung von CANTAB

Für die Anwendung von CANTAB im Rahmen einer Demenz-Diagnostik spricht, daß sich Leistungsdefizite nicht homogen über alle kognitiven Leistungsbereiche manifestieren. Daher sollten neben verbalen auch figurale Gedächtnisleistungen geprüft werden. Die CANTAB-Tests sind somit ein zusätzliches Mittel zur Beschreibung des Gedächtnisdefizits. Zudem kann CANTAB die Objektivität und Reliabilität der Demenzdiagnose erhöhen.

Der Einsatz abstrakten statt alltagsrelevanten Testmaterials kann gerade in den Frühformen einer Demenz sensitiver sein und dazu beitragen, daß eine individuelle Insuffizienz subjektiv weniger erlebt wird, da die Versuchspersonen ihre Ergebnisse nicht relativieren können. Die meisten Probanden zogen computerunterstützte Tests den Papier-Bleistift-Tests vor.

Bei der Analyse der **Vor- und Nachteile** wird deutlich, daß der Vorteil, spezifische Daten objektiv, genau und reliabel auch nonverbal gewinnen zu können, durch ein aufwendigeres und weiter zu entwickelndes Verfahren erkauft werden muß. Neben den höheren Kosten einer computerunterstützten Gedächtnisprüfung muß als wesentlicher Nachteil die noch nicht ausreichende Validierung computerunterstützer Gedächtnistests in großen Studien genannt werden (siehe auch Robbins & Sahakian, 1994; Sahgal et al., 1991).

Diskussion

Für computergestützte Gedächtnistests sprechen verschiedene Gründe. Bestimmte Methoden der Gedächtnisprüfung sind nur computerunterstützt möglich, da sie eine hohe Geschwindigkeit, Präzision oder Interaktionsrate voraussetzen oder einen integrierten Einsatz mehrerer Medien erfordern. Ein Computer kann auch als Screening-Instrument eingesetzt werden und den Aufwand zur Testdurchführung reduzieren helfen oder in modifizierter Form als Gedächtnistraining genutzt werden.

Ein Ziel für die nähere Zukunft könnte sein, eine computergestützte Testbatterie als klinisches Screening-Instrument für Patienten mit Gedächtnisproblemen zu entwerfen. Sie sollte den Arzt und Psychologen unterstützen, um über eine weiterführende Diagnostik und Therapie sachgerecht und gezielt entscheiden zu können.

Literatur

Evenden, J.L. & Roberts, A.C. (1989). *Cambridge Neuropsychological Test Automated Battery (CANTAB)*. Instruction manuals for: Working memory and planning, visuospatial memory, attention. London: Institute of Psychiatry.

Gutzmann, H., Dahlke, F., Richert, A. & Gutjahr, L. (1989). Langzeitverlauf dementieller Erkrankungen. Überlegungen zum Design. In M.E. Kalousek (Hrsg.), *Gerontopsychiatrie. 17. Symposion der Europäischen Arbeitsgemeinschaft für Gerontopsychiatrie 1989 in Wien* (S. 163-178). Neuss: Janssen GmbH.

Gutzmann, H., Richert, A., Ströhle, A. & Veltkamp, V. (1993). Früherfassung dementieller Prozesse: differentieller Beitrag einzelner Verfahren. In H.-J. Möller & A. Rohde (Hrsg.), *Psychische Krankheit im Alter* (S. 266-271). Berlin: Springer.

Ilmberger, J. (1988). *Münchner Verbaler Gedächtnistest*. München: Institut für Medizinische Psychologie.

Robbins, T.W.& Sahakian, B.J. (1994). Computer methods of assessment of cognitive function. In J.R.M. Copeland, M.T. Abou-Saleh & D.G. Blazer (Eds.), *Principles and practice of geriatric psychiatry* (pp. 205-209). Chichester: John Wiley & Sons.

Sahakian, B.J., Morris, R.G., Evenden, J.L., Heald, A., Levy, R., Philpot, M. & Robbins, T.W. (1988). A comparative study of visuospatial memory and learning in Alzheimer-type dementia and Parkinson's disease. *Brain, 111,* 695-718.

Sahgal, A., Sahakian, B.J., Robbins, T.W. & Wray, C.J. (1991). Detection of visual memory and learning deficits in Alzheimer's disease using the Cambridge Neuropsychological Test Automated Battery. *Dementia, 2,* 150-158.

Evaluation zweier Interviews zur syndromalen Diagnostik dementieller Störungen (SIDAM und CAMDEX)

Petra Dykierek, Helga Maes, Dieter Riemann, Rainer Wolf, Godehard Stadtmüller, Dieter F. Braus, Wagner F. Gattaz und Mathias Berger

Einleitung

In der Demenzdiagnostik stehen mit dem SIDAM (Zaudig et al., 1990; Zaudig & Hiller, 1995) und der CAMDEX (Roth et al., 1988) zwei strukturierte Interviewverfahren zur Verfügung, die eine syndromale, kriterienbezogene Diagnostik nach DSM-III-R, DSM-IV und ICD-10, sowie eine Quantifizierung der kognitiven Leistungsfähigkeit ermöglichen. Beide Demenzinstrumente erheben den Anspruch, auch die "leichte kognitive Beeinträchtigung" (Zaudig, 1995) bzw. die "minimal dementia" (Roth et al., 1988) zu erfassen. Der Mini-Mental-State-Test (MMST), der international wohl am häufigsten eingesetzte Demenzscreening-Test von Folstein et al. (1975), scheint für die Erfassung dieser diagnostischen "Zwischengruppe" nach Ansicht verschiedener Autoren (z.B. Zaudig, 1995; Henderson & Huppert, 1984) eher ungeeignet.

Im Rahmen der BMFT-Studie **"Mehrdimensionale Differenzierung von Altersdepressionen, Demenzen vom Alzheimer-Typ sowie physiologischen Alterungsprozessen"** konnten das SIDAM, die CAMDEX sowie der in beiden Verfahren integrierte MMST an einer größeren Stichprobe evaluiert werden. Neben einem allgemeinen Vergleich (z.B. Charakteristika, psychometrische Güte, Ökonomie) standen die kognitiven Funktionsprüfungen beider Verfahren (Cambridge Cognitive Examination, CAMCOG; SIDAM-Leistungsteil) im Vordergrund. Von folgenden Fragestellungen wurde ausgegangen:
1. Ergänzen sich SIDAM und CAMCOG in ihrem Aussagewert oder erfassen sie im wesentlichen die gleichen Aspekte kognitiver Funktionstüchtigkeit?
2. Welche Häufigkeiten ergeben sich bei SIDAM, CAMCOG und MMST für die diagnostischen Kategorien "keine kognitive Beeinträchtigung" (KKB), "leichte kognitive Beeinträchtigung" (LKB) und Demenz (DEM)? Zeigen sich Unterschiede zwischen dem MMST und den anderen Verfahren?
3. Welche Subskalen des SIDAM, der CAMCOG und des MMST haben eine hohe diskriminative Valenz für die korrekte Zuordnung zu den Diagnosengruppen?

4. Lassen sich leichte kognitive Störungen im Rahmen von Depressionen mit Demenzinstrumenten erfassen?

Methodisches Vorgehen

Die Einteilung in die Diagnosengruppen (Demenz vom Alzheimer Typ, Altersdepression, gesunde Kontrollpersonen) erfolgte nach umfassenden psychiatrischen, neurologischen und internistischen Untersuchungen. Alle Patienten und Probanden wurden mit folgenden psychometrischen Verfahren untersucht: Strukturiertes Interview für die Diagnose einer Demenz vom Alzheimer-Typ, Multiinfarktdemenz oder Demenzen anderer Ätiologie nach DSM-III-R und ICD-10 (SIDAM; Zaudig et al., 1990), The Cambridge Mental Disorders of the Elderly Examination (CAMDEX; Roth et al., 1988; deutsche Version: Hillig, 1994), Strukturiertes Klinisches Interview nach DSM-III-R (SKID; Wittchen et al., 1990), Hamilton Depression Scale (HAMD; Hamilton, 1967).

Insgesamt konnten 108 Patienten und Probanden für die Studie rekrutiert werden. Die Diagnose der Demenz vom Alzheimer Typ erfolgte entsprechend der NINCDS-ADRDA Kriterien (McKhann et al., 1984). Bei den depressiven Patienten mußten die DSM-III-R Kriterien für eine "Major Depressive Disorder" erfüllt sein, sowie ein Hamilton-21 (HAMD) Wert von > 16 Punkten vorliegen. Es wurden 36 Patienten mit einer Demenz vom Alzheimer Typ (DAT), 36 Patienten mit der Diagnose "Major Depressive Disorder" (MDD) und 36 gesunde, ältere Kontrollpersonen (KG) untersucht.

Die Daten in Tabelle 1 zeigen, daß die Diagnosengruppen anhand der Parameter Krankheitsbeginn, -dauer, MMS, SISCO, CAMCOG und HAMD gut charakterisierbar sind. Das Durchschnittsalter bei Krankheitsbeginn war bei den Dementen relativ niedrig und lag bei 59.3 Jahren, in der MDD-Gruppe bei 56.0 Jahren. Während die DAT-Patienten eine ca. 3jährige Krankheitsanamnese vorweisen, war die Krankheitsdauer bei den Depressiven deutlich höher. Hinsichtlich der kognitiven Leistungsfähigkeit unterschieden sich die Depressiven sehr deutlich von den Alzheimer Patienten und eher geringfügig von der Kontrollgruppe. Lediglich in der CAMCOG waren signifikante Leistungsunterschiede nachweisbar. Die DAT-Patienten zeigten mit einem durchschnittlichen MMS-Wert von 20.2 leichte bis mittelgradige kognitive Defizite. Für eine depressive Symptomatik fanden sich in dieser Störungsgruppe geringe Anhaltspunkte.

Tabelle 1   Klinische Charakteristika (Mittelwerte und Standardabweichungen)

	DAT N = 36	MDD N = 36	KG N = 36	Signifikanz[1] p <	Einzelvergleiche[2]		
					DAT: MDD	DAT: KG	MDD: KG
Alter	62.3 ± 9.3	67.7 ± 9.8	64.4 ± 7.3	.01	.01	n.s.	n.s.
MMST	20.2 ± 5.3	28.4 ± 1.9	29.2 ± 1.0	.001	.001	.001	n.s.
SISCO	33.3 ± 10.1	51.1 ± 4.0	52.9 ± 2.1	.001	.001	.001	n.s.
CAMCOG	62.4 ± 21.1	92.9 ± 7.3	99.1 ± 2.8	.001	.001	.001	.05
HAMD	3.4 ± 3.3	24.3 ± 5.8	1.0 ± 2.5	.001	.001	.01	.001
Krankeitsbeginn (Alter)	59.3 ± 9.8	56.0 ±14.6	entfällt	n.s.			
Krankheitsdauer (Jahre)	3.1 ± 2.1	11.6 ± 3.6	entfällt	.05			

Abkürzungen:
DAT = Demenz vom Alzheimer Typ   MMS   = Mini-Mental-Status
MDD = Major Depressive Disorder   SISCO = SIDAM Gesamtscore
KG   = Kontrollgruppe   CAMCOG = Gesamtwert des CAMCOG

[1] = Einfache Varianzanalyse mit [2] Kontrasten (t- Tests)

Ergebnisse

Allgemeiner Vergleich SIDAM versus CAMCOG

In Tabelle 2 werden die wichtigsten Charakteristika beider Verfahren dargestellt. Die Angaben zur inneren Konsistenz und zu den Korrelationen zwischen einzelnen Skalen gelten für die unter Tabelle 1 beschriebene Stichprobe.

Tabelle 2 Vergleich SIDAM vs CAMCOG (Allgemeine Charakteristika)

	SIDAM	CAMCOG
• Leistungsteil	55 Fragen, incl. des MMST SIDAM-Gesamt-Score = SISCO maximale Punktzahl: 55	67 Fragen, incl. des MMST CAMCOG-Wert = 60 Items maximale Punktzahl: 106
• Subskalen	10 SIDAM-Syndrome: Orientiertheit, unmittelbare Wiedergabe, Kurzzeitgedächtnis, Langzeitgedächtnis, Gedächtnisgesamtscore, verbale/rechnerische Fähigkeiten Konstruktionsfähigkeit, Aphasie/Apraxie höhere kortikale Funktionen	8 Subskalen: Orientierung, Sprache, Gedächtnis (Alt- Neu- gedächtnis), Aufmerksamkeit, Handlungsteil, Kopfrechnen, Abstraktionsvermögen, Wahrnehmung
• Auswertung	Altersnormierung vorhanden, Diagnostische Algorithmen für "keine kognitive Beeinträch- tigung" (KKB), "leichte kognitive Beeinträchtigung" (LKB) und Demenz nach ICD-10 u. DSM-IV vorhanden, syndromale Teilauswertung möglich	keine Normierung, Auswertung nach DSM-III-R und ICD-10 möglich, grobe u. umständliche Diagnoseschemata - kein Algorithmus für LKB, keine syndromale Teilauswertung möglich
• Innere Konsistenz	Cronbach Alpha = .96	Cronbach Alpha = .95
• Korrelation mit	MMST: r = .98 CAMCOG-Subskalen: r = .34 bis .93 (p < .001)	MMST: r = .93 SIDAM-Syndrome: r = .34 bis .93 (p < .001)

Erfassung der leichten kognitiven Beeinträchtigung

Nach Angaben der Testautoren ermöglichen SIDAM und CAMDEX die Erfassung der leichten kognitiven Beeinträchtigung (LKB) bzw. der "minimal dementia". Für das SIDAM werden zu diesem Zweck spezifische SISCO und MMST cut-off Werte angegeben, die eine Zuordnung zu KKB, LKB und Demenz erleichtern sollen. Für die CAMCOG existiert nur ein genereller cut-off Wert (89/90), der über die Zuordnung zu den diagnostischen Kategorien "dement" versus "nicht dement" entscheidet. Für die LKB wurde daher ein cut-off-Wert bestimmt, der nahezu 3 Standardabweichungen vom Mittelwert der KG abwich (≤ 91). In Tabelle 3a und 3b sind die Häufigkeitsverteilungen für KKB, LKB und Demenz bei DAT und MDD aufgeführt.

Tabelle 3a Häufigkeiten für KKB, LKB und DEM bei Demenz vom Alzheimer Typ

	MMST	SISCO	CAMCOG
KKB	4	4	2
LKB	8	12	8
DEM	24	20	26

Tabelle 3b Häufigkeiten für KKB, LKB und DEM bei Altersdepression

	MMST	SISCO	CAMCOG
KKB	31	32	23
LKB	4	4	13
DEM	1	0	0

Erläuterungen:
KKB = Keine kognitive Beeinträchtigung, LKB = Leichte kognitive Beeinträchtigung, DEM=Demenz
Bestimmung der cut-off Werte:
MMS: KKB = 30 - 27,   LKB = 26 - 24,   DEM <= 23
SISCO: KKB = 55 - 47,   LKB = 46 - 35,   DEM <= 34
CAMCOG: KKB =106 - 92,   LKB = 91 - 81,   DEM <= 80

Die Überprüfung der Häufigkeitsverteilungen mittels des χ^2-Kontingenztests ergab, daß die Zuordnung von Alzheimer Patienten zu KKB, LKB und Demenz durch den MMST, das SIDAM und die CAMCOG nicht signifikant voneinander abweicht. Für die MDD-Gruppe ergab sich dagegen eine Abhängigkeit vom angewandten Demenztest. So werden durch die CAMCOG (bzw. durch den festgelegten LBK cut-off Wert) mehr Depressive der Kategorie "leichte kognitive Störung" zugeordnet als durch das SIDAM und dem MMST.

Diskriminatorische Valenz einzelner SIDAM, CAMCOG und MMST Subskalen

Mit der Diskriminanzanalyse werden diejenigen Gewichte für die abhängigen Variablen (hier: Subskalen des MMST, des SIDAM und der CAMCOG) ermittelt, die zu einer maximalen Trennung der Diagnosengruppen führen. In einem ersten Schritt wurde dabei die Diskriminanzfunktion geschätzt, wobei für jede Variable ein standardisierter Diskriminanzkoeffizient berechnet wird; in einem zweiten Schritt wurde die Klassifizierung der Fälle zu den Gruppen vorgenommen. Die Ergebnisse dieses Verfahrens sind in Tabelle 4a und 4b dargestellt.

Tabelle 4a   Diskrimination von DAT-Patienten und Depressiven

Verfahren	Diskriminatorisch bedeutsame Variablen[1]	Korrekte Klassifikation
MMST	Merkfähigkeit, Orientierung	85.5%
SIDAM	Kurz-, Langzeitgedächtnis	87.7%
CAMCOG	Merkfähigkeit, Langzeitgedächtnis	89.2%

[1] Ermittelt durch Diskriminanzanalyse (Methode: "stepwise"), Reihenfolge der Variablen nach Bedeutung innerhalb der Diskriminanzfunktion

Tabelle 4b   Diskrimination von DAT-Patienten, Depressiven und gesunden Älteren

Verfahren	Diskriminatorisch bedeutsame Variablen[1]	Korrekte Klassifikation
MMST	Orientierung, Merkfähigkeit,	65.5%
SIDAM	Kurz-, Langzeitgedächtnis	64.4%
CAMCOG	Merkfähigkeit, Sprache, Langzeitgedächtnis	81.0%

[1] Ermittelt durch Diskriminanzanalyse (Methode: "stepwise"), Reihenfolge der Variablen nach Bedeutung innerhalb der Diskriminanzfunktion

Zunächst kann festgehalten werden, daß die Anzahl korrekter Zuordnungen bei einem Vergleich der **klinischen** Gruppen durch die angewandten Demenztests (MMST, SIDAM, CAMCOG) relativ hoch liegt. Als diskriminatorisch bedeutsamste Variable erwies sich bei allen Verfahren die Subskala "Merkfähigkeit" bzw. "Kurzzeitgedächtnis". Bezieht man die gesunde Kontrollgruppe in die Analyse ein, so ergibt sich ein etwas divergentes Bild. Der Anteil der Fehlklassifizierung ist beim MMST und SIDAM deutlich höher; die geschätzte Diskriminanzfunktion ermöglicht keine optimale Trennung von Depressiven und Gesunden. So werden durch das SIDAM 20 Depressive als "gesund" und 11 Gesunde als "depressiv" klassifiziert. Für die CAMCOG ergibt sich eine wesentlich bessere Trefferquote, lediglich 9 Depressive werden der Kontrollgruppe und 6 Gesunde der MDD-Gruppe zugeordnet. Als diskriminatorisch bedeutsame Variablen sind Merkfähigkeit, Sprache und Langzeitgedächtnis zu nennen. Offenbar gelingt es durch die CAMCOG-Subskala Sprache (u.a. Definitionen von Begriffen, Wortflüssigkeit), die als solche im MMST und SIDAM nicht vorhanden ist, besser zwischen der kognitiven Leistungsfähigkeit Gesunder und Depressiver zu differenzieren.

Zusammenfassung und Diskussion

In der Evaluationsstudie wurden das SIDAM (Leistungsteil) und die CAMCOG zunächst im Hinblick auf allgemeine Charakteristika verglichen. Beide erfassen - trotz z.T. unterschiedlicher Terminologie - ähnliche bzw. identische kognitive Funktionsbereiche. Für die untersuchte Stichprobe aus Alzheimer Patienten, älteren Depressiven und gesunden Kontrollpersonen ergaben sich hochsignifikante Korrelationen zwischen allen SIDAM und CAMCOG-Subskalen. Die quadrierten Korrelationskoeffizienten aus SIDAM-Gesamtscore mit MMST, CAMCOG mit MMST weisen darauf hin, daß eine Großteil der SIDAM bzw. CAMCOG-Varianz aus dem MMST vorhersagbar ist.

Als Maß für die Reliabilität wurde die innere Konsistenz (Cronbachs Alpha) bestimmt. Diese erwies sich bei beiden Verfahren als sehr hoch, was dahingehend interpretiert werden kann, daß das Konstrukt "Kognitive Leistungsfähigkeit bzw. Funktionstüchtigkeit" im SIDAM und CAMCOG durch eine hohe Anzahl homogener Items operationalisiert werden konnte.

Ein wichtiger Aspekt für die Auswahl eines Verfahrens betrifft das Vorliegen von Normen. Während das SIDAM über Referenzpopulationen, T-Werte - zum Vergleich einzelner SIDAM-Syndrome - sowie verschiedene cut-off Werte verfügt, wird in der CAMCOG lediglich ein cut-off Wert zur Differenzierung "dement" versus "nicht dement" vorgegeben. Ein weiterer Nachteil der CAMCOG liegt in der mangelnden Ökonomie der Testauswertung. Im Gegensatz zum SIDAM erfordert die Auswertung (z.B. Ermittlung des CAMCOG-Wertes, Zuordnung von Items zu DSM-III-R oder ICD-10 Diagnosekriterien) durch fehlende bzw. eher rudimentäre Algorithmen / Schemata einen erheblichen Zeitaufwand. Hinzuzufügen ist, daß durch das Fehlen von Normwerten kein Vergleich einzelner Subskalen möglich ist.

Ausgehend von der Fragestellung nach der Häufigkeit von KKB ("Keine kognitive Beeinträchigung), LKB ("Leichte kognitive Beeinträchtigung") und Demenz bei MMST, SIDAM und CAMCOG, konnte aufgezeigt werden, daß sich in der Gruppe der Alzheimer Patienten die Zuordnung zu den genannten Klassifikationen als unabhängig vom Demenzverfahren erwies. Für kognitive Störungen im Rahmen von Depressionen erscheint indes die CAMCOG sensitiver. Mit dem empirisch ermittelten cut-off Wert für LKB ($\leq$ 91) wurden signifikant mehr Depressive der Kategorie LKB zugeordnet als bei MMST und SIDAM. Depressive wiesen im Vergleich zu gesunden Kontrollpersonen diskrete Defizite in den Bereichen Gedächtnis (Kurzzeitgedächtnis) und Sprache (Definition von Begriffen, Wortflüssigkeit) auf.

Die Frage, welche Subskalen einen hohen Beitrag zur Differenzierung der Gruppen leisten, wurde durch die Diskriminanzanalyse überprüft. Als diskriminatorisch bedeutsamste Variable erwies sich bei allen Verfahren die Variable "Merkfähigkeit" bzw. "Kurzzeitgedächtnis"; der Prozentsatz korrekter Klassifikationen lag zwischen 85.5 (MMST) und 89.2% (CAMCOG). Bei Einbeziehung der gesunden Kontrollgruppe zeigten sich für den MMST und das SIDAM deutlich schlechtere Klassifikationsergebnisse, was der mangelhaften Differenzierungsmöglichkeit zwischen Gesunden und Depressiven zugeschrieben werden kann. Für die CAMCOG ist das Klassifikationsergebnis wesentlich besser. Die bereits beschriebene höhere Sensitivität der CAMCOG zur Erfassung von kognitiven Störungen im Rahmen von Depressionen wird damit unterstrichen.

Zusammenfassend konnte gezeigt werden, daß mit SIDAM und CAMCOG zwei reliable Demenzverfahren zur Verfügung stehen, die im wesentlichen die gleichen kognitiven Funktionsbereiche erfassen. Während das SIDAM sowohl für die Einzelfalldiagnostik als auch zu Forschungszwecken geeignet ist, erscheint die Anwendung der CAMCOG, aufgrund dargestellter Auswertungsmängel, eher im Forschungskontext sinnvoll. Eine Weiterentwicklung der CAMDEX / CAMCOG (z.B. Normierung, Evaluation von cut-off Werten) ist daher dringend indiziert.

In Anbetracht der Evaluationsergebnisse des in beiden Verfahren integrierten MMST stellt sich dennoch die Frage, welchen Informationsgewinn SIDAM und CAMCOG zusätzlich zum MMST leisten können. Hier sind weitere Evaluationsstudien wünschenswert.

Literatur

Folstein, M.F., Folstein, S.E. & Mc Hugh, P.R. (1975). "Mini-Mental State" - A practical method for grading the cognitive state of the patients for the clinician. *Journal of Psychiatric Research, 12,* 189-198.

Hamilton, M. (1967). Development of rating scale for primary depressive illness. *British Journal of Social and Clinical Psycology, 6,* 278-296.

Henderson, A.S. & Huppert, F.A. (1984). The problem of mild dementia. *Psychological Medicine, 14,* 5-11.

McKann, G., Drachmann, D., Folstein, M., Katzman, R., Price, D. & Stadlan, E. (1984). Clinical diagnosis of Alzheimer's disease. Report of the NINCDS-ADRDA work group under the auspices of Department of Health and Human Services task force on Alzheimer's disease. *Neurology, 34,* 939-944.

Roth, M., Huppert, F.A., Tym, E. & Mountjoy, C.Q. (1988). *CAMDEX - The Cambridge examination for mental disorders of the elderly.* Cambridge: Cambridge University Press. Übersetzung aus dem Englischen: Axel Hillig (1994). Heidelberg: Dexter Verlag.

Wittchen, H.U., Zaudig, M., Schramm, E., Spengler, P., Mombour W., Klug, J. & Horn, R. (1990). *Strukturiertes klinisches Interview für DSM-III-R (SKID).* Weinheim: Beltz.

Zaudig, M. (1995). *Demenz und "leichte kognitive Beeinträchtigung" im Alter. Diagnostik, Früherkennung und Therapie.* Bern: Huber.

Zaudig, M. & Hiller, W. (1995). *Strukturiertes Interview für die Diagnose einer Demenz vom Alzheimer Typ, der Multi-Infarkt- (oder vaskulären) Demenz und Demenzen anderer Ätiologie nach DSM-III-R, DSM-IV und ICD-10.* Bern: Huber.

Zaudig, M., Mittelhammer, J. & Hiller, W. (1990). *Strukturiertes Interview für die Diagnose einer Demenz vom Alzheimer Typ, der Multi-Infarkt-Demenz und Demenzen anderer Ätiologie nach DSM-III-R und ICD-10.* München: Höpker.

Neue Ergebnisse zur Skalenanalyse, Reliabilität und Validität des AGP-Systems

Hans Gutzmann, Klaus-Peter Kühl und Kristian Göhringer

Einleitung

Symptomzusammenfassungen mit Blick auf die Konstruktion von Skalen sind seit langem Anliegen der Arbeitsgemeinschaft für Gerontopsychiatrie (AGP), da mit Hilfe von Syndrombildungen Änderungen des psychopathologischen Befundes in Verlaufsuntersuchungen deutlicher und valider zu erfassen sind als dies auf der Ebene von Einzelmerkmalen oder Symptomen möglich ist (vgl. Sulz-Blume, Sulz & von Cranach, 1979). Mit der Arbeit von Gutzmann, Kühl und Krüger (1991; vgl. auch Kühl, Krüger & Gutzmann, 1993) wurden zum ersten Male Syndromanalysen für das AGP-System durchgeführt. Bei diesen Analysen konnte auf die Aufnahmebefunde von insgesamt 594 gerontopsychiatrischen Patienten zurückgegriffen werden. In die Berechnungen wurden 89, nach formalen und inhaltlichen Kriterien ausgewählte Merkmale der Psychischen Befundbögen I und II und des Somatischen Befundbogens einbezogen. Mit Hilfe der faktorenanalytischen Auswertungstechnik (PCAs mit anschließender Varimaxrotation für Lösungen mit unterschiedlichen Faktorenanzahlen) ließen sich folgende **fünf "rotationsstabile" Faktoren** identifizieren: **psychoorganisches Syndrom, depressives Syndrom, paranoid-halluzinatorisches Syndrom, psychomotorisches Syndrom oder Erregtheitssyndrom, Schlaf-Wach-Syndrom**. Die fünf Faktoren klärten 36.9% der Gesamtvarianz auf. Der Anteil der einzelnen Faktoren an der rotierten Varianz lag zwischen 49.1% (psychoorganisches Syndrom) und 7.9% (Schlaf-Wach-Syndrom). Insgesamt 64 der in die Analysen einbezogenen Merkmale konnten den Faktoren eindeutig zugeordnet werden. Die höchste Anzahl von Merkmalen entfiel auf das psychoorganische Syndrom (30), die geringste auf das Schlaf-Wach-Syndrom (4).

Mit Hilfe der anschließend durchgeführten Analysen sollte zunächst geklärt werden, ob die beschriebenen Faktoren ausreichend stichprobenunabhängig sind und kreuzvalidiert werden können. Zu Beantwortung dieser Frage wurden in einem ersten Schritt Faktorenanalysen für die oben beschriebene, per Zufall in zwei Hälften geteilte Ausgangsstichprobe gerechnet. Die hierbei erzielten Ergebnisse waren - vorläufigen Berechnungen nach - ermutigend. So ließen sich die ersten drei Syndrome komplett und das vierte Syndrom mit seinen wesentlichen Markiervariablen in den beiden Teilstichproben identifizieren. Größere Probleme ergaben sich allein mit dem Schlaf-Wach-Syndrom, das nur für eine der beiden Teilstichproben "repliziert" werden konnte.

Skalenanalysen der AGP-Syndrome

Parallel zu den Untersuchungen auf die Stichprobenunabhängigkeit der Faktoren wurden erste Berechnungen zu den Skaleneigenschaften oder Skalenkennwerten für die fünf Syndrome (Verteilungscharakteristika, Reliabilitäten) angestellt. Dazu wurden die Rohwerte der die 5 Syndrome konstituierenden Items addiert und zu einem Gesamtscore zusammengefaßt. Dabei gingen die Markierungen "keine Aussage", "nicht zutreffend" und "nicht vorhanden" in den Gesamtscore ein mit 0, "leicht" mit 1, "mittel" mit 2 und "schwer" mit 3.

Tabelle 1   Übersicht über die Skalenanalyse

Bezeichnung	Anzahl Merkmale	M	s	Range	Cronbach's α
Psychoorganisches Syndrom	30	13.71	16.58	0 - 80	0.96
Depressives Syndrom	19	8.86	7.14	0 - 44	0.85
Paranoid-halluzinatorisches Syndrom	5	0.53	1.73	0 - 11	0.86
Psychomotorisches oder Erregtheitssyndrom	6	0.90	1.62	0 - 13	0.64
Schlaf-Wach-Syndrom	4	1.85	2.13	0 - 10	0.64

Tabelle 1 enthält die für die einzelnen Syndrome ermittelten statistischen Kennwerte. Es finden sich darüber hinaus Angaben über die Reliabilitäten der Syndromskalen, die im vorliegenden Fall als innere Konsistenz nach Cronbachs α bestimmt wurden. Der höchste Reliabilitätswert ergab sich - angesichts der großen Itemzahl nicht unerwartet - für die Skala psychoorganisches Syndrom mit α = .96. Die Skala verfügt damit über eine sehr hohe innere Konsistenz. Wie sich mit Hilfe der Berechnung nach Spearman-Brown darüber hinaus zeigen läßt, kann die Skala ohne weiteres halbiert werden, da ihre Reliabilität selbst bei einer Skalenlänge von nur 15 Items immer noch bei r_{tt} = .92 liegt (vgl. Lienert, 1989).

Neben dem psychoorganischen Syndrom verfügen auch das depressive Syndrom mit α = .85 und das paranoid-halluzinatorische Syndrom mit α = .86 über eine gute Reliabilität. Hierbei verdient besonders der hohe Reliabilitätskoeffizient für das paranoid-halluzinatorische Syndrom Beachtung, da diese Skala nur fünf Merkmale umfaßt. Bemerkenswert ist weiter, daß sich nach Spearman-Brown selbst bei einem auf vier Merkmale reduzierten paranoid-halluzinatorischen Syndrom immer noch ein α = .83 errechnen läßt. Die inneren Konsistenzwerte für das depressive Syndrom sinken bei einer Verringerung der Itemanzahl von 19 auf 15 auf α = .82. Wenngleich die für das psychomotorische Syndrom und das Schlaf-Wach-Syndrom ermittelten inneren Konsistenzen von jeweils α = .64 deutlich unter denen für die drei anderen Syndrome liegen, können sie doch insgesamt noch als befriedigend bezeichnet werden.

Validitätsanalysen für die AGP-Syndrome

Bei den bislang durchgeführten Validitätsanalysen für die AGP-Syndrome konnte auf die Daten von 130 Patienten einer Gedächtnissprechstunde zurückgegriffen werden. Das Durchschnittsalter dieser 130 Patienten lag bei 66.5 Jahren. Mit einem Anteil von 61.5% dominierten die Frauen in der Stichprobe. Sie waren im Schnitt auch deutlich älter als die Männer (69.2 vs. 62.1 Jahre; $t(128)$ = 2.92, p = .004). In diagnostischer Hinsicht (1. Diagnose nach ICD-10) waren dementielle Krankheitsbilder (F00.1 - F03) mit 36.2% und leichte kognitive Störungen (F06.7, F07.8) mit 27.7% am häufigsten vertreten. 13.8% erhielten keine psychiatrische Diagnose. 22.3% der Patienten litten unter "funktionellen", zumeist dem depressiven Formenkreis zuzuordnenden Störungen. Das Untersuchungsprogramm der Gedächtnissprechstunde schloß eine Reihe von psychiatrischen und psychologischen Meßinstrumenten ein, so u.a. auch das AGP-System, klinische Demenzskalen und verschiedene psychologische Leistungs- und Persönlichkeitstests.

Angesichts der speziellen Zusammensetzung dieser Stichprobe waren sinnvolle Validitätsanalysen nur für zwei der fünf AGP-Syndrome, nämlich für das psychoorganische Syndrom und das depressive Syndrom möglich. Tabelle 2 enthält die für das psychoorganische Syndrom im Sinne einer kriterienbezogenen Validierung angestellten Vergleiche mit dem SIDAM-Score (SISCO; Zaudig, Mittelhammer & Hiller, 1990), dem Mini-Mental-Status-Test (MMST; Folstein, Folstein & McHugh, 1975); der Global Deterioration Scale (GDS; Reisberg et al., 1982) und der Clinical Global Impressions Scale (CGI; CIPS, 1996). Die ermittelten Rangkorrelationen nach Spearman lagen zwischen r_s = .81 und r_s = .91 und damit in der erwarteten Richtung. Angesichts der

Tatsache, daß es sich bei dem SIDAM-Verfahren und dem MMST um klinische Demenzskalen handelt und GDS sowie CGI Fremdbeurteilungsverfahren sind, unterstreichen diese Ergebnisse eindrucksvoll die konvergente Validität des psychoorganischen Syndroms.

Tabelle 2 Vergleich des psychoorganischen (P) und des depressiven Syndroms (D) mit anderen Verfahren. Ergebnisse der Rangkorrelation r_s nach Spearman (*p $\leq$ .05; **p $\leq$ .01)

Syndrom	Verfahren	r_s
P	• SIDAM-Score (SISCO) • Mini-Mental-State-Test (MMST) • Global Deterioration Scale (GDS) • Clinical Global Impressions Scale (GGI)	- 0.82** - 0.81** 0.91** 0.84**
D	• Montgomery-Åsberg-Depression-Rating-Scale (MADRS) • Freiburger Persönlichkeitsinventar (FPI-R) • Soziale Orientierung • Leistungsorientierung • Gehemmtheit • Extraversion • Emotionale Labilität	0.66** - 0.32** - 0.26* - 0.23* - 0.24* 0.31**

Für das depressive Syndrom wurden explizite Vergleiche mit der Montgomery-Åsberg-Depression-Rating-Scale (MADRS; Montgomery & Åsberg, 1979) und ausgewählten Skalen aus dem Freiburger Persönlichkeitsinventar (FPI-R; Fahrenberg, Hampel & Selg, 1994) angestellt. Tabelle 2 ist zu entnehmen, daß der explizite Vergleich zwischen dem depressiven Syndrom und der MADRS eine Rangkorrelation von r_s = .66 ergab. Auch mit den Skalen des FPI-R ergaben sich statistisch bedeutsame, wenn auch numerisch weniger deutlich ausgeprägte Zusammenhänge.

Im Anschluß an diese Analysen wurden in einem weiteren Schritt vier Diagnosegruppen gebildet, denen 104 der insgesamt 130 Patienten der Gedächtnissprechstunde zugeordnet werden konnten. 26 Patienten paßten nicht in das für diese Darstellung gewählte Kategorienraster und blieben bei den weiteren Berechnungen unberücksichtigt. Zur ersten Diagnosegruppe wurden 47 Patienten mit Demenzerkrankungen (1. Hauptdiagnose nach ICD-10: F00.1 - F03) zusammengefaßt, zur zweiten 33 Patienten mit leichter kognitiver Störung

(ICD-10: F06.7, F07.8) und zur dritten 12 Patienten mit depressiven Störungen (ICD-10: F32.0, F33.0, F43.2). Die vierte Gruppe schließlich setzte sich aus den 12 Patienten zusammen, bei denen im Anschluß an die Untersuchungen in der Gedächtnissprechstunde keine psychiatrische Diagnose gestellt worden ist.

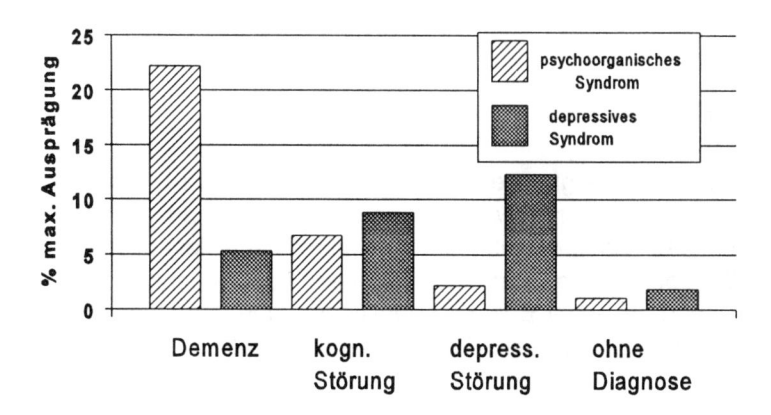

Abbildung 1 % der maximalen Ausprägung (Rohwert) des psychoorganischen bzw. depressiven Syndroms

In Abbildung 1 sind die für die vier Diagnosegruppen ermittelten Durchschnittswerte für das psychoorganische und das depressive Syndrom als Prozentwerte der maximal möglichen Syndromausprägung dargestellt. Patienten mit Demenzen zeigen danach für das psychoorganische Syndrom den mit Abstand größten Wert (22.2%), gefolgt von den Patienten mit leichten kognitiven Störungen (6.7%) und den Patienten mit depressiven Störungen (2.2%). Den niedrigsten Prozentwert für das psychoorganische Syndrom weisen die Patienten auf, bei denen keine psychiatrische Diagnose gestellt worden ist (1.1%). Die sich in diesen Zahlen widerspiegelnden Unterschiede der vier Diagnosegruppen in den Syndromrohwerten sind sowohl im over-all-Vergleich (Kruskal-Wallis-Test) als auch im paarweisen Vergleich mit α-Adjustierung (Mann-Whitney-Test) statistisch bedeutsam. Kein signifikanter Unterschied ergibt bei diesen Berechnungen allein der Vergleich zwischen den Depressiven und den Patienten ohne psychiatrische Diagnose.

Den höchsten Prozentwert für das depressive Syndrom - wieder bezogen auf die maximal mögliche Syndromausprägung - weist von den vier Diagnosegruppen erwartungsgemäß die Gruppe der Depressiven auf (12.3%), gefolgt von den Patienten mit leichten kognitiven Störungen (8.8%), den Demenzpatienten (5.3%) und den Patienten ohne psychiatrische Diagnose (1.8%). Auch für dieses Syndrom lassen sich die Unterschiede in den Syndromrohwerten im over-all-Vergleich mit Hilfe des Kruskal-Wallis-Tests zufallskritisch sichern. Bei den paarweisen Vergleichen (Mann-Whitney-Tests) mit α-Adjustierung zeigen sich signifikante Unterschiede zwischen den Depressiven auf der einen und den Demenzpatienten und den Patienten ohne psychiatrische Diagnose auf der anderen Seite. Statistisch bedeutsam ist ebenfalls der Unterschied zwischen den Patienten mit leichten kognitiven Störungen und den Patienten ohne psychiatrische Diagnose.

Zusammenfassung

Die Ergebnisse der Vergleiche zwischen den klinischen Gruppen und hier insbesondere der Vergleich zwischen den Dementen und den Depressiven unterstreichen nach unserer Auffassung die klinische Relevanz der ermittelten Syndrome. Darüber hinaus kann der Mangel an Profilähnlichkeit zwischen den Diagnosegruppen als erster Beleg für die Differenzierungsfähigkeit der für das AGP-System vorgeschlagenen 5-Faktoren-Lösung gelten.

Literatur

CIPS (1996). *Internationale Skalen für Psychiatrie*. Göttingen: Beltz-Test.
Fahrenberg, J., Hampel, R. & Selg, H. (1994). *Das Freiburger Persönlichkeitsinventar (FPI)*. Göttingen: Hogrefe.
Folstein, M. F., Folstein, S. E. & McHugh, P. R. (1975). Mini-mental state: A practical method for grading the cognitive state of patients for the clinician. *Journal of Psychiatric Research, 12*, 189-198.
Gutzmann, H., Kühl, K.-P. & Krüger, H. (1991). Faktorenanalytische Untersuchung zur Struktur gerontopsychiatrischer Merkmalszusammenhänge am Beispiel des AGP-Systems: vorläufige Ergebnisse. *Zeitschrift für Gerontopsychologie und -psychiatrie, 4*, 133-141.
Kühl, K.-P., Krüger, H. & Gutzmann, H. (1993). Analysen zur Bildung von Syndromen im AGP-System. In H.-J. Möller & A. Rohde (Hrsg.), *Psychische Krankheiten im Alter* (S. 279-284). Berlin: Springer.
Lienert, G. A. (1989). *Testaufbau und Testanalyse*. München: Psychologie Verlags Union.
Montgomery, S. A. & Åsberg, M. (1979). A new depression scale designed to be sensitive to change. *British Journal of Psychiatry, 134*, 382-389.
Reisberg, B., Ferris, S. H., de Leon, M. J. & Crook, T. (1982). The global deterioration scale for assessment of primary degenerative dementia. *American Journal of Psychiatry, 139*, 1136-1139.
Sulz-Blume, B., Sulz, K. D. & Cranach, M. von (1979). Zur Stabilität der Faktorenstruktur der AMDP-Skala. *Archiv für Psychiatrie und Nervenkrankheiten, 227*, 353-366.
Zaudig, M., Mittelhammer, J. & Hiller, W. (1990). *Strukturiertes Interview zur Diagnose der Demenz vom Alzheimer-Typ, der Multiinfarktdemenz und Demenzen anderer Ätiologie nach DSM-III-R und ICD-10*. München: Logomed.

Sensitivität und Spezifität der Fremdanamnese in Familienstudien

Reinhard Heun und Wolfgang Maier

Einleitung

Familienstudien dienen der Evaluation von nosologischen Kategorien und der Untersuchung des Einflusses genetischer und anderer familiärer Faktoren auf die Entwicklung psychiatrischer Erkrankungen. In **Familienstudien** werden die Häufigkeiten von psychiatrischen Erkrankungen bei Angehörigen ersten Grades von Patienten und Kontrollprobanden verglichen. Da aus zahlreichen Gründen nicht alle Angehörigen in Familienstudien interviewt werden können, ist die Erhebung von Fremdanamnesen erforderlich. Zur Abschätzung des daraus resultierenden Informationsbias sind Untersuchungen über die Validität von Fremdanamnesen notwendig.

Laut Mendlewicz et al. (1975) erreichen nur Fremdanamnesen über Ehepartner eine ausreichende diagnostische Genauigkeit im Vergleich zum direkten Interview. Um die **Güte der Fremdanamnesen** zu verbessern, entwickelten Andreasen et al. (1977) ein strukturiertes Interview für die Erfassung der Familienanamnese psychischer Störungen. Wegen der geringen Sensitivität empfehlen die Autoren eine Ausweitung der diagnostischen Kriterien (Andreasen et al., 1986). Nach Gershon und Guroff (1984) ist die Hinzunahme mehrerer Informanten eine Möglichkeit, um die Sensitivität der Fremdanamnese zu steigern.

Für die Fremdanamnese über Probanden mit möglicher Demenz entwickelten verschiedene Autoren unabhängig semistrukturierte diagnostische Interviews (Breitner & Folstein, 1984; Jorm & Korten, 1988). Kawas et al. (1994) beobachteten in einem Altersheimkollektiv eine Sensitivität der Fremdanamnese für Demenz von 100% und eine Spezifität von 90%.

Es ist unklar, inwieweit die genannten Beobachtungen auf die Fremdanamnese von und über Angehörige in einer diagnoseübergreifenden Familienstudie zur Demenz und Altersdepression übertragbar sind. Die **vorliegende Studie** vergleicht deshalb die Sensitivität und Spezifität der Fremdanamnese für depressive und dementielle Syndrome über Angehörige mit der über Indexprobanden. Ein weiteres Ziel der Untersuchung ist die Feststellung der Bedeutung verschiedener Probanden- und Informantenvariablen auf die Qualität der Information über Angehörige.

Methoden

Alle erreichbaren Angehörigen ersten Grades und Ehepartner von 203 gerontopsychiatrischen Patienten mit Demenz vom Alzheimer Typ oder Altersdepression (DSM-III-R; APA, 1987) sowie von 80 Kontrollprobanden aus der Allgemeinbevölkerung wurden mit dem **Composite International Diagnostic Interview** (CIDI; WHO, 1990) interviewt. Angehörige über 55 Jahre wurden zusätzlich mit dem strukturierten **Interview für die Diagnose einer Demenz vom Alzheimer Typ, Multiinfarktdemenz und Demenzen von anderer Ätiologie** befragt (SIDAM; Zaudig et al., 1991). Die Familienanamnese über alle Angehörigen ersten Grades wurde von jeweils anderen Angehörigen mit dem **Family History Fragebogen** (Andreasen et al., 1977), mit dem **Demenz Fragebogen** (Silverman et al., 1986) sowie dem **Demenz-Risiko-Fragebogen** (Breitner & Folstein, 1984) erhoben. Demographische Charakteristika der 531 interviewten Angehörigen, über die jeweils mindestens eine Fremdanamnese verfügbar war, sind in Tabelle 1 angegeben.

Tabelle 1 Beschreibung der Angehörigen ersten Grades der Familienstudie und einer Auswahl von 75 Indexprobanden, von denen sowohl persönliche Interviews als auch zusätzliche Fremdanamnesen vorlagen. Die Angehörigen, über die und von denen Fremdanamnesen vorlagen, sind von einzelnen Ausnahmen abgesehen identisch (siehe Methodik).

Variable	Einheit	Angehörige von Patienten	Angehörige von Kontrollprobanden	Auswahl von Indexprobanden
Anzahl	[N]	385	146	75
Alter	[Jahre; M ± s]	54.0 ± 17.0	53.4 ± 16.6	73.2 ± 8.0
Geschlecht	[% weiblich]	52.5	65.1	78.7
Anzahl der Informanten	[Informanten pro Proband, M ± s]	2.09 ± 1.02	2.79 ± 1.58	1.40 ± 0.66

Es besteht eine weitgehende Übereinstimmung zwischen dem beschriebenen Kollektiv der Angehörigen, von und über die befragt wurde, da nur Fremdanamnesen erhoben wurden, wenn auch die Möglichkeit bestand, ein Interview durchzuführen. Abweichungen sind durch seltene Verwendung von Familienanamnesen von Angehörigen zweiten Grades des Indexprobanden (z.B. Onkel, Tanten) als Informanten, die über ihre Angehörigen ersten und zweiten Grades Auskunft gaben (z.B. ihre Geschwister, d.h. die Eltern des Indexprobanden) und durch den Verzicht auf die Erfassung der Fremdanamnese bei schwerer Dementen (**Mini-Mental-Status**, MMS < 18 Punkte) zu erklären. Die Fremdanamnese über Indexprobanden wurde üblicherweise in der Familienstudie nicht erfragt, um die Blindheit der Rater gegenüber dem Status des Indexprobanden nicht zu gefährden. Um die Validität der Fremdanamnese bei Indexprobanden und Angehörigen zu vergleichen, wurde die Fremdanamnese über 75 Indexprobanden einschließlich 21 Kontrollprobanden aus der Allgemeinbevölkerung erhoben, nachdem alle anderen Informationen gesammelt waren.

Um die Bedeutung der Einflußvariablen auf die Fremdanamnese für Depressionen bzw. Demenz zu untersuchen, wurden **logistische Regressionen** sowohl vorwärts als auch rückwärts berechnet. Die Fremdanamnesen für Demenz oder Depressionen wurden als binäre **abhängige Variablen** definiert, **unabhängige Variablen** waren die Interviewdiagnose (Demenz, Depression oder eine andere psychiatrische Erkrankung), die Schwere der Erkrankung (Mini-Mental-Score für Demenz oder DSM-III-R-Code für die schwerste depressive Episode im Leben: schwer oder mäßig versus leicht), Dauer der Erkrankung, Alter, Geschlecht, Probandenstatus (Patient versus Kontrollproband), die Diagnose des Index-Probanden, die Anzahl der befragten Angehörigen 1. oder 2. Grades, die Beziehung des Informanten zum Angehörigen (Geschwister, Eltern, etc. oder alternativ Angehörige 1. versus 2. Grades), Alter und Geschlecht des Informanten, Interviewdiagnose des Informanten, Aktualität einer psychiatrischen Störung beim Informanten. Eine Signifikanz wurde bei $p < 0.05$ angenommen, wenn sowohl vorwärts und rückwärts durchgeführte logistische Regressionen übereinstimmten. Ergebnisse wurden als Tendenzen berichtet, wenn nur eine der beiden Analysen zur Signifikanz führte, bzw. wenn $0.05 < p < 0.1$. Interaktionen wurden wegen der begrenzten Fallzahlen nicht berücksichtigt.

Ergebnisse

Tabelle 2 enthält die Sensitivität und Spezifität der Fremdanamnese bei Angehörigen und Indexprobanden. Die Sensitivität der Demenz- und Depressionsanamnese ist bei Angehörigen im Vergleich zu Indexprobanden deutlich verringert.

Prädiktoren für die Stellung einer Depressionsanamnese durch Fremdanamnese waren eine Depressionsanamnese im CIDI (Relatives Risiko, RR = 5), die Anzahl der Angehörigen ersten Grades, die Informanten waren, (RR = 1.5 / Angehörigen), eine frühere oder aktuelle Depression des Informanten (RR = 1.9). Ein möglicher, jedoch statistisch nicht gesicherter Prädiktor war eine andere psychiatrische Diagnose des Probanden (RR = 1.9). Geschwister schienen tendenziell schlechtere Informanten als andere Gruppen. Variablen ohne Einfluß auf eine Depressionsanamnese waren das Geschlecht, das Alter, die Erkrankungsdauer des Patienten, der Angehörigenstatus (Patient versus

Kontrollproband), die Anzahl der Angehörigen zweiten Grades, das Alter des Informanten oder das Vorliegen irgendeiner psychiatrischen Störung des Informanten.

Tabelle 2 Validität der Fremdanamnese im Vergleich zum persönlichen Interview (CIDI / SIDAM) bei 531 Angehörigen und 75 Indexprobanden

Diagnose	Probanden		Angehörige	
	Sensitivität [%]	Spezifität [%]	Sensitivität [%]	Spezifität [%]
Demenz	82.1	91.5	20.8	98.4
Depressive Störung	46.2	73.5	34.0	97.1
Irgendeine psychiatrische Störung	100	69.9	38.1	93.9

Prädiktoren einer positiven Demenzanamnese durch Fremdanamnese waren die Dauer der Demenz (RR = 1.7 / Jahr), alternativ eine Demenzdiagnose, das Probandenalter (RR = 1.1 / Jahr) sowie die Behinderung nach MMS (RR = 1.3 / Punkt Abnahme). Fragliche Prädiktoren waren die Behinderung nach DSM-III-R und das Informantenalter, Kinder schienen bessere Auskunftgeber als andere Angehörige zu sein. Variablen ohne Einfluß auf eine Demenzanamnese waren das Vorliegen einer anderen psychiatrischen Erkrankung, das Geschlecht des Probanden, der Probandenstatus sowie die Anzahl und das Geschlecht der Informanten.

Diskussion

Ein wesentlicher Befund der vorliegenden Untersuchung ist, daß die Sensitivität der Fremdanamnese für Demenz über Angehörige deutlich unter der über Patienten liegt, so daß die von Kawas et al. (1994) festgestellten hohen Sensitivitäten für die Demenzanamnese wahrscheinlich nicht auf Angehörige in Familienstudien zu verallgemeinern sind.

In Übereinstimmung mit anderen Autoren (Grut et al., 1993; Weissman et al., 1982) nahm die Validität der Fremdanamnese mit der Schwere der Demenz oder Depression zu. Mit erhöhtem Erkrankungsalter war es für Angehörige leichter, eine Demenz bei ihren Angehörigen zu bemerken. In Übereinstimmung mit

Breslau et al. (1988) sowie Kendler et al. (1991) schien die eigene Erfahrung mit einer Depression die Sensitivität der Feststellung depressiver Symptome bei anderen zu erhöhen. Ein insgesamt eher ungünstiger Befund war, daß das Vorliegen irgendeiner psychiatrischen Erkrankung die Wahrscheinlichkeit der Angabe einer Depression durch Informanten erhöhte. Eine Ausweitung der diagnostischen Kriterien birgt somit ein hohes Risiko von Fehldiagnosen durch Fremdanamnesen.

Im Gegensatz zu unseren Erwartungen waren Frauen keine besseren Informanten als Männer. Im Gegensatz zu anderen Autoren (Mendlewicz et al., 1975; Orvaschel et al., 1982) konnten wir nicht mit ausreichender Sicherheit feststellen, daß bestimmte Angehörigengruppen bessere Informanten als andere sind. Dies gilt auch für den Vergleich von Angehörigen ersten im Vergleich zu Angehörigen zweiten Grades, jedoch sind diese Aussagen durch eine begrenzte Fallzahl einzuschränken.

Insgesamt scheinen Angehörige in Familienstudien sehr zurückhaltend zu sein, bevor sie eine psychiatrische Erkrankung bei ihren Angehörigen annehmen bzw. angeben, es sei denn, die Erkrankung ist schwer, der demente Proband ist alt oder der Informant hat Erfahrungen mit depressiven Symptomen.

Der beobachtete Informationsbias war signifikant und diagnosenspezifisch und sollte in zukünftigen Familienstudien untersucht werden.

Literatur

American Psychiatric Association (APA) (1987). *Diagnostic and Statistical Manual of Mental Disorders (DSM-III-R)*. (Third Edition, Revised). Washington DC: American Psychiatric Association.

Andreasen, N.C., Endicott, J., Spitzer, R.L. & Winokur, G. (1977). The family history method using diagnostic criteria. *Archives of General Psychiatry, 34,* 1229-1235.

Andreasen, N.C., Rice, J., Endicott, J., Reich, T. & Coryell, W. (1986). The family history approach to diagnosis. How useful is it? *Archives of General Psychiatry, 43,* 421-429.

Breitner, J.C.S. & Folstein, M.F. (1984). Familial Alzheimer dementia: a prevalent disorder with specific clinical features. *Psychological Medicine, 14,* 63-80.

Breslau, N., Davis, G.C. & Prabucki, K. (1988). Depressed mothers as informants in family history research - Are they accurate? *Psychiatry Research, 24,* 345-359.

Gershon, E.S. & Guroff, J.J. (1984). Information from relatives. Diagnosis of affective disorders. *Archives of General Psychiatry, 41,* 173-180.

Grut, M., Jorm, A.F., Fratiglioni, L., Forsell, Y., Viitanen, M. & Winblad, B. (1993). Memory complaints of elderly people in a population survey: Variation according to dementia stage and depression. *Journal of the American Geriatrics Society, 41,* 1295-1300.

Jorm, A.F. & Korten, A.E. (1988). Assessment of cognitive decline in the elderly by informant interview. *British Journal of Psychiatry, 152,* 209-213.

Kawas, C., Segal, J., Stewart, W.F., Corrada, M. & Thal, L.J. (1994). A validation study of the Dementia Questionnaire. *Archives of Neurology, 51,* 901-906.

Kendler, K.S., Silberg, J.L., Neale, M.C., Kessler, R.C., Heath, A.C. & Eaves, L.J. (1991). The family history method: Whose psychiatric history is measured? *American Journal of Psychiatry, 148,* 1501-1504.

Mendlewicz, J., Fleiss, J.L., Cataldo, M. & Rainer, J.D. (1975). Accuracy of the family history method in affective illness. *Archives of General Psychiatry, 32,* 309-314.

Orvaschel, H., Thompson, W.D., Belanger, A., Prusoff, B.A. & Kidd, K.K. (1982). Comparison of the family history method to direct interview. Factors affecting the diagnosis of depression. *Journal of Affective Disorders, 4,* 49-59.

Silverman, J.M., Breitner, J.C.S., Mohs, R.C. & Davis, K.L. (1986). Reliability of the family history method in genetic studies of Alzheimer's disease and related dementias. *American Journal of Psychiatry, 143,* 1279-1282.

Weissman, M.M., Kidd, K.K. & Prusoff, B.A. (1982). Variability in rates of affective disorders in relatives of depressed and normal probands. *Archives of General Psychiatry, 39,* 1397-1403.

World Health Organization (WHO) (1990). *Composite International Diagnostic Interview.* Geneva: World Health Organization, Division of Mental Health.

Zaudig, M., Mittelhammer, J., Hiller, W., Pauls, A., Thora, C., Morinigo, A. & Mombour, W. (1991). SIDAM - A structured interview for the diagnosis of dementia of the Alzheimer type, multi-infarct dementia and dementias of other aetiology according to ICD-10 and DSM-III-R. *Psychological Medicine, 21,* 225-236.

II.

Standards in der syndromalen Diagnostik schizophrener Störungen

Der heutige Stand syndromaler Schizophreniediagnostik

Wolfgang Gaebel, Wolfgang Wölwer und Christoph Winkler

Einleitung

Diagnostischen Klassifikationssystemen wie ICD-10 (Dilling et al., 1992) oder DSM-IV (APA, 1994) liegen **kategoriale Krankheitskonzepte** zugrunde. Auf der Basis deskriptiver Merkmalskataloge werden Ein- und Ausschlußkriterien formuliert und mittels einfacher operationaler Algorithmen z.B. zur Diagnose einer "schizophrenen Störung" verknüpft. Innerhalb dieser diagnostischen Kategorie tragen beide Systeme der aus der Heterogenität schizophrener Symptomatik erwachsenden Notwendigkeit einer typologischen Differenzierung Rechnung, die wesentlich auf syndromalen und Verlaufscharakteristika basiert. Die Validität der verschiedenen - insbesondere syndromalen - Unterformen ist empirisch jedoch nur unzureichend gestützt (Kendler et al., 1985). Dies betrifft sowohl ihre psychopathologische Verlaufsstabilität als auch ihre ätiopathogenetische und differentialtherapeutische Identität. Im Unterschied zur Auffasung einer typologischen Konfiguration zusammengehöriger Symptome gehen neuere Überlegungen davon aus, daß sich diese syndromalen Unterformen auf psychopathologische Elementardimensionen zurückführen lassen, die sich im Verlauf auf verschiedene Weise mischen und damit zum temporären Auftreten einzelner Prägnanztypen führen können (Kay & Sandyk, 1991).

Grundlage **syndromdiagnostischer Ansätze** sind in der Regel psychopathologische Fremd- und Selbstbeurteilungsskalen (zur psychophysiologisch basierten Syndromatik vgl. Gruzelier, 1991), die auf verschiedene Merkmalsbereiche im Vorfeld, während und nach einer schizophrenen Episode zielen: neben dem Kernbereich der psychopathologischen Symptomatik während der Akutphase der Erkrankung (Überblick über Erhebungsinstrumente z.B. Stieglitz, 1991; Stieglitz & Ahrens, 1994; Hautzinger, 1994) zählen hierzu die prämorbide Persönlichkeit (Meinte et al., 1995) sowie Prodromal- und "Basis"-Symptome (Peralta & Cuesta, 1994) vor einer akuten Exazerbation sowie die Bereiche Pharmakonnebenwirkungen (Bech, 1993; Awad et al., 1996), Compliance (Bech, 1993), Lebensqualität (Stieglitz, 1996) und Verarbeitungsmechanismen (Englert & Gebhardt, 1994) eher in postakuten Phasen. Übergreifend sind die soziale Funktionsfähigkeit und Verlaufsaspekte mit stadienabhängig unterschiedlich gewichtetem Augenmerk auf soziale Anpassung vs. soziale Behinderung bzw. auf Prognose vs. Outcome (Wittchen et al., 1994; Maier & Sandmann, 1994) in allen Phasen der Erkrankung von Interesse. Obgleich prinzipiell jeder dieser Merkmalsbereiche in syndromorientierte Strukturierungsansätze einbezogen werden kann, finden Charakteristika außerhalb des Kernbereichs psychopathologischer Symptomatik hierbei nur selten Berücksichtigung.

Dichotome Schizophreniekonzepte

In der älteren Literatur finden sich eine Reihe dichotomer Schizophreniekonzepte, die sich wesentlich an Symptomatik, Verlaufsprognose, hypothetischer Krankheitsauslösung oder Aktivität des Krankheitsprozesses orientieren. Es sind dies Unterteilungen in akute und chronische, paranoide und nonparanoide Formen der Schizophrenie, solche mit guter vs. schlechter Prognose (Langfeldt, 1937), Prozeß- vs. Non-Prozeß-Formen (Stephens & Astrup, 1963), benigne vs. non-benigne (Blau, 1957) sowie reaktive vs. nichtreaktive Schizophrenieformen (Retterstoel, 1978). Es handelt sich hierbei um nicht-disjunkte Einteilungen, die zudem untrennbar mit Merkmalen wie Geschlecht, Alter, Familienstand, Sozialstatus, Bildung sowie Schwere und Dauer der Erkrankung konfundiert sind (Cohen & Borst, 1987).

Von besonderer Bedeutung für die Ordnung schizophrener Symptomheterogenität ist das syndromale Konzept der sogenannten **Positiv- und Negativsymptomatik**. Auch wenn die Zuordnung einzelner Symptome zur Positiv-/Negativdichotomie uneindeutig ist und Symptome wie Angst, Depression oder Resignation sich einer solchen Zuordnung ganz entziehen (Scharfetter, 1990), stellt die Zusammenfassung schizophrener Symptome in positive und negative Syndromdimensionen und deren Relation zueinander einen Reduktionsversuch von heuristischem Wert dar.

Vereinfacht bezieht sich die Charakterisierung positiver Symptome auf ein "Zuviel" an normalerweise nicht auftretenden, die negativer Symptome auf ein "Zuwenig" normalerweise auftretender Erlebens- und Verhaltensweisen. Zur Positivsymptomatik werden weitgehend übereinstimmend Halluzinationen, Wahnvorstellungen, formale Denkstörungen und bizarres Verhalten gerechnet. Wenngleich nicht von allen Autoren konsistent definiert, schliessen die meisten Negativsyndrom-Konzeptionen die Merkmale Affektverflachung, Interessen- und Initiativeverlust, Inaktivität und sozialen Rückzug ein (Klosterkötter, 1990). Im Zentrum nahezu aller Konzeptionen steht die **Affektverflachung**, die - neben der konzeptuell uneinheitlich eingeordneten Affektinadäquatheit - die charakteristischste Affektstörung Schizophrener darstellt. Allerdings bestehen für diesen Merkmalsbereich klinisch Überschneidungen zu einer Reihe phänomenologisch ähnlicher neuropsychiatrischer Syndrome mit veränderter Psychomotorik wie **Depressivität, Parkinsonoid** und **Akinese**.

Unter Berücksichtigung von Entstehung, Verlauf und Querschnittszusammenhang von Positiv- und Negativsymptomatik lassen sich grob **drei verschiedene**

Modelltypen zur Beziehung beider Syndrome voneinander unterscheiden (Walker, 1987; Gaebel & Wölwer, 1996):

1. **Subtypen-Modelle**: Positiv- und Negativsymptomatik werden als Ausdruck zweier ätiopathogenetisch unterschiedlicher Erkrankungen mit unterschiedlicher Therapieresponse angesehen (z.B. Typ-I- vs. Typ-II-Schizophrenie nach Crow (1980, 1985), Positiv- und Negativsymptomatik als entgegengesetzte Pole derselben bipolaren Skalendimension nach Andreasen & Olsen (1982))
2. **Stadien-Modelle**: Positiv- und Negativsymptomatik werden als Manifestationen einer singulären, progredienten Erkrankung in unterschiedlichen Verlaufsstadien aufgefaßt, wobei positive Symptome vor allem mit dem Beginn der Erkrankung assoziiert sein sollen, Negativsymptomatik dagegen erst in fortgeschritteneren Krankheitsstadien auftreten soll.
3. **Episoden-Modelle**: Positiv- und Negativsymptomatik werden als Ausdruck einer singulären Erkrankung mit im Verlauf fluktuierender Symptomatik angesehen (z.B. MacKay, 1980). Im Unterschied zu der Auffassung in Stadienmodellen kann jede der beiden Symptomatiken zu jedem Zeitpunkt im Krankheitsverlauf auftreten.

Die widersprüchlichen Modelle zur Beziehung zwischen Positiv- und Negativsymptomatik sind möglicherweise Resultate eines **methodischen Artefakts**, insofern als (1) lediglich Querschnittsmessungen mit (2) unterschiedlichem zeitlichen Bezug zu einer akuten Episode und (3) in unterschiedlichen Stadien der Erkrankung durchgeführt wurden (Gaebel,1992). Bereits von Carpenter et al. (1988) wurde darauf hingewiesen, daß eine Differenzierung unterschiedlicher Formen von Negativsymptomatik, die im Querschnitt rein phänomenologisch nicht ohne weiteres - am ehesten noch ex juvantibus - zu leisten ist, nur im Längsschnitt möglich ist.

Mit dem akuten Ausbruch produktiv-psychotischer Symptomatik, d.h. mit dem Anstieg von Positivsymptomatik, kommt es in der Regel auch zum Auftreten oder zu einer Verstärkung von Negativsymptomatik, die sich parallel zur Remission partiell wieder zurückbildet. Allerdings weisen Negativsymptome in der Regel einen längeren Zeitgang auf, so daß sie das Abklingen produktiv-psychotischer Symptomatik überdauern. Wenn man davon ausgeht, daß Positiv- und zumindest eine bestimmte Form von Negativsymptomatik in einem inneren Regulationszusammenhang stehen, d.h. regulationsdynamisch aufeinander bezogen sind, sind je nach Ausgangslage und Richtung einer Exazerbation im Längsschnitt die unterschiedlichsten Verlaufstypen zu erwarten. Die kategoriale Aufteilung in Typ I und Typ II, wie sie von Crow (1980) vorgenommen wurde, kann entsprechend durch Differenzbildung von Positiv- und Negativsymptomatik vorgetäuscht werden, wenn statt des kontinuierlichen Verlaufs, in dem beide Syndrome mit einer gewissen Phasenverschiebung aufeinander bezogen sind, nur der Querschnitt zu einem bestimmten Zeitpunkt betrachtet wird.

Ähnlich wie Carpenter et al. (1988) differenzieren Häfner und Maurer (1991) in diesem Zusammenhang zwischen den drei folgenden **Teilkomponenten** der Negativsymptomatik:

1. **Frühe primäre Negativsymptomatik**: Eine direkt auf den Krankheitsprozeß bezogene Komponente tritt in frühen und akuten Krankheitsstadien auf (z.B. negatives Prodromalstadium einer positiven oder gemischten Schizophrenie) und ist relativ zeitstabil und episodenunabhängig;
2. **Negatives Residuum**: Eine weitere, eher auf die Folgen des Krankheitsprozesses bezogene Komponente beruht auf hypothetischen psychoneurobiologischen Konsequenzen von Krankheitsepisoden (Residualkomponente);
3. **Sekundäre reaktive Negativsymptomatik**: Eine dritte, stärker fluktuierende Komponente ist als sekundäre Folge der Erkrankung und damit einhergehender Faktoren zu verstehen, wie z.B. Copingmechanismen, neuroleptische Medikation oder Institutionalisierung.

Im Hinblick auf die Persistenz der häufig auch als Defizitsyndrom bezeichneten Residualsymptomatik wird ein frühzeitiges Auftreten von Negativsymptomen häufig auch mit einer ungünstigen Verlaufsprognose assoziiert (Pogue-Geile, 1989). Angesichts einer Vielzahl potentiell bedeutsamer intervenierender Variablen (z.B. prämorbide Persönlichkeit, soziale Integration, Dauer der Negativsymptome) und einer letztlich noch immer uneindeutigen empirischen Basis kommen Müller-Spahn et al. (1992, S. 385) allerdings zu dem Schluß, daß "eine eindeutige generalisierbare Aussage über die prädiktive Valenz schizophrener Minussymptomatik bezüglich des weiteren Krankheitsverlaufs ... kaum möglich" ist.

Mehrdimensionale Syndromkonzepte

Mittels einer **faktorenanalytischen Strukturierung** der Symptomvielfalt schizophrener Krankheitsbilder ist in neuerer Zeit vielfach versucht worden, eine mehrdimensionale Ordnung schizophrener Symptomatik zu erreichen (vgl. Tabelle 1[1]). Andreasen et al. (1995) sowie Liddle (1995) kommen in einer Zusammenschau von über 20 während der letzten 10 Jahre weltweit durchgeführten Studien jeweils zu der Schlußfolgerung, daß eine **dreidimensionale Struktur** schizophrener Symptomatik in der Zwischenzeit als gesichert angesehen werden kann. Wenngleich der Anteil der jeweils aufgeklärten Varianz eines Faktors und der jeweilige Beitrag der Einzelsymptome - nicht zuletzt aufgrund der Unterschiedlichkeit der untersuchten Patientenstichproben hinsichtlich Krankheitsstadium und Medikationsstatus - von Studie zu Studie

---

[1] aus Gründen der Übersicht befindet sich die Tabelle am Ende des Beitrags

recht verschieden war, wurden diese Dimensionen überwiegend wie folgt beschrieben:

1. **psychomotor poverty syndrome oder negative factor**:
   beinhaltet Komponenten der Negativsymptomatik wie Affektverflachung, Abulie, Anhedonie sowie aus dem Bereich Alogie das Symptom Sprechverarmung
2. **reality distortion oder positive factor**:
   beschreibt psychotische Symptomatik wie Wahn und Halluzinationen
3. **disorganisation oder thought disorder**:
   umfaßt Denkstörungen, bizarres Verhalten, Affektinadäquatheit sowie aus dem Bereich Alogie die Verarmung des Sprechinhaltes.

Der empirisch nachgewiesenen Dreifaktorenlösung entsprechend stellt das neue **DSM-IV** (APA, 1994) mit Blick auf die Begrenzungen klassischer Subtypen für Forschungszwecke ebenfalls ein dreidimensionales Beschreibungsmodell zur Diskussion, das eine "psychotische", eine "desorganisierte" und eine "negative" psychopathologische Dimension beinhaltet.

Eine solche Lösungsvariante ergibt sich in der Regel allerdings nur dann, wenn die Beschreibung der Symptomatik anhand der Skala zur Positivsymptomatik (SAPS) und Skala zur Negativsymptomatik (SANS) erfolgt (vgl. Tabelle 1). Dabei scheint es weitgehend unerheblich, ob lediglich die Subskalen dieser Meßinstrumente als Basis der Strukturierung dienen (Andreasen & Olson 1982; Bilder et al., 1985; Kulhara et al., 1986; Moscarelli et al., 1987; Arndt et al., 1991; Gur et al., 1991; Peralta et al., 1994; Vázquez-Barquero et al., 1996) oder ob die Einzelitems (Minas et al., 1992) bzw. eine spezielle Itemauswahl aus SANS / SAPS oder der darauf aufbauenden Comprehensive Assessment of Symptoms and History (CASH) verwendet werden (Andreasen et al., 1995; Peralta et al., 1992; Liddle, 1987a; Malla et al., 1993). Bei Einbeziehung eines umfassenderen Symptomspektrums einschließlich affektbezogener Symptome (z.B. PANSS, BPRS) wird in der Regel eine vier-, teilweise auch fünffaktorielle Lösung erreicht (PANSS: Kay & Sevy, 1990; Bell et al., 1994; Lindenmayer et al., 1995; BPRS: Schröder et al., 1992; van der Does et al., 1993, 1995). Kay und Sandyk (1991) ordnen die auf Basis der PANSS gewonnenen vier Syndromdimensionen **negative, positive, excited** und **depressive component** in ein "pyramidales" Modell ein, dessen Syndromdimensionen in unterschiedlicher Beziehung zu fundamentalen Krankheitsaspekten stehen und in ihrer Interaktion die oben dargestellten klinischen Subtypen ergeben sollen.

Diese Ergebnisse verdeutlichen, daß das Spektrum der extrahierbaren Syndromdimensionen verständlicherweise durch die in die Faktorenanalyse eingehenden Meßverfahren bzw. Informationen vorgeben ist. Insofern bleibt es fragwürdig, daß für die faktorielle Beschreibung schizophrener Syndrome nahezu ausschließlich Erhebungsinstrumente verwendet wurden, die zur Erfassung der Symptomatik nach dem dichotomen Konzept negativer und positiver Symptomatik konstruiert worden waren. Darüber hinausgehende Merkmalsbereiche bleiben damit von vornherein ausgeklammert; stattdessen wird die zweidimensionale Struktur dieser Inventare durch eine Faktoranalyse lediglich in eine dreidimensionale aufgeteilt. Unter diesem Gesichtspunkt ist es besonders verwirrend, daß für die extrahierten Faktoren z.T. die gleichen Bezeichnungen gewählt wurden wie für die ursprünglichen Skalen, so daß bedenkliche begriffliche Unschärfen resultieren.

Modellvergleiche mittels **konfirmatorischer Faktorenanalysen** zeigten sowohl für einen mittels der Skalen SANS und SAPS (Peralta et al., 1994) als auch für einen mittels der PANSS (Cuesta & Peralta, 1995a) erhobenen Itempool, daß drei- oder vierdimensionale Modelle den Daten jeweils besser angepaßt waren als jedes der außerdem getesteten ein- oder zweidimensionalen Modelle. Den erstgenannten Modellen war die **negative** und **positive** Dimension jeweils gemeinsam, zusätzlich beinhalteten sie die Dimensionen **disorganisation** und / oder **disorders of relating** (vgl. Strauss et al., 1974).

Auch wenn eine einheitliche Faktorenlösung zur Beschreibung syndromaler Merkmalsbereiche derzeit noch nicht zur Verfügung steht, zeichnet sich immer mehr eine Strukturierung des Merkmalsraums schizophrener Symptomatik ab, die über die zunächst in dichotomen Modellen angenommene Syndrombildung hinausgeht. Andreasen et al. (1995) weisen dabei darauf hin, daß diese empirisch bestimmten Symptomfaktoren trotz eventueller statistischer Unabhängigkeit inhaltlich als überlappende "Dimensionen" in rein deskriptivem Sinne betrachtet werden sollten. Bevor diese als - ätiopathogenetisch unterschiedliche - "Syndrome" behandelt werden, müsse zunächst der Nachweis eines Zusammenhangs mit z.B. Behandlungsansprechen, Krankheitsverlauf und neurobiologischen Determinanten erbracht werden.

Validitätsaspekte syndromaler Diagnostik

Klinische Korrelate

Longitudinalstudien zur **Stabilität der faktoriellen Struktur** des schizophrenen Symptomspektrums bzw. zum Syndromverlauf liegen derzeit nur vereinzelt vor. Im kurzfristigen Bereich von einer Woche Dauer erwies sich eine anhand der PANSS gewonnene fünfdimensionale Faktorlösung sowohl unter Neuroleptika als auch nach deren vorübergehendem Absetzen und damit einhergehender Exazerbation der Symptomatik als weitestgehend stabil (Lindenmayer et al., 1995). Auch beim Vergleich der Faktorlösung in Akutstadien mit der in interepisodischen Stadien, für die die Symptomatik jeweils retrospektiv mittels Lifetime-CASH erhoben wurde, ergaben sich in einer Studie von Maziade et al. (1995) jeweils relativ stabile dreifaktorielle Strukturierungen. Van der Does et al. (1995) fanden bei einer Untersuchung der qualitativen Verlaufsstabilität eines im Akutstadium auf Grundlage der BPRS generierten vierdimensionalen Syndrommodells (positive, negative, disorganisation, depression; vgl. Tabelle 1) mit unabhängigen Faktorenanalysen zwar auch nach 3 und nach 15 Monaten wieder eine vierdimensionale Struktur, jedoch mit jeweils unterschiedlichem Ladungsmuster der Symptome. Erst eine simultane Komponentenanalyse, in die die Meßwerte aller drei Zeitpunkte gleichzeitig eingingen, bestätigte eine vierdimensionale Faktorstruktur mit der ursprünglichen Ladungskonstellation, die im Verlauf auch eine hinreichende interne Konsistenz aufwies. Hintergrund der heterogenen Faktorenlösungen bei meßzeitpunktbezogenen Analysen mag die symptomabhängig unterschiedliche Fluktuation bzw. Remission oder der im Verlauf um etwa ein Drittel reduzierte Stichprobenumfang (N = 65 - 45) sein. Unterschiedliche Muster von Exazerbation und Remission psychopathologischer Dimensionen im klinischen Verlauf berichten z.B. Arndt et al. (1995) aus einer Longitudinalstudie, in der Intensitätsveränderungen in einem dreifaktoriellen, SANS- und SAPS-basierten Syndrommodell untersucht wurden. Während die zum Zeitpunkt der Aufnahme hohe Ausprägung der psychotischen und desorganisierten Dimension im darauffolgenden zweijährigen Katamnesezeitraum deutlich abnahm, blieben die auch schon bei der Ersterkrankung der Patienten markanten Negativsymptome nach der Entlassung relativ stabil auf nur wenig niedrigerem Niveau. Diese unterschiedlichen Verlaufsmuster stützen die Vermutung, daß den verschiedenen Symptomkonstellationen unterschiedliche pathophysiologische Mechanismen zugrundeliegen könnten.

In diesem Zusammenhang erscheint interessant, daß Baum und Walker (1995) in einer retrospektiven Erhebung bereits differentielle Zusammenhänge zwischen den Syndromausprägungen innerhalb einer dreidimensionalen Struktur bei schizophrenen Patienten und deren **früheren Verhalten in der Kindheit** nachweisen konnten. So waren die Dimensionen "psychomotor poverty" und "cognitive disorganisation" im Erwachsenenalter positiv mit sozialem Rückzugsverhalten, dagegen negativ mit Angst und Depression in der Kindheit assoziiert; zu "reality distortion" ergaben sich keine Korrelationen. Die Ergebnisse unterstützen die Auffassung von Carpenter et al. (1988), daß primäre Negativsymptomatik (u.a. sozialer Rückzug) langanhaltende Charakteristika sind, die sich über die gesamte Lebenszeit hinweg manifestieren, während Positivsymptomatik nur kurzdauernd, episodisch auftritt. Dabei deutet die negative Assoziation von Angst und Depression im Kindesalter mit negativen Symptomen sowie kognitiver Desorganisation während einer schizophrenen Erkrankung im Erwachsenenalter darauf hin, daß das Auftreten bzw. das Erhaltensein von Affekten offensichtlich eher ein **prognostisch günstiges Merkmal** darstellt (vgl. Grimes & Walker, 1994), eine Ansicht, die bereits von Strauss et al. (1974) geäußert wurde. Umgekehrt wird vielfach angenommen, daß Affektverflachung oder allgemein negative Symptomatik eine schlechtere Verlaufsprognose bedingen. Die damit verknüpfte Auffassung, daß Negativsymptomatik weitgehend therapierefraktär sei, läßt sich allerdings nach neueren Ergebnissen so nicht mehr halten (vgl. z.B. Meltzer & Zureick, 1989; Woggon, 1990). In einer **Therapievergleichsstudie** von Lindström und von Knorring (1994) zeigten Haloperidol und Risperidon dosisabhängig differentielle Wirkungen auf die anhand der PANSS gewonnenen fünf Syndromdimensionen schizophrener Symptomatik. So zeigte Haloperidol (10 mg/d) die stärksten Wirkungen auf das negative und auf das ängstlich-depressive Syndrom, die ähnlich auch von mittleren Dosierungen (4-12 mg) Risperidon beeinflußt wurden. Positive Wirkungen von Risperidon auf das kognitive Syndrom waren eher für niedrige Dosierungen (4-8 mg), auf die Erregungsdimension für mittlere (8 mg) und auf das positive Syndrom für höhere Dosierungen nachweisbar (8-16 mg). Dieses dosisabhängige Wirkungsspektrum von Risperidon wird auf dessen gleichzeitige Blockade zweier Transmittersysteme (D2 und 5-HT-2), die möglicherweise in unterschiedlichem Ausmaß in die Pathogenese der verschiedenen Syndrome involviert sind, zurückgeführt.

Den Daten von Maziade et al. (1995) zufolge, nach denen sich qualitativ vergleichbare Syndromkonstellationen - bei allerdings unterschiedlicher quantitativer Ausprägung - sowohl für schizophrene Patienten als auch für Patienten mit bipolaren Störungen ergeben (vgl. auch Minas et al., 1992), scheinen diese syndromgenetischen Mechanismen offensichtlich **nicht nosologiespezifisch** zu sein. Allerdings läßt sich diese Vermutung aufgrund der nur wenigen vorliegenden Daten bislang noch kaum weitergehend bewerten.

Neuropsychobiologische Korrelate

In der Zwischenzeit wurden in mehreren Untersuchungen **neuropsychologische Korrelate** der drei beschriebenen Syndrome bzw. Dimensionen untersucht. Nachdem Bilder et al. (1985) zunächst nur für die "desorganisierte" Dimension einen Zusammenhang zu kognitiven Defiziten, insbesondere im Bereich von Sprach-, Gedächtnis- und Aufmerksamkeitsprozessen nachweisen konnte, postulierte Liddle (1987b, Liddle & Morris, 1991) aufgrund seiner Untersuchungen jeweils syndromspezifische Zusammenhänge zu verschiedenen neuropsychologischen Funktionsdefiziten sowie deren jeweiliger neuroanatomischer Basis. So fanden sich Hinweise für eine Verknüpfung des "psychomotor poverty" Syndroms mit Schwierigkeiten bei der internen Generierung von Handlungen (z.B. object naming, verbal fluency) sowie mit einer generellen Verlangsamung mentaler Aktivität, die von Liddle als Ausdruck einer Störung im Bereich des dorsolateralen präfrontalen Kortex (DLPFC) angesehen werden. Für die desorganisierte Dimension fanden sich u.a. Anhaltspunkte für eine defizitäre Fähigkeit, konkurrierende Reaktionstendenzen unterdrücken zu können (z.B. Stroop-Test, TMT-B), was die Autoren als Störungen v.a. frontobasaler (ventraler präfrontaler Kortex, anteriores Cingulum), aber auch parietaler Strukturen interpretieren. Das "reality distortion" Syndrom zeigte die schwächste Beziehung zu Leistungen in neuropsychologischen Testaufgaben, die allerdings auch überwiegend zur Erfassung von Frontalhirnfunktionen ausgewählt worden waren; demgegenüber wird für diese Dimension - vorwiegend aufgrund der von Frith und Done (1988) vertretenen Auffassung, daß Wahn und Halluzinationen auf Störungen im internen Handlungsmonitoring basieren - ein Zusammenhang zur Funktion medio-temporaler Strukturen postuliert.

Auch in mehreren nachfolgenden Untersuchungen (Brown & White, 1992; Cuesta & Peralta, 1995b; Cuesta et al., 1995) konnte keine Beziehung zwischen reality distortion und neuropsychologischen Testleistungen gefunden werden. Andererseits ergaben sich jeweils syndromabhängig unterschiedliche, allerdings nur partiell die Hypothesen von Liddle und Morris (1992) stützende Zusammenhangsmuster zu einer oder zu beiden der anderen Dimensionen. Dies untermauert zwar eine neuropsychologisch unterschiedliche Verankerung der Dimensionen, läßt jedoch Fragen zur Art der zugrundeliegenden Prozesse weiter offen. So diskutieren Brown und White (1992) die von ihnen gefundene Korrelation zwischen desorganisiertem Syndrom und der Leistung im Zahlennachsprechen zusammen mit den zuvor von Bilder et al. (1985) und Liddle et al. (1987b) entsprechend berichteten Korrelationen zu Konzentrationstestleistungen im Kontext einer Aufmerksamkeitsstörung. Eine solche scheint auch vor dem Hintergrund des für die desorganisierte Dimension postulierten anatomischen Korrelats im anterioren Cingulum unmittelbar plausibel, dessen entscheidende Bedeutung für Prozesse der Aufmerksamkeitssteuerung schon länger bekannt ist (z.B. Mesulam, 1981).

Norman et al. (1997) versuchten jüngst in einer über diese explorativen Korrelationsstudien erstmals hinausgehenden Untersuchung, aus dem von Liddle und Morris (1992) aufgestellten Modell abgeleitete a-priori-Hypothesen konfirmatorisch mittels neuropsychologischer Tests zu überprüfen, die jeweils spezifisch die Funktion der mit den drei Dimensionen in Zusammenhang gebrachten Hirnstrukturen erfassen sollten. Hypothesenkonform fanden sich dabei lediglich Korrelationen zwischen den Leistungen in (verbalen) Gedächtnistests als Funktionsindikatoren des (linken) Temporallappens und der Ausprägung des "reality distortion" Syndroms, während die desorganisierte Dimension keine Beziehung zu den als Funktionsindikatoren frontobasaler Systeme eingesetzten Wort- und Zeichenflüssigkeitstests, und die negative Dimension zumindest keine spezifische Beziehung zur v.a. dorsolateralpräfrontal bestimmten Leistung im WCST zeigte. Stattdessen ergaben sich für die negative Dimension zusätzlich auch etwa gleich hohe Korrelationen zu potentiell links frontobasal und links temporal bestimmten Testleistungen, was die z.B. von Robbins (1990) und Pantelis und Nelson (1994) geäußerte Auffassung stützt, daß negative Symptomatik nicht ausschließlich auf einer Störung dorsolateral, sondern auch orbitofrontal im präfrontalen Cortex entspringender neuronaler Verbindungen zu subkortikalen Strukturen basiert (vgl. Cummings, 1993). Für die desorganisierte Dimension war nur eine Korrelation mit nonverbalen Gedächtnisleistungen nachweisbar; dies könnte ebenfalls auf die Bedeutung ausgedehnterer kortikal-subkortikaler Regelkreise verweisen. Jedoch ist bei den Ergebnissen zu dieser Dimension auch die generell schwierige - und im Hinblick auf die Liddle'sche Hypothese einer mangelnden Reaktionsunterdrückung bei diesem Syndrom möglicherweise nicht optimale - Auswahl geeigneter neuropsychologischer Funktionsindikatoren frontobasaler Systeme in Rechnung zu stellen.

Die derzeit vorliegenden Untersuchungen zum Zusammenhang zwischen der **regionalen Hirndurchblutung** und der Ausprägung der drei syndromalen Schizophreniedimensionen bestätigen die neuroanatomisch unterschiedliche Verankerung dieser Dimensionen. Übereinstimmend mit den o.g., zunächst aus neuropsychologischen Untersuchungen abgeleiteten Modellvorstellungen zeigten Liddle et al. (1992b) mittels ^{15}O-PET an 30 chronisch medizierten schizophrenen Patienten, daß die Ausprägung des "psychomotor poverty" Syndroms signifikant mit einer im Ruhezustand niedrigen Hirndurchblutung im linken DLPFC und dem damit eng verbundenen oberen Parietalkortex sowie einer beidseitig höheren Durchblutung der Nc. Caudati korreliert ist. Hypothesenkonform ergaben sich darüber hinaus bedeutsame Beziehungen des desorganisierten Syndroms mit niedriger Perfusion des rechten ventrolateralen PFC und dem unteren Parietalkortex (beidseitig) sowie höherer Durchblutung des rechten vorderen Cingulums und des mediodorsalen Thalamus einerseits und reality distortion mit erhöhter Durchblutung mediotemporaler Strukturen (linker Gyrus parahippocampalis, linkes ventrales Striatum) andererseits. Weitgehend übereinstimmende syndromspezifische Aktivitätsmuster wurden in der Zwischenzeit von Kaplan et al. (1993) mittels ^{18}FDG-PET auch an unmedizierten Patienten nachgewiesen. Liddle et al. (1992a) weisen darüber hinaus darauf hin, daß es eine sehr gute Übereinstimmung zwischen den Regionen mit syndromspezifisch veränderter Perfusion und den Regionen gibt, für die in unabhängigen Untersuchungen an gesunden Probanden jeweils eine erhöhte Perfusion während der Beanspruchung der für die verschiedenen Syndrome modellgemäß relevanten Hirnleistungen (psychomotor poverty / Wortgenerierung; disorganisation / Stroop-Test; reality distortion / internes Monitoring von Augenbewegungen) nachweisbar war.

Ausblick

Um der Heterogenität schizophrener Symptomatologie im Hinblick auf therapeutische Zielsetzungen und standardisierte Verlaufskontrollen Rechnung zu tragen, aber auch um der ätiopathogenetischen Grundlagenforschung einen adäquateren phänomenologischen Ausgangspunkt zu verschaffen, als ihn die diagnostische Klassifikation allein zu liefern vermag, sind eine Reihe von **Skalen mit unterschiedlicher Schwerpunktsetzung** - aber oft überlappendem Itempool - entwickelt worden. Je nach Differenziertheit dieser Skalen stellt sich der psychopathologische Merkmalsraum bei faktoriellen Strukturierungsversuchen mit relativer Invarianz gegenüber dem untersuchten Verlaufsabschnitt einfach (zweifaktoriell) oder komplexer (drei- bis mehrfaktoriell) dimensioniert dar. Dabei finden sich erwartungsgemäß die faktoriellen Strukturen wieder, die bereits mit der Auswahl des Itempools (implizit) den jeweiligen Skalenkonstruktionen zugrundegelegt wurden. Bisher wurde allerdings kein Versuch unternommen, einen Itempool explizit - aus klinischer Erfahrung und theoretischer Erwartung resultierend - zusammenzustellen, um davon ausgehend via Faktoranalyse einen mehrdimensionalen störungsspezifischen Erhebungsbogen zu konstruieren, der einer weiteren Validierung zugänglich wäre. Das störungsübergreifende AMDP-System mit seinem breiten Itempool würde am ehesten als Ausgangspunkt eines solchen neuen Meßinstruments in Frage kommen.

Mit derartigen Instrumentarien müßten an klar definierten Stichproben zunächst Fragen zur **Verlaufsstabilität, prognostischen Validität** und **Therapieresponsivität einzelner Dimensionen**, aber auch zu deren **Nosologiespezifität** untersucht werden. In einem weiteren Schritt wäre das Vorkommen von Subgruppen mit besonderen Ausprägungen oder spezifischen Mustern einzelner Syndrome zu klären und auf Zusammenhänge mit anderen klinischen und hirnbiologischen Merkmalen sowie möglichen ätiologischen Faktoren zu prüfen. Dabei erschiene eine konsensuelle Validierung der klinischen Syndrome mit Störungen hypothetisch zugrundeliegender psychologischer Elementarfunktionen über gleichermaßen involvierte Hirnfunktionen besonders aufschlußreich. Derart gewonnene subklinische Syndromindikatoren könnten Ausgangspunkt beispielsweise für genetische Familien- oder prospektive High-risk-Untersuchungen sein und damit sowohl unter grundlagenwissenschaftlichem wie präventiv-therapeutischem Aspekt zur Validierung subdiagnostischer Funktionsprüfungen beitragen.

Zusammenfassend eröffnen die hier vorgestellten Ergebnisse syndromatologisch orientierter Forschungsansätze bei künftig noch stärker systematisiertem Vorgehen einen vielversprechenden Ausgangspunkt für die Beantwortung sowohl klinischer als auch grundlagenbezogener Fragestellungen der Schizophreniediagnostik.

Literatur

American Psychiatric Association (APA) (1994). *Diagnostic and Statistical Manual of Mental Disorders (DSM-IV)*. APA, Washington, DC.

Andreasen, N.C., Arndt, S., Alliger, R., Miller, D. & Flaum, M. (1995). Symptoms of schizophrenia: methods, meaning, and mechanisms. *Archives of General Psychiatry, 52,* 341-351.

Andreasen, N.C. & Olsen, S. (1982). Negative vs. positive schizophrenia: definition and validation. *Archives of General Psychiatry, 39,* 789-794.

Arndt, S., Alliger, R.J. & Andreasen, N.C. (1991). The distinction of positive and negative symptoms: the failure of a two-dimensional model. *British Journal of Psychiatry, 158,* 317-322.

Arndt, S., Andreasen, N.C., Flaum, M., Miller, D. & Nopoulos, P. (1995). A longitudinal study of symptom dimensions in schizophrenia: prediction and patterns of change. *Archives of General Psychiatry, 52,* 352-360.

Awad, A.G., Voruganti, L.N.P., Heslegrave, R.J. & Hogan, T.P. (1996). Assessment of the patient's subjective experience in acute neuroleptic treatment: implications for compliance and outcome. *International Clinical Psychopharmacology, 11 (suppl. 2),* 55-59.

Baum, K.M. & Walker, E.F. (1995). Childhood behavioral precursors of adult symptom dimensions in schizophrenia. *Schizophrenia Research, 16,* 111-120.

Bech, P. (1993). Rating scales for adverse drug reactions. In P. Bech (Ed.), *Rating scales for psychopathology, health status and quality of live* (pp. 425-463). Heidelberg: Springer.

Bell, M.D., Lysaker, P.H., Beam-Goulet, J.L., Milstein, R.M. & Lindenmayer, J.-P. (1994). Five-component model of schizophrenia: assessing the factorial invariance of the positive and negative syndrome scale. *Psychiatry Research, 52,* 295-303.

Bilder, R.M., Mukherjee, S., Rieder, R.O. & Pandurangi, A.K. (1985). Symptomatic and neuropsychological components of defect states. *Schizophrenia Bulletin, 11,* 409-419.

Blau, A. (1957). Benign schizophrenia. *Archives of Neurology, 78,* 605-611.

Brown, K.W. & White, T. (1992). Syndromes of chronic schizophrenia and some clinical correlates. *British Journal of Psychiatry, 161,* 317-322.

Carpenter, W.T., Heinrichs, D.W. & Wagman, A.M.I. (1988). Deficit and nondeficit forms of schizophrenia: the concept. *American Journal of Psychiatry, 145,* 578-583.

Cohen, R. & Borst, U. (1987). Psychological models of schizophrenic impairments. In H. Häfner, W.F. Gattaz & W. Janzarik (Eds.), *Search for the causes of schizophrenia* (pp. 189-202). Berlin: Springer.

Crow, T.J. (1980). Molecular pathology of schizophrenia: more than one disease process? *British Medical Journal, 280,* 66-68.

Crow, T.J. (1985). The two-syndrome concept: origins and current status. *Schizophrenia Bulletin, 11,* 471-486.

Cuesta, M.J. & Peralta, V. (1995a). Psychopathological dimensions in schizophrenia. *Schizophrenia Bulletin, 21 (3),* 473-482.

Cuesta, M.J. & Peralta, V. (1995b). Cognitive disorders in the positive, negative, and disorganisation syndromes of schizophrenia. *Psychiatry Research, 58,* 227-235.

Cuesta, M.J., Peralta, V., Caro, F. & de Leon, J. (1995). Schizophrenic syndrome and wisconsin card sorting test dimension. *Psychiatry Research, 58,* 45-51.

Cummings, J.L. (1993). Frontal-subcortical circuits and human behavior. *Archives of Neurology, 50,* 873-880.

Dilling, H., Mombour, W. & Schmidt, M.H. (Hrsg.) (1992). *Internationale Klassifikation psychischer Störungen. ICD-10,* Kapitel V (F). Bern: Huber.

Englert, J.S. & Gebhardt, R. (1994). Diagnostik von Bewältigung. In R.-D. Stieglitz & U. Baumann (Hrsg.), *Psychodiagnostik psychischer Störungen* (S. 207-215). Stuttgart: Enke.

Frith, C.D. & Done, D.J. (1988). Towards a neuropsychology of schizophrenia. *British Journal of Psychiatry, 153,* 437-443.

Gaebel, W. (1992). Nonverbal behavioral dysfunction in schizophrenia: vulnerability indicator, residual marker or coping strategy? *British Journal of Psychiatry, 161 (Suppl. 18),* 65-74.

Gaebel, W. & Wölwer, W. (1996). *Affektstörungen Schizophrener: Klinik - Grundlagen - Therapie.* Stuttgart: Kohlhammer.

Grimes, K. & Walker, E.F. (1994). Childhood emotional expressions, eductional attainment, and age at onset of illness in schizophrenia. *Journal of Abnormal Psychology, 103*, 784-790.

Gruzelier, J.H. (1991). Hemispheric imbalance: syndromes of schizophrenia, premorbid personality, and neurodevelopmental influences. In S.R. Steinhauer, J.H. Gruzelier & J. Zubin (Eds.), *Handbook of Schizophrenia, Vol. 5: Neuropsychology, Psychophysiology and Information Processing* (pp. 599- 650). Amsterdam: Elsevier.

Gur, R.E., Mozley, D., Resnick, S.M., Levick, S., Erwin, R., Saykin, A.J. & Gur, R.C. (1991). Relations among clinical scales in schizophrenia. *American Journal of Psychiatry, 148*, 472-478.

Häfner, H. & Maurer, K. (1991). Are there two types of schizophrenia? True onset and sequence of positive and negative syndromes prior to first admission. In A. Marneros, N.C. Andreasen & M.T. Tsuang (Eds.), *Negative versus positive schizophrenia* (pp. 134-159). Berlin: Springer.

Harvey, C.A., Curson, D.A., Pantelis, C., Taylor, J. & Barnes, T.R.E. (1996). Four behavioural syndromes of schizophrenia. *British Journal of Psychiatry, 168*, 562-570.

Hautzinger, M. (1994). Diagnostik in der Psychotherapie. In: R.-D. Stieglitz & U. Baumann (Hrsg.), *Psychodiagnostik psychischer Störungen* (S. 284-295). Stuttgart: Enke.

Kaplan, D.R., Szechtman, H., Franco, S., Szechtman, B., Nahmias, C., Garnett, E.S., List, S. & Cleghorn, J.M. (1993). Three clinical syndromes of schizophrenia in untreated subjects: relation to brain glucose activity measured by positron emission tomography (PET). *Schizophrenia Research, 11*, 47-54.

Kay, S.R. & Sandyk, R. (1991). Experimental models of schizophrenia. *International Journal of Neuroscience, 58*, 69-82.

Kay, S.R. & Sevy, S. (1990). Pyramidical model of schizophrenia. *Schizophrenia Bulletin, 16 (3)*, 537-545.

Kendler, K.S., Gruenberg, A.M. & Tsuang, M.T. (1985). Subtype stability in schizophrenia. *American Journal of Psychiatry, 142*, 827-832.

Klosterkötter, J. (1990). Minussymptomatik und kognitive Basissymptome. In H.J. Möller & E. Pelzer (Hrsg.), *Neuere Ansätze zur Diagnostik und Therapie schizophrener Minussymptomatik* (S. 15-24). Berlin: Springer.

Kulhara, P., Kota, S.K. & Joseph, S. (1986). Positive and negative subtypes of schizophrenia: a study from India. *Acta Psychiatrica Scandinavica, 74*, 353-359.

Langfeldt, G. (1937). *The prognosis in schizophrenia and the factors influencing the course of the disease.* Copenhagen: Munksgaard.

Lenzenweger, M.F. & Dworkin, R.H. (1996). The dimensions of schizophrenia phenomenology: not one or two, at least three, perhaps four. *British Journal of Psychiatry, 168*, 432-440.

Lenzenweger, M.F., Dworkin, R.H. & Wethington, E. (1989). Models of positive and negative symptoms in schizophrenia: an empirical evaluation of latent structures. *Journal of Abnormal Psychology, 98*, 62-70.

Liddle, P.F. (1987a). The symptoms of chronic schizophrenia: a re-examination of the positive-negative dichotomy. *British Journal of Psychiatry, 151*, 145-151.

Liddle, P.F. (1987b). Schizophrenic syndromes, cognitive performance and neurological dysfunction. *Psychological Medicine, 17*, 49-57.

Liddle, P.F. (1995). Inner connections within domain of dementia praecox: role of supervisory mental processes in schizophrenia. *European Archives of Psychiatry and Clinical Neuroscience, 245*, 210-215.

Liddle, P.F. & Barnes, T.R.E. (1990). Syndromes of chronic schizophrenia. *British Journal of Psychiatry, 157,* 558-561.

Liddle, P.F., Friston, K.J., Frith, C.D. & Frackowiak, R.S.J. (1992a). Cerebral blood flow and mental processes in schizophrenia. *Journal of the Royal Society of Medicine, 85,* 224-226.

Liddle, P.F., Friston, K.J., Frith, C.D., Hirsch, S.R., Jones, T. & Frackowiak, R.S.J. (1992b). Patterns of cerebral blood flow in schizophrenia. *British Journal of Psychiatry, 160,* 179-186.

Liddle, P.F. & Morris, D. (1991). Schizophrenic syndromes and frontal lobe performance. *British Journal of Psychiatry, 158,* 340-345.

Lindenmayer, J.-P., Grochowski, S. & Hyman, R.B. (1995). Five factor model of schizophrenia: replication across samples. *Schizophrenia Research, 14,* 229-234.

Lindenmayer, J.-P., Hyman, R.B. & Grochowski, S. (1994). A new five factor model of schizophrenia. *Psychiatric Quarterly, 65 (4),* 299-322.

Lindström, E. & von Knorring, L. (1994). Changes in single symptoms and separate factors of the schizophrenic syndrome after treatment with risperidone or haloperidol. *Pharmacopsychiatry, 27,* 108-113.

MacKay, P. (1980). Positive and negative schizophrenic symptoms and the role of dopamine. *British Journal of Psychiatry, 137,* 379-386.

Maier, W. & Sandmann, J. (1994). Diagnostik in Langzeitstudien. In R.-D. Stieglitz & U. Baumann (Hrsg.), *Psychodiagnostik psychischer Störungen* (S. 272-283). Stuttgart: Enke.

Malla, A.K., Norman, R.M.G., Williamson, P., Cortese, L. & Diaz, F. (1993). Three syndrome concept of schizophrenia: a factor analytic study. *Schizophrenia Research, 10,* 143-150.

Maziade, M., Roy, M.A., Martinez, M., Cliche, D., Fournier, J.-P., Garneau, Y., Nicole, L., Montgrain, N., Dion, C., Ponton, A.M., Potvin, A., Lavalée, J.-C., Pirès, A., Bouchard, S., Boutin, P., Brisebois, F. & Mérette, C. (1995). Negative, psychoticism, and disorganized dimensions in patients with familial schizophrenia or bipolar disorder: continuity and discontinuity between the major psychoses. *American Journal of Psychiatry, 152 (10),* 1458-1463.

Meinte, G., Vollema, M.G. & van den Bosch, R.J. (1995). The multidimensionality of schizophrenia. *Schizophrenia Bulletin, 21 (1),* 19-31.

Mellers, J.D.S., Sham, P., Jones, P.B., Toone, B.K. & Murray, R.M. (1996). A factor analytic study of symptoms in acute schizophrenia. *Acta Psychiatrica Scandinavica, 93,* 92-98.

Meltzer, H.Y. & Zureick, J. (1989). Negative symptoms in schizophrenia: a target for new drug development. In S. Dahl & L. Gram (Eds.), *Clinical pharmacology in psychiatry* (pp. 68-77). Berlin: Springer.

Mesulam, M.-M. (1981). A cortical network for directed attention and unilateral neglect. *Annals of Neurology, 10,* 309-325.

Minas, I.H., Stuail, G.W., Klimidis, S., Jackson, H.J., Singh, B.S. & Copolov, D.L. (1992). Positive and negative symptoms in the psychoses: multidimensional scaling of SAPS and SANS items. *Schizophrenia Research, 8,* 143-156.

Mortimer, A.M., Lund, C.E. & McKenna, P.J. (1990). The positive: negative dichotomy in schizophrenia. *British Journal of Psychiatry, 157,* 41-49.

Moscarelli, M., Maffei, C., Cesana, B.M., Boato, P., Farma, T., Grilli, A., Lingiardi, V. & Cazzullo, C.L. (1987). An international perspective on assessment of negative and positive symptoms in schizophrenia. *American Journal of Psychiatry, 144,* 1595-1598.

Müller-Spahn, F., Modell, S. & Thomma, M. (1992). Neue Aspekte in der Diagnostik, Pathogenese und Therapie schizophrener Minussymptomatik. *Nervenarzt, 63*, 383-400.

Norman, R.M.G., Malla, A.K., Morrison-Stewart, S.L., Helmes, E., Williamson, P.C., Thomas, J. & Cortese, L. (1997). Neuropsychological correlates of syndromes in schizophrenia. *British Journal of Psychiatry, 170*, 134-139.

Pantelis, C. & Nelson, H.E. (1994). Cognitive functioning and symptomatology in schizophrenia: the role of frontal-subcortical systems. In A.S. David & J.C. Cutting (Eds.), *The neuropsychology of schizophrenia* (pp. 215-229). Hillsdale, N.J.: Lawrence Erlbaum.

Peralta, V. & Cuesta, M.J. (1994). Subjective experience in schizophrenia: a critical review. *Comprehensive Psychiatry, 35 (3)*, 198-204.

Peralta, V., Cuesta, M.J. & de Leon, J. (1994). An empirical analysis of latent structures underlying schizophrenic symptoms: a four-syndrome model. *Biological Psychiatry, 36*, 726-736.

Peralta, V., de Leon J. & Cuesta, M.J. (1992). Are there more than two syndromes in schizophrenia? A critique of the positive-negative dichotomy. *British Journal of Psychiatry, 161*, 335-343.

Pogue-Geile, M.F. (1989). The prognostic significance of negative symptoms in schizophrenia. *British Journal of Psychiatry, 155 (Suppl. 7)*, 123-127.

Retterstoel, N. (1978). The scandinavian concept of reactive psychosis, schizophreniform psychosis and schizophrenia. *Psychiatria Clinica, 11*, 180-187.

Robbins, T.W. (1990). The case for frontostriatal dysfunction in schizophrenia. *Schizophrenia Bulletin, 16*, 391-402.

Scharfetter, C. (1990). Geschichtliche und psychopathologische Bemerkungen zur sogenannten Negativsymptomatik Schizophrener. In H.J. Möller & E. Pelzer (Hrsg.), *Neuere Ansätze zur Diagnostik und Therapie schizophrener Minussymptomatik* (S. 3-14). Berlin: Springer.

Schröder, J., Geider, F.J., Binkert, M., Reitz, C., Jauss, M. & Sauer, H. (1992). Subsyndromes in chronic schizophrenia: do their psychopathological characteristics correspond to cerebral alterations? *Psychiatry Research, 42*, 209-220.

Stephens, J.H. & Astrup, C. (1963). Prognosis in process and non-process schizophrenia. *American Journal of Psychiatry, 119*, 945-953.

Stieglitz, R.-D. (1991). Assessment of negative symptoms: instruments and evaluation criteria. In A. Marneros, N.C. Andreasen & M.T. Tsuang (Eds.), *Negative versus positive schizophrenia* (pp. 52-70). Berlin: Springer.

Stieglitz, R.-D.(1996). Erfassung von Lebensqualität bei schizophrenen Patienten. In H.-J. Möller, R.R. Engel & P. Hoff (Hrsg.), *Befunderhebung in der Psychiatrie: Lebensqualität, Negativsymptomatik und andere aktuelle Entwicklungen* (S. 73-81). Wien: Springer.

Stieglitz, R.-D. & Ahrens, B. (1994). Fremdbeurteilungsverfahren. In R.-D. Stieglitz & U. Baumann (Hrsg.), *Psychodiagnostik psychischer Störungen* (S. 79-94). Stuttgart: Enke.

Strauss, J.S., Carpenter, W.T. & Bartko, J.J. (1974). The diagnosis and understanding of schizophrenia: III. Speculations on the processes that underlie schizophrenic symptoms and signs. *Schizophrenia Bulletin, 1* (Experimental Issue No. 11), 61-69.

Thompson, P.A. & Meltzer, H.Y. (1993). Positive, negative, and disorganisation factors from the schedule for affective disorders and schizophrenia and the present state examination: a three-factor solution. *British Journal of Psychiatry, 163*, 344-351.

Van der Does, A.J.W., Dingemans, P.M.A.J., Linszen, D.H., Nugter, M.A. & Scholte, W.F. (1995). Dimensions and subtypes of recent-onset schizophrenia: a longitudinal analysis. *Journal of Nervous and Mental Disorders, 183,* 681-687.

Van der Does, A.J.W., Linszen, D. H., Dingemans, P.M., Nugter, M.A. & Scholte, W.F. (1993). A dimensional and categorical approach to the symptomatology of recent-onset schizophrenia. *Journal of Nervous and Mental Disorders, 181,* 744-749.

Vázquez-Barquero, J.L., Lastra, I., Cuesta Nuñez, M.J., Castanedo, S.H. & Dunn, G. (1996). Patterns of positive and negative symptoms in first episode schizophrenia. *British Journal of Psychiatry, 168,* 693-701.

Walker, E.F. (1987). Validating and conceptualizing positive and negative symptoms of schizophrenia. In P.D. Harvey & E.F. Walker (Eds.), *Positive and negative symptoms of psychosis* (pp. 33-50). Hillsdale, N.J.: Lawrence Erlbaum.

Wittchen, H.-U., Unland, H. & Knäuper, B. (1994). Interview. In R.-D. Stieglitz & U. Baumann (Hrsg.), *Psychodiagnostik psychischer Störungen* (S.107-125). Stuttgart: Enke.

Woggon, B. (1990). Wirkprofile klassischer Neuroleptika und die Beeinflussung von Minussymptomatik. In H.J. Möller & E. Pelzer (Hrsg.), *Neuere Ansätze zur Diagnostik und Therapie schizophrener Minussymptomatik* (S. 199-205). Berlin: Springer.

Tabelle 1   Überblick über Untersuchungen zur multidimensionalen Strukturierung schizophrener Symptomatik

Autoren	N	Technik	Tests	Item-zahl	Varianz-anteil	Faktoren-zahl	Faktoren-bezeichnung
Andreasen & Olsen (1982)	52	PCA	SANS und pre-SAPS (Globalwerte)	10	67%	2 / 3	Unrotated: bipolar factor (positive, negative) Varimax rotation: 1) psychotic 2) disorganized 3) negative
Bilder et al. (1985)	32	PCA, varimax rotation	SANS und pre-SAPS (Globalwerte)	10	78%	3	1) disorganisation syndrome 2) symptoms of the negative set 3) symptoms of the positive set
Kulhara et al. (1986)	98	PCA	SANS und SAPS (Globalwerte)	9	71%	3	1) negative 2) hallucinations, delusions 3) bizzare behaviour, formal thought disorder
Moscarelli et al. (1987)	59	PCA	SANS und SAPS (Globalwerte)	9	k.A.	3	deutlicher negativer Faktor, positiver Faktor weniger bindend
Arndt et al. (1991)	207	PCA, varimax rotation	SANS und SAPS (Globalwerte)	9	k.A.	3	1) negative factor 2) bizarre behaviour, positive thought disorder 3) delusions, hallucinations
Gur et al. (1991)	47	PCA	SANS und SAPS (Globalwerte)	9	76%	3	1) negative syndroms 2) psychoticism 3) disorganisation
Peralta et al. (1994)	253	CFA	SANS und SAPS (Globalwerte)	9		4	1) positive dimension 2) disorganisation dimension 3) negative dimension 4) relational dimension

Tabelle 1 (Fortsetzung 1)   Überblick über Untersuchungen zur multidimensionalen Strukturierung schizophrener Symptomatik

Autoren	N	Technik	Tests	Item-zahl	Varianz-anteil	Faktoren-zahl	Faktoren-bezeichnung
Vázquez-Barquero et al. (1996)	86	PCA	SANS und SAPS (Globalwerte)	9	k.A.	3	1) negative factor 2) positive factor 3) disorganisation factor
Andreasen et al. (1995)	243	PCA, varimax rotation	SANS und SAPS (Globalwerte) ohne Alogie, Attention	8	67%	3	1) negative symptoms 2) disorganisation 3) dimension indicative of psychosis
Peralta et al. (1992)	115	PCA, varimax rotation	SANS und SAPS (Globalwerte) + inappropriate affect + poverty of content	11	70%	4	1) negative symptoms 2) disorganisation symptoms 3) hallucination and delusions 4) bizarre behaviour
Brown & White (1992)	48	PCA, varimax rotation	Itemauswahl SANS und Manchester Scale	11	70%	3	1) negative symptoms 2) hallucinations and delusions 3) disorganisation syndrome
Liddle & Barnes (1990)	57	PCA, oblique rotation	Itemauswahl SANS und Manchester Scale	13	64%	3	1) psychomotor poverty syndrome 2) disorganisation syndrome 3) reality distortion
Liddle (1987a), (1.Teil)	40	PCA, oblique rotation	Itemauswahl aus CASH	15	k.A.	3	1) psychomotor poverty syndrome 2) disorganisation syndrome 3) reality distortion syndrome
Malla et al. (1993)	155	PCA, oblimin rotation	Itemauswahl SANS und SAPS	25 32	53% 46%	3 3	1) disorganisation 2) psychomotor poverty 3) distortion

Tabelle 1 (Fortsetzung 2)   Überblick über Untersuchungen zur multidimensionalen Strukturierung schizophrener Symptomatik

Autoren	N	Technik	Tests	Item-zahl	Varianz-anteil	Faktoren-zahl	Faktoren-bezeichnung
Minas et al. (1992)	114	Multidimensional scaling	SANS und SAPS	35		3	1) thought disorder 2) negative symptoms 3) halluzinations, delusions
Lenzenweger & Dworkin (1996), Lenzenweger et al. (1989)	192	CFA	Manual in Anlehnung an SANS und SAPS	12		4	1) negative symptoms 2) premorbid social adjustment deficits 3) reality distortion 4) disorganisation
Mortimer et al. (1990)	62	PCA	SANS und Itemauswahl aus HEN und CPRS	15	62%	3	1) Items HEN: appearance, behaviour, speech, thought, affect, functioning 2) Items CPRS: feeling controlled, disrupted thoughts, ideas of persecution, ideas of grandeur, other auditory hallutinations 3) inappropiate affect, poverty of speech
Liddle (1987a), (2.Teil)	40	PCA, oblique rotation	PSE section 13-15	14	k.A.	4	1) disorganisation 2) psychomotor poverty 3) disintegrative reality 4) integrative reality
Mellers et al. (1996)	114	PCA, varimax rotation	Itemauswahl aus PSE (ähnlich Liddle 1987a)	11	58%	3	1) disorganisation 2) psychomotor poverty 3) hallucination, delusions

Tabelle 1 (Fortsetzung 3)   Überblick über Untersuchungen zur multidimensionalen Strukturierung schizophrener Symptomatik

Autoren	N	Technik	Tests	Item-zahl	Varianz-anteil	Faktoren-zahl	Faktoren-bezeichnung
Thompson & Meltzer (1993)	131	iterated principal factor analysis, varimax rotation	Itemauswahl aus SASD-C und PSE (modifiziert)	24	76%	3	1) negative symptoms 2) positive symptoms 3) disorganisation
Harvey et al. (1996)	404	PCA	Social Behaviour Schedule (SBS) und Manchester Scale	15	58%	4	1) thought disturbance 2) social withdrawal 3) depressed behaviour 4) anti-social-behaviour
Schröder et al. (1992)	50	PCA, varimax rotation	BPRS	18	60%	4	1) delusional ideation 2) asthenia 3) disorganisation 4) depression
Van der Does et al. (1993) Van der Does et al. (1995)	65	PCA	BPRS-E	24	56%	4	1) disorganisation 2) negative symptoms 3) positive symptoms 4) depression
Kay & Sevy (1990) Kay & Sandyk (1991)	240	PCA, equimax rotation	PANSS	30	52%	4	1) negative component 2) positive component 3) excited component 4) depressive component

Tabelle 1 (Fortsetzung 4)   Überblick über Untersuchungen zur multidimensionalen Strukturierung schizophrener Symptomatik

Autoren	N	Technik	Tests	Item-zahl	Varianz-anteil	Faktoren-zahl	Faktoren-bezeichnung
Lindenmayer et al. (1994) (Reanalyse von Kay & Sevy, 1990)	240	PCA, equimax rotation	PANSS	30	58%	5	1) negative component 2) excitement component 3) cognitive component 4) positive component 5) depression component
Bell et al. (1994)	146	PCA, equimax rotation	PANSS	30	52%	5	1) negative component 2) positive component 3) cognitive component 4) emotional discomfort 5) hostility
Lindenmayer et al. (1995)	517	PCA, equimax rotation	PANSS	30	52%	5	1) negative component 2) positive component 3) cognitive component 4) excited component 5) depressive component

Abkürzungen:
PCA   Principal Component Analysis
CFA   Confirmatory Factor Analysis
PANSS Positive and Negative Symptom Scale
SANS   Scale for the Assessment of Negative Symptoms
SAPS   Scale for the Assessment of Positive Symptoms
BPRS   Brief Psychiatric Rating Scale

PSE   Present State Examination
SASD-C Sum of Absolute Squared Differences
HEN   High Royds Evaluation of Negativity
CPRS   Comprehensive Psychopathological Rating Scale
CASH   Comprehensive Assessment of Symptoms and History

Stabilität der Items des AMDP-Faktors "Apathie" in den unterschiedlichen ICD-10 - Diagnosegruppen

Arno Deister, Karl-Werner Burghof, Barbara Hawellek, Vera Paul, Gerd Laux und Hans-Jürgen Möller

Einleitung

In den letzten Jahren wurde die Bedeutung der Negativ- bzw. Minussymptomatik für die Diagnose und den Verlauf schizophrener Psychosen zunehmend stärker betont. Dabei wurden ältere psychopathologische Konzepte wieder aufgenommen und in einen neuen Zusammenhang gestellt (Deister & Marneros, 1994). Zahlreiche biochemische, neurophysiologische und psychopathologische Studien haben zu unserer Kenntnis der Grundlagen "negativer" Symptome beigetragen. Inzwischen herrscht weitgehend Einigkeit darüber, daß diese Symptomgruppe nicht spezifisch für Schizophrenien oder andere psychotische Erkrankungen ist (Mundt & Kasper, 1987). Empirische Daten über die Stabilität negativer Symptome in unterschiedlichen Diagnosegruppen fehlen bisher fast völlig. In der vorliegenden Studie wird die Stabilität der Symptome des AMDP-Faktors "Apathie" in den ICD-10-Oberkategorien untersucht. Das "Apathische Syndrom" wird dabei als Indikator zur Beurteilung der Negativsymptomatik angesehen (Gebhardt et al., 1983; Stieglitz & Schaub, 1997; Trabert et al., 1997).

Material und Methode

In der Psychiatrischen Klinik der Universität Bonn wurden seit 1992 alle Patienten nach ICD-10 diagnostiziert. Im Rahmen eines umfassenden Dokumentationssystems wurden für alle Patienten auch die AMDP-Items bei Aufnahme und Entlassung evaluiert. Sämtliche zwischen dem 1.7.1992 und dem 30.6.1993 stationär aufgenommenen Patienten (N = 656) wurden unabhängig von ihrer diagnostischen Zuordnung zusätzlich mit einem erweiterten Untersuchungsinstrumentarium nach einem Jahr nachuntersucht. An dieser Stelle wird über die Ergebnisse der Nachuntersuchung von zunächst 322 Patienten berichtet. Für jedes der Apathie-Items wurden die arithmetischen Mittelwerte der Itemausprägungen (0 = nicht vorhanden; 1 = leicht; 2 = mittelschwer; 3 = schwer) bei Aufnahme, Entlassung und bei 1-Jahres-Katamnese gebildet. Es wurden Methoden der deskriptiven Statistik verwendet. Auf die statistische Absicherung von Mittelwertsunterschieden wurde aufgrund der unterschiedlichen Populationsgrößen verzichtet.

Ergebnisse

Die Mittelwerte der einzelnen Items der ICD-10-Diagnose-Gruppen F0 bis F4 sowie F6 sind in den Tabellen 1 - 6 dargestellt. Es zeigte sich, daß zum Zeitpunkt der Aufnahme sämtliche untersuchte Items in allen Diagnosegruppen zu finden waren. Die höchsten durchschnittlichen Ausprägungen fanden sich bei Aufnahme in die stationäre Behandlung in der Gruppe der Affektiven (F3), der Schizophrenen (F2) und der Organischen Störungen (F0; vgl. Abbildung 1).

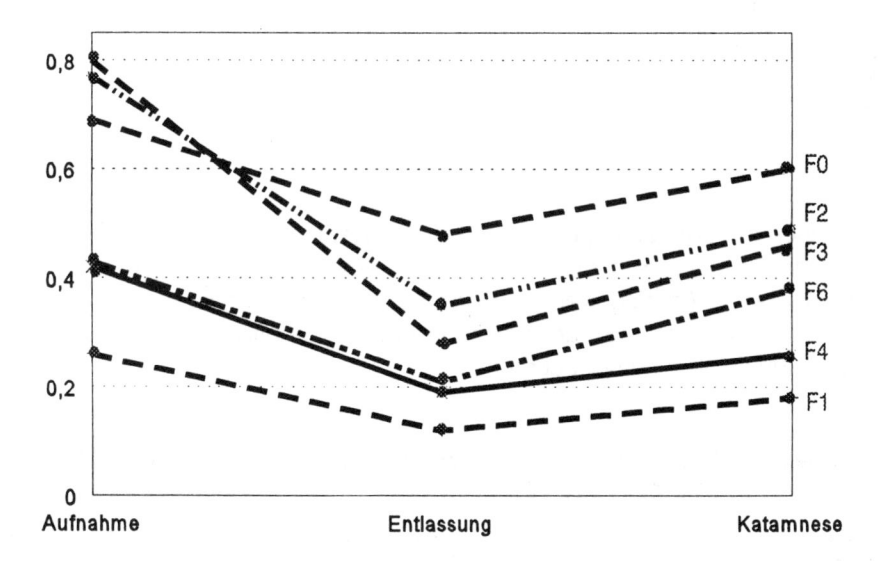

Abbildung 1 Mittlere Ausprägung über alle Items der Apathie-Skala zu drei verschiedenen Zeitpunkten in den jeweiligen Diagnosegruppen (Populationsgrößen siehe Tabellen)

Mittlere durchschnittliche Ausprägungen wurden bei den Persönlichkeits- und Verhaltensstörungen (F6) und den Neurotischen Störungen (F4) gefunden. Bei den Störungen durch psychotrope Substanzen (F1) war die Ausprägung am geringsten. In den einzelnen Diagnosegruppen zeigten sich deutliche Unterschiede bzgl. der Ausprägung der einzelnen Items. Bei allen Diagnosegruppen nahm die Intensität der Symptomatik bis zum Entlassungszeitpunkt ab, und zwar am ausgeprägtesten bei den Affektiven Störungen (auf 35% des Ausgangswertes) und am geringsten bei den Organischen Störungen (auf 69% des Ausgangswertes).

Tabelle 1 Organische, einschließlich symptomatischer psychischer Störungen (ICD-10: F0; N = 13)

Item	Aufnahme		Entlassung		Katamnese	
	M	s	M	s	M	s
gehemmt	0.45	0.81	0.17	0.66	0.00	0.00
verlangsamt	0.95	0.99	0.74	0.98	1.25	0.87
umständlich	1.02	1.03	0.86	0.94	0.55	0.69
eingeengt	0.64	0.76	0.52	0.78	0.45	0.82
affektarm	0.54	0.96	0.25	0.65	0.54	0.88
affektstarr	0.23	0.57	0.17	0.61	0.23	0.60
antriebsarm	0.78	0.96	0.42	0.77	0.85	0.80
sozialer Rückzug	0.91	1.10	0.69	1.17	0.92	0.86

M: arithmetischer Mittelwert der Item-Ausprägungen über alle Patienten
s : Standardabweichung

Zwischen der Entlassung und der 1-Jahres-Katamnese nahm die durchschnittliche Ausprägung in allen Gruppen in unterschiedlichem Ausmaß wieder zu. Der geringste Anstieg war bei den Organischen Störungen (auf 125% des Wertes bei Entlassung), der größte bei den Persönlichkeits- und Verhaltensstörungen (180%) zu beobachten.

Tabelle 2 Psychische und Verhaltensstörungen durch psychotrope Substanzen (ICD-10: F1; N = 56)

Item	Aufnahme		Entlassung		Katamnese	
	M	s	M	s	M	s
gehemmt	0.15	0.48	0.10	0.42	0.07	0.37
verlangsamt	0.47	0.79	0.16	0.52	0.20	0.59
umständlich	0.37	0.72	0.15	0.49	0.14	0.48
eingeengt	0.12	0.41	0.21	0.54	0.09	0.39
affektarm	0.29	0.60	0.07	0.28	0.60	0.83
affektstarr	0.03	0.26	0.02	0.13	0.02	0.13
antriebsarm	0.35	0.68	0.11	0.34	0.16	0.46
sozialer Rückzug	0.28	0.71	0.10	0.43	0.16	0.56

M: arithmetischer Mittelwert der Item-Ausprägungen über alle Patienten
s : Standardabweichung

Tabelle 3   Schizophrene, schizotype und wahnhafte Störungen   (ICD-10: F2; N = 76)

Item	Aufnahme M	s	Entlassung M	s	Katamnese M	s
gehemmt	0.35	0.75	0.16	0.40	0.05	0.22
verlangsamt	0.77	0.90	0.42	0.61	0.49	0.64
umständlich	0.75	0.91	0.35	0.59	0.32	0.59
eingeengt	0.81	0.91	0.40	0.66	0.18	0.51
affektarm	0.78	0.96	0.36	0.60	0.51	0.74
affektstarr	0.38	0.78	0.12	0.38	0.40	0.75
antriebsarm	1.00	1.00	0.45	0.64	0.85	0.91
sozialer Rückzug	1.31	1.09	0.56	0.81	1.14	1.05

M: arithmetischer Mittelwert der Item-Ausprägungen über alle Patienten
s : Standardabweichung

In keiner Diagnosegruppe wurde das mittlere Störungsniveau über alle Items bei Aufnahme in stationäre Behandlung wieder erreicht. Bei einzelnen Items zeigte sich jedoch eine relevante Zunahme zwischen Aufnahme und Katamnese (auf mehr als 130% des Ausgangswertes). Bei den Organischen Störungen war dies der Fall bzgl. der Verlangsamung (131% des Wertes bei der Aufnahme), bei den Störungen durch psychotrope Substanzen bzgl. der Affektarmut (207%) und bei den Persönlichkeits- und Verhaltensstörungen bezogen auf die Antriebsarmut (159%) und den sozialen Rückzug (147%). Bei den übrigen Diagnosegruppen gab es solche Unterschiede auch bezogen auf die einzelnen Items nicht.

Tabelle 4   Affektive Störungen (ICD-10: F3; N = 108)

Item	Aufnahme M	s	Entlassung M	s	Katamnese M	s
gehemmt	0.44	0.74	0.15	0.41	0.12	0.49
verlangsamt	0.74	0.83	0.26	0.50	0.37	0.72
umständlich	0.51	0.76	0.22	0.49	0.22	0.50
eingeengt	0.88	0.93	0.39	0.67	0.35	0.67
affektarm	0.88	0.90	0.30	0.58	0.42	0.73
affektstarr	0.33	0.70	0.09	0.33	0.27	0.59
antriebsarm	1.45	0.98	0.46	0.68	0.97	0.95
sozialer Rückzug	1.13	0.94	0.39	0.66	0.92	0.99

M: arithmetischer Mittelwert der Item-Ausprägungen über alle Patienten
s : Standardabweichung

Tabelle 5 Neurotische, Belastungs- und somatoforme Störungen (ICD-10: F4; N = 57)

Item	Aufnahme M	s	Entlassung M	s	Katamnese M	s
gehemmt	0.18	0.54	0.00	0.00	0.02	0.13
verlangsamt	0.25	0.53	0.10	0.41	0.14	0.40
umständlich	0.28	0.60	0.19	0.55	0.21	0.45
eingeengt	0.68	0.98	0.41	0.68	0.23	0.50
affektarm	0.25	0.63	0.13	0.40	0.14	0.44
affektstarr	0.07	0.36	0.01	0.11	0.09	0.34
antriebsarm	0.65	0.85	0.26	0.58	0.39	0.65
sozialer Rückzug	0.97	1.09	0.44	0.71	0.68	0.81

M: arithmetischer Mittelwert der Item-Ausprägungen über alle Patienten
s : Standardabweichung

Tabelle 6 Persönlichkeits- und Verhaltensstörungen (ICD-10: F6; N = 12)

Item	Aufnahme M	s	Entlassung M	s	Katamnese M	s
gehemmt	0.15	0.46	0.10	0.30	0.17	0.58
verlangsamt	0.46	0.69	0.10	0.41	0.00	0.00
umständlich	0.43	0.79	0.28	0.65	0.42	0.79
eingeengt	0.54	0.92	0.36	0.85	0.25	0.62
affektarm	0.45	0.99	0.25	0.65	0.25	0.45
affektstarr	0.19	0.65	0.00	0.00	0.08	0.29
antriebsarm	0.47	0.78	0.10	0.31	0.75	0.75
sozialer Rückzug	0.73	1.01	0.50	0.88	1.08	1.04

M: arithmetischer Mittelwert der Item-Ausprägungen über alle Patienten
s : Standardabweichung

Schlußfolgerungen

Die Ergebnisse der vorliegenden Studie zeigen, daß Negativ- bzw. Minussymptome bei verschiedenen psychischen Störungen vorkommen. Dabei ist sowohl die Verteilung auf die einzelnen Items der AMDP-Apathie-Skala unterschiedlich als auch die jeweilige Ausprägung. Es hat sich auch gezeigt, daß die Ausprägung der Negativ-Symptomatik in allen Diagnosegruppen durch therapeutische Interventionen zu beeinflussen ist. Dabei wiesen die in der Regel phasenhaft verlaufenden affektiven und schizophrenen Erkrankungen die deutlichsten Veränderungen auf, wohingegen die Symptomatik sowohl bei organischen als auch bei Persönlichkeits- und Verhaltensstörungen insgesamt stabiler erschien. Die Ergebnisse legen nahe, eine Differenzierung zwischen einzelnen Items der Apathie-Skala vorzunehmen (etwa im Sinne primärer und sekundärer Symptomatik) sowie eine Gleichsetzung von Negativ-Symptomatik mit (schizophrener) Residualsymptomatik zu vermeiden.

Literatur

Deister, A. & Marneros, A. (1994). Die Bedeutung von Plus- und Minussymptomatik für den Langzeitausgang schizophrener Psychosen. In H.-J. Möller & G. Laux (Hrsg.), *Fortschritte in der Diagnostik und Therapie schizophrener Minussymptomatik* (S. 103-111). Berlin: Springer.

Gebhardt, R., Pietzcker, A., Strauss, A., Stöckel, M., Langer, C. & Freudenthal, K. (1983). Skalenbildung im AMDP-System. *Archiv für Psychiatrie und Nervenkrankheiten, 233*, 223-245.

Mundt, C. & Kasper, S. (1987). Zur Schizophreniespezifität von negativen und Basissymptomen. *Nervenarzt, 58*, 489-495.

Stieglitz, R.-D. & Schaub, R.T. (1997). Syndrombildung im AMDP-System. In H.-J. Haug & R.-D. Stieglitz (Hrsg.), *Das AMDP-System in der klinischen Anwendung und Forschung* (S. 143-149). Göttingen: Hogrefe.

Trabert, W., Rösler, M. & Albers, M. (1997). Facettentheoretische Analysen von AMDP-Daten. In H.-J. Haug & R.-D. Stieglitz (Hrsg.), *Das AMDP-System in der klinischen Anwendung und Forschung* (S. 163-166). Göttingen: Hogrefe.

Facettentheoretische Überprüfung einer Zwei-Faktorenlösung für das AMDP-System zur Erfassung schizophrener Symptomatik

Matthias Albers, Joachim Klosterkötter, Brigitte Woggon, Eckhard M. Steinmeyer und Henning Saß

Einleitung

In der Schizophrenieforschung war in den letzten Jahren der Bereich der **Negativsymptomatik** einer der wesentlichen Schwerpunkte. Dies begründet sich darin, daß in der modernen, auf rasche soziale Wiedereingliederung ausgerichteten Psychiatrie Phänomene wie Apathie und das Fehlen sozialer Kompetenzen entscheidenden Einfluß auf die relevanten Kriterien des Behandlungs- und Rehabilitationserfolges haben. Trotz der großen Bedeutung des Begriffes Negativsymptomatik ist jedoch die genaue Extension dieses Begriffes unklar. Die bisher vorliegenden Operationalisierungen unterscheiden sich trotz durchaus vorhandener Überschneidungen erheblich (Sommers,1985). Für das im deutschsprachigen Raum weit verbreitete AMDP-System (AMDP, 1981) fehlt bisher eine allgemein anerkannte und test-theoretisch gut begründete Definition der diesem Bereich zuzuordnenden Items. Deshalb entwickelten wir, ausgehend von einer Faktorenanalyse der AMDP-Befunde von chronisch schizophrenen Patienten aus psychiatrischen Institutionen des Kantons Zürich, zwei Syndrome zur Erfassung der chronisch schizophrenen Symptomatik: das **Desorganisiert-Paranoide Syndrom** (DPS) und das **Apathisch-Autistische Syndrom** (AAS; Woggon et al., 1994; Albers et al., 1996).

Von den gängigen Konzepten zur Dichotomisierung der Symptomatik schizophrener Störungen in Positiv- und Negativsymptomatik (Andreasen, 1982; Kay et al., 1987) unterscheiden sich diese Syndrome durch den in ihnen enthaltenen Anteil maniformer und depressiver Symptomatik. Weil Ergebnisse von Faktorenanalysen stark stichprobenabhängig sind, entschlossen wir uns, unsere Ergebnisse an einer unabhängigen Stichprobe mit einer konfirmatorischen Methode, der facettentheoretischen Analyse, zu überprüfen.

Stichprobe

Als Stichprobe dienten die **AMDP-Aufnahmebefunde** von 253 Patienten der Klinik für Psychiatrie und Psychotherapie der Medizinischen Einrichtungen der Rheinisch-Westfälischen Technischen Hochschule Aachen mit der Entlassungsdiagnose "schizophrene Störung" (ICD-10: F20) entsprechend der Klinisch-diagnostischen Leitlinien zur Internationalen Klassifikation psychischer Störungen der WHO (Dilling et al., 1991). Im Gegensatz zu den Befunden der Züricher Untersuchung (Woggon et al., 1994), die von speziell ausgebildeten Untersuchern zu Studienzwecken an Patienten aus Langzeitrehabilitationsstationen und sozialpsychiatrischen Ambulatorien, die seit wenigstens 2 Jahren kontinuierlich Symptome zeigten, exploriert wurden, handelt es sich bei den Aachener Befunden um aus der Routinedokumentation der Klinik stammende Daten, die anläßlich der Aufnahme in stationäre Behandlung, in fast allen Fällen aufgrund einer akuten Erkrankungsepisode, erhoben wurden. Die Untersucher hatten regelmäßig an den klinikinternen AMDP-Trainingsveranstaltungen teilgenommen.

Methodik

Es wurden zwei Methoden angewandt: Eine facettentheoretische Analyse sowie eine Faktorenanalyse.

1. Facettentheoretische Analyse: Die Facettentheorie ist ein Verfahren zur konfirmatorischen Überprüfung von Annahmen über Merkmalszusammenhänge wie z.B. faktorenanalytisch oder aufgrund theoretischer Hypothesen gebildeter Syndrome (Borg, 1992; Canter, 1985; Shye, 1978). Ausgehend von einer Matrix von µ2-Ähnlichkeitskoeffizienten, die unabhängig von der Verteilungsform in den Ausgangsdaten bestimmbar sind, wird in einer smallest-space Analyse versucht, die Daten grafisch in einem möglichst gering-dimensionalen Raum darzustellen. Der Alienationskoeffizient gibt an, inwieweit die Anzahl der gewählten Dimensionen ausreicht, um die Relation der Items zueinander darzustellen. Die Dimensionen der Achsen dienen lediglich der mathematischen Bestimmung der Distanzverhältnisse und bedürfen anders als bei der Faktorenanalyse oder der multidimensionalen Skalierung keiner Interpretation. Durch die vor der empirischen Analyse definitorisch festgelegte und inhaltlich bedeutsame Klassifizierung der Daten mit Hilfe von Facetten wird ein konfirmatorisches Vorgehen möglich. Eine Facette ist eine Menge sich gegenseitig ausschließender Elemente, mit deren Hilfe Items a priori klassifiziert und damit die Verteilung im Raum hypothetisch vorhergesagt wird. Es wurde eine nominale Facette mit zwei Elementen (Zugehörigkeit der Items zu DPS oder AAS; Tabelle 1) benutzt. Schließlich wird der Separationsindex berechnet, der angibt, wie gut die Items entsprechend den Klassifikationsvorhersagen der Facette voneinander zu trennen sind. Ein Separationsindex von 1.0 entspricht einer perfekten Regionalisierung ohne fehlklassifizierte Items. Die 29 Variablen der Syndrome AAS und DPS wurden in die Analyse einbezogen.

Tabelle 1   Syndrome zur Erfassung chronisch schizophrener Symptomatik

DPS		AAS	
Item		Item	
10	Konzentrationsstörungen	15	gehemmtes Denken
17	umständliches Denken	16	verlangsamtes Denken
18	eingeengt	59	ratlos
19	perseverierend	60	Gefühl der Gefühllosigkeit
22	ideenflüchtig	61	affektarm
23	Vorbeireden	79	affektstarr
25	inkohärent/zerfahren	80	antriebsarm
36	Wahngedanken	87	mutistisch
37	systematisierter Wahn	92	sozialer Rückzug
38	Wahndynamik	95	Suizidalität
39	Beziehungswahn		
40	Beeinträchtigungs- und Verfolgungswahn		
66	euphorisch		
72	gesteigertes Selbstwertgefühl		
76	Parathymie		
85	maniert/bizarr		
88	logorrhoisch		
98	Mangel an Krankheitseinsicht		
99	Ablehnung der Behandlung		

2. Faktorenanalyse: Ergänzend zur facettentheoretischen Analyse wurde eine Faktorenanalyse durchgeführt. Es wurde eine Hauptkomponentenanalyse berechnet. Mittels des Scree-Tests wurde die Zahl der am besten geeigneten Faktorenzahl bestimmt. Die Faktoren wurden nach dem Varimax-Kriterium rotiert. Es wurde eine Mindestladung > 0.5 gefordert. In die Analyse wurden alle 140 AMDP-Variablen einbezogen.

Ergebnisse

1. Facettentheoretische Analyse

Der Alienationskoeffizient beträgt 0.2, dies bedeutet, daß die gewählte zweidimensionale Darstellung ausreichend gut geeignet ist, um die empirischen Ähnlichkeiten in Distanzen zu übertragen. Optimal wäre ein Wert von 0.15.

Möglicherweise könnte eine komplexere Darstellung die Struktur der Items noch besser abbilden. In Abbildung 1 ist die Verteilung der Items im zweidimensionalen Raum dargestellt, in Abbildung 2 ist die a-priori definierte Regionalisierung auf die empirische Struktur übertragen worden. Die Items werden jeweils der Hypothese entsprechend ohne Überschneidung und Fehlklassifikation zugeordnet, der Separationsindex beträgt 1.0.

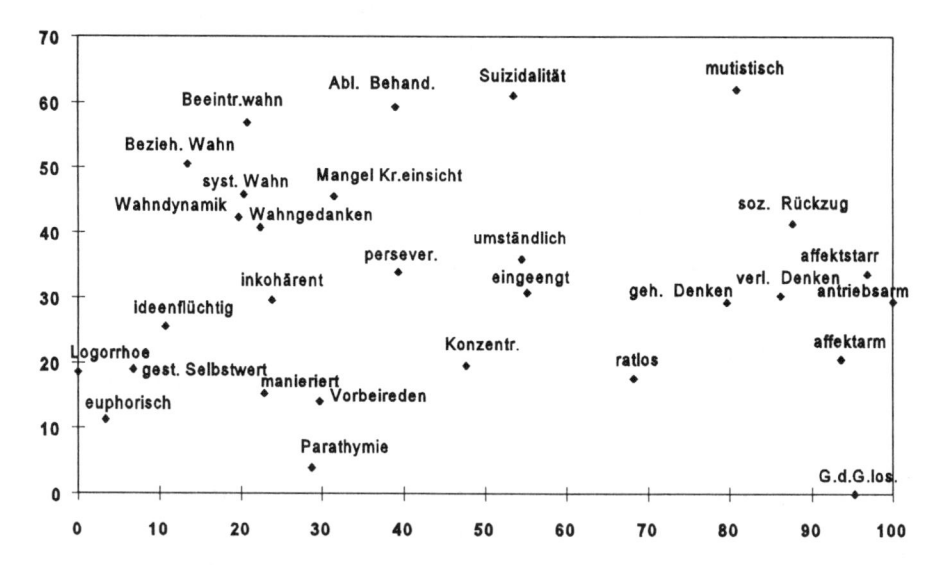

Abbildung 1 Zweidimensionales Raumdiagramm

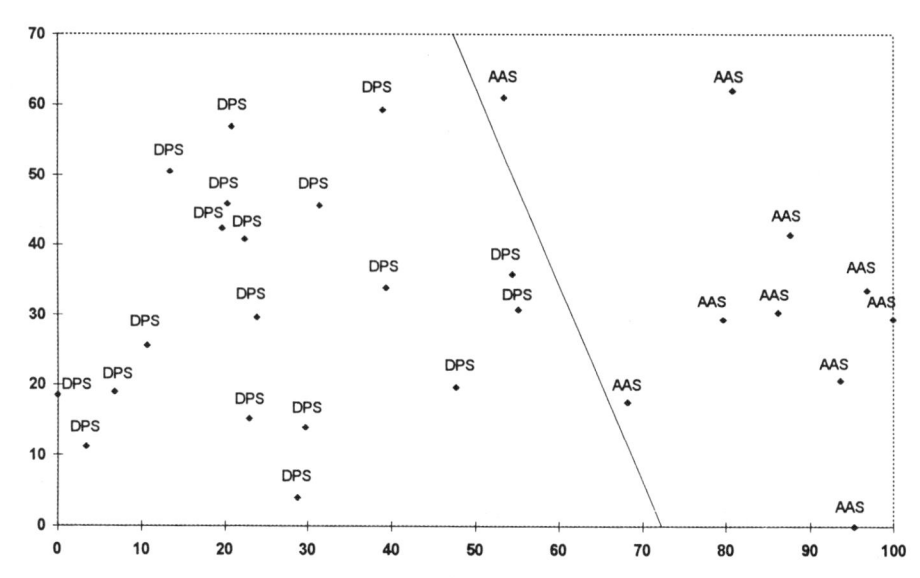

Abbildung 2 Facettendiagramm (DPS = Desorganisiert paranoides Syndrom; AAS = Apathisch autistisches Syndrom)

Dies entspricht einer Bestätigung der durch DPS und AAS repräsentierten Struktur der Symptomatik schizophrener Psychosen.

2. Faktorenanalyse

Nach dem Scree-Kriterium ist eine Zwei-Faktorenlösung zu wählen. Die von Faktor 1 erklärte Varianz ist 12.28%, die von Faktor 2 7.38%. Faktor 1 und Faktor 2 entsprechen in ihrem Itembestand weitgehend den anhand der Züricher Faktorenanalyse gefundenen Syndromen.

Tabelle 2   Faktorenlösung Aachener Stichprobe

Faktor 1		Faktor 2	
Item		Item	
9	Auffassungsstörungen	15	**gehemmtes Denken**
10	**Konzentrationsstörungen**	16	**verlangsamtes Denken**
18	**eingeengt**	62	Störung der Vitalgefühle
21	Gedankendrängen	63	deprimiert
22	**ideenflüchtig**	64	hoffnungslos
25	**inkohärent/zerfahren**	71	Insuffizienzgefühle
34	Wahnwahrnehmung	80	**antriebsarm**
35	Wahneinfall	92	**sozialer Rückzug**
36	**Wahngedanken**		
37	**systematisierter Wahn**		
38	**Wahndynamik**		
39	**Beziehungswahn**		
40	**Beeinträchtigungs- und Verfolgungswahn**		
46	andere Wahninhalte		
58	and. Fremdbeeinflussungserleben		
68	gereizt		
69	innerlich unruhig		
82	antriebsgesteigert		
83	motorisch unruhig		
98	**Mangel an Krankheitseinsicht**		

Fettgedruckt sind die Items aus DPS und AAS, die auch in der neuen Faktorenanalyse auftreten.

Faktor 1 enthält verglichen mit DPS noch mehr Wahnphänomene, der desorganisierte Aspekt kommt weniger stark zum Ausdruck, der maniforme Anteil ist deutlich, wenn auch durch einige andere Symptome, repräsentiert. In Faktor 2 sind depressive Symptome noch deutlicher als im AAS repräsentiert. In Tabelle 2 ist diese Zwei-Faktorenlösung dargestellt.

Diskussion

Die **facettentheoretische Überprüfung** der beiden Syndrome AAS und DPS zur Erfassung der Symptomatik chronischer schizophrener Störungen an einer unabhängigen Stichprobe von 253 Aufnahmebefunden ergab eine Bestätigung dieser Annahme über die Struktur der Symptomatik. Es ergeben sich allerdings Hinweise darauf, daß eine komplexere Hypothese über die Struktur der Symptomatik möglich wäre. Die Resultate einer ergänzend durchgeführten **Faktorenanalyse** unterstützen unsere an Befunden von Patienten mit chronischen Verlaufsformen gewonnene Auffassung von der Relevanz affektiver Symptome für schizophrene Störungen. Die leichten Unterschiede der auf den Faktoren ladenden Items dürften neben der methodenbedingten Labilität faktorenanalytischer Lösungen durch den Unterschied zwischen chronisch und akuten Erkrankungsphasen bedingt sein.

Zusammenfassend kann festgestellt werden, daß die Syndrome DPS und AAS sich als gut reproduzierbar erwiesen und eine grundlegende Struktur schizophrener Symptomatik unabhängig vom Verlaufszeitpunkt zu repräsentieren scheinen.

Literatur

Albers, M., Woggon, B., Attinger, Y., Mekler, G., Schmid, G.B., Stassen, H.H. & Tewesmeier, M. (1996). Aktueller Stand der Entwicklung zweier neuer AMDP-Syndrome zur Erfassung der Symptomatik chronischer Schizophrenien. In H.-J. Möller, R.R. Engel & P. Hoff (Hrsg.), *Befunderhebung in der Psychiatrie: Lebensqualität, Negativsymptomatik und andere aktuelle Entwicklungen* (S. 187-194). Berlin: Springer.

Andreasen, N.C. (1982). Negative symptoms in schizophrenia: definition and reliability. *Archives of General Psychiatry, 39,* 784-788.

Arbeitsgemeinschaft für Methodik und Dokumentation in der Psychiatrie (AMDP) (1981). *Das AMDP System: Manual zur Dokumentation psychiatrischer Befunde* (4., korrigierte Aufl.). Berlin: Springer.

Borg, I. (1992). *Grundlagen und Ergebnisse der Facettentheorie.* Bern: Huber Verlag.

Canter, D. (1985). *Facet theory. Approaches to social research.* New York: Springer.

Dilling, H., Mombour, W. & Schmidt, M.H. (1991). *Internationale Klassifikation psychischer Störungen. ICD-10 Kapitel V (F). Klinisch-diagnostische Leitlinien.* Bern: Huber.

Kay, S.R., Fiszbein, A. & Opler, L.A. (1987). The Positive and Negative Syndrome Scale (PANSS) for Schizophrenia. *Schizophrenia Bulletin, 13,* 261-276.

Shye, S. (1978). *Theory construction and data analysis in the behavioral sciences.* San Francisco: Jossey-Bass.

Sommers, A.A. (1985). "Negative symptoms": Conceptual and methodological problems. *Schizophrenia Bulletin, 11,* 364-379.

Woggon, B., Albers, M., Stassen, H.H., Schmid, G.B., Mann, M., Tewesmeier, M., Gladen, M., Sander, G., Mekler, G., Attinger, Y. & Good, J. (1994). Entwicklung von zwei neuen AMDP-Syndromen zur Erfassung der chronisch schizophrenen Symptomatik. In H.J. Möller & G. Laux (Hrsg.), *Fortschritte in der Diagnostik und Therapie schizophrener Minussymptomatik* (S. 51-62). Wien: Springer.

Der diagnostische Stellenwert von Negativsymptomen

Ingrid Kamps, Matthias Albers, Eckhard M. Steinmeyer und Joachim Klosterkötter

Einleitung

Zur Streubreite der Negativsymptomatik über andere Diagnosegruppen als Schizophrenien liegen nur einige wenige empirische Daten vor (David & Appleby, 1992; Kulhara & Chadda, 1987; Mundt & Kasper, 1987; Nestadt & McHugh, 1985; Sommers, 1985). Das gleiche gilt auch für die in der deutschen Psychiatrie von G. Huber (1986) und L. Süllwold (1986) schon vor dem Beginn der anglo-amerikanischen Negativsymptomforschung herausgearbeiteten vom Patienten selbst erlebten Beeinträchtigungen von Antrieb und Emotionalität, Denk- und Sprechakten, von Wahrnehmung, Propriozeption und Handlungssteuerung sowie anderen psychischen Funktionen mehr. Bei dieser Basissymptomatik handelt es sich um einen im Zuge langjähriger Verlaufsforschung aufgedeckten defizitären Phänomenbestand und nicht wie bei der Negativsymptomatik - jedenfalls in ihrer heute populärsten, von Andreasen (1982) erarbeiteten Fassung - um etwas Altbekanntes, nämlich die Bleuler'schen Grundsymptome in leichter Umverteilung und neu operationalisierter Form. Man kann sie aber in manch anderer Hinsicht durchaus als deutsche Version der Negativsymptomatik betrachten und auch für sie trifft dann der Einwand von David und Appleby (1992) sicherlich zu, daß es zu wenige empirische Studienresultate (Ebel et al., 1989; Mundt & Kasper, 1987; Rösler et al., 1985; Schüttler et al., 1985) für die Beurteilung der Streubreite über andere Diagnosegruppen gibt. Ein solch kleines differentialdiagnostisches Spektrum mit signifikant höherer Prävalenz bei den Schizophrenien würde bei jeder der drei Symptomgruppen für eine gute diagnostische Eignung sprechen. Umgekehrt liefe ein breites differentialdiagnostisches Spektrum mit nur geringem oder gar keinem Prävalenzvorsprung bei den Schizophrenien auf eine schlechte Eignung zu Diagnosekriterien hinaus.

Methodik

Patienten: Bei den Patienten handelte es sich um fortlaufende Aufnahmen der Psychiatrischen Klinik der Rheinisch Westfälischen Technischen Hochschule (RWTH) Aachen. Eingeschlossen in die Studie wurden alle Patienten, die sich eindeutig einer der folgenden sechs zweistelligen ICD-10-Diagnosekategorien zuordnen ließen: F0 = Organische, einschließlich symptomatischer psychischer Störungen, F1 = Psychische und Verhaltensstörungen durch psychotrope Substanzen, F2 = Schizophrenien, schizotype und wahnhafte Störungen, F3 = Affektive Störungen, F4 = Neurotische, Belastungs- und somatoforme Störungen sowie F6 = Persönlichkeits- und Verhaltensstörungen. Dies war im Studienzeitraum bei insgesamt 489 Patienten der Fall.

Instrumente: Zur Erfassung der Negativsymptomatik wurden einmal die Subskala **"Apathisches Syndrom" (APA) des AMDP-Systems** nach Gebhardt et al. (1983) und zum anderen die vorläufige **Negativsymptom-AMDP-Subskala (NAMDP)** nach Angst et al. (1989) verwandt. Das NAMDP schließt die APA-Items bis auf "umständliches Denken" (AMDP-Item 17) alle mit ein, geht aber mit Entsprechungen zur alten Grundsymptomatik wie Inkohärenz oder Parathymie auch deutlich darüber hinaus und setzt sich aus denjenigen 14 AMDP-Merkmalen zusammen, die hoch mit der "Negative Symptom Rating Scale - NSRS" von Iager et al. (1985) und vor allem mit der "Scale for the Assessment of Negative Symptoms - SANS" von Andreasen (1982) korrelieren. Als Positivsymptomatik wurden die mit Hilfe der AMDP-Subskala **"Paranoid-halluzinatorisches Syndrom" (PARHAL)** ebenfalls nach Gebhardt et al. (1983) erfaßbaren Merkmale angesehen. Das PARHAL setzt sich im wesentlichen aus den Symptomen ersten Ranges, also derjenigen Positivsymptom-Untergruppe zusammen, die in der Diagnostik-Debatte die größte Rolle spielt. Von der umfänglichen Basissymptomatik wurde nur das aus Clusteranalysen (Klosterkötter et al., 1996) hervorgegangene Basissyndrom "Informationsverarbeitungsstörungen" (BIV) in die vergleichenden Analysen mit einbezogen. Die Erhebung erfolgte mit einer fortentwickelten und verkürzten Fassung der **"Bonn Scale for the Assessment of Basic Symptoms - BSABS"** (Gross et al., 1987; Klosterkötter et al., 1996), die im Aachener Dokumentationssystem mit den AMDP-Skalen verbunden ist.

Verfahrensweise: Alle Patienten wurden zum Zeitpunkt der Aufnahme mit Hilfe des halbstrukturierten AMDP- (Fähndrich & Stieglitz, 1989) und BSABS-Interviews untersucht. Die Untersucher waren sämtlich trainierte AMDP- und BSABS-Rater. Bei der Überprüfung der Urteilszuverlässigkeit jeweils mit 22 konstanten Ratern über 10 Patienten ergaben sich gemäß den Gütekriterien nach Schouten (1982) befriedigende Bias-korrigierte Kappa-Werte für die einzelnen Subsyndrome mit einem Range von .72 bis .78. Die Zuweisung zu den Diagnosegruppen erfolgte jeweils am Ende der stationären Behandlung unter Berücksichtigung aller bis dahin gewonnenen Befunde und Informationen zum Verlauf. Sie wurde von zwei in der Handhabung der ICD-10 geübten Klinikern vorgenommen, die nicht mit den AMDP- und BSABS-Untersuchern identisch waren.

Ergebnisse

Nach Andreasen und Flaum (1991) sollten Symptome, deren Häufigkeit bei einer bestimmten psychischen Störung unter 10 - 15% liegt, aus dem Kreis der möglichen Kriterien für deren Diagnose ausgeschlossen werden. Umgekehrt sehen sie Raten von über 30 oder 40% als ideal für den Einschluß des betreffenden Symptoms in die Diagnosekriterien für die jeweilige Störung an. Betrachtet man unter diesem Gesichtspunkt zunächst die als APA erfaßten Negativsymptome, dann fällt auf, daß sie in F2 bis auf die Merkmale "gehemmt" und "affektstarr" sämtlich Häufigkeiten über 30 % erreichen (siehe Tabelle 1).

Tabelle 1 Apathisches AMDP-Syndrom: Symptomhäufigkeiten in 6 ICD-10-Diagnosegruppen

Symptome	F0 (N = 41) %	F1 (N = 47) %	F2 (N = 159) %	F3 (N = 114) %	F4 (N = 94) %	F6 (N = 34) %
Denken gehemmt	15	9	20	34	6**	12
Denken verlangsamt	66	32	40	33	16**	12**
Denken umständlich	42	32	43	32	16***	12**
Denken eingeengt	37	19**	43	43	18***	21**
affektarm	29	11*	31	40	15*	29
affektstarr	7	4	16	16	3**	12
antriebsarm	39	13***	45	56	38	35
sozialer Rückzug	37	26**	54	63	48	56

F0 = Psychoorganische Störungen / F1 = Substanzinduzierte Störungen / F2 = Schizophrenien / F3 = Affektive Störungen / F4 = Neurosen / F6 = Persönlichkeitsstörungen.
Signifikanzangaben (Fisher's exakter Test; p-Werte adjustiert nach der sequentiell verwerfenden, multiplen Testprozedur von Holm (1979)) für häufigeres Auftreten bei F2;
* $p < 0.05$, ** $p < 0.01$, *** $p < 0.001$. Häufigkeitsangaben basieren auf Ausprägungsgraden ≥ "leicht"

Das gleiche gilt für 6 - davon 5 mit diesen APA-Items identische - NAMDP-Merkmale (siehe Tabelle 2).

Tabelle 2 Negative AMDP-Symptome: Symptomhäufigkeiten in 6 ICD-10-Diagnosegruppen

Symptome	F0 (N = 41) %	F1 (N = 47) %	F2 (N = 159) %	F3 (N = 114) %	F4 (N = 94) %	F6 (N = 34) %
Konzentrationsstörungen	93	55 *	74	67	33 ***	21 ***
Denken gehemmt	15	9	20	34	6 **	12
Denken verlangsamt	66	32	40	33	16 **	12 **
Denken eingeengt	37	19 **	43	43	18 ***	21 *
Denken gesperrt/ Gedankenabreißen	7 *	2 **	22	6 ***	0 ***	3 **
Denken inkohärent/ zerfahren	10 *	4 **	24	4 ***	0 ***	3 **
Gefühl der Gefühllosigkeit	2	4	12	37	12	21
affektarm	29	11 *	31	40	15 *	29
Parathymie	2 *	4 *	16	1 ***	1 ***	0 *
affektstarr	7	4	16	16	3 **	12
antriebsarm	39	13 ***	45	56	38	35
mutistisch	0	0	8	1 *	1 *	0
sozialer Rückzug	37	26 **	54	63	48	56
verminderte Libido	2	6	9	21	9	12

F0 = Psychoorganische Störungen / F1 = Substanzinduzierte Störungen / F2 = Schizophrenien / F3 = Affektive Störungen / F4 = Neurosen / F6 = Persönlichkeitsstörungen.
Signifikanzangaben (Fisher's exakter Test; p-Werte adjustiert nach der sequentiell verwerfenden, multiplen Testprozedur von Holm (1979)) für häufigeres Auftreten bei F2;
* $p < 0.05$, ** $p < 0.01$, *** $p < 0.001$. Häufigkeitsangaben basieren auf Ausprägungsgraden ≥ "leicht".

Interessanterweise sind dies gerade die dem SANS-Gesamtsymptom "inattentiveness" entsprechenden "Konzentrationsstörungen" sowie die dem SANS-Gesamtsymptom "alogia" teilweise entsprechenden Merkmale "verlangsamtes" und "eingeengtes Denken", weiter das dem SANS-Gesamtsymptom "affective flattening" entsprechende Merkmal "affektarm", das dem SANS-Gesamtsymptom "avolition-apathy" entsprechende Merkmal "antriebsarm" und der dem SANS-Gesamtsymptom "anhedonia-asociality" teilweise entsprechende "soziale Rückzug". Die gleichen 6 NAMDP- bzw. 5 APA-Merkmale liegen aber auch in F0 sowie F3 und unterschiedlich viele von ihnen auch in allen anderen Diagnosegruppen über 30%. Ein signifikanter Häufigkeitsunterschied zugunsten F2 gegenüber F0, F1, F3, F4 und F6 ließ sich entsprechend für keines dieser in idealer Häufigkeit gefundenen Negativsymptome, sondern nur für das heute in den meisten angloamerikanischen Versionen der Positiv-Negativ-Dichotomie schon den positiven Symptomen zugerechnete "inkohärent-zerfahrene Denken" sowie den unter "alogia" mit enthaltenen negativen Denkstörungsanteil "gesperrt/Gedankenabreißen" und die unter "affective flattening" als "inappropriate affect" mitgeführte "Parathymie" erkennen. Auch die anderen Merkmale wiesen zwar, wie die Signifikanzangaben in Tabelle 1 und 2 zeigen, abgesehen vom Gefühl der Gefühllosigkeit und der verminderten Libido verschieden hohe Häufigkeitsunterschiede zugunsten F2 auf. Dies war aber nur gegenüber einzelnen und nicht gegenüber allen anderen Diagnosegruppen der Fall.

Dagegen erreichen die PARHAL-Merkmale nur in F2 ideale Häufigkeiten, 9 von ihnen über 30 und 6 sogar über 40%. Entsprechend wurden auch relativ viele, nämlich 9 dieser 13 positiven Symptome in F2 signifikant häufiger als in allen anderen Diagnosegruppen gefunden (siehe Tabelle 3).

Auch die restlichen 3 Merkmale waren in F2, wie die weiteren Signifikanzangaben in Tabelle 3 zeigen, noch häufiger als in unterschiedlich vielen anderen Diagnosegruppen nachweisbar. Von den BIV-Merkmalen erreichen die kognitiven Denk- und die nicht auf optischem Gebiet gelegenen Wahrnehmungsstörungen in F2 Häufigkeiten über 30%. Die Wahrnehmungsstörungen waren damit in F2 auch signifikant häufiger als in allen anderen Diagnosegruppen vertreten (siehe Tabelle 4).

Tabelle 3 Paranoid-halluzinatorisches AMDP-Syndrom: Symptomhäufigkeiten in 6 ICD-10-Diagnosegruppen

Symptome	F0 (N = 41) %	F1 (N = 47) %	F2 (N = 159) %	F3 (N = 114) %	F4 (N = 94) %	F6 (N = 34) %
Wahnstimmung	15 ***	6 ***	45	7 ***	2 ***	0 ***
Wahnwahrnehmung	7 ***	4 ***	31	6 ***	0 ***	3 ***
Wahneinfall	22 **	11 ***	47	9 ***	1 ***	3 ***
Wahngedanken	24 ***	6 ***	56	11 ***	3 ***	6 ***
systematischer Wahn	12 **	4 ***	37	4 ***	1 ***	3 ***
Wahndynamik	17 ***	9 ***	54	11 ***	2 ***	3 ***
Beziehungswahn	15 ***	6 ***	47	7 ***	2 ***	0 ***
Beeinträchtigungs-, Verfolgungswahn	24 ***	13 ***	55	3 ***	1 ***	6 ***
Stimmenhören	13 **	2 ***	32	3 ***	3 ***	6 **
Körperhalluzinationen	15	9	13	3 **	0 ***	6
Depersonalisation	2 *	0 **	16	4 **	4 **	15
Gedankenentzug	0	2	6	0 *	0	0
andere Fremdbeeinflussungen	2	2	10	1 **	1 *	3

F0 = Psychoorganische Störungen / F1 = Substanzinduzierte Störungen / F2 = Schizophrenien / F3 = Affektive Störungen / F4 = Neurosen / F6 = Persönlichkeitsstörungen.
Signifikanzangaben (Fisher's exakter Test; p-Werte adjustiert nach der sequentiell verwerfenden, multiplen Testprozedur von Holm (1979)) für häufigeres Auftreten bei F2;
* p < 0.05, ** p < 0.01, *** p < 0.001. Häufigkeitsangaben basieren auf Ausprägungsgraden ≥ "leicht".

Tabelle 4 Basissyndrom Informationsverarbeitungsstörungen: Symptomhäufigkeiten in 6 ICD-10-Diagnosegruppen

Symptome	F0 (N = 41) %	F1 (N = 47) %	F2 (N = 159) %	F3 (N = 114) %	F4 (N = 94) %	F6 (N = 34) %
Unfähigkeit zur Diskriminierung versch. Gefühlsqualitäten	20	15	22	11	10 *	6
Kognitive Denkstörungen (7 Einzelsymptome)	37	15 ***	45	33	14 ***	9 ***
Störungen der rezeptiven und expressiven Sprache (2 Einzelsymptome)	24	6	15	16	6	9
Optische Wahrnehmungsstörungen (15 Einzelsymptome)	7	9	14	5	4	0
Akustische und sonstige Wahrnehmungsstörungen (7 Einzelsymptome)	12 **	11 **	31	7 ***	5 ***	9 **
Kognitive Handlungs- (Bewegungs-) störungen (3 Einzelsymptome)	0	0	5	0	2	0

F0 = Psychoorganische Störungen / F1 = Substanzinduzierte Störungen / F2 = Schizophrenien / F3 = Affektive Störungen / F4 = Neurosen / F6 = Persönlichkeitsstörungen.
Signifikanzangaben (Fisher's exakter Test; p-Werte adjustiert nach der sequentiell verwerfenden, multiplen Testprozedur von Holm (1979)) für häufigeres Auftreten bei F2;
* $p < 0.05$, ** $p < 0.01$, *** $p < 0.001$. Häufigkeitsangaben basieren auf Ausprägungsgraden ≥ "leicht".

Diskussion

Unter alleiniger Beachtung der Schizophreniegruppe würden die gefundenen idealen Häufigkeiten und sehr hohen Prävalenzraten der Negativsymptomatik für eine zumindest genauso gute oder sogar noch bessere diagnostische Brauchbarkeit dieser Symptomgruppe gegenüber der Positivsymptomatik sprechen. Wenn man aber nur wenig niedrigere, gleich hohe oder noch höhere Symptomhäufigkeiten und Prävalenzraten für diese Symptomatik auch bei vielen anderen psychischen Störungen zur Kenntnis nehmen muß, dann schränkt dies die diagnostische Brauchbarkeit wieder stark ein. Für die untersuchte Positivsymptomatik führt dagegen die Berücksichtigung auch aller anderen Diagnosegruppen bei der Ermittlung der einzelnen Häufigkeiten und der Prävalenzraten genau umgekehrt zu einer eindrucksvollen Bestätigung ihrer Eignung zu Diagnosekriterien für die Schizophrenien.

Der in die Analyse mit einbezogene Basissymptomanteil läßt keine für den Abgrenzungszweck so günstige Diagnoseverteilung wie die Positivsymptomatik erkennen. Er schneidet aber besonders mit den Prävalenzraten und in der Diskriminationsfähigkeit hier im Unterschied zu früheren, methodisch allerdings anders gewonnenen Befunden von Mundt und Kasper (1987) besser ab als die Negativsymptomatik im anglo-amerikanischen Begriffssinn.

Literatur

Andreasen, N.C. (1982). Negative symptoms in schizophrenia: Definition and reliability. *Archives of General Psychiatry, 39*, 784-788.

Andreasen, N.C. & Flaum, M. (1991). Schizophrenia: The characteristic symptoms. *Schizophrenia Bulletin, 17,* 27-49.

Angst, J., Stassen, H.H. & Woggon, B. (1989). Effect of neuroleptics on positive and negative symptoms and the deficite state. *Psychopharmacology, 99,* 41-46.

David, A.S. & Appleby, L. (1992). Diagnostic criteria in schizophrenia: accentuate the positive. *Schizophrenia Bulletin, 18,* 551-557.

Ebel, H., Klosterkötter, J., Gross, G. & Huber, G. (1989). Basic symptoms in schizophrenic and affective psychoses. *Psychopathology, 22,* 224-232.

Fähndrich, E. & Stieglitz, R.-D. (1989). *Leitfaden zur Erfassung des psychopathologischen Befundes. Halbstrukturiertes Interview anhand des AMDP-Systems.* Berlin: Springer.

Gebhardt, R., Pietzcker, A., Strauss, A., Stoeckel, M., Langer, C. & Freudenthal, K. (1983). Skalenbildung im AMDP-System. *Archiv für Psychiatrie und Nervenkrankheiten, 233,* 223-245.

Gross, G., Huber, G., Klosterkötter, J. & Linz, M. (1987). *Bonner Skala für die Beurteilung von Basissymptomen (BSABS: Bonn Scale for the Assessment of Basic Symptoms).* Berlin: Springer.

Holm, S. (1979). A simple sequentially rejective multiple test procedure. *Scandinavian Journal of Statistics, 6,* 65-70.

Huber, G. (1986). Psychiatrische Aspekte des Basisstörungskonzeptes. In L. Süllwold & G. Huber (Hrsg.), *Schizophrene Basisstörungen* (S. 39-143). Berlin: Springer.

Iager, A.C., Kirch, D.G. & Wyatt R.J. (1985). A negative symptom rating scale. *Psychiatric Research, 16,* 27-36.

Klosterkötter, J., Ebel, H., Schultze-Lutter, F. & Steinmeyer, E.M. (1996). Diagnostic validity of basic symptoms. *European Archives of Psychiatry and Clinical Neuroscience, 246,* 147-154.

Kulhara, P. & Chadda, R. (1987). Study of negative symptoms in schizophrenia and depression. *Comprehensive Psychiatry, 28,* 229-235.

Mundt, Ch. & Kasper, S. (1987). Zur Schizophreniespezifität von negativen und Basissymptomen. *Nervenarzt, 58,* 489-495.

Nestadt, G. & McHugh, P.R. (1985). The frequency and specifity of some "negative" symptoms. In G. Huber (Hrsg.), *Basisstadien endogener Psychosen und das Borderline-Problem* (S. 183-189). Stuttgart: Schattauer.

Rösler, M., Bellaire, W., Hengesch, G., Kiesling-Muck, H. & Carls, W. (1985). Die uncharakteristischen Basissymptome des Frankfurter Beschwerdefragebogens und ihre Beziehungen zu psychopathologischen Syndromen. *Nervenarzt, 56,* 259-264.

Schouten, H.J.A. (1982). Measuring pairwise agreement among many observers. Some improvements and additions. *Biometric Journal, 24,* 431-435.

Schüttler, R., Bell, V., Blumenthal, St., Neumann, N.U. & Vogel, R. (1985). Zur Potentialeinbuße in idiopathischen Basisstadien, bei organischen Psychosyndromen und neurotischen Symptombildungen. In G. Huber (Hrsg.), *Basisstadien endogener Psychosen und das Borderline-Problem* (S. 238-254). Stuttgart: Schattauer.

Sommers, A.A. (1985). Negative symptoms: Conceptual and methodological problems. *Schizophrenia Bulletin, 11,* 364-379.

Süllwold, L. (1986). Psychologische Aspekte der Basisstörungskonzeption. In L. Süllwold & G. Huber (Hrsg.), *Schizophrene Basisstörungen* (S. 1-38). Berlin: Springer.

III.

Standards in der syndromalen Diagnostik depressiver Störungen

III.

Standards in der syndromalen Diagnostik depressiver Störungen

Aktueller Stand der syndromalen Diagnostik depressiver Störungen

Rolf-Dieter Stieglitz

Begriffsbestimmung und Relevanz einer syndromalen Diagnostik

Syndromskalen spielen seit vielen Jahren in der psychiatrischen Diagnostik eine zentrale Rolle. In der Literatur finden sich verschiedene Definitionen des Syndrombegriffs. So sind nach Bleuler (1983, S. 115) Syndrome "Komplexe von Symptomen, die häufig zusammen beobachtet werden und irgendwie ihrem Wesen nach zusammenhängen". **Syndromskalen** stellen die Umsetzung derartiger, klinisch beobachtbarer Symptomverbände in Untersuchungsinstrumenten dar. Die **Nutzen** solcher Skalen in Forschung wie Praxis sind vielfältig. Sie dienen der Schweregradbestimmung eines bestimmten Syndroms im Querschnitt wie im Verlauf und in diesem Kontext
- als Selektionskriterium für den Einschluß von Patienten in Studien,
- als Entscheidungsgrundlage für therapeutische Interventionen (insbes. psychopharmakologischer Art; vgl. z.B. Linden et al., 1994: Stufenplan in der Behandlung depressiver Störungen) oder
- zur Evaluation der Effektivität therapeutischer Interventionen.

Versucht man eine aktuelle Bestandsaufnahme im Bereich der syndromalen Depressionsdiagnostik, so ist zunächst auf folgende Punkte hinzuweisen: Zum einen läßt sich erkennen, daß viele der heute eingesetzten Verfahren bereits vor mehreren Jahrzehnten entwickelt und kaum verändert worden sind. Die Forschung wird dabei wesentlich dominiert durch die Hamilton-Depressions-Skala (HAMD). Es ergibt sich damit eine vergleichbare Situation wie in der Psychopharmakaforschung, in der die erste Substanz einer bestimmten Klasse eine Art Standard bildet (vgl. z.B. Imipramin in der Gruppe der trizyklischen Antidepressiva; Rabkin & Klein, 1987).

Weiterhin läßt sich feststellen, daß bis zum heutigen Tag keine konzeptuelle Einigung zu erreichen war, was unter einem "depressiven Syndrom" zu verstehen ist. Einigkeit herrscht lediglich darüber, daß eindimensionale Verfahren zu präferieren sind, ohne die Möglichkeit einer Subdifferenzierung. Insgesamt muß man von einer Stagnation der Entwicklung von Depressionsskalen ausgehen. Dies wird im wesentlichen durch eine starke Orientierung der Forschung an statistischen Überlegungen bei der Studienplanung mitbedingt, d. h. im Hinblick auf eine möglichst geringe notwendige Fallzahl in Studien lediglich ein Outcome-

Kriterium zu verwenden, was bis zum heutigen Tag hauptsächlich die bereits erwähnte HAMD darstellt.

Einige dieser genannten Problembereiche sollen im weiteren vertieft werden, wobei von der These ausgegangen werden soll, daß die jahrzehntelangen umfangreichen Forschungsaktivitäten zur syndromalen Diagnostik insgesamt gesehen bisher eher zu enttäuschenden Ergebnissen geführt haben.

Übersicht zur syndromalen Diagnostik depressiver Störungen

Depressionsskalen werden seit fast 40 Jahren entwickelt, und einige der wichtigen Meilensteine in der Entwicklung sind in Tabelle 1 aufgeführt.

Tabelle 1   Syndromskalen: Historische Entwicklung

Verfahren der 1. Generation

- Cronholm-Ottosson Rating Scale (CORS)
- Hamilton-Depressions-Skala (HAMD)
- Beck Depressions Inventar (BDI)

Verfahren der 2. Generation

- Depressivitäts-Skala (DS)
- Montgomery-Asberg Depression Rating Scale (MADRS)
- Bech-Rafaelsen-Melancholia-Scale (BRMS)

Verfahren der 3. Generation

- Modifikationen, Weiterentwicklungen bereits existierender Verfahren
- Verfahren für spezifische Zwecke (z.B. Screening) oder bestimmte Störungsgruppen (z.B. Depressivität bei organischen Störungen)

---

nähere Angaben zu den Verfahren s. CIPS (1996), Stieglitz (1994), Stieglitz & Ahrens, (1994), Woggon (1994)

So lassen sich **Verfahren der ersten Generation** erkennen, die insbesondere im Kontext der beginnenden Entwicklung der Psychopharmakotherapie sowie der Psychotherapie konzipiert wurden. Zu nennen ist hier neben der HAMD vor allem das Beck Depressions Inventar (BDI), das als das weltweit am häufigsten eingesetzte Selbstbeurteilungsverfahren gelten kann. **Verfahren der zweiten Generation** wurden insbesondere auf dem Hintergrund z.T. unbefriedigender psychometrischer Qualität der bis dahin entwickelten Verfahren konzipiert. So wurde z.B. die Montgomery-Asberg-Depressions-Rating-Scale (MADRS) entwickelt im Hinblick auf eine bessere Erfassung von Therapieeffekten, d.h. sie ist mit dem Anspruch angetreten, änderungssensitiv zu sein. **Verfahren der dritten Generation** sind eher dadurch gekennzeichnet, daß sie lediglich Modifikationen bereits existierender Verfahren darstellen. Zu dieser Gruppen zählen auch Verfahren für sehr spezifische Zwecke, worauf weiter unten eingegangen werden soll.

Aufgrund der **Vielzahl entwickelter Verfahren** finden sich daher immer wieder Arbeiten, die versuchen, einen Überblick zu geben. So führen z.B. Levitt und Lubin (1975) bereits 30 verschiedene Verfahren auf oder in der Monographie von Sartorius und Ban (1986) werden in 19 Kapiteln Verfahren zur Depressionsdiagnostik vorgestellt. In allen Übersichten werden die HAMD sowie das BDI genannt.

Tabelle 2   Klassifikation psychodiagnostischer Verfahren im Depressionsbereich: Unterscheidung nach formalen und methodischen Gesichtspunkten

Unterscheidungsmerkmale	Beispiele
Selbstbeurteilung vs. Fremdbeurteilung	Beck Depressions Inventar (BDI) Hamilton-Depressions-Skala (HAMD)
eindimensional vs. mehrdimensional	Beck Depressions Inventar (BDI) Symptom Checkliste (SCL-90-R)
additive Skala vs. Globalskala	Beck Depressions Inventar (BDI) Clinical Global Impression (CGI)
graphisch vs. nicht graphisch	Visuelle Analogskala (VAS) Befindlichkeits-Skala (Bf-S)
dichotome Beurteilung vs. graduierte Beurteilung	Kieler Änderungssensitive Symptomliste (KASSL) Symptom Checkliste (SCL-90-R)
Beurteilung von - Häufigkeiten - Intensität	Self Rating Depression Scale (SDS) Hamilton-Depressions-Skala (HAMD)

nähere Angaben zu den Verfahren s. CIPS (1996), Stieglitz (1994), Stieglitz & Ahrens, (1994), Woggon (1994)

Eine vollständige Auflistung aller Verfahren ist an dieser Stelle nicht möglich. In Tabelle 2 wird daher versucht, eine Klassifikation der Verfahren anhand **formaler und methodischer Unterscheidungsmerkmale** vorzunehmen. Die wichtigste und gleichermaßen bedeutsamste Unterscheidung betrifft die Differenzierung von Verfahren zur Selbst- oder Fremdbeurteilung.

Unterschiede zwischen einzelnen Verfahren ergeben sich jedoch weiterhin insbesondere durch die unterschiedlichen durch sie erfaßten **Inhalte**. So lassen sich depressive Syndrome hinsichtlich unterschiedlicher Einzelsymptomgruppen differenzieren, wie affektive, kognitive, somatische und psychomotorische Symptome sowie bestimmte, mit depressiven Störungen assoziierte Randsymptome (z.B. Angst). Auch wenn viele Skalen den Eindruck erwecken, das depressive Syndrom zu erfassen, gibt es hinsichtlich dieser Symptombereiche Unterschiede zwischen den einzelnen Verfahren. So dominiert z.B. im BDI eindeutig der kognitive Aspekt des depressiven Syndroms, während z.B. in der HAMD eindeutig die somatischen und Randsymptome dominieren. Dies ist sicherlich ein Aspekt, der mit dafür verantwortlich ist, daß verschiedene Verfahren (nicht nur Selbst- und Fremdbeurteilungsverfahren) zum Teil nicht übermäßig hoch kovariieren (s.u.). Zu weiteren Verfahren, die in der Depressionsdiagnostik auf syndromaler Ebene Anwendung finden, vgl. z.B. bei Stieglitz (1996b).

Allgemeine Probleme einer syndromalen Diagnostik am Beispiel der Hamilton-Depressions-Skala (HAMD)

Die HAMD stellt die weltweit am häufigsten eingesetzte Depressionsskala dar. So kommt z.B. Snaith (1996) bei einer Übersicht zur Anwendung der HAMD von vier internationalen Fachzeitschriften des Jahres 1994 zu dem Ergebnis, daß 66% aller Arbeiten, in denen ein Depressionsmaß zur Anwendung kam, dies die HAMD war. In ca. der Hälfte der Arbeiten wurde die Skala als Einschlußkriterium in eine Studie verwendet, in einem Drittel der Arbeiten als Outcome-Kriterium. Auch im Abstractband des 10. Weltkongresses für Psychiatrie in Madrid im Jahre 1996 finden sich in 128 Abstracts Hinweise auf die HAMD, was gleichfalls deren hohe Bedeutung unterstreicht. Der hohen Akzeptanz der Skala in der Forschung (z.T. auch in der Praxis) steht eine Vielzahl **methodischer Probleme** gegenüber, die nachfolgend kurz skizziert werden soll (vgl. hierzu u.a. Maier & Benkert, 1987; Snaith, 1993,1996; Angst & Stassen in diesem Band):

- Die **Dimensionalität** der HAMD ist weitestgehend unklar. Es überwiegen Hinweise aus einer Reihe von Studien, daß es sich nicht um eine eindimensionale, sondern um eine mehrdimensionale Skala handelt.
- Methodenstudien haben zudem darauf hinweisen können, daß die starke **Dominanz der somatischen und vegetativen Symptome** in der Skala nicht

zum globalen Wert beitragen, sondern qualitativ etwas anderes darstellen (s.u.).
- Dieser hohe Anteil an körperlichen Symptomen beinhaltet die Gefahr von **Fehlschlüssen** gerade bei Patienten mit komorbiden körperlichen Erkrankungen.
- In einer Reihe von Studien konnte weiterhin gezeigt werden, daß die Skala eine **geringe Konsistenz** (Homogenität) aufweist.
- Insbesondere bei schweren Depressionen läßt sich oft mit der HAMD **keine hinreichende Differenzierung** zwischen Patienten mehr erzielen.
- Oft ergeben sich Probleme mit der Anwendung im Hinblick auf **unterschiedliche Patientengruppen** (Alter, Geschlecht).
- Ein in der Literatur häufig genannter Kritikpunkt betrifft auch die **geringe Änderungssensitivität** im Zeitverlauf.

Auch in der **praktischen Anwendung** ergibt sich eine Reihe von Problemen:
- So werden z.B. in der Regel kaum die von Hamilton vorgegebenen **Durchführungshinweise** zur Anwendung der Skala berücksichtigt, wie z.B. die Skala nur bei bereits diagnostizierten Depressionen zu verwenden, 2 Rater einzusetzen und bei der Beurteilung der Symptome Informationen vom Pflegepersonal und Angehörigen einzubeziehen.
- Zudem stellt sich auch das Problem der **Interpretation der Skalenwerte**. Die vorgeschlagenen sog. Cut-Off-Werte stellen lediglich Konventionen dar.
- Weiterhin ergeben sich oft in der Anwendung Probleme beim Rating durch unbefriedigend operationalisierte oder nicht vorhandene **Definitionen der Skalenstufen** und damit verbunden oft eine geringe Interraterreliabilität.
- Zudem wird die Interpretation der Skalenwerte dadurch erschwert, daß in Studien **unterschiedliche Versionen** Anwendung finden (vgl. hierzu auch Snaith, 1996).

Insgesamt kann man sich aufgrund der hier genannten Kritikpunkte der Meinung von Gibbons et al. (1993) anschließen, wonach die HAMD nur als ein unbefriedigender Indikator für den Schweregrad des depressiven Syndroms angesehen werden kann. Ihre Anwendung im Status wie im Verlauf ist als kritisch zu bewerten mit der Implikation von möglichen Fehlschlüssen. Von daher ist sie als alleinige Skala nicht zu verwenden. Nach Ansicht der Autoren führt die häufige Anwendung der Skalen in Studien zu einer künstlichen Sicherheit über die Kenntnis von depressiver Symptomatik. Die Auswahl der Skala für Studien wird daher oft auch eher technologisch begründet mit dem Hinweis darauf, daß sie gut bekannt, leicht anwendbar und leicht auszufüllen sei (vgl. zum Problem der technologischen Begründung auch Baumann & Stieglitz, 1994).

Ausgewählte spezielle Probleme

Auf der Ebene von Syndromskalen lassen sich eine Reihe von Problembereichen unterscheiden, vor allem methodische. Auf zwei der wichtigsten soll nachfolgend kurz eingegangen werden: das Problem der Dimensionalität und die Frage der Relation von Selbst- und Fremdbeurteilung.

Dimensionalität

Bereits 1966 konnte Watts in einer großen Stichprobe von 590 depressiven Patienten insgesamt 71 verschiedene Symptome identifizieren. Es ist allein von daher zu erwarten, daß z.B. Faktorenanalysen, die unterschiedliche Anzahlen und auch inhaltlich unterschiedliche Symptome einbezogen haben, kaum zu einheitlichen Syndromen führen können. Die bis heute noch bestehende Konfusion bezüglich des klinischen Konstrukts Depression spiegelt sich daher auch auf der Ebene der Syndromskalen in verschiedenen Konzepten wider (Snaith, 1993), und es ist Maier und Benkert (1987) zuzustimmen, daß der Begriffsumfang des depressiven Syndromes bis heute unklar geblieben ist.

Tabelle 3   Hinweise auf Kernsymptomatik bei Analysen der Hamilton-Depressions-Skala (HAMD)

HAMD	Bech et al. (1975)	Maier & Philipp (1985)
1 Depressive Stimmung	x	x
2 Schuldgefühle	x	x
7 Arbeit und sonstige Tätigkeiten	x	x
8 Depressive Hemmung	x	x
9 Erregung		x
10 Angst - psychisch	x	x
13 Körperliche Beschwerden - allgemein	x	

Studien haben jedoch zeigen können, daß es eine Kernsymptomatik gibt. So finden sich exemplarisch in Tabelle 3 die Ergebnisse von 2 unabhängig voneinander durchgeführten Analysen zur HAMD, die darauf hinweisen, daß zu dieser

Kernsymptomatik u.a. Symptome wie depressive Stimmung, Schuldgefühle, depressive Hemmung oder auch psychische Angst gehören. Andere Studien kamen zu ähnlichen Ergebnissen (z.B. Riskind et al., 1987; Gibbons et al., 1993). Hinsichtlich der Dimensionalität kann zum gegenwärtigen Zeitpunkt lediglich die BRMS (Stieglitz et al., 1998) aufgrund von Analysen nach der klassischen wie probabilistischen Testtheorie als eine eindimensionale Skala angesehen werden.

Es gibt jedoch eine Reihe von Überlegungen und empirische Ergebnisse, die eine eher **mehrdimensionale Betrachtungsweise des depressiven Syndroms** nahelegen. Geht man von der klinischen Seite aus, so führen z.B. Benkert und Hippius (1996) eine Vielzahl von unterschiedlichen Begriffen als Indikationskriterien für die Anwendung von Antidepressiva auf. Es finden sich z. B. zur Charakterisierung der depressiven Symptomatik Begriffe wie "agitiert-ängstliche Depression", "gehemmt als auch leicht agitierte Depression", "gehemmt-depressives Syndrom" oder "agitiert-ängstlich-depressives Syndrom". Neben dieser klinischen Differenzierung des depressiven Syndroms in verschiedene Teilkomponenten gibt es jedoch auch aus methodischen Gründen Argumente, dieses als mehrdimensional anzusehen. So wurde bereits für die Cronholm-Ottoson-Rating-Scale (vgl. auch Tabelle 1) neben dem Gesamtwert zwei Subskalen postuliert (Depressionswert und Retardationswert), was jedoch oft übersehen wird. Für das AMP-System (vgl. im Überblick Baumann & Stieglitz, 1983) konnte Baumann (1974) aus seinen Syndromanalysen Hinweise auf ein somatisch-depressives, ein gehemmt-depressives sowie ein hypochondrisches Syndrom finden.

Auch neuere Methodenstudien bestätigen dies. So fanden z.B. Gibbons et al. (1985) bei ihren Analysen zum BDI, daß die vegetativen Symptome nicht Zeichen der Depressivität seien und dies unabhängig vom Störungsgrad. Diese stellen eher eine 2. Dimension der Depressivität dar, die nur bei bestimmten Subgruppen depressiver Patienten relevant zu sein scheint. Nach Cattell (1992) scheint darüber hinaus eine weitere Subdifferenzierung notwendig. Er führte eine Reanalyse der klassischen Daten von Kiloh und Garside (1963) durch, die von einer Dichotomie endogener und neurotischer Depressionen ausgingen. Cattell fand in seinen Faktorenanalysen 7 Faktoren erster Ordnung sowie 4 Faktoren 2. Ordnung und keinen sog. "g-Faktor" der Depressivität.

Insgesamt weisen diese Ergebnisse darauf hin, daß es sich beim depressiven Syndrom um ein differenzierter zu betrachtendes Konstrukt handelt, als es sich im Augenblick in den verschiedenen eindimensionalen Skalen widerspiegelt.

Relation von Selbst- und Fremdbeurteilung

Selbst- und Fremdbeurteilungsverfahren stellen seit vielen Jahren die "klassischen Verfahrensgruppen" zur syndromalen Diagnostik depressiver Patienten dar. Sie sind in Forschung wie Praxis im Vergleich zu anderen Methoden (z.B. Verhaltensbeobachtungen) die am häufigsten eingesetzten Verfahren. In der Forschung werden sie hauptsächlich als Outcomekriterium verwendet, wobei den

Fremdbeurteilungsverfahren hier ein größeres Gewicht zugeschrieben wird (insbesondere der HAMD). Beide sind jedoch mit spezifischen Vor- und Nachteilen behaftet (vgl. hierzu Stieglitz, 1994; Stieglitz & Ahrens, 1994), die es jeweils bei der Auswahl wie praktischen Anwendung zu berücksichtigen gilt. Heute wird unter dem Blickwinkel einer multimethodalen oder **multimodalen Diagnostik** allgemein akzeptiert, daß sich in beiden eine komplementäre Sichtweise eines bestimmten Phänomens widerspiegelt. Sie können sich daher nicht gegenseitig ersetzen (vgl. auch Baumann & Stieglitz, 1994).

Eine oft in der Literatur vorzufindende Schlußfolgerung besagt, daß Fremdbeurteilungsverfahren besser zwischen verschiedenen Gruppen differenzieren und änderungssensitiver seien. Diese Sichtweise muß unter Einbeziehung neuerer Forschungsergebnisse jedoch relativiert werden. So konnten z.B. Fitzgibbon et al. (1988) zeigen, daß bei heterogenen Stichproben depressiver Patienten oft eine Skala ausreicht. So korrelierte z.B. die HAMD und das BDI mit $r = .90$, was entsprechend allgemeiner Konventionen der Höhe von Paralleltestkorrelationen entspricht (Lienert, 1969). Darüber hinaus konnten die Autoren jedoch auch zeigen, daß in homogeneren Stichproben zwei Skalen sinnvoll sind. So korrelierten beide Verfahren in derartigen Stichproben nur zu $r = .52$ resp. .43.

Daß Fremdbeurteilungen nicht generell größere Effektstärken für Veränderungen aufweisen, konnten Sayer et al. (1993) gleichfalls beim Vergleich der HAMD mit dem BDI belegen. Bei der differenzierten Analyse der geringeren Effektstärke des BDI konnten folgend Faktoren identifiziert werden:

- Patienten mit geringen Ausgangswerten begrenzen Veränderungen und
- Patienten mit hohen HAMD-Werten und geringen BDI-Werten haben größere Veränderungen im HAMD und geringere im BDI.

Zudem ist zur Relation von Selbst- und Fremdbeurteilung darauf hinzuweisen, daß die z. T. geringen Übereinstimmungen zwischen beiden oft bedingt sind durch unterschiedliche Inhalte (s. o.) und weniger durch die Durchführungsmodalität, wie Polaino und Senra (1991) zeigen konnten. Darüber hinaus ist zu berücksichtigen, daß auch keine vollständige Übereinstimmung selbst zwischen korrespondierenden Selbst- und Fremdbeurteilungsversionen zu erreichen ist (Korrelationen im Bereich .70 bis .80; vgl. Stieglitz & Ahrens, 1994), d.h. auch nicht zwischen inhaltlich identischen Verfahren.

Aktuelle Forschungsaktivitäten

Trotz einer kaum noch zu überblickenden Vielzahl von Verfahren zur syndromalen Diagnostik finden sich weiter umfangreiche Forschungsaktivitäten in diesem Bereich, von denen einige nachfolgend kurz skizziert werden sollen.

Eine Vielzahl von Arbeiten zentriert sich weiterhin um die **Analyse bereits**

existierender Instrumente (insbesondere HAMD, BDI). Ziel ist insbesondere die Aufklärung der Konstruktvalidität der Verfahren mit bisher wenig genutzten mathematisch-statistischen Verfahren (z.B. Facettentheorie, Multitrait-Multimethod-Analysen) sowie die psychometrische Analyse der Verfahren mittels anderer Ansätze als der klassischen Testtheorie (z.B. probabilistischen Testmodellen; vgl. hierzu Keller in diesem Band).

Darüber hinaus sind jedoch eine Reihe von **Neuentwicklungen** zu beobachten. Dies betrifft z.B. die Entwicklung von Selbstbeurteilungsversionen von Fremdbeurteilungsverfahren (z.B. Reynolds et al., 1995: Hamilton-Depression-Inventory, HDI) oder die Entwicklung von computerisierten Versionen zu bereits existierenden Skalen (z.B. Kobak et al., 1990: HAMD). Weiterhin ist jedoch auch der Trend zu erkennen, für spezifische Zwecke entsprechende Skalen zu konzipieren, wie sie in Tabelle 4 aufgeführt sind.

Tabelle 4   Depressionsskalen für spezifische Indikationsbereiche

Bereiche	Beispiele
Screening	Depression Scale (DEPS; 10 Items) von Salokangas et al. (1995)
Depressiviät bei	
- schizophrenen Patienten	Calgaray Depression Scale (CDS) von Addington et al. (1992
- gerontopsychiatrischen Patienten	GMS-Depression Scale (GMS-DS) von Ravindran et al. (1994)
- dementiellen Patienten	Cornell Scale for Depression in Dementia von Alexopoulos et al. (1988)
- Wochenbettdepression	Edinburgh Postnatal Depression Scale (EPDS) von Cox et al. (1987)
- Dysthymie	Cornell Dysthymia Rating Scale (CDRS) von Masson et al. (1993)

Zu erwähnen sind insbesondere Verfahren, die einen **spezifischen Indikationsanspruch** haben, wie z.B. Screening-Verfahren oder die Entwicklung von Depressionsskalen für bestimmte Subgruppen von Störungen (z.B. Dysthymie) oder ganzen Störungsgruppen (z.B. schizophrene Störung). Gerade für letztere bedarf es sowohl einer Validierung im Hinblick auf die postulierte Spezifität, d.h. es gilt die Abgrenzung zu anderen Operationalisierungen des depressiven Syndroms aufzuzeigen, als auch den Nutzen zu belegen.

Von den eher anwendungsbezogenen Aspekten hervorzuheben ist die **Entwicklung von Interviewleitfäden** zur Reduktion der Fehlerquelle "Informationsvarianz", die daraus resultiert, daß unterschiedliche Anwender von Fremdbeurteilungsverfahren unterschiedliche Strategien der Informationserhebung nutzen und dies insbesondere im Bereich von Studien zur mangelnden Reliabität beiträgt (vgl. hierzu auch Stieglitz, 1996a).

Als vielversprechend anzusehen sind auch Versuche, eine **kategoriale mit einer dimensionalen Diagnostik** zu verbinden. Kategoriale Ansätze zeichnen sich u.a. durch Einfachheit und bessere Kommunizierbarkeit, verbunden mit dem Nachteil eines Informationsverlustes, aus, dimensionale Ansätze u.a. durch die Möglichkeit der Quantifizierung und in der Regel guten (Interrater-)Reliabilität, verbunden mit dem Nachteil einer geringeren Anschaulichkeit und schwierigeren Interpretierbarkeit. Von daher liegt es nahe, beide zu kombinieren, um die Vorteile zu nutzen und die Nachteile zu kompensieren. In Abbildung 1 wird versucht, diese Verbindung theoretisch darzustellen. Man erkennt, daß bei kategorialer Unterscheidung auch bestimmte Personen, die nicht die Kategoriengrenze überschreiten, ein bestimmtes Ausmaß an Störung aufweisen können, wie gleichermaßen Personen, die einer Diagnose zugeordnet werden, sehr unterschiedlich schwer beeinträchtigt sein können. Durch Kombination mit einem dimensionalen Zugang könnte man dies ausgleichen. Exemplarisch genannt sei für diese Strategie der "Fragebogen zur Depressionsdiagnostik nach DSM-IV (FDD-DSM-IV)" von Kühner (1997). Es handelt sich dabei um eine deutsche Adaptation des "Inventory to Diagnose Depression" (IDD) von Zimmerman. Der Fragebogen wurde entwickelt in Anlehnung an die diagnostischen Kriterien der Major Depression nach DSM-IV und ermöglicht eine Diagnosenstellung wie gleichermaßen eine Quantifizierung des Schweregrads des depressiven Syndroms. Bisherige Reliabilitäts- und Validitätsbelege sind als vielversprechend einzustufen.

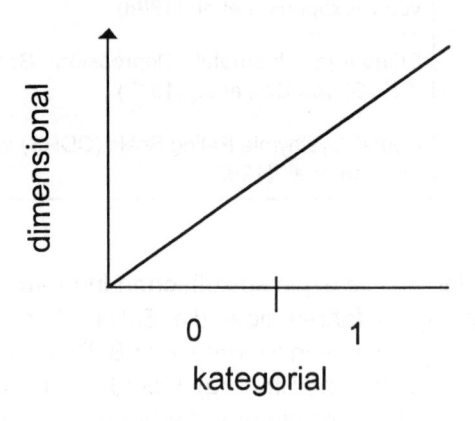

Abbildung 1 Verbindung einer dimensionalen und kategorialen Diagnostik (fiktiver Zusammenhang)

Forderung an die Forschung

Aufgrund der bisherigen Ausführungen soll versucht werden, einige Perspektiven für zukünftige Forschungsaktivitäten aufzuzeigen.

- Bereits existierende Syndromskalen bedürfen weiterhin einer **Evaluation**, jedoch anhand differenzierter Kriterien. Ansatzpunkte hierfür liefern z.B. Vorschläge des Testkuratoriums der Föderation deutscher Psychologenverbände (1986) oder Überlegungen von Maier et al. (1990) im Hinblick auf die Validität von Skalen zur Veränderungsmessung (vgl. im Überblick auch Stieglitz, 1995). Die Notwendigkeit, dies durchzuführen, ergibt sich dadurch, daß unreliable Skalen eine begrenzte Validität haben und nicht valide Skalen einen Einfluß auf die interne Validität von Studien haben. Exemplarisch genannt seien die umfangreichen Evaluationsstudien zum Vergleich der HAMD, der BRMS und der MADRS von Maier und Philipp (1993).

- Die **konzeptuelle Aufklärung des "depressiven Syndroms"** (z.B. Entwicklung einer Hierarchie von Symptomen mit Differenzierung von Kern- und Randphänomenen) sollte darüber hinaus im Fokus der Forschung stehen, wobei die Anwendung alternativer statistischer Verfahren wichtige Beiträge liefern kann (vgl. z. B. facettentheoretische Analysen von Steinmeyer, 1993 oder Multitrait-Multimethod-Analysen von Richter, 1991 zum BDI).

- Es sind **mehrdimensionale Depressionsskalen** anzustreben, die der klinischen Vielfalt depressiver Zustände gerechter werden, d.h. diese besser abzubilden erlauben.

- Unter methodischen Aspekten ist zudem zu versuchen, eine Differenzierung zwischen sog. **Trait- und State-Komponenten** der Depressivität zu erreichen. Hinweise, daß dies notwendig und auch möglich ist, finden sich in verschiedenen Studien (z.B. Bohner et al., 1991).

- Bei der Neuentwicklung von Skalen ist insbesondere darauf zu achten, daß diese im Gegensatz zu den bereits existierenden eine stärkere **theoretische Begründung** aufweisen. Daß dies möglich ist, haben die Arbeiten von Beck gezeigt, der Skalen in Anlehnung an die kognitive Therapie entwickelt hat (vgl. im Überblick Stieglitz, 1996b).

- Bei der Neuentwicklung sollte weiterhin stärker versucht werden, eine Verbindung zwischen einer **dimensionalen und kategorialen Diagnostik** zu erreichen, d.h. Skalen in engerer Anlehnung an die Operationalisierung depressiver Störungen in Klassifikationssystemen oder anderen theoretischen Konzepten zu entwickeln.

- Unter eher anwendungsbezogenen Gesichtspunkten ist eine stärkere **individualdiagnostische Nutzung** der Skalen anzustreben. Dies betrifft nicht nur die Entwicklung von Normen, sondern auch die Einbeziehung von Überlegungen zur Bewertung von Ergebnissen im Hinblick auf eine sog. klinische Signifikanz erreichter Veränderungen (vgl. z.B. Stieglitz, 1996a).

- Damit eng zusammenhängend gilt es auch den Nutzen der Verfahren im Kontext einer **therapiebezogenen Diagnostik** aufzuzeigen, welche jedoch hinsichtlich ihrer Konzeptualisierung erst in den Anfängen steckt (vgl. hierzu Grawe & Braun, 1994; Stieglitz 1996b).

Schlußbemerkungen

Die vielfältigen Forschungsaktivitäten im Bereich der syndromalen Diagnostik depressiver Störungen haben bis zum heutigen Tag zu keinem befriedigenden Ergebnis geführt. Der Status der bereits existierenden Verfahren ist unter anwendungsbezogenen Gesichtspunkten wie methodischen Aspekten als unbefriedigend zu bezeichnen, und es bedarf weiterführender Anstrengungen. Die starke Fokussierung der syndromalen Depressionsdiagnostik auf die Hamilton-Depressions-Skala läßt sich aufgrund anwendungsbezogener wie methodischer Überlegungen nicht rechtfertigen. Der alleinige Einsatz dieser Skala in Forschung wie Praxis sollte daher möglichst vermieden werden. Da die Skala jedoch einen Standard in der Forschung darstellt, sollte sie im Kontext anderer Verfahren weiterhin Anwendung finden, um eine gewisse Referenz bisheriger Forschungsaktivitäten zu gewährleisten.

Literatur

Addington, D., Addington, J., Maticka-Tyndale, E. & Joyce, J. (1992). Reliability and validity of a depression rating scale for schizophrenics. *Schizophrenia Research, 6*, 201-208.

Alexopoulos, G.S., Abrams, R.C., Young, R.C. & Shamoian, C.A. (1988). Cornell Scale for Depression in Dementia. *Biological Psychiatry, 23*, 271 - 284.

Baumann, U. (1974). Diagnostische Differenzierungsfähigkeit von Psychopathologie-Skalen. *Archiv für Psychiatrie und Nervenkrankheiten, 219*, 89 -103.

Baumann, U. & Stieglitz, R.-D. (1983). *Testmanual zum AMDP - System. Empirische Studien zur Psychopathologie.* Berlin: Springer.

Baumann, U. & Stieglitz, R.-D. (1994). Psychodiagnostik psychischer Störungen: Allgemeine Grundlagen. In R.-D. Stieglitz & U. Baumann (Hrsg.), *Psychodiagnostik psychischer Störungen* (S. 3-20). Stuttgart: Enke.

Bech, P., Gram, L.F., Dein, E., Jacobsen, O., Vitger, J. & Bolwig T.G. (1975). Quantitative rating of depressive states. *Acta Psychiatrica Scandinavica, 51*, 161-170.

Bonkort, O. & l lippius, H. (1996). *Psychiatrische Pharmakopsychiatrie* (6. Auflage). Berlin: Springer.

Bleuler, E. (1983). *Lehrbuch der Psychiatrie* (15. Aufl.). Berlin: Springer.

Bohner, G., Hormuth, S.E. & Schwarz, N. (1991). Die Stimmungs-Skala: Vorstellung und Validierung einer deutschen Version des "Mood Survey". *Diagnostica, 37*, 135-148.

Cattell, R.B. (1992). A check in ratings on the seven factor theory of depression. *Zeitschrift für Differentielle und Diagnostische Psychologie, 13*, 69 - 75.

CIPS (1996). *Internationale Skalen für Psychiatrie* (4. Aufl.). Göttingen: Beltz.

Cox, J.L., Holden, J.M. & Sagovsky, R. (1987). Detection of postnatal depression: Development of the 10-item Edinburgh Postnatal Depression Scale. *British Journal of Psychiatry, 150*, 782-786.

Fitzgibbon, M.L., Cella, D.F. & Sweeny, J.A. (1988). Redundancy in measures of depression. *Journal of Clinical Psychology, 44*, 372 - 374.

Gibbons, R.D., Clark, D.C., Cavanaugh, S. & Davis, J.M. (1985). Application of modern psychometric theory in psychiatric research. *Journal of Psychiatry Research, 19*, 43-55.

Gibbons, R.D., Clark, D.C. & Kupfer, D.J. (1993). Exactly what does the Hamilton Depression Rating Scale measure? *Journal of Psychiatric Research, 27*, 259-273.

Grawe, K. & Braun, U. (1994). Qualitätskontrolle in der Psychotherapie-Praxis. *Zeitschrift für Klinische Psychologie, 23*, 242-267.

Kiloh, L.G. & Garside, R.F. (1963). The independence of neurotic depression and endogenous depression. *British Journal of Psychiatry, 109*, 451-463.

Kobak, K.A., Reynolds, W.M., Rosenfeld, R. & Greist, J.H. (1990). Development and validation of a computer-administered version of the Hamilton Depression Rating Scale. *Psychological Assessment, 2*, 56-63.

Kühner, Ch. (1997). *Fragebogen zur Depressionsdiagnostik nach DSM-IV (FDD-DSM-IV)*. Göttingen: Hogrefe.

Levitt, E.E. & Lubin, B. (1975). *Depression: Concepts, controversies, and some new facts*. New York: Springer.

Lienert, G.A. (1969). *Testaufbau und Testanalyse*. Weinheim: Beltz.

Linden, M., Helmchen, H., Mackert, A. & Müller-Oerlinghausen, B. (1994). Structure and feasibility of an standardized stepwise drug treatment regimen (SSTR) for depressed inpatients. *Pharmacopsychiatry, 27* (Suppl.), 51-53.

Maier, W., Albus, M. & Bech, P. (1990). Validitätskriterien für die Veränderungsmessung mit Ratingskalen. In U. Baumann, E. Fähndrich, R.-D. Stieglitz & B. Woggon (Hrsg.), *Veränderungsmessung in Psychiatrie und Klinischer Psychologie* (S. 286-306). München: Profil.

Maier, W. & Benkert, O. (1987). Methodenkritik des Wirksamkeitsnachweises antidepressiver Pharmakotherapie. *Nervenarzt, 58*, 595-602.

Maier, W. & Philipp, M. (1985). Improving the assessment of severity of depressive states: A reduction of the Hamilton Depression Scale. *Pharmacopsychiatry, 18*, 114-115.

Maier, W. & Philipp, M. (1993). *Reliabilität und Validität der Subtypisierung und Schweregradmessung depressiver Syndrome*. Berlin: Springer.

Masson, B.J., Kocsis, J.H., Leon, A.C., et al. (1993). Measurement of severity and treatment response in dysthymia. *Psychiatric Annals, 23*, 625 - 631.

Polaino, A. & Senra, C. (1991). Measurement of depression: Comparison between self-reports and clinical assessments of depressed outpatients. *Journal of Psychopathology and Behavioral Assessment, 13*, 313 - 324.

Rabkin, J. & Klein, D. (1987). The clinical measurement of depressive disorders. In A. Marsella, R.M.A. Hirschfeld & M.M. Katz (Eds.), *The measurement of depression* (pp. 30-83). New York: Guilford.

Ravindran, A.V., Welburn, K. & Copeland, J.R.M. (1994). Semi-structured depression scale sensitive to change with treatment for use in the elderly. *British Journal of Psychiatry, 164,* 522 - 527.

Reynolds, W.M., Kobak, K.A. & Kenneth, A. (1995). Reliability and validity of the Hamilton Depression Inventory: A paper-pencil version of the Hamilton Depression Rating Scale Clinical Interview. *Psychological Assessment, 7,* 472-483.

Richter, P. (1991). *Zur Konstruktvalidität des Beck-Depressionsinventars (BDI) bei der Erfassung depressiver Verläufe.* Regensburg: Roderer.

Riskind, J.H., Beck, A.T., Brown, G. & Steer, R.A. (1987). Taking the measure of anxiety and depression. *Journal of Nervous and Mental Disease, 175,* 474 - 479.

Salokangas, R.K.R., Poutanen, O. & Stengard, E. (1995). Screening for depression in primary care. *Acta Psychiatrica Scandinavica, 92,* 10 - 16.

Sartorius, N. & Ban, T.A. (Eds.) (1986). *Assessment of depression.* Berlin: Springer.

Sayer, N.A., Sackeim, H.A., Moeller, J.R., Prudic, J., Devanand, D.P., Coleman, E.A. & Kiersky, J.E. (1993). The relations between observer-rating and self-report of depressive symptomatology. *Psychological Assessment, 5,* 350 - 360.

Snaith, P. (1993). What do depression rating scales measure? *British Journal of Psychiatry, 163,* 293-298.

Snaith, R.P. (1996). Present use of the Hamilton Depression Rating Scale: Observations on method of assessment in research of depressive disorders. *British Journal of Psychiatry, 168,* 594 - 597.

Steinmeyer, E.M. (1993). Zur klinischen Validität des Beck-Depressionsinventars. Eine facettentheoretische Reanalyse multizentrischer klinischer Behandlungsdaten. *Nervenarzt, 64,* 717-726.

Stieglitz, R.-D. (1994). Selbstbeurteilungsverfahren. In R.-D. Stieglitz & U. Baumann (Hrsg.), *Psychodiagnostik psychischer Störungen* (S. 67-78). Stuttgart: Enke.

Stieglitz, R.-D. (1995). Evaluationskriterien zur Selektion von Ratingskalen in der klinisch-psychologischen/psychiatrischen Diagnostik. In M. Rösler (Hrsg.), *Psychopathologie. Konzepte-Klinik und Praxis-Beurteilungsfragen* (S. 275-290). München: Psychologie Verlags Union.

Stieglitz, R.-D. (1996a). *Diagnostik und Klassifikation psychischer Störungen. Konzeptuelle und methodische Beiträge zur Evaluierung psychiatrischer Diagnostikansätze.* Freiburg: Unveröffentliche Habilitationsschrift.

Stieglitz, R.-D. (1996b). Psychodiagnostik in der Psychotherapie. *Psychotherapeut, 41,* 51-59.

Stieglitz, R.-D. & Ahrens, B. (1994). Fremdbeurteilungsverfahren. In R.-D. Stieglitz & U. Baumann (Hrsg.), *Psychodiagnostik psychischer Störungen* (S. 79-94). Stuttgart: Enke.

Stieglitz, R.-D., Smolka, M., Bech, P. & Helmchen, H. (1998). *Die Bech-Rafaelsen-Melancholie-Skala (BRMS).* Göttingen: Hogrefe.

Testkuratorium der Föderation deutscher Psychologenverbände (1986). Kriterienkatalog (Mitteilung). *Diagnostica, 32,* 358-360.

Watts, C.A. (1966). *Depressive disorders in the community.* Bristol: Wright.

Woggon, B. (1994). Diagnostik in Psychopharmakastudien. In R.-D. Stieglitz & U. Baumann (Hrsg.), *Psychodiagnostik psychischer Störungen* (S. 296-307). Stuttgart: Enke.

Probabilistische Testmodelle zur Abschätzung der Homogenität von BDI-Subskalen

Ferdinand Keller

Einleitung

Psychometrische Analysen des **Beck-Depressionsinventars (BDI)** unter Verwendung von Methoden aus der klassischen Testtheorie ergaben, daß das BDI ein gut brauchbares Instrument zur Messung der Schwere depressiver Symptomatik und deren Veränderung darstellt (Hautzinger et al. 1994). Zur Frage der faktoriellen Struktur wurden in der Literatur widersprüchliche Angaben über die **Dimensionalität des BDI** referiert, aber unter den identifizierten unterschiedlichen Faktorenlösungen war jeweils nur der generelle Faktor replizierbar (Richter et al., 1994). Beck et al. (1988) gehen davon aus, daß das BDI ein zugrundeliegendes generelles depressives Syndrom abbildet, das in drei hoch interkorrelierte Faktoren zerlegt werden kann. Diese Annahme kann auch für die deutsche Version beibehalten werden (Hautzinger et al., 1994).

Die Analyse mittels probabilistischer Modelle, insbesondere des dichotomen Rasch-Modells, führte jedoch zu einer Zurückweisung der Unidimensionalitätsannahme (Bouman & Kok, 1987; Keller & Kempf, 1997). Stattdessen wurden **Subskalen** vorgeschlagen, für die zumindest in der dichotomisierten Form der Items Homogenität angenommen werden kann. In diesem Beitrag steht die Replizierbarkeit dieser Befunde im polytomen Fall (d.h. vier Kategorien je Item) im Mittelpunkt. Im folgenden wird besonders auf eine Subskala mit kognitiven Items eingegangen sowie auf eine, die ein depressives Kernsyndrom gemäß Diagnosesystemen (v.a. DSM-III-R / IV) abbildet. Der Bereich vegetativ/somatischer Symptome wurde bereits von Frick et al. (1997) ausführlich analysiert (siehe Diskussion).

Methodik

Datengrundlage

Als Datengrundlage standen insgesamt 616 Fragebögen zur Verfügung, von denen 594 vollständig ausgefüllt waren. Sie wurden erhoben im Rahmen einer Studie zum Vergleich von kognitiver Verhaltenstherapie und Pharmakotherapie

(Hautzinger & de Jong, 1996). Die Patienten wiesen als primäre psychiatrische Diagnose eine endogene oder neurotische Depression nach ICD-9 auf. Die Aufteilung der Fragebögen nach Untersuchungszeitpunkt betrug 328 bei Aufnahme (in der Regel innerhalb der ersten Woche) und 266 bei Entlassung.

Subskalen

Die Subskala zur Abdeckung einer **kognitiven Kernsymptomatik** wurde zusammengestellt aus den BDI-Items B, C, E, H, I und M (Symptombezeichnungen siehe Abbildung 1). Im BDI werden sechs der neun im DSM-III-R aufgeführten Symptome erfragt, weitere zwei sind einseitig formuliert (Schlafstörungen und Appetitverlust, gesteigerter Schlaf und Appetit sind somit ausgeschlossen). Das neunte Symptom "psychomotorische Agitiertheit/Gehemmtheit" ist in der Selbstbeurteilung nicht erfaßbar. Orientiert am DSM und ohne auf Feinheiten der diagnostischen Systeme einzugehen werden die BDI-Items A, E, I, L, M, P und Q als **Kernbereich depressiver Symptomatik** zu einer Subskala zusammengefaßt (Symptombezeichnung siehe Abbildung 2). Das Symptom Gewichtsverlust wird nicht einbezogen, da sich seine psychometrischen Eigenschaften in bisherigen Analysen als ungenügend erwiesen haben.

Testmodelle und Überprüfung der Modellgeltung

Das **Rasch-Modell (RM)** leistet die in methodologischer Hinsicht wohl stringenteste Formalisierung der Unidimensionalitätsannahme. Homogenität eines Tests im Sinne des RM ist gleichbedeutend damit, daß die einzelnen Itemantworten ohne statistischen Informationsverlust zu einem Gesamtscore addiert werden können, so daß alle Personen unabhängig von Diagnose und Ausprägungsgrad der gemessenen Eigenschaft (hier: Depressivität) auf derselben latenten Skala miteinander verglichen werden können. Entsprechend wird im folgenden zuerst geprüft, ob Homogenität gemäß dem Rasch-Modell in den Subskalen angenommen werden kann. Verwendet wird der verallgemeinerte Ansatz des "mixed Rasch-Modells" (Rost, 1991, 1996), in dem das RM nicht für alle Personen gelten muß, sondern Subgruppen bestehen können, in denen jeweils das RM mit verschiedenen Modellparametern gelten kann.

Die Latent-Class-Analyse (LCA) (Rost, 1996) enthält eine Abschwächung der Annahmen des Rasch-Modells. Während im RM die Probanden auf einer latenten Dimension quantitativ anordenbar sein sollen, wird in der LCA lediglich angenommen, daß die latente Variable kategorial ist, d.h. jeder Proband einer bestimmten latenten Klasse (=Subpopulation oder "Typ") angehört. Die Klassen sind charakterisiert durch die jeweiligen Wahrscheinlichkeiten bzw. Erwartungswerte, mit der die Symptome (klassenspezifisch) auftreten. Jede Person wird anhand ihres Symptommusters der wahrscheinlichsten Klasse zugeordnet.

Beide Modellansätze sind im Rahmen von "Hybrid-Modellen" kombinierbar. Im Rahmen klinischer Anwendungen wäre z.B. die Annahme einer großen Klasse von Personen naheliegend, für die das Rasch-Modell gilt, und einer kleinen Klasse von Personen, die nur kategorial beschreibbar ist und möglicherweise viele sogenannte "Unskalierbare" enthält.

In allen diesen Verfahren wird die Anzahl latenter Klassen jeweils vorgegeben und muß entschieden werden, mit welchem Modell die beste Beschreibung der Daten gelingt, d.h. eine hohe Anpassungsgüte bei gleichzeitig möglichst wenigen zu schätzenden Parametern erreicht wird. Dazu werden die Informationskriterien AIC und BIC herangezogen, deren jeweiliges Minimum auf die optimale Mischung von Fit und Parameteranzahl hinweist (vgl. Rost, 1996). Außerdem stehen bootstrap-Verfahren zur Verfügung. Hierbei werden mit den geschätzten Modellparametern des empirisch erhobenen Datensatzes neue Datensätze simuliert und anschließend wird bewertet, wie sehr die beobachtete Anpassungsgüte in der simulierten Prüfverteilung abweicht. Gemäß der Empfehlung von von Davier und Rost (1996) werden die p-Werte der Statistik von Cressie-Read (CR) und Pearson X^2 berichtet.

Alle Berechnungen erfolgten mit dem Programm WINMIRA (von Davier, 1994).

Ergebnisse

Subskala "kognitiv"

Auf der Basis des BIC wird die 1-Klassen-Lösung im mixed-Rasch-Modell favorisiert (vgl. Tabelle 1), d.h. die Subskala könnte als Rasch-homogen angesehen werden. In der LCA verweist der BIC auf eine 3-Klassen-Lösung (der AIC erreicht ein Minimum erst bei 6 Klassen mit 7685.87). Ein Vergleich der beiden Lösungen mittels des Likelihood-Ratio-Tests ergibt ein $chi^2 = 64.96$ mit df = 21 und p < .0001, d.h. das **3-Klassen-Modell** liefert eine signifikant bessere Anpassung. Auch gemäß den bootstrap-Statistiken ist die Subskala nicht als homogen anzusehen, während das Modell mit drei latenten Klassen vertretbar ist. Das hybrid-Modell mit zwei Klassen weist ebenfalls einen niedrigen BIC auf, ist aber gemäß bootstrap nicht akzeptabel.

Die graphische Darstellung der 3-Klassen-Lösung (Abbildung 1) zeigt allerdings, daß die Homogenitätsverletzung minimal sein dürfte. Die Erwartungswertprofile zeigen keine qualitativ unterschiedlichen Symptommuster, lediglich das Symptom Pessimismus tritt in der symptomarmen Klasse vergleichsweise zu selten auf, während es in der symptomreichen Klasse minimal überbetont ist.

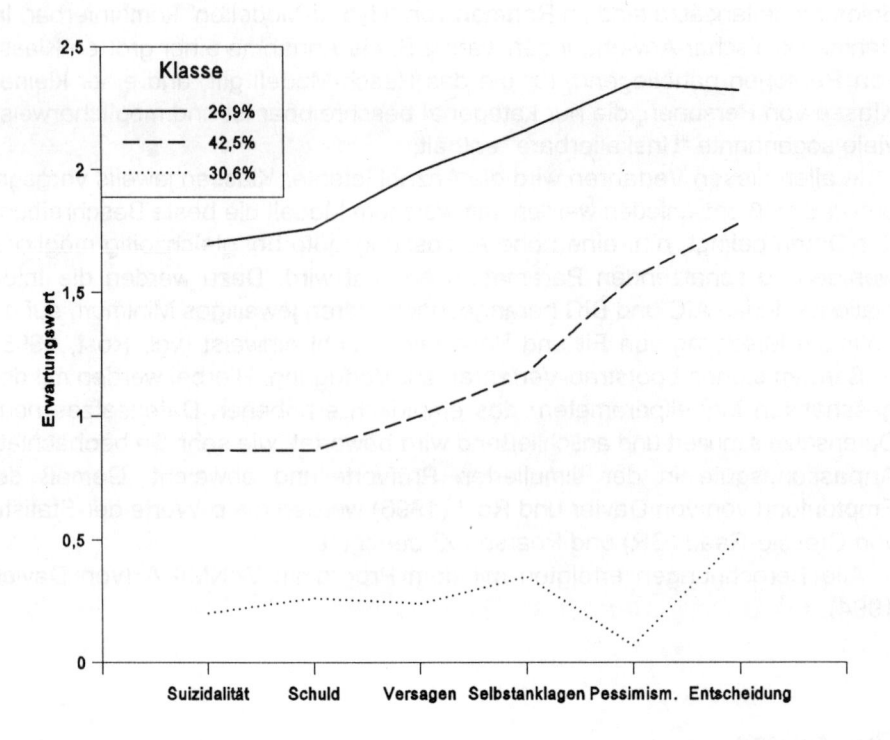

Abbildung 1 Erwartungswerte für die Subskala "kognitiv" (die Symptome sind nach Itemschwierigkeit geordnet)

Tabelle 1 Modelltests für die Subskala "kognitiv" (6 Items, N = 594)

Modell	Anzahl Klassen	ln(L)	Anzahl Parameter	AIC	BIC	bootstrap p	
						CR	X²
mixed	1	-3882.03	35	7834.06	7987.60	.000	.000
Rasch	2	-3793.31	69	7724.61	8027.31	.001	.000
	3	-3745.88	103	7697.76	8149.61	-	-
latent	1	-4531.66	18	9099.33	9178.29	.000	.000
class	2	-3980.44	37	8034.88	8197.19	.000	.036
	3	-3849.55	56	7811.11	8056.77	.022	.445
	4	-3800.82	75	7751.65	8080.66	.095	.458
hybrid	2	-3837.52	54	7783.03	8019.92	.000	.000
	3	-3766.52	88	7709.05	8095.09	.012	.351

Subskala "DSM"

In der dichotomen Analyse hatte sich gezeigt, daß bei diesen Symptomen keine Homogenität angenommen werden kann (Keller & Kempf, 1997). Auch in der Replikation am jetzigen Datensatz und trotz des Weglassens des Symptoms "Gewicht", das keine gute Trennschärfe aufweist, kann nicht von einer homogenen Subskala ausgegangen werden kann (Tabelle 2). Gemäß BIC könnte sie zwar angenommen werden, doch liegen die bootstrap-Tests jeweils bei $p < .001$ und der Likelihood-Ratio-Test gegenüber der Lösung mit **drei latenten Klassen** spricht ebenfalls gegen Rasch-Homogenität. Ebenso wie bei der kognitiven Subskala weist das hybrid-Modell mit zwei Klassen einen niedrigen BIC auf, ist aber im bootstrap-Test mit $p < .05$ nicht akzeptierbar.

Tabelle 2 Modelltests für die Subskala "DSM" (7 Items, N = 594)

Modell	Anzahl Klassen	ln(L)	Anzahl Parameter	AIC	BIC
mixed	1	-4517.75	41	9117.50	9297.36
Rasch	2	-4430.05	81	9022.09	9377.43
	3	-4377.83	121	8997.67	9528.48
	4	-4340.88	161	9003.77	9710.06
latent	1	-5250.89	21	10543.78	10635.91
class	2	-4620.25	43	9326.50	9515.13
	3	-4477.72	65	9085.43	9370.58
	4	-4417.24	87	9008.48	9390.14
	5	-4384.71	109	8987.41	9465.58
hybrid	2	-4457.69	63	9041.38	9317.75
	3	-4398.95	103	9003.91	9455.76

Abbildung 2 veranschaulicht die Erwartungswertprofile der drei Klassen, aus denen ersichtlich wird, daß lediglich das Symptom Traurigkeit abweicht. Bei den symptomreichen Patienten ist es überbetont, bei den symptomarmen Patienten tritt es vergleichsweise zu selten auf. Die Abweichungen sind jedoch gering und legen keinesfalls Patientengruppen mit qualitativ verschiedenen Symptommustern nahe.

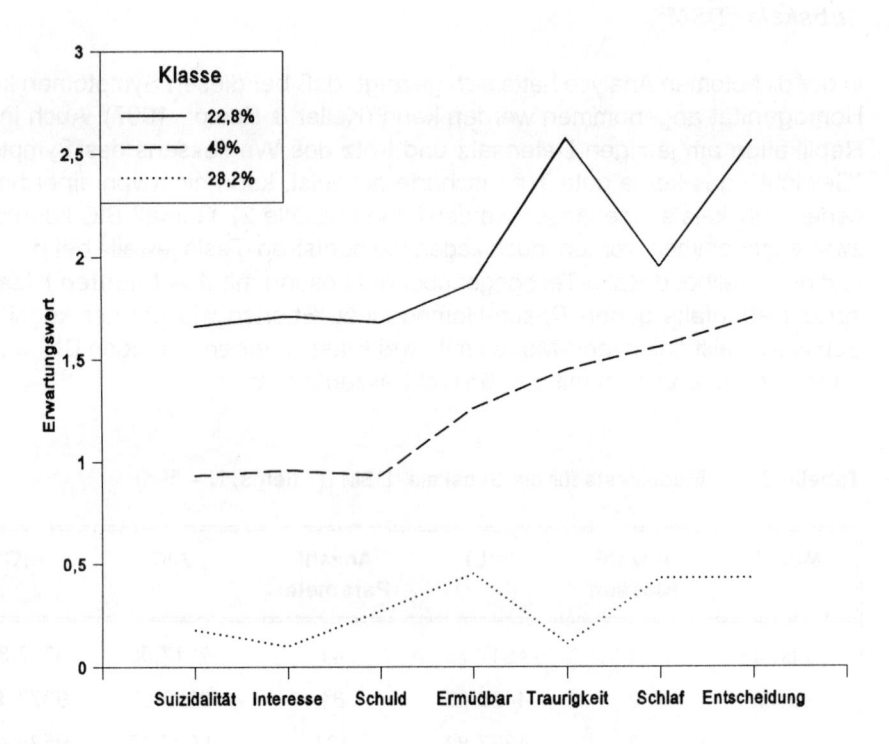

Abbildung 2 Erwartungswerte für die Subskala "DSM" (die Symptome sind nach Itemschwierigkeit geordnet)

Diskussion

Als wichtigstes Ergebnis aus den dargestellten sowie einigen weiteren Analysen kann zusammenfassend geschlossen werden, daß die **psychometrischen Eigenschaften des BDI** auch bei der Analyse mit probabilistischen Testmodellen als gut zu bezeichnen sind. Obwohl die strengen Homogenitätsvoraussetzungen des Rasch-Modells nicht erfüllt sind, leisten die Subskalen doch vor allem eine quantitative Differenzierung zwischen den Probanden, so daß mit der Summenwertbildung nur ein geringfügiger Informationsverlust einhergeht. Insgesamt entsteht der Eindruck, daß bei symptomarmen Patienten eher eine Übergewichtung somatisch/vegetativer Aspekte zum Ausdruck kommt, während bei symptomreichen Patienten die somatische Seite weniger wichtig wird, zumindest in der Selbstbeurteilung und wie sie im BDI erfaßt wird.

Gerade in der Erfassung der vegetativ/somatischen Symptome Depressiver sind auch Schwächen des BDI festzustellen. Das Symptom Gewichtsverlust differenziert wenig im klinischen Bereich (zwei Drittel der Patienten geben bei Aufnahme keinen Gewichtsverlust an) und auch Schlafstörungen werden vermutlich zu einseitig erfragt (nur morgendliches Früherwachen und nicht Ein- und Durchschlafstörungen, so daß Schlafstörungen unterschätzt werden können, da depressive Patienten meist sehr korrekt ankreuzen). Auch Appetitverlust zählt zu den problematischen Items. Diese drei Symptome bilden in Faktorenanalysen einen eigenen Faktor (Hautzinger et al., 1994), der vor diesem Hintergrund eher als Hinweis auf Nicht-Zugehörigkeit zu klinischer Depression interpretierbar ist.

Frick et al. (1997) haben außerdem auf problematische Kategorienformulierungen bei Symptomen aus dem somatischen Bereich hingewiesen, vor allem beim Symptom Weinen. Die a priori als schwerste Ausprägung eingestufte Kategorie 3 ("früher konnte ich weinen, aber jetzt kann ich es nicht mehr, obwohl ich es möchte.") erweist sich bei einer Analyse der Schwellenparameter als leichter als Kategorie 2 (Haslam & Beck, 1994, haben Kategorie 3 sogar mit Kategorie 0 gleichgesetzt). Gleiches gilt für das Symptom Libidoverlust (Kategorie 3: "ich habe das Interesse an Sex völlig verloren"), bei dem zumindest eine Berücksichtigung des Alters notwendig ist. Einfache Umkodierungen der Kategorien dieser Symptome als "Reparaturversuch" haben sich nur als bedingt erfolgreich erwiesen (Frick et al., 1997). Als Alternative ist auch die Verwendung von Subskalen mit dichotomisierten Items diskutabel. Diese weisen meist bessere Homogenitätseigenschaften auf, nicht zuletzt deshalb, weil weniger Parameter zu schätzen sind bei gleichzeitig weniger Symptomkombinationen und folglich höheren Zellbesetzungen. Eindeutige Belege für Homogenität ließen sich für die Subskalen jedoch auch im dichotomen Fall nicht finden.

Neben der Überprüfung solcher psychometrischer Eigenschaften können probabilistische Testmodelle auch einen Beitrag zu der Frage liefern, ob Depressivität als **kontinuierliche latente Ausprägung** angesehen werden kann oder ob eine **kategoriale "typologische" Beschreibung** angemessener ist ("differences of degree" oder "differences in kind" nach Meehl, 1992). Meehl (zusammenfassend: 1995) hat eine Reihe von robusten Verfahren entwickelt und Haslam und Beck (1994) haben seine MAXCOV-HITMAX-Methode auf die Identifikation depressiver Subtypen, z.B. eines endogenen Subtyps, angewendet. In eigenen Auswertungen und auch in den oben angeführten Analysen ergaben sich allerdings keine Anhaltspunkte für qualitativ verschiedene Symptommuster. Bei Gültigkeit des Rasch-Modells stellt der Summenwert sogar die vollständige Information dar, d.h. es kommt zu der intuitiv zuerst wenig einleuchtenden Situation, daß es gleichgültig ist, welche Symptome (und damit auch welche Symptomkombinationen) ein Patient aufweist. Gerade dies ist freilich die Voraussetzung dafür, daß die Personen anhand ihres Summenwertes verglichen werden können.

Zusammenfassend hat sich der **Einsatz von Mischverteilungsmodellen** als gewinnbringend für die Identifikation problematischer Items und v.a. Kategorien erwiesen. Auch gegenüber anderen Klassifikationsverfahren wie Cluster- und Faktorenanalysen bestehen einige Vorteile: a) es werden die Personen in homogene Subgruppen unterteilt und nicht die Items (wie in der Faktorenanalyse), b) es stehen Modelltests zur Anpassungsgüte zur Verfügung und c) es werden mehr als nur bivariate Beziehungen zwischen den Items berücksichtigt.

Letztlich wird sich die Qualität solcher Analysen aber daran zeigen, inwieweit die insgesamt guten psychometrischen Eigenschaften des BDI noch gesteigert werden können, so daß mit den neuen Summenwerten bzw. Subskalenwerten eine bessere Trennung der Therapiegruppen und eine validere Prädiktion des weiteren Krankheitsverlaufes gelingt.

Literatur

Beck, A.T., Steer, R.A. & Garbin, M.G. (1988). Psychometric properties of the Beck Depression Inventory: Twenty-five years of evaluation. *Clinical Psychology Review, 8,* 77-100.

Bouman, T.K. & Kok, A.R. (1987). Homogeneity of Beck's Depression Inventory (BDI): Applying Rasch Analysis in Conceptual Exploration. *Acta Psychiatrica Scandinavica, 76,* 568-573.

Davier, M. von (1994). *WINMIRA. Program manual.* Kiel: IPN.

Davier, M. von & Rost, J. (1996). Die Erfassung transsituativer Copingstile durch Stimulus-Response Inventare. *Diagnostica, 42,* 313-332.

Frick, U., Rehm, J. & Thien, U. (1997). On the latent structure of the Beck-Depression-Inventory (BDI): Using the "somatic" subscale to evaluate a clinical trial. In J. Rost & R. Langeheine (Eds.), *Applications of latent trait and latent class models in the social sciences* (pp. 305-313). Münster: Waxmann.

Haslam, N. & Beck, A.T. (1994). Subtyping major depression: A taxometric analysis. *Journal of Abnormal Psychology, 103,* 686-692.

Hautzinger, M., Bailer, M., Worall, H. & Keller, F. (1994). *Beck-Depressions-Inventar (BDI).* Bern: Huber.

Hautzinger, M. & de Jong-Meyer, R. (1996). Zwei Multizenter-Studien zur Wirksamkeit von Verhaltenstherapie, Pharmakotherapie und deren Kombination bei depressiven Patienten: Einführung, Rahmenbedingungen und Aufgabenstellungen. *Zeitschrift für Klinische Psychologie, 25,* 83-92.

Keller, F. & Kempf, W. (1997). Some latent trait and latent class analyses of the Beck-Depression-Inventory (BDI). In J. Rost & R. Langeheine (Eds.), *Applications of latent trait and latent class models in the social sciences* (pp. 314-323). Münster: Waxmann.

Meehl, P.E. (1992). Factors and taxa, traits and types, differences of degree and differences in kind. *Journal of Personality, 60,* 117-174.

Meehl, P.E. (1995). Bootstraps taxometrics: Solving the classification problem in psychopathology. *American Psychologist, 50,* 266-275.

Richter, P., Werner, J. & Bastine, R. (1994). Psychometrische Eigenschaften des Beck-Depressionsinventars (BDI): Ein Überblick. *Zeitschrift für Klinische Psychologie, 23,* 3-19.

Rost, J. (1991). A logistic mixture distribution model for polychotomous item responses. *British Journal of Mathematical and Statistical Psychology, 44,* 75-92.

Rost, J. (1996). *Lehrbuch Testtheorie, Testkonstruktion.* Bern: Huber.

Kliniksuizide von Patienten mit depressiven Psychosen

Martin Krupinski, Alfred Fischer, Renate Grohmann, Rolf R. Engel, Matthias Hollweg und Hans-Jürgen Möller

Einleitung

Die Verhinderung von Suiziden ist ein zentrales Anliegen bei der psychiatrischen Behandlung von depressiven Patienten, so daß der Identifizierung von Risikofaktoren eine wichtige Bedeutung zukommt. Dabei sieht sich die Suizidforschung allerdings mit einer Vielzahl methodischer Probleme konfrontiert, die die Reliabilität und Vergleichbarkeit der Daten erheblich einschränken. Ein in der Regel retrospektives Untersuchungsdesign, uneinheitliche und tendenziell defensive Dokumentationsmethoden, der häufige Verzicht auf Kontrollgruppen und hinsichtlich der Unerwünschtheit des Ereignisses zwar erfreuliche, methodisch jedoch problematisch kleine Fallzahlen behindern die Suche nach empirisch zuverlässigen Prädiktoren (Finzen, 1988; Wolfersdorf, 1989). Der zur Vergrößerung der Fallzahlen häufig beschrittene Weg einer unscharfen Trennung von ambulanten und stationären Suiziden ist problematisch, da eine Berücksichtigung des Patientenstatus insbesondere aufgrund der unterschiedlichen diagnostischen Zusammensetzung dringend erforderlich ist (Modestin & Hoffmann, 1989). In der vorliegenden Studie wurde versucht, einigen der genannten Probleme besser gerecht zu werden und möglichst frühzeitig während der stationären Behandlung erhebbare Risikofaktoren zu erfassen.

Methodik

Aus allen im Zeitraum 1981-1992 an der Psychiatrischen Klinik der Universität München stationär behandelten Patienten wurde zunächst eine klinisch homogene Gruppe von depressiven Patienten gebildet. Ausgewählt wurden alle Patienten mit der ICD-9 Diagnose einer affektiven Psychose, mit Ausnahme der Patienten mit einer monopolaren Manie bzw. einer Manie im Rahmen einer Zyklothymie (ICD-9: 296 ohne 296.0 und 296.2). Aus dieser Gruppe wurden alle Patienten mit vollendetem Suizid während des stationären Aufenthaltes ermittelt (N = 33), wobei die Kontrollgruppe aus allen anderen Patienten (N = 3759) gebildet wurde. In den Gruppenvergleich gingen alle soziodemographischen und krankheitsanamnestischen Variablen sowie alle standardisierten Items des AMDP-Aufnahmebefundes ein. Bei letzterem wurde die dreistufige Ausprägung der Items nicht berücksichtigt, sondern lediglich das Vorliegen bzw. das Nichtvorliegen des jeweiligen Symptoms. Neben der bivariaten Auswertung wurde auch eine Diskriminanzanalyse durchgeführt.

Ergebnisse

Das Durchschnittsalter in der Suizidgruppe lag bei 52.0 Jahren (s = 15.3) und in der Kontrollgruppe bei 53.4 Jahren (s = 13.7). Unter den 33 Suizidenten waren 6 Männer und 27 Frauen, in der Kontrollgruppe 989 Männer und 2770 Frauen. Hieraus ergab sich eine tendenzielle, statistisch aber nicht signifikante Häufung von Frauen unter den Suizidenten. In der Suizidgruppe hatten 70% der Patienten bereits mindestens einen Suizidversuch unternommen, im Gegensatz zu 26% in der Kontrollgruppe (p < 0.001). Die Patienten der Suizidgruppe wurden in der Vorgeschichte tendenziell häufiger stationär psychiatrisch behandelt (M = 2.8; s = 2.9) als die der Kontrollgruppe (M = 2.3; s = 2.5) und die letzte stationäre Behandlung lag bei den Suizidenten tendenziell häufiger weniger als 1 Jahr zurück. Die Ergebnisse waren aber nicht statistisch signifikant, und auch für alle übrigen soziodemographischen und anamnestischen Variablen des AMDP-Systems ließen sich keine signifikanten Unterschiede ermitteln. Von sämtlichen Items des AMDP-Aufnahmebefundes fanden sich lediglich vier mit signifikant unterschiedlicher Häufigkeitsverteilung in der Suizid- und Kontrollgruppe. Sie sind mit einigen anderen ausgewählten Items in Tabelle 1 dargestellt.

Tabelle 1 AMDP-Aufnahmebefunde (Auswahl)

Item	Suizidenten (N = 33)		Kontrollgruppe (N = 3727)		X^2	p
	N	%	N	%		
(Denken) verlangsamt	4	12.1	1446	38.8	9.83	< .01
Schuldwahn	7	21.2	455	12.2	2.45	.11
Verarmungswahn	2	6.1	277	7.4	.09	.76
hypochondr. Wahn	3	9.1	221	5.9	.58	.44
hoffnunglos	25	75.8	2377	63.8	2.03	.15
Insuffizienzgefühle	22	66.7	2086	56.0	1.52	.22
antriebsgehemmt	22	66.7	2212	59.4	.73	.39
sozialer Rückzug	21	63.6	2271	60.9	.10	.75
Aggressivität	-	-	147	3.9	1.36	.27
Suizidalität	30	90.9	1491	40.0	35.19	< .001
Früherwachen	5	15.2	1305	35.0	5.69	.02
Obstipation	1	3.0	642	17.2	4.65	.031

In der Diskriminanzanalyse zeigten die bereits bei der bivariaten Auswertung hochsignifikant differierenden Parameter "Suizidalität bei Aufnahme" und "Suizidversuch in der Vorgeschichte" in der genannten Reihenfolge die größte diskriminierende Kraft. Dagegen rückten die sonstigen klinischen Parameter und die soziodemographischen Variablen deutlich in den Hintergrund (one-step Verfahren) bzw. waren völlig vernachlässigbar (stepwise Verfahren).

Zusammenfassung und Diskussion

Bei der Evaluierung von möglichen prädiktiven Variablen für Kliniksuizide trägt die Verwendung von definierten Merkmalen des AMDP-Systems in Kombination mit entsprechendem Training der Untersucher zur Reliabilitätsverbesserung bei, und eine wissenschaftliche Dokumentation suizidalen Verhaltens läßt auch dessen Erfassung mit größerer Exaktheit erwarten (Malone et al., 1995; Stieglitz et al., 1988). Unter der dargestellten methodischen Vorgehensweise war aus allen soziodemographischen und anamnestischen Variablen des AMDP-Systems lediglich die bereits bekannte größere Belastung mit Suizidversuchen in der Vorgeschichte bei den späteren Suizidenten signifikant eruierbar. Ferner waren die Suizidenten zumindest tendenziell bereits häufiger in stationärer psychiatrischer Behandlung und wurden in einem kürzeren Zeitintervall erneut aufgenommen. Ähnliche Befunde wurden auch von anderen Autoren (Finzen, 1988; Goldney et al., 1985; Wolfersdorf, 1989) berichtet und könnten speziell für Kliniksuizide typisch sein, haben aber zumindest nach den Ergebnissen unserer Diskriminanzanalyse nur wenig prädiktiven Wert.

Aus der Vielzahl der untersuchten psychopathologischen Symptome erwies sich Suizidalität bei Aufnahme mit einer Häufigkeit von 91% in der Suizidgruppe als der beste Prädiktor. Dieses auf den ersten Blick banal erscheinende Ergebnis wird in der Literatur inkonsistent berichtet und ist somit keineswegs selbstverständlich (Finzen, 1988; Modestin & Kopp, 1988). Die Analyse aller übrigen Items des Aufnahmebefundes ergab keine Ergebnisse, die zur zuverlässigen Charakterisierung späterer Suizidenten dienen könnten. Zumindest war aber die Häufigkeitsverteilung von Symptomen wie "hoffnungslos" und "Schuldwahn" tendenziell mit dem in der Literatur beschriebenen höheren Suizidrisiko bei Vorliegen dieser Symptome in Einklang zu bringen (Beck et al., 1990; Wolfersdorf, 1989). Entgegen einen späteren Suizid diskriminierten ein verlangsamter formaler Gedankengang sowie die Items "Früherwachen" und "Obstipation", wobei letzteres Ergebnis etwas bizarr anmutet und möglicherweise mit der im AMDP-System nicht erfaßten medikamentösen Vorbehandlung im Zusammenhang steht. Gegenwärtig wird man diesen entgegen einen späteren Suizid diskriminierenden Variablen keinen klinischen Wert beimessen können. Falls sich aber diese Ergebnisse replizieren lassen, könnten derartige Items möglicherweise in der Zukunft für die Konstruktion von Suizidrisiko-Skalen für Hochrisikogruppen, die bereits früher gefordert wurde, nützlich sein (Bürk & Möller, 1985). Unterzieht man unsere Ergebnisse einer zusammenfassenden Beurteilung, so sind sie hinsichtlich der angestrebten Erfassung zuverlässiger und möglichst frühzeitig zugänglicher Risikofaktoren für Kliniksuizide als unbefriedigend zu bewerten. Sie unterstreichen die große Bedeutung einer ausführlichen und wiederholten Evaluierung der Suizidproblematik von Beginn der stationären Behandlung an und bestätigen einmal mehr die Wichtigkeit der individuellen klinischen Beurteilung und die Notwendigkeit, jegliche Schematisierung zu vermeiden.

Literatur

Beck, A., Brown, G., Breschik, R., Stewart, B.L. & Steer, R.A. (1990). Relationship between hopelessness and ultimate suicide: replication study with psychiatric outpatients. *American Journal of Psychiatry, 147,* 559-563.

Bürk, F. & Möller, H.-J. (1985). Prädiktoren für weiteres suizidales Verhalten. *Fortschritte in der Neurologie und Psychiatrie, 53,* 259-270.

Finzen, A. (1988). *Der Patientensuizid: Untersuchungen, Analysen, Berichte zur Selbsttötung psychisch Kranker während der Behandlung.* Bonn: Psychiatrie-Verlag.

Goldney, R.D., Positano, S., Spence, N. & Rosenman, S. (1985). Suicide in association with psychiatric hospitalisation. *Australian and New Zealand Journal of Psychiatry, 19,* 177-183.

Malone, K. M., Szanto, K., Corbitt, E.M. & Mann, J.J. (1995). Clinical assessment versus research methods in the assessment of suicidal behavior. *American Journal of Psychiatry, 152,* 1601-1607.

Modestin, J. & Hoffmann, H. (1989). Completed suicide in psychiatric inpatients and former inpatients. A comparative study. *Acta Psychiatrica Scandinavica, 79,* 229-234.

Modestin, J. & Kopp, W. (1988). Study on suicide in depressed inpatients. *Journal of Affective Disorders, 15,* 157-162.

Stieglitz, R.-D., Fähndrich, E. & Renfordt, E. (1988). Interrater study for the AMDP-System. *Pharmacopsychiatry, 21,* 451-452.

Wolfersdorf, M. (1989). *Suizid bei stationären psychiatrischen Patienten.* Regensburg: Roderer.

Vermutete krankheitsfördernde Einflüsse im Vergleich von manischen und depressiven Episoden

Michael Linden, Sonja Kirchmann und Rainer T. Schaub

Einleitung

Es gibt eine lange Tradition wissenschaftlicher Studien, die das Auftreten depressiver Episoden in Zusammenhang mit sogenannten kritischen oder negativen Lebensereignissen bringen (Kornhuber, 1955; Kielholz, 1959; Paykel et al., 1969; Brown & Harris, 1989; Paykel, 1983; Angst, 1987; Weissman & Boyd, 1983). Es entspricht geradezu der allgemeinen menschlichen Lebenserfahrung, daß sich Lebensbelastungen negativ auf die Befindlichkeit auswirken, so daß es naheliegt anzunehmen, daß dies in manchen Fällen auch bis hin zu depressiven Episoden gehen kann. Ebenso berichten depressive Patienten nicht selten spontan über negative Lebensereignisse als Begründung für ihre Depression.

Etwas anders stellt sich die Situation hinsichtlich manischer Episoden dar. Obwohl bereits Kraepelin (1899), Meynert (1890) oder Westphal (1911) darauf hinwiesen, daß manische Episoden in der Folge von Lebensereignissen auftreten können, gilt dennoch, daß es sehr viel weniger psychologische Erklärungen zur Entstehung von Manien gibt und daß sie weitgehend als umweltunabhängig angesehen werden (Paykel & Winokur, 1985).

Es gibt mehrere Studien, die sich mit dem Zusammenhang von **Lebensereignissen** und dem Auftreten **manischer Störungen** befaßt haben. Blankenburg (1964) fand bei Durchsicht von Krankengeschichten, daß in 22.6% manische Episoden im Zusammenhang mit situativen Faktoren gesehen wurde, worunter allerdings 8% somatische Störungen waren. Tölle und Fritz (1971) fanden bei 171 Phasen von 101 Patienten in 11.7% auslösende Faktoren, davon ein Drittel somatische Störungen. Leff et al., (1976) fanden in 28% der Fälle sogenannte unabhängige Ereignisse im Monat vor Erkrankungsbeginn. Ambelas (1979) berichtet über psychisch belastende Ereignisse bei 28% der manischen Patienten im Gegensatz zu 7% bei einer Kontrollgruppe. Kennedy et al. (1983) fanden bei 58% einschlägiger Patienten ein oder mehrere auslösende Lebensereignisse, wobei eine Häufung von kurzfristig zurückliegenden Ereignissen berichtet wurde. Hunt et al. (1992) untersuchten bei 72 bipolar Erkrankten kritische Lebensereignisse in den drei Monaten vor einem Rezidiv. Sie fanden keinen Unterschied bei Manien und Depressionen, jedoch eine deutlich höhere Rate bei den bipolaren Patienten insgesamt im Vergleich zu Kontrollen. Hall et al. (1977) führten eine prospektive Studie durch, in der sie keine signifikanten Unterschiede in der Häufigkeit kritischer Lebensereignisse vor depressiven oder manischen Episoden fanden mit Ausnahme einer größeren Rate beruflicher Probleme vor der Manie. Chung et al. (1986) sowie Sclare und Creed (1990) fanden im Vergleich zu Kontrollgruppen keine erhöhte Rate kritischer Lebensereignisse vor manischen Episoden.

Hinsichtlich der Art der berichteten Lebensereignisse läßt sich kein eindeutiges Muster erkennen. Anhaltende Konfliktsituationen in Familie und Beruf wie aber auch beispielsweise Todesfälle oder die Trennung von einem Partner werden als kritische Lebensereignisse genannt (Schulte, 1958; Ambelas, 1979; Rickarby, 1977; Rosenman & Tayler, 1986). Es sind somit dieselben inhaltlichen Belastungen, die aus psychologischen und inhaltlichen Überlegungen heraus für die Entstehung von Depressionen verantwortlich gemacht werden. Ein solcher inhaltlicher Bezug zu einer manischen Episode erscheint jedoch vergleichsweise eher schwierig herstellbar, so daß die Daten eher im Sinne eines unspezifischen Stress- und Vulnerabilitätsmodells interpretiert werden.

Im folgenden soll die Frage des Zusammenhangs von manischen und depressiven Episoden mit **kritischen Lebensereignissen** unter Rückgriff auf eine **AMDP-Dokumentation von stationären Routinebehandlungsfällen** untersucht werden. In der AMDP-Dokumentation wird verlangt, daß die Ärzte zu jedem Patienten auch angeben, ob es im konkreten Fall Hinweise auf vermutete krankheitsfördernde Einflüsse gibt. Dies erlaubt zu untersuchen, ob es diesbezüglich Unterschiede zwischen depressiven und manischen Episoden bei bipolaren Erkrankungen gibt.

Methode

An der Psychiatrischen Klinik und Poliklinik der Freien Universität Berlin wird für alle stationär behandelten Patienten von den Stationsärzten sowohl der psychopathologische Befund als auch die Vorgeschichte nach den Vorgaben des AMDP-Systems dokumentiert (AMDP, 1997). Es wurden von den zwischen 1981 und 1993 behandelten Patienten alle mit der Diagnose einer bipolaren Depression ausgewählt und die jeweils erste Episode im Beobachtungszeitraum für die weitere Untersuchung herangezogen. Dies erlaubte einen Vergleich von 115 Patienten mit einer manischen Episode und 140 Patienten mit einer depressiven Episode. Die Patienten waren durchschnittlich in der manischen 40 und in der depressiven Gruppe 42 Jahre alt. Unter den manischen Patienten waren 54.8% Frauen und unter den depressiven Patienten 59.3%.

Die Dokumentation der kritischen Lebensereignisse erfolgte nach Item 22 des Anamnesebogens 2 des AMDP-Systems unter der Überschrift **"vermutete krankheitsfördernde Einflüsse"**. Die Ärzte sind aufgefordert, zu den Bereichen Liebe, Sexualität, Ehe und Partnerschaft, Familie, Finanzen, psychische Beeinträchtigungen, chronisches körperliches Leiden, Beruf, Schule und Studium, öffentliche Institutionen, soziale Mobilität, Vereinsamung und körperliche Beeinträchtigung anzugeben, ob die Patienten in einem dieser Bereiche eine krankheitsfördernde Erfahrung gemacht haben bzw. ob die Ärzte eine solche sehen. Des weiteren wird angegeben, ob diese Belastung innerhalb der letzten drei Monate, im Zeitraum von drei Monaten bis zu einem Jahr aufgetreten ist, oder länger als ein Jahr zurückliegt.

Ergebnisse

Tabelle 1 zeigt die Häufigkeit kritischer Lebensereignisse nach Patienteneinschätzung und nach Meinung des Arztes für manische und depressive Episoden. Von den Patienten gaben 69.6% an, daß vor einer manischen Episode ein krankheitsförderndes Ereignis vorgelegen habe. Bei den depressiven Episoden waren dies 77.9%. Der Unterschied ist statistisch nicht signifikant. In der Einschätzung des behandelnden Arztes wurde bei den manischen Episoden in 67% von einem vermutlich krankheitsfördernden Lebensereignis ausgegangen im Vergleich zu 77.1% bei Patienten mit depressiven Episoden, ein in der Tendenz signifikanter Unterschied zugunsten der depressiven Episoden.

Tabelle 1   Prozentanteil manischer und depressiver Patienten mit vermuteten krankheitsfördernden Lebensereignissen

	manische Episoden	depressive Episoden	χ^2	p
Patienteneinschätzung	69.6%	77.9%	2.26	n.s.
Arzteinschätzung	67.0%	77.1%	3.29	0.07

Tabelle 2 zeigt die Dauer der vermuteten krankheitsfördernden Einflüsse. Es findet sich ein Unterschied derart, daß eine gewisse Tendenz besteht, daß kritische Lebensereignisse vor manischen Episoden eher eine kürzere Dauer und vor depressiven Störungen in der Tendenz eher eine längere Dauer haben. Dennoch ist auch bei den manischen Episoden in der Mehrzahl der Fälle eher von strukturell negativen Lebensereignissen, d.h. chronischen Belastungen mit einer Zeitdauer von mehr als einem Vierteljahr, auszugehen.

Tabelle 2 Dauer der vermuteten krankheitsfördernden Einflüsse

	manische Episoden	depressive Episoden
bis zu 3 Monaten	21.7%	12.1%
3 Monate bis 1 Jahr	16.5%	18.6%
länger als 1 Jahr	30.4%	42.9%
keine Angaben	31.3%	26.4%

$X^2 = 6.8$, df = 3   p = 0.08

Es findet sich kein Unterschied zwischen Männern und Frauen in der Häufigkeit, mit der krankheitsfördernde Ereignisse angegeben werden. Bei manischen Episoden sind dies 67.3% bei Männern und 71.4% bei Frauen und bei depressiven Episoden 77.2% bei Männern und 78.3% bei Frauen.

Vergleicht man die 20 - 40jährigen Patienten mit den 51 - 65jährigen, finden sich ebenfalls keine signifikanten Unterschiede.

Diskussion

Nach Einschätzung der Ärzte wie auch in der Sicht der Patienten wird in gut zwei Drittel der Behandlungsfälle nach klinischer Einschätzung ein negatives Lebensereignis in Zusammenhang mit der aktuellen Episode gebracht. Nach der Formulierung des AMDP-Systems muß dies nicht unbedingt heißen, daß es sich hierbei um eine oder gar die ausschließliche Ursache der akuten Erkrankungsepisode handelt. Es werden ebenso auch pathoplastische Faktoren abgebildet.

Unabhängig von der allgemeinen Häufigkeit, mit der negative Ereignisse berichtet werden, erscheint von besonderem Interesse, daß es keine deutlichen Unterschiede zwischen manischen und depressiven Episoden gibt. Aus den im Eingang angeführten theoretischen Überlegungen wäre zumindest zu erwarten gewesen, daß in den Konzepten von Ärzten und Patienten bei depressiven Störungen häufiger und bei manischen Störungen seltener Umweltbelastungen als krankheitsfördernde Faktoren diskutiert werden. Dies ist nicht der Fall. Unsere Befunde liegen hinsichtlich der Häufigkeit einschlägiger Nennungen für die manischen Patienten deutlich über der Rate von etwa 30%, die in anderen Untersuchungen berichtet werden (Blankenburg, 1964; Tölle & Fritz, 1971; Leff et al., 1967; Ambelas, 1979; Hunt et al., 1992). Unsere Daten sind von der Höhe der Ereignisrate bei manischen Störungen eher mit den Untersuchungen von Kennedy et al. (1983) vergleichbar. In jedem Fall aber sprechen unsere Daten ebenso wie alle anderen einschlägigen Studien gegen einen prinzipiellen Unterschied in der Frequenz zwischen manischen und depressiven Episoden.

Der vorliegende Befund ist mit Vorsicht zu interpretieren, da eine Zusammenhangsattribution, sei es von seiten des Patienten oder des behandelnden Arztes niemals die Qualität einer Kausalfeststellung haben kann. Gerade weil es aber Kausalattributionen und damit auch Krankheitskonzepte der Betroffenen sind, verweisen sie auf einen ganz wichtigen Punkt. Manische Episoden werden im Gegensatz zu depressiven Episoden wegen des gehobenen Affektes und der häufig zu beobachtenden oberflächlichen Kritiklosigkeit als Zustände psychischer Unempfindlichkeit angesehen. Die hier berichteten Daten sprechen gegen eine solche Auffassung. Manische Patienten haben offenbar in gleicher Häufigkeit Anlaß, über ihre aktuelle Lebenssituation zu klagen wie dies bei depressiven Patienten der Fall ist, und dies, obwohl sie eigentlich aufgrund der vorherrschenden Psychopathologie gar keine Probleme sehen dürften. Das vordergründige Erscheinungsbild und das tatsächliche subjektive Erleben scheinen nicht kongruent. Die manischen Patienten erweisen sich hinsichtlich ihrer Lebenssituation ebenso belastet wie die Patienten mit depressiven Episoden. Dabei ist von Interesse, daß es sich auch bei den manischen Patienten in der Mehrzahl der Fälle um eher langfristige Belastungen handelt.

Die Daten zeigen, daß in der Krankheitswahrnehmung sowohl von den Patienten als auch von seiten der behandelnden Ärzte biographischen und psychosozialen Aspekten eine große Aufmerksamkeit gewidmet wird. Ihnen kommt eine klinische Realität zu, da sie unabhängig von ihrer faktischen und ätiologischen Bedeutung eine psychologische Realität des Erlebens auf seiten des Patienten widerspiegeln, worauf in jedem Falle auch eine therapeutische Antwort zu geben ist.

Würde man den berichteten Ereignissen auch eine pathogenetische Bedeutung zuerkennen wollen, dann kann es sich offenbar nicht um einen sehr spezifischen Zusammenhang handeln. Statt dessen ist eher von einem **unspezifischen Vulnerabilitätsmodell** auszugehen. Danach führen Belastungen zu Störungen in der psychologischen wie biologischen Homöostase, wobei die Belastungen selbst nicht erklären können, welche Form diese pathologische Erlebnisreaktion annimmt.

Die berichteten Daten sind ein Hinweis darauf, daß es auf jeden Fall unter klinischen Gesichtspunkten, aber möglicherweise auch unter theoretischen und krankheitsätiologischen Gesichtspunkten interessant ist, sich mit dem Einfluß kritischer Lebensereignisse auf manische Episoden näher zu befassen. Sie sind häufig, und sie können möglicherweise besonders interessante Einblicke in entsprechende pathologische und funktionelle Prozesse ermöglichen, da nicht so einfach ein inhaltlicher Bezug zwischen den Lebensereignissen und der manischen Episode herzustellen ist, wie sich dies bei depressiven Episoden anbietet.

Literatur

Ambelas, A. (1979). Psychological stressful events in the precipitation of manic episodes. *British Journal of Psychiatry, 135,* 15-21.
AMDP (1997). *Das AMDP-System* (6., unveränderte Auflage). Göttingen: Hogrefe.
Angst, J. (1987). Verlauf der affektiven Psychosen. In K.P. Kisker, H. Lauter, J.-E. Meyer, C. Müller & E. Strömgen (Hrsg.), *Psychiatrie der Gegenwart 5, Affektive Psychosen* (S. 115-136). Berlin, Heidelberg: Springer.
Blankenburg, W. (1964). Lebensgeschichtliche Faktoren bei manischen Psychosen. *Nervenarzt, 35,* 536-539.
Brown, G.W. & Harris, T.O. (1989). Depression. In G.W. Brown & T. Harris (Eds.), *Life events and illness* (pp. 49-93). London: Unwin Hyman.
Chung, R.K., Langeluddecke, P. & Tennant, C. (1986). Threatening life events in the onset of schizophrenia, schizophreniform psychosis and hypomania. *British Journal of Psychiatry, 148,* 680-685.
Hall, K.S., Dunner, D.L., Zeller, G. & Fieve, R.R. (1977). Bipolar illness: A prospective study of life events. *Comprehensive Psychiatry, 18,* 497-502.
Hunt, N., Bruce-Jones, W. & Silverstone, T. (1992). Life events and relapse in bipolar affective disorder. *Journal of Affective Disorder, 25,* 13-20.
Kennedy, S., Thompsom, R., Stancer, H.C., Roy, A. & Persad, E. (1983). Life events precipitating mania. *British Journal of Psychiatry, 142,* 398-403.
Kielholz, P. (1959). *Klinik, Differentialdiagnostik und Therapie der depressiven Zustandsbilder.* Basel: Documenta Geigy, Acta psychosom. 2.
Kornhuber, H. (1955). Über Auslösung zyklothymer Depressionen durch seelische Erschütterungen. *Archiv für Psychiatrie und Nervenheilkunde, 193,* 391-405.
Kraepelin, E. (1899). *Psychiatrie. Ein Lehrbuch für Studierende und Ärzte* (3. Auflage). Leipzig: Barth.
Leff, J.P., Fischer, M. & Bertelsen, A. (1976). A cross-national epidemiological study of mania. *British Journal of Psychiatry, 129,* 428-442.
Meynert, Th.(1890). *Klinische Vorlesung über Psychiatrie.* Wien: Braunmüller.
Paykel, E.S. (1983). Methodological aspects of life events research. *Journal of Psychosomatic Research, 27,* 341-352.
Paykel, E.S., Myers, J.K., Dienelt, M.N., Klerman, G.L., Lindenthal, J.J. & Pepper, M.P. (1969). Life events and depression: a controlled study. *Archives of General Psychiatry, 21,* 753-760.
Paykel, E.S. & Winokur, G. (1985). Psychopharmacology of mania. *Journal of Affektive Disorders, 8,* 205.
Rickarby, G. (1977). Four cases of mania associated with bereavement. *Journal of Nervous and Mental Diseases, 165,* 255-262.
Rosenman, S.J. & Tayler, H. (1986). Mania following bereavement: a case report. *British Journal of Psychiatry, 148,* 468-470.
Sclare, P. & Creed, F. (1990). Life events and the onset of mania. *British Journal of Psychiatry, 156,* 508-514.
Schulte, W. (1958). Endogene Psychosen. In M. Reichhardt (Hrsg.), *Einführung in die Unfall- und Rentenbegutachtung* (4. Auflage). Stuttgart: Fischer.
Tölle, R. & Fritz, H. (1971). Zur Auslösung von Manien (Problematik der Beurteilung). *Psychiatrica clinica, 4,* 12-18.

Weissman, M.M. & Boyd, J.H. (1983). The epidemiology of affektive disorders: Rates and risk factors. In L. Grinspoon (Ed.), *Psychiatry update*. The American Psychiatric Assosiation Annual Review, vol II (pp. 406-428, 531-533). Washington, DC: American Psychiatric Press.

Westphal, A. (1911). Manie. In O. Binswanger & E. Siemerling (Hrsg.), *Lehrbuch der Psychiatrie* (3. Auflage), (S. 91-102). Jena: Fischer.

IV.

Standards in der syndromalen Diagnostik von Angststörungen

IV

Syndromale Diagnostik der Angststörungen

Raimund Buller

Einleitung

Angst ist Teil des normalen Lebens. Im Übermaß findet sie sich bei vielen körperlichen Erkrankungen und bei fast allen psychischen Störungen. Normalangst kann positive Wirkungen haben, motivieren und Aufmerksamkeit sowie Leistungsfähigkeit verbessern. Zwischen normaler Angst und pathologischer Angst finden sich keine grundsätzlichen qualitativen, wohl aber quantitative Unterschiede. In Extremfällen, in denen die Intensität der Angst bereits zu Beeinträchtigungen führt, besteht Einigkeit, daß Angst Krankheitswert besitzt. Allerdings ist die Definition eines Schwellenwertes für pathologische Angst schwierig. Angst ist universell, sie unterliegt jedoch kulturellen und gesellschaftlichen Einflüssen. Selbst der Begriff der Angst hat in verschiedenen Sprachen und Kulturen einen unterschiedlichen Bedeutungsumfang (Lewis, 1967; Berrios, 1996). Dies hat für Syndromdefinitionen und Erhebungsinstrumente Konsequenzen, insbesondere wenn Diagnosekriterien oder Instrumente übersetzt bzw. transkulturell verwendet werden.

Angststörungen und **Depressionen** sind die häufigsten psychischen Störungen. Die **Unterscheidung und Abgrenzung** voneinander ist schwierig, und zwar sowohl auf der Symptom- und Syndromebene wie auch auf der nosologischen Ebene. Wohl lassen sich bei Angststörungen und Depressionen anhand klinischer Merkmale und mit statistischen Verfahren Unterschiede feststellen, doch gelingt eine eindeutige diagnostische Zuordnung beim einzelnen Patienten nicht immer in befriedigender Weise. Bei vielen Patienten mit Angstbeschwerden entwickeln sich im Verlauf der Erkrankung depressive Syndrome. Gleichermaßen leiden auch viele Patienten mit Depressionen unter deutlichen Ängsten. Ob quantitative oder eher qualitative Unterschiede zwischen den Störungen anzunehmen sind, kann bislang nicht entschieden werden. Weder biologische Untersuchungen noch Familienstudien haben in dieser Hinsicht für Klarheit sorgen können. Eine mögliche Erklärung für die enge Beziehung zwischen Angst und Depression hat Izard (1981) gegeben. Danach sind Furcht und Kummer fundamentale Emotionen, nicht aber Angst und Depression, die beide Kombinationen aus einer Reihe von fundamentalen Emotionen darstellen. Bei der Angst ist Furcht immer die Hauptemotion, daneben finden sich aber weitere fundamentale Emotionen wie Interesse, Erregung, Kummer, Zorn, Scham, Schüchternheit und Schuldgefühle, die jeweils einen variablen Anteil am Gesamtbild haben. Dagegen ist bei der

Depression der Kummer die relevante Fundamentalemotion. Hinzu kommen, ebenfalls mit unterschiedlichem Beitrag, Zorn, Ekel, Geringschätzung, Furcht, Schuldgefühl und Schüchternheit. Obwohl einzelne der Komponenten ausschließlich bei Angst oder Depression auftreten, ist die Mehrzahl der beteiligten Fundamentalemotionen gleicherweise bei beiden anzutreffen. Lediglich der Grad, mit dem sie das Erscheinungsbild der Störung färben, scheint zu variieren. Auf diesem Hintergrund wird verständlich, warum klare Trennungen in der Erfassung von Angst und Depression so schwierig sind. So enthalten viele Depressionsskalen Angstitems ebenso wie in Angstskalen Depressionsitems vorkommen.

Angst tritt in verschiedenen Formen auf und ist von unterschiedlicher Intensität und Dauer. Damit stellt sich die Frage, ob Angst sinnvollerweise als eindimensionales Phänomen konzipiert werden kann. Sims (1995) favorisiert ein **mehrdimensionales Modell der Angst**, das sich aus den drei Komponenten (Dichotomien) "normal versus pathologisch", "psychologisch versus somatisch", und "trait versus state" ergibt. Normale Angst unterscheidet sich von pathologischer zunächst dadurch, daß sie begründet und der Situation angemessen ist, während pathologische Angst entweder grundlos oder in unangemessener Intensität auftritt. Bei Angst finden sich zudem subjektiv affektive und kognitive sowie somatische (körperperzeptive) Komponenten. Die **affektive Komponente** umfaßt solche Symptome wie frei-flottierende, grundlose Angst, Panik, ängstliche Erwartung. Zeichen der Anspannung, Erregung und Unruhe, wie Schreckhaftigkeit und Schlafstörungen können ebenfalls vorkommen. Beispiele für mit Angst verbundene **Kognitionen** sind Gedanken an mögliche widrige Ereignisse und ernsthafte körperliche Funktionsstörungen (Ohnmacht, Herzinfarkt), an katastrophales Versagen in sozialen Situationen (Blamage, Kontrollverlust) oder multiple unberechtigte Sorgen (um andere, die Gesundheit, die Zukunft). An somatischen Beschwerden finden sich kardiovaskuläre Symptome (Herzklopfen, Herzstolpern, Tachykardie), respiratorische Symptome (Hyperventilation, Luftnot, Engegefühl, Schwierigkeiten beim Durchatmen), gastro-intestinale Symptome (Übelkeit, Unwohlsein im Magen, Diarrhoe), vegetative Symptome (Schwitzen, Zittern, Harndrang, Blässe oder Erröten). Veränderungen im **Verhalten** können sich als Rastlosigkeit, Händeringen und im Sinne eines Vermeidungsverhaltens äußern. Zusätzliche Phänomene sind Reizbarkeit, Konzentrationsschwierigkeiten, Vergeßlichkeit, Derealisation und Depersonalisation. Auch psychopathologisch werden bei der Angst subjektive Aspekte (z.B. Emotionen, Kognitionen), Auswirkungen auf das Verhalten und mit Angst einhergehende physiologischen Veränderungen unterschieden.

Die **Intensität und Dauer von Angst** kann erheblich wechseln. So bauen sich Panikattacken innerhalb sehr kurzer Zeiträume auf (Sekunden bis Minuten) und sind meist von flüchtiger Dauer. Obwohl der Betroffene insgesamt nur einen Bruchteil des Tages an den Beschwerden leidet, hat die Störung nachhaltige Auswirkungen auf sein ganzes Leben. Hingegen finden sich bei der Generalisierten Angststörung anhaltende Sorge und Anspannung, die oft nur wenig variieren. Die Bedeutung der zeitlichen Dimension spiegelt sich auch in der von Spielberger et al. (1970) vorgeschlagenen Unterscheidung von Zustandsangst ("state anxiety") und anhaltender Ängstlichkeit ("trait anxiety") wider. Zustandsangst kann starke Fluktuationen aufweisen, während Ängstlichkeit meist stabil und überdauernd ist und daher als Persönlichkeitszug ("trait") angesehen werden kann.

Die gegenwärtige Klassifikation der Angsterkrankungen

Angst findet sich bei den meisten psychischen Störungen. Eine mögliche Ausnahme stellt die dissoziale Persönlichkeitsstörung dar, bei der die Betroffenen eher durch ein Fehlen von Angst charakterisiert sind. Bei einigen Störungen ist Angst das vorherrschende (Leit-) Symptom, so daß diese als Angstsyndrome oder Angststörungen bezeichnet werden. Der Bedarf für eine feinere Unterteilung der Angststörungen war gering, solange nur Substanzen (wie beispielsweise die Benzodiazepine) oder Therapien (z.B. Gesprächstherapie, Entspannungsverfahren) zur Verfügung standen, die bei allen Formen von Angst gleichermaßen eingesetzt werden konnten und dabei ähnlich wirksam zu sein schienen. Für die symptomatische Behandlung mit einem Anxiolytikum vom Typ der klassischen Benzodiazepine (z.B. Diazepam) ist es unbedeutend, ob die Angst eine organische Ursache (z.B. Angst bei Herzinfarkt) hat, oder ob sie bei einer Schizophrenie, einem Entzugssyndrom, einer Depression oder im Rahmen eines Angsydroms (z.B. in einer akuten Panikattacke) auftritt. Das vermehrte Interesse an einer **weitergehenden nosologischen Differenzierung** entstand erst mit therapeutischen Fortschritten und ergab sich, als bei einzelnen Angstsyndromen (z.B. Panikstörung, Phobien) die Wirksamkeit von Substanzen wie Monoaminoxidase-Hemmern oder trizyklischen Antidepressiva nachgewiesen wurde, die keine akut anxiolytische Wirksamkeit besitzen. Mit der Entwicklung von speziell zugeschnittenen verhaltenstherapeutischen Verfahren insbesondere für die Behandlung von Phobien wuchs auch in der klinischen Psychologie der Bedarf für eine weitergehende Aufgliederung der Phobischen Neurose in spezielle Untereinheiten. In den nun zahlreicher durchgeführten Studien an Angstpatienten wurde eine reliable Diagnosestellung daher ebenso wichtig, wie zuvor schon bei Untersuchungen zur Depression und Schizophrenie.

Innerhalb der Psychiatrie ist die Angstforschung noch eine recht junge Disziplin, die sich aber in vielen Bereichen auf Vorarbeiten und Grundlagen aus der Psychologie stützen kann. In der psychiatrischen Klassifikation der Angstsyndrome hat sich erst in den letzten beiden Jahrzehnten ein fundamentaler Wandel vollzogen, der sich sowohl in der **ICD-10** der Weltgesundheitsorganisation (WHO) (Dilling et al., 1994) wie auch im Diagnostic and Statistical Manual der amerikanischen Psychiatriegesellschaft (**DSM-IV**) (American Psychiatric Association, 1994) widerspiegelt. Beide Klassifikationssysteme orientieren sich bei der Definition von Diagnosen überwiegend an Forderungen nach ausreichender Reliabilität und werden nun eher dafür kritisiert, daß die Validität der diagnostischen Kategorien vernachlässigt worden sei. Für die **reliable Diagnose von Angststörungen** steht mittlerweile ein ganzes Arsenal an Hilfsmitteln von der Checkliste bis zum strukturierten oder standardisierten Interview zur Verfügung. Diese Instrumente dienen im wesentlichen der Bestätigung einer diagnostischen Hypothese und können daneben auch bei der systematischen Erfassung von komorbiden Störungen dienlich sein. Bei Verwendung von strukturierten und standardisierten Interviews wurde bei beiden Klassifikationssystemen eine ausreichende Reliabilität für die wichtigsten Angstdiagnosen gezeigt.

Im DSM-IV werden **spezifische Angstsyndrome als diagnostische Entitäten** voneinander abgegrenzt und zusammen unter dem Begriff der Angststörungen gruppiert. So wurde die Angstneurose im Sinne Freuds in die Generalisierte Angststörung und die Panikstörung aufgeteilt. Für die zuvor noch nicht weiter unterteilte phobische Neurose finden sich derzeit drei Kategorien (Spezifische Phobie, Agoraphobie, Soziale Phobie). Auch die Zwangsstörung wird in der DSM-Klassifikation zu den Angsterkrankungen gerechnet, wenngleich diese Zuordnung nicht unumstritten zu sein scheint. Als jüngste eigenständige Kategorie findet sich ferner die Posttraumatische Belastungsstörung. Die Definitionen für die einzelnen Angststörungen sind in beiden Systemen in weiten Zügen kongruent. Dies ist insbesondere für die Forschungspraxis und für internationale multizentrische Studien hilfreich, da keine aufwendige Polydiagnostik mit entsprechend komplexen Manualen und Interviews unter Berücksichtigung unterschiedlicher Systeme erforderlich wird. Wer beispielsweise die Kriterien für eine Soziale Phobie oder eine Zwangsstörung nach DSM-IV erfüllt, wird in der Regel auch die Kriterien nach ICD-10 erfüllen. Dennoch bestehen auch **Unterschiede zwischen den Systemen**. Die ICD-10 Klassifikation beschreitet eigene Wege bei der Einteilung und der Zuordnung der Angststörungen zu bestimmten übergeordneten Gruppen und verzichtet gänzlich auf eine Oberkategorie "Angststörungen". Vielmehr werden in einer schon dem Titel nach eher heterogenen Gruppe F4 ("Neurotische, Belastungs- und somatoforme Störungen") separate Untergruppen gebildet für "phobische Störungen" (z.B. Agoraphobie, soziale Phobien, spezifische (isolierte) Phobien), "andere Angststörungen" (z.B. Panikstörung, generalisierte Angststörung, Angst und depressive Störung gemischt), "Zwangsstörung", "Reaktion auf schwere Belastung und Anpassungsstörungen" (z.B. Posttraumatische Belastungsstörung). Demnach stellen Angststörungen nur eine Teilmenge der Gruppe F4, in die ansonsten noch die "dissoziativen Störungen", die "somatoformen Störungen" und die "sonstigen neurotischen Störungen" fallen. Bei der Erläuterung des Einteilungsprinzips für die Gruppe F4 wird allerdings betont, daß nicht das Neurosenkonzept zugrunde gelegen habe, sondern historische Beziehungen der Störungen zueinander sowie die Assoziation mit psychischem Streß, die bei vielen der hier versammelten Störungen bestehe. In beiden Systemen wird zur

Diagnose einer Störung ein Mindestschweregrad der Symptomatik gefordert, doch sind die Kriterien hierfür allgemein gehalten ("deutliche emotionale Belastung"), so daß sie einen erheblichen Interpretationsspielraum zulassen. Sowohl im DSM-IV wie auch in der ICD-10 ist das Konzept der Komorbidität eingeführt, das es ermöglicht, bei demselben Patienten mehrere Störungen gemeinsam oder auch zu verschiedenen Zeitpunkten im Längsschnitt zu diagnostizieren. Da bei Patienten mit Angststörungen **Komorbidität** eher die Regel als die Ausnahme zu sein scheint, wird das klinische Bild bei gleichzeitigem Vorhandensein mehrerer Angststörungen oder durch das Hinzutreten von Depressionen und Suchterkrankungen erheblich kompliziert.

Syndromale und nosologische Diagnosestellung von Angststörungen

Um eine Diagnose zu stellen, muß eine Mindestzahl von relevanten Symptomen vorhanden sein. Dabei können jedoch unterschiedliche Symptomkombinationen gleichermaßen die Kriterien erfüllen. Für die nosologische Diagnostik ist in erster Linie das Vorhandensein einer kritischen Zahl von Symptomen entscheidend, aber welche dies aus einer Gruppe gleichrangiger tatsächlich sind, wird oft nicht erfaßt. Unberücksichtigt bleiben meist auch Variationen im Schweregrad eines Symptoms oder unterschwellig vorhandene Symptome, die sich zusätzlich zu den für die Diagnose erforderlichen finden. Hier setzt die syndromatologische Diagnostik an, die beispielsweise für Therapieentscheidungen, Fragen der Indikationsstellung, Veränderungsmessungen unter Behandlung, Untersuchungen zum Verlauf und zum Schweregrad oder für die Definition von Schwellenwerten für pathologische Angst wichtige Informationen liefert.

Die hierbei verwendeten Verfahren beruhen meist auf **Selbst- oder Fremdbeurteilungen** anhand von kürzeren oder längeren Skalen mit unterschiedlicher Anzahl und Auswahl von Items. Bisweilen werden auch Analogskalen verwendet, die die Schwere einzelner Aspekte oder ein übergeordnetes Konstrukt erfassen. Eine syndromale Diagnostik der Angst muß auf die klassifikatorischen Neuerungen eingehen und die ohnehin schon gegebene Komplexität des Konstruktes "Angst" angemessen berücksichtigen. Gefordert ist eine reliable und valide Quantifizierung von Angst als Voraussetzung für die wissenschaftliche Erfassung von Veränderungen des Verlaufes und des Ansprechens auf therapeutische Interventionen. Eine Auswahl der wichtigsten Instrumente für die syndromale Diagnostik der Angststörungen wird nachfolgend für die jeweiligen Syndrome vorgestellt.

Syndromale Diagnostik der Generalisierten Angststörung

Patienten mit einer Generalisierten Angststörung leiden an einer anhaltenden, aber wechselhaften Symptomatik mit Anspannung, Sorge, Nervosität, Unruhe und ängstlicher Erwartung. Die Angst ist frei flottierend und wird nicht durch spezielle Umstände des Lebens verursacht. Neben psychischen Angstsymptomen (Todesangst, Angst vor Kontrollverlust, Derealisationsphänomene) finden sich vielseitige Beschwerden, die unter anderem das autonome Nervensystem (z.B. Schwitzen, Zittern, Herzklopfen) und Thorax oder Abdomen betreffen (z.B. Atembeschwerden, Übelkeit), sowie allgemeine (Muskelverspannungen, körperliche Unruhe) bzw. unspezifische Symptome (Reizbarkeit, Konzentrations- und Schlafstörungen). Die Diagnose setzt den Ausschluß anderer Störungen voraus, die mit ähnlichen Beschwerden einhergehen können, beispielsweise Phobien, Panikstörung, Zwangserkrankungen oder körperliche Erkrankungen und Entzugssyndrome. Die Generalisierte Angststörung verläuft vielfach chronisch. Um die Diagnose zu vergeben, muß die Symptomatik für mindestens 6 Monate bestehen. Die Erkrankung ist dennoch nicht als Persönlichkeitsstörung konzipiert.

Selbstbeurteilungsskalen

Selbstbeurteilungsskalen haben unter anderem den Vorteil, daß sie jederzeit, auch außerhalb von Behandlungseinrichtungen eingesetzt werden können und damit theoretisch ein besseres zeitliches Auflösungsvermögen für die Erfassung von Veränderung besitzen als Fremdratings durch Experten. Allerdings ist die Variabilität von Selbstratings oft höher als die von Fremdratings, so daß größere Fallzahlen für die Kontrolle eines Fehlers zweiter Art erforderlich werden können.

Tabelle 1   Selbstbeurteilungsinstrumente

Verfahren	Abkürzung	Kennzeichen	Anwendung
State-Trait Anxiety Inventory	STAI	20 Items für Zustandsangst, 20 Items für Ängstlichkeit (Gesamtwert)	GAD, ANX
Taylor Manifest Anxiety Scale	TMAS	50 Items	GAD, ANX
Self-rating Anxiety Scale	SAS	20 Items	GAD, ANX
Beck Angstinventar	BAI	21 Items	GAD, ANX

Tabelle 1 (Fortsetzung)   Selbstbeurteilungsinstrumente

Verfahren	Abkürzung	Kennzeichen	Anwendung
Sheehan Patient Rated Anxiety Scale	SPRAS	35 Items	GAD, PD, AG
Symptom Checkliste	SCL-90-R	Ängstlichkeit 10 Items, Zwanghaftigkeit 10 Items	GAD, ANX OCD (?)
Fear Questionnaire	FQ	5 Items Agoraphobie, 5 Items Soziale Phobie	AG SP
Mobilitätsinventar	MI	28 Items	AG
Panik- und Agoraphobie-Skala, Selbstrating		13 Items	PD, AG
Fear Survey Schedule	FSS-III	17 Items für soziale Stimuli	SP (?)
Fear of Negative Evaluation	FNE	30 Items	SP
Social Avoidance and Distress Scale	SAD	28 Items	SP
Social Phobia and Anxiety Inventory	SPAI	32 Items für Soziale Phobie	SP
Social Interaction Anxiety Scale	SIAS	20 Items	SP
Social Phobia Scale	SPS	20 Items	SP
Leyton Obsessional Inventory	LOI	69 Items	OCD
Maudsley Obsessive-Compulsive Inventory	MOCI	30 Items, Subscores (Modifikation M-MOCI mit 20 Items)	OCD
Hamburger Zwangsinventar	HZI	188 Items (Kurzform 72 Items)	OCD
Peritraumatic Dissociation Experiences Questionnaire		8 Items	PTSD
Mississippi Scale for Combat-related Post-traumatic Stress Disorder / Civilian Version		35 Items, 4 Subscores	PTSD
Impact of Event Scale	IES	15 Items, 2 Subscores	PTSD

Generalisierte Angststörung (GAD), Panikstörung (PD), Agoraphobie (AG), Soziale Phobie (SP), Zwangsstörung (OCD), Posttraumatische Belastungsstörung (PTSD), syndromübergreifend bei Angst (ANX)

Eine Reihe von Selbstbeurteilungsskalen bzw. Subskalen einiger Instrumente wurden zunächst für die syndromübergreifende Erfassung von Angstsymptomen unabhängigkeit von deren nosologischer Zuordnung und für den Einsatz auch in nicht-klinischen Kollektiven entwickelt (vgl. Tabelle 1). Sie werden aber auch bei der Generalisierten Angststörung eingesetzt. Wie Keedwell und Snaith (1996) betonen, haben bei diesen Skalen die Teilaspekte der Angstsymptomatik (z.B. somatische oder psychische Aspekte) durchaus unterschiedliches Gewicht. Dennoch finden sich hohe Korrelationen zwischen unterschiedlichen Angstskalen insbesondere bei Untersuchungen an klinischen Kollektiven. Offenbar hängt der Schweregrad von Angst nicht nur von der Art, sondern auch von der Anzahl der vorhandenen Angstsymptome ab. Obwohl zunächst für die Erfassung von Angst bei Normalpersonen entwickelt, wird das **State-Trait Anxiety Inventory** von Spielberger et al. (1970) (deutsche Version und Angabe zur Güte der Skala in: CIPS Collegium Internationale Psychiatriae Scalarum, 1996, Internationale Skalen für Psychiatrie) häufig auch bei Patienten mit Generalisierter Angststörung eingesetzt. Das Instrument ist zur Messung der Intensität von "Zustandsangst" (state anxiety) und "Ängstlichkeit" (trait anxiety) bei normalen Erwachsenen vorgesehen, kann aber auch bei medizinischen und psychiatrischen Patienten eingesetzt werden. Die Skala vermeidet Begriffe wie Angst oder Furcht und enthält eine Reihe von uncharakteristischen Items wie "Ich bin glücklich", "Ich fühle mich geborgen". Die Test-Retest-Reliabilität ist geringer für die State-Skala als für die Trait-Skala. Die State-Skala ist zur Meßwiederholung in kurzen Abständen geeignet und kann sowohl pharmakologische wie auch psychologische Behandlungseffekte abbilden (Durham & Allan, 1993). Chronische Angst im Rahmen einer Generalisierten Angststörung kann zu hohen Scores für "Ängstlichkeit" (trait) führen, sollte aber nicht als Beweis für das Vorliegen einer Persönlichkeitsstörung gewertet werden. Hohe Korrelationen zwischen den beiden Subskalen können sich in klinischen Kollektiven finden. Eine signifikante Korrelation wird auch mit anderen Angstskalen, beispielsweise mit der **Taylor Manifest Anxiety Scale (TMAS)** (Taylor, 1953) berichtet. Die TMAS wurde aus Items des Minnesota Multphasic Personality Inventory (MMPI) zur Schweregraderfassung von Angst entwickelt. Die Skala enthält 50 Items, von denen 37 positiv und 13 negative gewertet werden. Diese Anordnung soll den Zweck der Erhebung verschleiern, um Verfälschungen des Ergebnisses zu erschweren. Die Ratings sind über mehrere Wochen hin stabil, was damit zusammenhängen könnte, daß die Skala aus einem Persönlichkeitsinventar abgeleitet wurde. Allerdings berichten Kellner et al. (1968), daß die TMAS nur begrenzt für die Messung von Behandlungseffekten geeignet sein dürfte, da sie - anders als andere Angstskalen - in einer Therapiestudie zwischen Placebo und aktiver Medikation nicht unterscheiden konnte. Ein in pharmakotherapeutischen Studien häufig eingesetztes Instrument mit hinreichender Reliabilität und Validität ist die **Self-rating Anxiety Scale (SAS)** von Zung (1976). Die deutsche Version ist in den Internationalen Skalen für Psychiatrie (CIPS Collegium Internationale Psychiatriae Scalarum, 1996) enthalten. Die Skala umfaßt 20 Items, die vor allem somatische Angstbeschwerden erfassen. Auch das Beck Angstinventar (BAI) (deutsche Version: Margraf et al., 1994) enthält vorwiegend somatische Angstsymptome. Die Skala wird zur Messung von Behandlungseffekten und zu Screeningzwecken eingesetzt. Ein Score von mehr als 11 kann als Fallkriterium und Hinweis auf das Vorhandensein einer klinisch relevanten Angststörung gewertet werden. Über die von Sheehan entwickelte **Patient Rated Anxiety Scale (SPRAS)** berichten Albus et al. (1990). Die Skala wurde zunächst in großen Kollektiven von Patienten mit Panikstörung eingesetzt. Es zeigte sich aber auch, daß ein Score über 40 Hinweise auf das Vorhandensein einer Angststörung in einer Stichprobe aus einer medizinischen Einrichtung gab und Angstpatienten mit unterschiedlichen Syndromen zuverlässig identifizieren half (Kick et al., 1994). Die Skala enthält 35 Items und scheint geeignet für Untersuchungen an Patienten mit unterschiedlichen Angstsyndromen, da sie eine Reihe psychischer und somatischer Symptome von Angst, Anspannung, Phobien, Zwangsphänomenen und Panikattacken erfaßt, einschließlich aller Symptome, die für die Definition von Panikattacken herangezogen werden. Die Reliabilität der Skala bei der Generalisierten Angststörung ist unklar. Von Lader und Wing (1966) wurden einige Analogskalen für die Beurteilung der Schwere von Angstsymptomen entworfen. Obwohl sehr einfach im Aufbau, waren die Skalen imstande, Therapieeffekte zu erfassen.

Abschließend ist die **Symptom Checkliste (SCL-90-R)** (Derogatis et al., 1976; Franke, 1995) zu erwähnen, die auch einen Faktor "Ängstlichkeit" mit 10 Items enthält, die sich überwiegend auf psychische und weniger auf somatische Angstsymptome beziehen. Die Skala zählt zu den populärsten Selbstratinginstrumenten überhaupt und wurde in vielen klinischen Studien zur Erfassung von unterschiedlichen pharmakologischen Effekten verwendet. Auch sie besitzt ausreichende Reliabilität und Validität. Die deutsche Version und Angaben zur Güte der Skala sind enthalten in: "CIPS Collegium Internationale Psychiatriae Scalarum (1996), Internationale Skalen für Psychiatrie". Daneben existiert eine Vielzahl weiterer Instrumente, die bisweilen nur lokale Bedeutung haben oder für sehr spezielle Fragestellungen entwickelt wurden. Für diese Instrumente existieren oft keine Daten zur Validität oder Reliabilität, so daß sie auch aus diesem Grunde hier nicht aufgeführt werden.

Fremdbeurteilungsskalen

Die Erfassung des Schweregrades von Angst und insbesondere die Messung von Behandlungseffekten stützt sich neben Selbstbeurteilungen auch auf Fremdbeurteilungen, deren Vorteile vor allem darin bestehen, daß sie universell eingesetzt werden können. Die Ergebnisse beider Verfahren stimmen in der Regel überein, insbesondere wenn die Kollektive sehr groß sind. Die deutlichsten Unterschiede in den Ergebnissen finden sich bei Globalskalen, da hier Fremdratings höhere Sensitivität besitzen (Kellner et al., 1968; Uhlenhuth et al., 1982).

Tabelle 2 Fremdbeurteilungsinstrumente

Verfahren	Abkürzung	Kennzeichen	Anwendung
Hamilton Angst Skala	HAMA	14 Items, 2 Subscores (psychische und somatische Angst)	GAD
Clinical Anxiety Scale	CAS	6 Items	GAD
Anxiety Status Inventory	ASI	20 Items	GAD, ANX
Covi Anxiety Scale	COAS	3 Items	GAD, ANX
Sheehan Clinician Rated Anxiety Scale	SCRAS	35 Items	GAD, PD, AG
Comprehensive Psychopathological Rating Scale (Anxiety Index, Anxiety Score)		7 Items bzw. 10 Items	ANX
Panik- und Agoraphobieskala, Fremdrating		13 Items	PD, AG
Sheehan Panic and Anticipatory Anxiety Scale	SPAAS	18 Items	PD, AG
Liebowitz Social Phobia Symptom Scale	LSPS	24 Items, 2 Subscores (Furcht und Vermeidung)	SP
Brief Social Phobia Scale	BSPS	11 Items, 3 Subscores (Furcht, Vermeidung, physiologische Symptome)	SP
Social Phobic Disorder Severity and Change Scale		je 5 Items für Schwere und für Veränderung	SP
Yale-Brown Obsessive Compulsive Scale	Y-BOCS	10 Items, 9 Zusatzitems z.B. für Forschungsfragen, Schweregrad	OCD
NIMH Global Scale, Obsessive Compulsive Subscale	NIMH-OCS	1 Item	OCD
Comprehensive Psychopathological Rating Scale Obsessive Compulsive Subscale	CPRS-OC	8 Items	OCD

Generalisierte Angststörung (GAD), Panikstörung (PD), Agoraphobie (AG), Soziale Phobie (SP), Zwangsstörung (OCD), Posttraumatische Belastungsstörung (PTSD), syndromübergreifend bei Angst (ANX)

Die wichtigste und am häufigsten eingesetzte Fremdbeurteilungsskala (vgl. Tabelle 2) für Patienten mit Generalisierter Angststörung ist die **Hamilton Angst Skala (HAMA)**, deren Anwendung nur dann vorgesehen ist, wenn bereits Angstzustände diagnostiziert wurden (Hamilton, 1976). Die Skala hat zwei Faktoren, nämlich für psychische und für somatische Angst. Eine deutsche Version ist in den Internationalen Skalen für Psychiatrie (CIPS Collegium Internationale Psychiatriae Scalarum, 1996) enthalten. Das Instrument kann nicht nur pharmakologische Wirkungen erfassen, sondern auch Effekte von psychologischen Behandlungen (Durham & Allan, 1993). Es ist jedoch nicht zum Einsatz bei Patienten gedacht, deren Angst mit anderen klinischen Störungen wie Zwang, Hysterie, Schizophrenie oder Depression zusammenhängt. Allerdings haben sich viele Untersucher über diese Einschränkung hinweggesetzt und die Skala z.B. auch bei Depressionen verwendet (Gjerris et al., 1983). Trotz der häufigen Anwendung existieren nur wenige Arbeiten zur Reliabilität und Validität der Skala. So fand sich in der Untersuchung von Maier et al. (1988) zwar eine ausreichende Reliabilität und Validität für die Gesamtskala und die Subscores, als problematisch wurde aber angesehen, daß die Skala anxiolytische und antidepressive Behandlungseffekte nicht trennen konnte und daß Nebenwirkungen von Medikamenten einen Einfluß auf den Subscore für somatische Angst zeigten. Bislang sind keine klaren Normwerte oder "cut-offs" für einen klinisch relevanten Schweregrad von Angst etabliert, doch wird in manchen Behandlungsstudien ein Minimalscore z.B. von 18 als Bedingung für die Aufnahme in die Untersuchung gefordert. Eine Weiterentwicklung mit Definitionen für die jeweiligen Itemabstufungen stammt von Bech et al. (1986).

Eine Modifikation der HAMA wurde von Snaith et al. (1982) vorgenommen und als **Clinical Anxiety Scale (CAS)** publiziert. Die Skala enthält nur 6 Items, darunter solche für "psychische Anspannung", "Fähigkeit sich zu entspannen", "Unruhe" sowie ein Zusatzitem für Panikattacken, dessen Score aber nicht zu den übrigen addiert wird. Vorteilhaft an der Skala ist, daß die Zahl der somatischen Items gegenüber der HAMA reduziert wurde und daß die einzelnen Itemstufen durch Beispiele definiert sind ("Der Patient stimmt zu, daß er sich etwas mehr Sorgen über geringfügige Angelegenheiten macht als nötig, leidet aber nicht sehr daran"). Basierend auf dem vollständigen Itemsatz der HAMA haben Bech et al. (1986) eine Abwandlung speziell für Patienten mit Generalisierter Angst entwickelt. Ein Score zwischen 6 und 14 entspricht geringer Angst, ein Score über 15 bedeutet starke Angst.

Von Zung (1976) stammt als Ergänzung zu seiner Selbstbeurteilungskala (SAS) eine Fremdbeurteilungsskala, das **Anxiety Status Inventory (ASI)**. Die Skala umfaßt 20 Items, die sich in der Mehrzahl auf somatische Angstsymptome beziehen und kann bei Patienten mit "neurotischen und psychosomatischen Störungen" eingesetzt werden. Eine deutsche Version des ASI findet sich in den Internationalen Skalen für Psychiatrie (CIPS Collegium Internationale Psychiatriae Scalarum, 1996). Angaben zu Reliabilität und Validität der Skala sind spärlich. Es finden sich lediglich Angaben über Korrelationen der SAS mit dem ASI und mit der Taylor Manifest Anxiety Scale.

Die Covi Anxiety Scale (COAS) (Lipman, 1982) ist eine aus nur drei Items bestehende Angstskala, mit der die Angaben des Patienten über seine Angst, das Verhalten und die körperlichen Symptome der Angst jeweils mit einem Score von 1 bis 5 bewertet werden. Das Maximum der Skala ist demnach 15, für den Einschluß in Therapiestudien bei der Generalisierten Angststörung wird beispielsweise ein Mindestscore von 8 oder höher gefordert, was als Hinweis auf einen klinisch relevanten Schweregrad angesehen wird.

Von Sheehan (1983) wurde auch eine Fremdratingskala verfaßt, die **Sheehan Clinician Rated Anxiety Scale (SCRAS)**, deren Itemsatz identisch mit der bereits erwähnten Sheehan Patient Rated Anxiety Scale (SPRAS) ist (Albus et al., 1990). Auch diese Skala wurde in der Vergangenheit überwiegend in Kollektiven mit Panikstörung verwendet. Die Information zu Reliabilität und Validität der Skala ist ungenügend. Insbesondere liegen noch keine gesicherten Erkenntnisse über ihre Eignung für den Einsatz bei Patienten mit Generalisierter Angststörung vor. Bei gemeinsamer Verwendung beider Skalen (SPRAS und SCRAS) lassen sich ebenso wie mit den beiden Skalen von Zung (SAS und ASI) Unterschiede zwischen Selbst- und Fremdbeurteilung untersuchen.

Sowohl Tyrer et al. (1984) wie auch Martinsen et al. (1989) haben aus Items der **Comprehensive Psychopathological Rating Scale** Angstskalen mit 10 bzw. 7 Items extrahiert. Über die Güte dieser Instrumente liegen keine ausreichenden Befunde vor.

Die **Brief Psychiatric Rating Scale (BPRS)** enthält zwar ebenfalls eine Dimension "Angst / Depression" mit den Items "Körperbezogenheit", "Angst", "Schuldgefühle" und "Depressive Stimmung", ist aber für den Einsatz bei Patienten mit Schizophrenie gedacht und erscheint wenig geeignet, die Intensität von Angst bei Patientengruppen mit Angststörungen oder in nichtpsychiatrischen Kollektiven zu erfassen.

Alle hier genannten Instrumente werden überwiegend in klinischen Studien angewendet. Sie haben sich aber in der Praxis des Fach- oder Allgemeinarztes nicht für die Objektivierung von Schweregrad und für die Therapieplanung und Erfassung des Verlaufes unter Behandlung durchsetzen können.

Syndromale Diagnostik von Panikattacken, Panikstörung und Agoraphobie

Panikattacken finden sich bei einer Reihe von Angststörungen und sind nach heutiger Auffassung unspezifisch. Für die Diagnose einer Panikstörung (mit und ohne Agoraphobie) nach DSM-IV sind spontane Panikattacken erforderlich. Die Attacken erreichen meist rasch das Maximum ihrer Intensität und sind von kurzer Dauer. Während dieser Attacken finden sich unter anderem Symptome, die das Herz-Kreislauf System (Herzklopfen, Tachykardie), die Atmung (Beklemmungsgefühl, Luftnot) und das vegetative Nervensystem (Zittern, Schwitzen) betreffen. Psychische Symptome sind Todesangst, Angst vor Kontrollverlust, Derealisations- oder Depersonalisationserlebnisse. Situative Attacken treten bei phobischen Störungen auf, wenn der Betroffene sich in die phobische Situation begibt. Panikattacken werden auch in der ICD-10 aufgeführt, dort aber als Ausdruck des Schweregrades einer Phobie gewertet, wenn sie in einer eindeutig phobischen Situation auftreten. Eine Panikstörung wird nach ICD-10 in Abwesenheit von Phobien diagnostiziert. Die Beziehung zwischen Panikattacken und Agoraphobie wird seit langer Zeit kontrovers diskutiert. In klinischen Kollektiven sind isolierte Panikstörungen in der Minderzahl, während die Mehrzahl der Patienten mit Panikstörung zusätzlich ein agoraphobes Vermeidungsverhalten zeigten. In dieser Übersicht werden deshalb beide Syndrome (Panikstörung und Agoraphobie) gemeinsam besprochen, da sie meist vergesellschaftet sind. Wichtigste Aspekte dieser Störungen, die es bei der syndromatologischen Diagnostik mitzuerfassen gilt, sind Panikattacken (spontan oder situativ), Erwartungsangst und Vermeidungsverhalten und womöglich Somatisierung sowie Demoralisierung oder Depressivität. Mittlerweile unterstützen Empfehlungen von Konsensuskonferenzen (Shear & Maser, 1994) und Arbeitskreisen (Bandelow & Margraf, 1994) die Bemühungen um eine Standardisierung der Erhebungsinstrumente zur besseren Vergleichbarkeit von Studienergebnissen.

Selbstbeurteilungsskalen

Das **Fear Questionnaire (FQ)** von Marks und Mathews (1979), ein Selbstbeurteilungsinstrument zur Erfassung von Veränderungen bei phobischen Patienten, enthält 5 Items für Agoraphobie (z.B. "alleine mit Bus oder Zug fahren", "alleine in belebten Straßen herumlaufen", "in überfüllte Geschäfte gehen", sich alleine weit von zu Hause entfernen" und "weite, offene Plätze"). Die Vermeidung dieser Situationen wird bewertet (0 = "würde ich nicht vermeiden" bis 8 = "vermeide ich immer"). Die Reliabilität und Sensitivität erscheint zufriedenstellend.

Eine ganzer Satz von Skalen, die sich schon an der neuen DSM-Klassifikation für Angststörungen ausrichten, wurde von Sheehan entwickelt (1983). Dazu zählen auch die bereits erwähnte **Sheehan Patient Rated Anxiety Scale (SPRAS)**, die zur Beurteilung von Panikattacken, Panikstörung und agoraphobem Vermeidungsverhalten eingesetzt wurde und die **Phobia Scale**, die sich vom FQ herleitet, aber eine getrennte Beurteilung von Furcht (0 = "überhaupt nicht" bis 10 = "extrem") und Vermeidung (0 = "nie" bis 4 = "immer") zuläßt. Gerade für die letzte Skala liegen noch keine Untersuchungen zur Güte vor. Allerdings wurde das Instrument bereits in mehreren Behandlungsstudien und bei zahlreichen Patienten eingesetzt.

Mit dem **Marburger Angsttagebuch** (Margraf & Schneider, 1990), das sofort nach jedem Angstanfall und retrospektiv am Ende des jeweiligen Tages auszufüllen ist, lassen sich detailliert und reliabel Dauer, Intensität, Symptome, erste Anzeichen von Panikattacken und Situationen ihres Auftretens sowie durchschnittliche Angst während des Tages und die Schlafdauer erfassen.

Eine ausführliche Darstellung des Vermeidungsverhaltens gestattet das **Mobilitätsinventar (MI)** (Ehlers et al., 1993), das 28 für Agoraphobie typische Items umfaßt. Auch für dieses Instrument findet sich eine ausreichende Zuverlässigkeit der Beurteilung.

Eine **Panik- und Agoraphobie-Skala (P&A)** mit 13 Items hat Bandelow (1997) entwickelt. Darin werden Panikattacken hinsichtlich Häufigkeit, Schweregrad, Dauer und Auslösung beurteilt. Zudem werden Vermeidungsverhalten, Erwartungsangst, Funktionseinschränkungen und Sorgen um die Gesundheit erfaßt. Aus den Einzelbeurteilungen (0 bis 4) wird ein Gesamtscore für den Schweregrad der Beschwerden gebildet.

Fremdbeurteilungsskalen

Zwischen Selbst- und Fremdratings ist die **Sheehan Panic and Anticipatory Anxiety Scale (SPAAS)** von Sheehan (1983) anzusiedeln. Sie wird nach Tagebuchaufzeichnungen des Patienten oder mittels strukturiertem Interview durch einen Kliniker ausgefüllt und erfaßt Zahl, Dauer und Intensität von vollen Panikattacken oder von Attacken mit begrenzter Symptomatik (jeweils spontan oder situativ ausgelöst) sowie die Intensität und Häufigkeit von Erwartungsangst. Psychometrische Untersuchungen der Skala stehen noch aus, doch wurde sie in mehrere Sprachen übersetzt und in großen Therapiestudien verwendet. Ebenfalls bei Panikstörung und Agoraphobie anwendbar ist die bereits im Zusammenhang mit der Generalisierten Angststörung erwähnte **Sheehan Clinician Rated Anxiety Scale (SCRAS)**, die neben solchen Items wie Erwartungsangst, Vermeidungsverhalten, Sorgen um die Gesundheit, plötzlich auftretende Depressivität und Stimmungsschwankungen auch alle Symptome enthält, die in der DSM-Klassifikation von Panikattacken aufgeführt sind.

Die Fremdratingversion der **Panik- und Agoraphobieskala** von Bandelow (1997) erfaßt mit 13 Items den Schweregrad der Störung. Sie folgt dem Konstruktionsprinzip der analog entwickelten Selbstbeurteilungsskala. Bislang durchgeführte Untersuchungen lassen eine ausreichende psychometrische Güte erwarten.

Da die **Hamilton Angst Skala (HAMA)** vor der Aufteilung der Angststörungen entworfen wurde, ist sie für eine spezifische Erfassung der Panikstörungen in ihrer ursprünglichen Form ungeeignet. Die HAMA enthält viele Symptome, die während einer Panikattacke auftreten, aber auch Bestandteil von Erwartungsangst oder phobischer Furcht sein können. Daher wurde von Bech und Mitarbeitern eine modifizierte Skala für die Beurteilung der Schwere einer durchschnittlichen Panikattacke vorgeschlagen (Bech et al., 1986). Die Skala wird getrennt einmal für Panikattacken und sodann für die übrige Angstsymptomatik angewendet.

Syndromale Diagnostik der Sozialen Phobie

Patienten mit einer Sozialen Phobie leiden an der Furcht, im Zentrum der Aufmerksamkeit zu stehen oder sich peinlich oder erniedrigend zu verhalten. Die Ängste treten in sozialen Situationen bei der Interaktion mit anderen Menschen oder bei der Verrichtung von Tätigkeiten vor anderen auf. Dabei fürchtet der Betroffene, sich zu blamieren. Die Patienten sind während der sozialen Situation ängstlich (situative Angst) und können erhebliche somatische Beschwerden wie Herzklopfen, Erröten, Zittern, Schwitzen oder Miktionsdrang erleben. Die situative Angst kann sich bis zur Panik steigern. Als typische Kognitionen finden sich Gedanken an ein mögliches Versagen, an peinliche Funktionsstörungen (z.B. plötzliches Erbrechen) oder daran, sich in irgendeiner Weise erniedrigend zu verhalten. Die Patienten empfinden aber auch Angst, wenn sie nicht in einer sozialen Situation sind, und zwar in Form einer Erwartungsangst, die selbst erhebliche Ausmaße annehmen und zu einem Vermeidungsverhalten beitragen kann. Konsequenz dieser Ängste und Verhaltensweisen ist letztlich eine oft erhebliche Beeinträchtigung, die sich in der Ausbildung, im Beruf, im sozialen Umfeld und sogar in der Familie manifestiert. Die syndromale Diagnostik der Sozialen Phobie sollte dieses komplexe Bild und seine Auswirkungen zuverlässig abbilden, um Schweregrad und Veränderungen (z.B. unter Behandlung oder im Verlauf) exakt zu erfassen. Einen detaillierten Überblick für die in Frage kommenden Instrumente geben Cox und Swinson (1995).

Selbstbeurteilungsskalen

Die Klinische Psychologie und die Verhaltenstherapie haben sich schon seit längerer Zeit mit sozialen Ängsten befaßt. Da in diesen Bereichen Selbstbeurteilungsskalen eine zentrale Rolle spielen, existieren eine Reihe von Instrumenten, die auch bei der Sozialen Phobie zur Anwendung gelangen können. Ein weitverbreitetes Selbstrating für soziale Ängste bzw. Soziale Phobie ist das **Fear Questionnaire (FQ)** von Marks und Mathews (1979). Das Instrument wurde entworfen, um Veränderungen bei phobischen Patienten zu erfassen. Die 5 Items für Soziale Phobie (z.B. "mit Autoritätspersonen sprechen") werden vom Patienten bezüglich der Vermeidung dieser Situationen bewertet (0 = "würde ich nicht vermeiden" bis 8 = "vermeide ich immer"). Es ist einfach einzusetzen und besitzt zufriedenstellende Reliabilität und Sensitivität.

Eine weitere Selbstbeurteilungsskala für phobisches Verhalten von klinisch relevantem Ausmaß, die zunächst für den Einsatz in der Verhaltenstherapie intendiert war, ist das **Fear Survey Schedule (FSS-III)** von Wolpe und Lang (1964). Von den insgesamt 72 Items erfassen 17 soziale und interpersonelle Stimuli. Die Patienten beurteilen auf 5 Stufen (von "gar nicht" bis "sehr stark"), wie sehr sie gegenwärtig durch diese Situationen beeinträchtigt sind. Das Instrument ist relativ umfangreich, und es ist unklar, wie gut die Abgrenzung der einzelnen phobischen Störungen untereinander gelingt. Die Skala wird relativ selten bei der Sozialen Phobie und meist eher zu Screeningzwecken verwendet.

Von Watson und Friend (1969) stammen zwei Selbstbeurteilungsskalen zur Erfassung sozialer Ängste. Die **Fear of Negative Evaluation Scale (FNE)** enthält 30 Items für Situationen, in denen der Betroffene einer möglichen Bewertung durch andere ausgesetzt ist. Die Items, die mit Zustimmung oder Ablehnung durch den Patient bewertet werden, sind positiv ("Wenn mich jemand beurteilt, erwarte ich gewöhnlich das schlimmste") oder negativ formuliert ("Ich bin gewöhnlich sicher, daß andere einen günstigen Eindruck von mir haben"). Ebenfalls von Watson und Friend (1969) stammt die **Social Avoidance and Distress Scale (SAD)**, die ähnlich konstruiert ist und 28 Items enthält, mit denen soziale Interaktionen mit anderen abgebildet werden. Beide Skalen beruhen ursprünglich auf Untersuchungen an Studenten, wurden aber auch in klinischen Kollektiven und zur Erfassung von Behandlungseffekten, allerdings mit unterschiedlich guten Ergebnissen eingesetzt. Die Güte der Skalen wurde erst in jüngerer Zeit näher untersucht. Die Skalen scheinen ausreichende Reliabilität zu besitzen. Offen ist, ob die Instrumente für Soziale Phobie spezifisch sind.

Das **Social Phobia and Anxiety Inventory (SPAI)** von Turner et al. (1989) ist eine Selbstratingskala mit 45 Items, davon 32 für Soziale Phobie (Bewertung von 1 = "niemals" bis 7 = "immer"). Die Güte des Instrumentes ist nur an kleinen Kollektiven untersucht. Am ehesten ist es zur Abbildung von Verläufen (z.B. unter Behandlung) geeignet, weniger für diagnostische Zuordnungen.

Eine vielversprechende Selbstbeurteilungsskala mit guten Werten für die Reliabilität, die sich an der DSM-Klassifikation orientiert, ist die **Social Interaction Anxiety Scale (SIAS)** von Mattick und Clarke (unveröffentliches Manuskript, zitiert nach Cox und Swinson, 1995). Die Skala besteht aus 20 Items, die soziale Interaktionen erfassen und mit Scores zwischen 0 = "gar nicht" und 4 = "extrem" bewertet werden. Von denselben Autoren wurde ein zweites Instrument, die **Social Phobia Scale (SPS)** entwickelt, das auf ähnliche Weise mit 20 Items die Furcht abbildet, von anderen bei alltäglichen Verrichtungen gemustert zu werden. Auch diese Skala findet sich bei Cox und Swinson (1995).

Fremdbeurteilungsskalen

Fremdbeurteilungsinstrumente werden gegenüber den Selbstbeurteilungsinstrumenten in der Psychiatrie und Psychopharmakologie bevorzugt. Da in diesen Disziplinen aber erst seit kurzer Zeit ein stärkeres Interesse an der Sozialen Phobie besteht, sind die entsprechenden Fremdratings verhältnismäßig neu und gegenwärtig oft nur in englischer Sprache vorhanden. Befunde zur Güte der Instrumente sind lückenhaft und stehen für eventuelle deutschsprachige Versionen noch aus.

Die am häufigsten verwendete Skala, die in nahezu allen Medikamentenprüfungen bei Sozialer Phobie verwendet wurde, ist die **Liebowitz Social Phobia Symptom Scale (LSPS)** (Liebowitz, 1987), die auch als **Liebowitz Social Anxiety Scale (LSAS)** bezeichnet wurde. Die Skala enthält 24 Items, davon 13 für Tätigkeiten vor anderen ("performance") und 11 für soziale Interaktionen. Jedes Item wird einmal für die damit verbundenen Furcht oder Angst (0 = "keine", 3 = "schwer") und dann für das damit verbundene Vermeidungsverhalten (0 = "nie" (0%) bis 3 = "gewöhnlich" (67 - 100%)) bewertet. Der maximale Gesamtscore beträgt 144. Es können Subscores für Angst und Vermeidung angegeben werden, die aber offenbar hoch miteinander korrelieren. Die Skala konnte in mehreren Studien Veränderungen und Therapieeffekte erfassen, doch liegen derzeit nur wenige Daten zu Validität und Reliabilität vor. Am Kollektiv einer großen Behandlungsstudie (N = 578) mit Moclobemid (The International Study Group on Moclobemide in Social Phobia, 1997) wurde die Beziehung zwischen den Scores der LSPS und dem globalen Schweregrad, gemessen mit dem CGI, untersucht. Es zeigte sich, daß die LSPS das gesamte Spektrum sozialer Ängste vom Normalbereich bis in die höchsten Schweregrade abbilden konnte (siehe Abbildung 1). Dies unterstreicht die Eignung der Skala für den Einsatz in Behandlungsstudien.

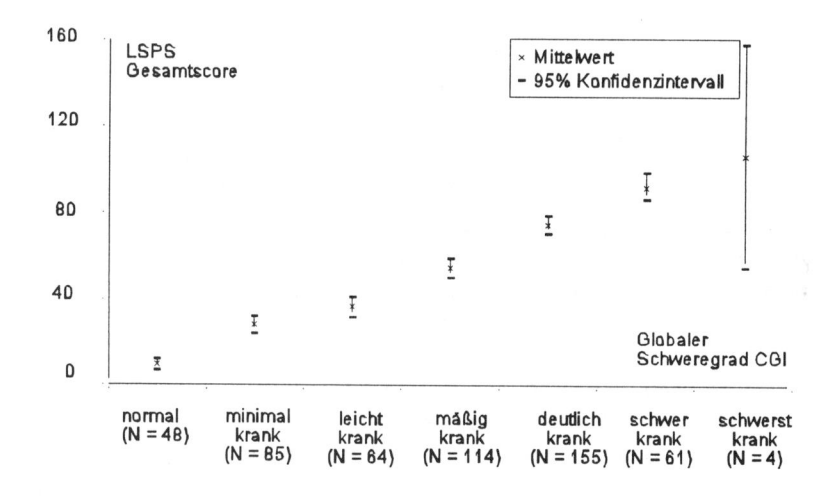

Abbildung 1   Beziehung zwischen Gesamtscore der Liebowitz Social Phobia Symptom Scale (LSPS) und Globalem Schweregrad (CGI) bei Patienten mit sozialer Phobie (Behandlungsende)

Die **Brief Social Phobia Scale (BSPS)** von Davidson et al. (1991) ist mit nur 11 Items kürzer als die LSPS, aber seltener verwendet und nur in geringem Umfang hinsichtlich ihrer psychometrischen Eigenschaften untersucht. Die Skala besteht aus zwei Teilen; im ersten werden 7 Situationen bezüglich damit verbundener Furcht (0 = "keine", 4 = "extreme") und Vermeidung (0 = "nie", 4 = "immer") bewertet. Im zweiten Teil wird erfragt, wie stark vier spezifische körperliche Symptome (Erröten, Herzklopfen, Zittern und Schwitzen) in soziophobischen Situationen auftreten (0 = "keine", 4 = "extrem"). Das Instrument ergibt 3 Subscores (Furcht, Vermeidung, Physiologisch), die sich zum Gesamtscore addieren (Maximum 72). Die Skala korreliert hoch mit anderen Instrumenten (z.B. der LSPS). Ob sie neben ihrer Kürze noch andere Vorteile hat, ist derzeit ungeklärt.

Die **Social Phobic Disorder Severity and Change Scale** von Liebowitz et al. (1988) ist ein analog zur **Clinical Global Impression Scale (CGI)** konstruiertes Instrument mit fünf Items zu jeweils 7 Stufen, das nicht einzelne Symptome, sondern Verbesserungen und den Schweregrad der Sozialen Phobie sowie einige wichtigste Teilaspekte des Krankheitsbildes wie Angstepisoden, Funktionelle Einschränkungen, phobisches Vermeidungsverhalten und Erwartungsangst bewertet. Für die Beurteilung des globalen Schweregrades werden Definitionen ("Ankerpunkte") angegeben. Die Güte der Skala ist nicht hinlänglich untersucht, das Instrument könnte aber in den Händen von erfahrenen Beurteilern als zusätzliches Maß für die klinische Relevanz von Besserung dienen.

Syndromale Diagnostik der Zwangsstörung

Bei der Zwangsstörung finden sich Zwangsgedanken sowie Zwangshandlungen. Zwangsgedanken werden in der Regel als unsinnig erkannt, dennoch kann der Betroffene ihnen nicht wirkungsvoll widerstehen. So verursachen sie Angst und Anspannung, insbesondere wenn sie obszöne, gewalttätige oder sexuelle Inhalte haben. Zwangshandlungen stehen in Zusammenhang mit Sauberkeit, Ordnung oder wiederholten Kontrollen. Es kann sich dabei um beobachtbare Tätigkeiten handeln (wie Händewaschen) oder um unbeobachtbare Aktivitäten (wie stummes Abzählen und Aufsagen von Gebeten oder Beschwörungsformeln). Die Handlungen werden nicht als sinnvoll oder angenehm erlebt, doch kann bei ihrer Ausführung Erleichterung eintreten, beispielsweise wenn sie zur Vorbeugung gegen ein objektiv unwahrscheinliches Ereignis oder Unheil dienen sollen. Vegetative Angstsymptome, quälende innere Anspannung und Niedergeschlagenheit können gleichfalls zum klinischen Bild gehören. Da die Symptomatik vom Patienten als beschämend und peinlich empfunden wird, erschließt sich ihr ganzer Umfang dem Beobachter oder Therapeuten oft nur allmählich und unvollständig. Insbesondere bei Zwangsgedanken mit sexueller, religiöser oder gewalttätiger Thematik können die Patienten in ihren Mitteilungen zunächst sehr zurückhaltend sein, so daß das volle Ausmaß der Zwangssymptome erheblich unterschätzt werden kann.

Selbstbeurteilungsskalen

Ein vorwiegend im englischsprachigen Raum verwendetes Selbstbeurteilungsinstrument ist das **Leyton Obsessional Inventory (LOI)** von Cooper (1970). Es enthält 69 Items, die sowohl Zwangssymptome wie auch Zwanghaftigkeit als Persönlichkeitszug erfragen. Möglicherweise wegen des hohen Anteils von Items zur Zwanghaftigkeit ist das Instrument nicht genügend sensitiv bei der Erfassung von Therapieeffekten und wird eher für diagnostische Fragestellungen verwendet. Trotz seines erheblichen Umfangs an Items sind einige wichtige Aspekte der Zwangsstörung nur ungenügend berücksichtigt, beispielsweise Gedanken mit gewalttätigen Inhalten. Für einige Items existieren unterschiedliche Formulierungen für Männer und Frauen. Das Rating erfolgte ursprünglich in einer recht kompliziert anmutenden Weise mittels Fragekarten, auf denen die Items verzeichnet waren, die in drei separaten Schritten bewertet wurden. Zunächst wurden die vorhandenen Symptome erfaßt und anschließend der Score für Widerstand und für Beeinträchtigung festgelegt. Der Schweregrad wurde im wesentlichen von der Zahl der Symptome bestimmt. Mittlerweile liegen auch Fragebogenversionen der Skala vor. Reliabilität und Validität des Instrumentes sind nicht hinreichend untersucht, auch für die deutschsprachige Version (zitiert in: Reinecker, 1994) liegen keine Gütekriterien vor.

Das aus 30 Items bestehende **Maudsley Obsessive-Compulsive Inventory (MOCI)** wurde von Hodgson und Rachman (1977) ursprünglich zur Subtypisierung von Zwangssymtomen entwickelt. Mittels Gesamtscore wird die Schwere der Störung erfaßt. Auf vier Subscores mit unterschiedlicher Itemzahl können die Dimensionen "Kontrollieren", "Sauberkeit", "Langsamkeit" und "Zweifel" beurteilt werden. Da das Instrument zur Abbildung von Therapieeffekten wenig geeignet ist, wurde von Dominguez et al. (1989) eine Modifikation mit 20 Items entwickelt, das **Modified Maudsley Obsessive-Compulsive Inventory (M-MOCI)**, das in einer kleinen Behandlungsstudie als einziges Instrument eine signifikante Verbesserung der Symptomatik belegen konnte. Auch für diese Skala und ihre deutschsprachige Version (zitiert in: Reinecker, 1994) sind Reliabilität und Validität nicht hinreichend etabliert.

Die **Self-Rated Scale for Obsessive-Compulsive Disorders** von Kaplan (1994) ist eine 35 Items umfassende Schweregradskala, für die noch keine hinreichenden Angaben zur Güte zur Verfügung stehen, deren Ergebnisse aber relativ hoch mit denen anderer Zwangsskalen zu korrelieren scheinen. Die **Symptom Checkliste (SCL-90-R)** (Derogatis et al., 1976; Franke, 1995) enthält eine Subskala mit 10 Items für Zwangssymptomatik. Da alleine fünf dieser Items unspezifisch sind ("Gedächtnisschwierigkeiten", "Gefühl, daß es Ihnen schwerfällt, etwas anzufangen", "Schwierigkeiten, sich zu entscheiden", "Leere im Kopf" und "Konzentrationsschwierigkeiten"), sind Zweifel an der Validität der Skala angebracht. So fanden auch Kim et al. (1992) nur niedrige Korrelationen zwischen der SCL-90 Subskala für Zwangssymptome und anderen Skalen wie Y-BOCS und NIMH-Obsessive Compulsive Scale, woraus die Autoren auf eine ungenügende Sensitivität des Instrumentes schlossen.

Das mit 188 Items sehr umfangreiche **Hamburger Zwangs-Inventar (HZI)** (Zaworka et al., 1983) erlaubt die detaillierte Erfassung von Zwangsphänomenen, die 6 verschiedenen Dimensionen zugeordnet werden. Beurteilt wird die mit den Symptomen einhergehende Beeinträchtigung. Eine Kurzform mit 72 Items liegt vor (Klepsch et al., 1992). Das Instrument wird außer für funktionale Analysen der Symptomatik auch zur Abbildung des Verlaufes und des Behandlungsergebnisses verwendet.

Fremdbeurteilungsskalen

Die **Yale-Brown Obsessive Compulsive Scale (Y-BOCS)** von Goodman et al. (1989a,b) ist die zur Zeit am häufigsten verwendete Fremdbeurteilungsskala für Zwangsstörungen, wird in nahezu allen medikamentösen Behandlungsstudien eingesetzt und gilt quasi als "Goldstandard". Das Instrument wurde entwickelt, um die Schwere von Zwangsstörungen unabhängig von der Art und Anzahl der Symptome abzubilden. Die Skala hat 10 Items mit definierten Itemstufen, die Werte von 0 ("keine Symptome") bis 4 ("extreme Symptome") annehmen können. Der Maximalscore beträgt 40. Je 5 Items erfassen die Schwere von Zwangsgedanken und Zwangshandlungen z.B. die Dauer der Symptome, die Beeinträchtigung für den Patienten, dessen Widerstandsbemühungen und seine Möglichkeiten der Kontrolle. Nur diese ersten 10 Items werden für den Gesamtscore addiert. Für den Einschluß in klinische Studien wird in der Regel ein Mindestscore von 18 - 20 gefordert. Bei Patienten, die einen Score unter 18 haben, ist die Placebo-Response hoch, so daß sich möglicherweise kein Unterschied zwischen der Wirksamkeit von Placebo und aktiver Medikation mehr zeigen läßt. Die Vollversion (insgesamt 19 Items) enthält noch weitere 9 Items, z.B. zur Erfassung von Einsicht in das Unsinnige der Gedanken, Ausmaß von Unentschlossenheit, pathologische Zweifel und für die Beurteilung des globalen Schweregrades, der globalen Besserung (analog zu einem CGI) und der Reliabilität der Erhebung. Das Rating ist als halbstrukturiertes Interview konzipiert. Dazu werden zunächst mittels Checkliste die Symptome erfaßt und Zielsymptome identifiziert. Die Güte der Skala und ihre Eignung zur Erfassung von Therapieeffekten ist durch die Autoren (Goodman et al., 1989a, Goodman et al., 1989b) und unabhängige Gruppen (Richter et al., 1994; Nakagawa et al., 1996) hinreichend belegt. Mittlerweile liegt die Y-BOCS auch als Selbstbeurteilungsskala (Steketee et al., 1996) und als computerisierte Version (Rosenfeld et al., 1992) vor.

Mit der **Children Yale-Brown Obsessive Compulsive Scale (CYBOCS)** wurde eine Form für Kinder entwickelt, die sich z.B. durch einfachere Sprache auszeichnet, deren Güte jedoch noch nicht in vollem Umfang etabliert werden konnte (Goodman & Price, 1990). Auf eine Besonderheit der Y-BOCS ist noch einzugehen. In älteren Skalen (z.B. dem LOI) gilt starker Widerstand gegen die Symptome als Zeichen für eine schwerere Erkrankung, während in der Y-BOCS großer Widerstand als Zeichen von Gesundheit gewertet wird. Einige Untersuchungen (Kim et al., 1994; Woody et al., 1995) konnten zeigen, daß das Widerstands-Item der Y-BOCS nicht hinreichend sensitiv zur Erfassung von Behandlungseffekten zu sein scheint und möglicherweise eine eigene Dimension bildet, die unabhängig von Zwangsgedanken und Zwangshandlungen ist. Daraus resultieren Vorschläge, entweder auf das Item zu verzichten oder es nicht für den Gesamtscore zu bewerten oder es zu ersetzen.

Probleme für die Beurteilung bereitet es auch, wenn die Patienten, ermutigt durch die einsetzende Besserung, erst während des erfolgreichen Ansprechens auf die Behandlung den vollen Umfang ihrer Beschwerden schildern. Dies läßt entgegen dem objektiven Befund den Eindruck einer Verschlechterung entstehen. Die **NIMH Global Scale, Obsessive Compulsive Subscale (NIMH-OCS)** (Insel et al., 1983) ist eine weitere Schweregradskala, die nicht einzelne Symptome erfaßt, sondern nur aus einem Item besteht, das über 15 Abstufungen den globalen Schweregrad der Erkrankung beschreibt. Ein Score über 6 wird als Hinweis auf eine klinisch relevante Zwangsstörung gewertet und beispielsweise als Einschlußkriterium für Behandlungsstudien herangezogen. Die Skala ist wegen ihrer Kürze mühelos anzuwenden, hat aber in der Therapieevaluation eher den Rang einer Sekundärvariable. Es existieren nur unvollständige Untersuchungen zur Güte des Instrumentes, jedoch finden sich einige Hinweise, daß das Instrument Behandlungseffekte erfassen kann. Auch aus der **Comprehensive Psychopathological Rating Scale (CPRS)** wurde eine Subskala für Zwangsstörungen, die **Comprehensive Psychopathological Rating Scale Obsessive Compulsive Subscale (CPRS-OC)** (Asberg et al., 1978) gebildet. Sie besteht aus 8 Items, darunter solche wie "Traurigkeit", "Innere Anspannung" und "Konzentrationsstörungen", die Zweifel an der Spezifität der Skala begründen. Es liegen nur unvollständige Daten zur Güte des Instrumentes vor, doch war es in mehreren Therapiestudien in der Lage, Behandlungseffekte abzubilden.

Syndromale Diagnostik der Posttraumatischen Belastungsstörung

Die Störung stellt eine verzögerte Reaktion auf eine außergewöhnliche Belastung von solch katastrophalem Ausmaß dar, daß sie bei fast jedem zu einer Störung führen würde. Dies können Ereignisse wie schwere Naturkatastrophen, Kriegshandlungen, Unfälle, Verbrechen oder Folter sein, bei denen man Opfer oder Zeuge ist. Charakteristisch für die Störung sind sich aufdrängende Erinnerungen (flashback), Träume oder Alpträume. Die Betroffenen erleben ein anhaltendes Gefühl des Betäubtseins oder der emotionalen Abstumpfung und haben Angst vor Dingen und Situationen, die Erinnerungen an das Ereignis wachrufen könnten. Zu plötzlichen Panikzuständen kann es kommen, wenn das Trauma in der Erinnerung wieder erlebt wird oder der Betroffene sich erneut in einer traumatisierenden Situation befindet. Vegetativ finden sich oft Schreckhaftigkeit, Übererregung und Schlafstörungen. Da die Störung erst seit relativ kurzer Zeit erforscht wird, existieren nur wenige Instrumente, die für die syndromale Diagnostik des Krankheitsbildes geeignet erscheinen. Zunächst waren es in erster Linie Vietnamkriegsveteranen, bei denen die Störung diagnostiziert und erforscht wurde. Es stellte sich aber bald heraus, daß auch andere, nicht mit Kriegshandlungen in Zusammenhang stehende Situationen zu einer Posttraumatischen Belastungsstörung führen können (z.B. Opfer von Verkehrsunfällen.

Beurteilungsskalen

Nur eine begrenzte Zahl von Instrumenten stehen zur spezifischen Erfassung von Aspekten der Posttraumatischen Belastungsstörung zur Verfügung (vgl. auch Stieglitz et al., in diesem Band). Dazu zählt das **Peritraumatic Dissociation Experiences Questionnaire** - Self-rating Version (Marmar et al., 1994) das 8 Items enthält und Beschwerden erfragt, die im Zusammenhang mit dem Trauma aufgetreten sind. Die Schwere der Symptome (z.B. Depersonalisation, Derealisation, Amnesie, Analgesie, veränderte Zeitwahrnehmung) wird von 1 ("gar nicht") bis 5 ("extrem") bewertet. Der Maximalscore der Skala beträgt 40. Für die Skala liegen Angaben zur Güte vor.

Auch die **Mississippi Scale for Combat-related Posttraumatic Stress Disorder** (Keane et al., 1988) ist ein rasch und einfach auszufüllendes Selbstbeurteilungsquestionnaire mit 35 Items (zu je 5 Stufen), die in 4 Kategorien fallen. Das Instrument besitzt hinreichende Reliabilität und liegt mittlerweile auch als Version für Zivilisten vor (Vreven et al., 1995). Obwohl sie nicht direkt für den Einsatz bei Posttraumatischer Belastungsstörung konzipiert wurde, ist die **Impact of Event Scale (IES)** von Horowitz et al. (1979) eines der am häufigsten benutzten Selbstbeurteilungsinstrumente. Es erlaubt mit seinen 15 Items (0 = "gar nicht", 3 = "oft") eine reliable und valide Erfassung von Symptomen und wird vorwiegend zu diagnostischen Zwecken verwendet. Auch Veränderungsmessungen lassen sich anhand der Bewertung von zwei Symptombereichen durchführen (7 "intrusive items" und 8 "avoidant items"). Neben diesen Instrumenten werden meist allgemeine Ratings, wie die der STAI oder die SCL-90 verwendet. Es besteht bislang noch ein Mangel an publizierten spezifischen Fremdratings, die auch den Verlauf zuverlässig abbilden können.

Zusammenfassung und Kommentar

Für die **nosologische Diagnostik** der Angststörungen sind Kriterien mit ausreichender Reliabilität in den gängigen Klassifikationssystemen ICD-10 und DSM-IV enthalten. Die **syndromale Diagnostik** kann das klinische Bild der

Störungen detailreicher abbilden als eine nosologische Diagnose und ermöglicht es daneben, den Schweregrad und die Veränderungen unter einer Therapie oder während des Verlaufes genauer zu erfassen. Dazu werden möglichst Instrumente verwendet, deren Güte dokumentiert ist. Oft ist dies nur in ungenügender Weise der Fall. Zumal wenn es sich um Übersetzungen handelt, sind die **psychometrischen Eigenschaften der Skala** meist nur für die fremdsprachige Originalversion untersucht. Für die Wahl einer Beurteilungsskala spielen aber neben theoretischen auch **"technologische" Gesichtspunkte** eine entscheidende Rolle (Baumann & Stieglitz, 1994). Wichtig sind Verbreitung, Bekanntheitsgrad, Ökonomie und Akzeptanz der Instrumente bei Fachkollegen, Zeitschriften und Zulassungsbehörden. Eine Skala kann so weite Verbreitung erlangen und den Rang eines "Goldstandards" erhalten, obwohl ihre psychometrischen Eigenschaften nicht hinreichend untersucht oder sogar nachweislich ungenügend sind. Dies muß der Benutzer bei der Instrumentenwahl kritisch berücksichtigen.

Angststörungen werden derzeit **nicht als Störungen der Persönlichkeit** angesehen, obwohl viele einen chronischen Verlauf zeigen und Überschneidungen in der Symptomatik von Achse-I- und Achse-II-Störungen wie der ängstlichen (vermeidenden) Persönlichkeitsstörung (bei der Sozialen Phobie) oder anankastischen Persönlichkeitsstörung (bei der Zwangsstörung) existieren. Aus diesem Grunde sollte die syndromatologische Diagnostik, wie sie hier beschrieben wurde, durch entsprechende Erhebungen ergänzt werden. Neben Instrumenten, die den spezifischen Schweregrad eines Syndroms beschreiben, sollten auch solche angewendet werden, die den **globalen Schweregrad** oder das globale Ausmaß einer Verbesserung abbilden (z.B. Clinical Global Impression - CGI). Dies kann u.a. entscheidend sein, wenn die Untersuchten zusätzliche komorbide Störungen aufweisen.

Für **Therapie- und Verlaufsbeurteilungen** sollte nicht nur eine Veränderung auf der Symptom- oder Syndromebene abgebildet werden, sondern auch in Hinblick auf Beinträchtigungen der Funktion oder der Lebensqualität. Hierzu stehen eine Reihe von Instrumenten, so beispielsweise die Global Assessment of Functioning Scale (GAF; American Psychiatric Association, 1994) bzw. die Sheehan Disability Scale (Sheehan, 1983) zur Verfügung.

Da Angst ein universelles Phänomen ist, wird es neben einer syndromalen Diagnostik immer auch einen Bedarf für syndromübergreifende, vielfältig verwendbare Instrumente geben, um Angstsymptome unabhängig von ihren Entstehungsbedingungen und ihrer nosologischen Zuordnung zu erfassen. Viele aus der psychologischen Forschung stammende Instrumente wurden zunächst für die Anwendung bei Normalpersonen und zur Registrierung normaler Ängste konzipiert. Skalen aus der psychiatrischen Forschung sind hingegen oft bereits für die Anwendung an klinischen Populationen und zur Erfassung von Änderungen unter einer Behandlung intendiert. Daraus ergeben sich Fragen, ob solche Instrumente gleichermaßen sensitiv für verschiedene Schweregradbereiche sind oder ob sich einige besser für die Erfassung von klinischer und andere besser für die Erfassung subklinischer Angst eignen. Für die **syndromübergreifende Erfassung** von Angstsymptomen unabhängig von deren nosologischer Zuordnung und für den Einsatz in nicht-klinischen Kollektiven können einige der bereits im Abschnitt über die Generalisierte Angststörung genannten Instrumente verwendet werden. Hierzu zählen in erster Linie das State-Trait Anxiety Inventory (STAI), die Taylor Manifest Anxiety Scale (TMAS), die Self-Rating Anxiety Scale (SAS), bei der ein Gesamtscore von mehr als 45 als "cut-off" für pathologische Angst betrachtet wird, das Beck Angstinventar (BAI) sowie die Symptom Checkliste (SCL-90), insbesondere wenn neben Angstsymptomatik auch andere Aspekte erfaßt werden sollen. Fremdbeurteilungskalen, die für die Erfassung des Schweregrades von Angst unabhängig der nosologischen oder syndromatologischen Zuordnung geeignet erscheinen, sind die Covi Anxiety Scale (COAS) und das Anxiety Status Inventory (ASI) sowie möglicherweise die Angstindices aus Items der Comprehensive Psychopathological Rating Scale (CPRS). Die Hamilton Angst Skala (HAMA) sollte auf den Einsatz bei Patienten mit einer bereits diagnostizierten Angststörung begrenzt bleiben. Es ist unklar ob dies auch für die Modifikationen der HAMA gilt, beispielsweise für die Clinical Anxiety Scale (CAS).

Literatur

Albus, M., Maier, W., Shera, D. & Beck, P. (1990). Consistencies and discrepancies in self- and observer-rated anxiety scales. *European Archives of Psychiatry and Clinical Neurosciences, 240,* 96-102.

American Psychiatric Association (1994). *Diagnostic and Statistical Manual of Mental Disorders, Fourth Edition (DSM-IV).* Washington: American Psychiatric Association.

Asberg, M., Montgomery, S.A., Perris, C., Shalling, D. & Sedvall, G. (1978). The Comprehensive Psychopathological Rating Scale. *Acta Psychiatrica Scandinavica, Supplementum 271,* 5-9.

Bandelow, B. (1997). *Panik- und Agoraphobieskala (P&A).* Göttingen: Hogrefe.

Bandelow, B. & Margraf, J. (1994). Empfehlungen für die Verwendung von Meßinstrumenten in der klinischen Angstforschung. *Fortschritte der Neurologie und Psychiatrie, 62,* 361-365.

Baumann, U. & Stieglitz, R.-D. (1994). Psychodiagnostik psychischer Störungen: Allgemeine Grundlagen. In R.-D. Stieglitz & U. Baumann (Hrsg.), *Psychodiagnostik psychischer Störungen* (S. 3-20). Stuttgart: Enke.

Bech, P., Kastrup, M. & Rafaelsen, O. J. (1986). Minicompendium of rating scales for anxiety, depression, mania, schizophrenia with corresponding DSM-III syndromes. *Acta Psychiatrica Scandinavica, 73, (Suppl. 326),* 1-37.

Berrios, G.E. (1996).*The history of mental symptoms.* Cambridge: Cambridge University Press.

CIPS Collegium Internationale Psychiatriae Scalarum (Hrsg.) (1996). *Internationale Skalen für Psychiatrie.* Weinheim: Beltz Test.

Cooper, J. (1970). The Leyton Obsessional Inventory. *Psychological Medicine, 1,* 48-64.

Cox, B.J. & Swinson, R.P. (1995). Assessment and measurement. In M.B. Stein (Ed.), *Social phobia. Clinical and research perspectives* (pp. 261-291). Washington: American Psychiatric Press.

Davidson, J.R.T., Potts, N.L.S., Richichi, E.A., Ford, S.M., Krishnan, R.R., Smith, R.D. & Wilson, W. (1991). The Brief Social Phobia Scale. *Journal of Clinical Psychiatry, 52 (Supplement),* 48-51.

Derogatis, L.R., Lipman, R.S. & Covi, L. (1976). SCL-90. Self-Report Symptom Inventory. In W. Guy (Ed.), *ECDEU Assessment Manual for Psychopharmacology. Revised Edition* (pp. 313-331). Rockville: National Institute of Mental Health.

Dilling, H., Mombour, W., Schmidt, M.H. & Schulte-Markwort, E. (Hrsg.) (1994). Weltgesundheitsorganisation. *Internationale Klassifikation psychischer Störungen. ICD-10 Kapitel V (F). Forschungskriterien.* Bern: Huber.

Dominguez, R.A., Jacobsen A.F., de la Gandara, J., Goldstein, B.J. & Steinbook, R.M. (1989). Drug response assessed by the Modified Maudsley Obsessive-Compulsive Inventory. *Psychopharmacology Bulletin, 25,* 215-218.

Durham, R.C. & Allan, T. (1993). Psychological treatment of generalised anxiety disorder. A review of the clinical significance of results of outcome studies since 1980. *British Journal of Psychiatry, 163,* 19-26.

Ehlers, A., Margraf, J. & Chambless, D.C. (1993). *Fragebogen zu körperbezogenen Ängsten, Kognitionen und Vermeidung (AKV).* Weinheim: Beltz.

Franke, G. (1995). *Die Symptom-Checkliste von Derogatis (SCL-90-R).* Göttingen: Hogrefe.

Gjerris, A., Bech, P., Bojholm, S., Bolwig, T.G., Kramp, P., Clemmesen, L., Andersen, J., Jensen, E. & Rafaelsen, O.J. (1983). The Hamilton Anxiety Scale. *Journal of Affective Disorders, 5,* 163-170.

Goodman, W.K. & Price, L.H. (1990). Rating scales for obsessive compulsive disorder. In M.J. Jenike, L. Baer, W.E. Minichello (Eds.), *Obsessive compulsive disorder: Theory and management* (pp. 154-166). Chicago: Year Book Medical Publishers.

Goodman, W.K., Price, L.H., Rasmussen, S.A., Mazure, C., Fleischmann, R.L., Hill, C.L., Heninger, G.R. & Charney, D.S. (1989a). The Yale-Brown Obsessive Compulsive Scale. I. Development, use and reliability. *Archives of General Psychiatry, 46,* 1006-1011.

Goodman, W.K., Price, L.H., Rasmussen, S.A., Mazure, C., Delgado, P., Heninger, G.R. & Charney, D.S. (1989b). The Yale-Brown Obsessive Compulsive Scale. II. Validity. *Archives of General Psychiatry, 46,* 1012-1016.

Hamilton, M. (1976). HAMA. Hamilton Anxiety Scale. In W. Guy (Ed.), *ECDEU Assessment Manual for Psychopharmacology, Revised Edition* (pp. 193-198). Rockville: National Institute of Mental Health.

Hodgson, R.K. & Rachman, S. (1977). Obsessional-compulsive complaints. *Behaviour Research and Therapy, 15,* 389-395.

Horowitz M., Wilner, N. & Alvarez, W. (1979). Impact of Event scale: a measure of subjective distress. *Psychosomatic Medicine, 41,* 209-218.

Insel, T.R., Murphy, D.L., Cohen, R.M., Alterman, I., Kitts, C. & Linnoila, M. (1983). Obsessive-copulsive disorder: a double blind trial of clomipramine and clorgyline. *Archives of General Psychiatry, 40,* 605-612.

Izard, C.E. (1981). *Die Emotionen des Menschen.* Weinheim: Beltz.

Kaplan, S.L. (1994). A self-rated scale for obsessive-compulsive disorder. *Journal of Clinical Psychology, 50,* 564-574.

Keane, T.M., Caddell, J.M. & Taylor, K.L. (1988). Mississippi Scale for combat-related posttraumatic stress disorder: three studies in reliability and validity. *Journal of Consulting and Clinical Psychology, 56,* 85-90.

Keedwell, P. & Snaith, R.P. (1996). What do anxiety scales measure? *Acta Psychiatrica Scandinavica, 93,* 177-180.

Kellner, R., Kelly, A.V. & Sheffield, B.F. (1968). The assessment of changes in anxiety in a drug trial: A comparison of methods. *British Journal of Psychiatry, 114,* 863-869.

Kellner, R. & Uhlenhuth, E.H. (1991). The rating and self-rating of anxiety. *British Journal of Psychiatry, 159* (suppl.12), 15-22.

Kick, S.D., Bell, J.A., Norris, J.M. & Steiner, J.F. (1994). Validation of two anxiety scales in a university primary care clinic. *Psychosomatic Medicine, 56,* 570-576.

Kim, S.W., Dysken, M.W. & Kuskowski, M. (1992). The Symptom Checklist-90: obsessive-compulsive Subscale: A reliability and validity study. *Psychiatry Research, 41,* 37- 44.

Kim, S.W., Dysken, M.W., Pheley, A.M. & Hoover, K.M. (1994). The Yale-Brown Obsessive-Compulsive Scale: measures of internal consistency. *Psychiatry Research, 51,* 203-211.

Klepsch, R., Zaworka, W., Hand, I., Lünenschloß, K. & Jauerig, G. (1992). *Das Hamburger Zwangsinventar - Kurzform.* Weinheim: Beltz.

Lader, M.H. & Wing, L. (1966). *Physiological measures, sedative drugs, and morbid anxiety.* London: University of Oxford Press.

Lewis, A.J. (1967). Problems presented by the ambiguous word "anxiety" as used in psychopathology. *Israel Annals of Psychiatry and Related Disciplines, 5,* 105-121.

Liebowitz, M.R. (1987). Social phobia. *Modern Problems of Pharmacopsychiatry, 22,* 141-173.

Liebowitz, M.R., Gorman, J.M., Fyer, A.J., Campeas, R., Levin, A.P., Sandberg, D., Hollander, E., Papp, L. & Goetz, D. (1988). Pharmacotherapy of social phobia: an interim report of a placebo-controlled comparison of Phenelzine and Atenolol. *Journal of Clinical Psychiatry, 49,* 252-257.

Lipman, R.S. (1982). Differentiating anxiety and depression in anxiety disorders: use of rating scales. *Psychopharmacology Bulletin, 18,* 69-77.

Maier, W., Buller, R., Philipp, M. & Heuser, I. (1988). The Hamilton Anxiety Scale: reliability, validity and sensitivity to change in anxiety and depressive disorders. *Journal of Affective Disorders, 14,* 61-68.

Margraf, J. & Schneider, S. (1990). *Panik. Angstanfälle und ihre Behandlung.* Berlin: Springer.

Margraf, J., Schneider, S. & Ehlers, A. (1994). *Diagnostisches Interview bei psychischen Störungen: DIPS.* Berlin: Springer.

Marks, I.M. & Mathews, A.M. (1979). Brief standard self-rating for phobic patients. *Behaviour Research and Therapy, 17,* 263-267.

Marmar, C.R., Weiss, D.S., Schlenger, W. E., Fairbank, J.A., Jordan, B.K., Kulka, R.A. & Hough, R.L. (1994). Peritraumatic dissociation and posttraumatic stress in male Vietnam theater veterans. *American Journal of Psychiatry, 151,* 902-907.

Martinsen, E.W., Friis, S. & Hoffart, A. (1989). A factor analytical study of the Comprehensive Psychopathological Rating Scale among patients with anxiety and depressive disorders. *Acta Psychiatrica Scandinavica, 80,* 492-498.

Nakagawa, A., Marks, I.M., Takei, N., De Araujo, L.A. & Ito, L.M. (1996). Comparisons among the Yale-Brown Obsessive-Compulsive Scale, Compulsion Checklist, and other measures of obsessive-compulsive disorder. *British Journal of Psychiatry, 169,* 108-112.

Reinecker, H.S. (1994). *Zwänge. Diagnose, Theorien und Behandlung.* Bern: Huber.

Richter, M.A., Cox, B.J. & Direnfeld, D.M. (1994). A comparison of three assessment instruments for obsessive-compulsive symptoms. *Journal of Behaviour Therapy and Experimental Psychiatry, 25,* 143-147.

Rosenfeld, R., Dar, R., Anderson, D., Kobak, K.A. & Greist, J.H. (1992). A computer administered version of the Yale-Brown Obsessive Compulsive Scale. *Psychological Assessments, 4,* 329-332.

Shear, M.K. & Maser, J.D. (1994). Standardized assessment for panic disorder research. *Archives of General Psychiatry, 51,* 346-354.

Sheehan, D.V. (1983). *The anxiety disease.* New York: Bantam Books.

Sims, A. (1995). *Symptoms in the mind.* London: W.B. Saunders Company Ltd.

Snaith, R.P., Baugh, S.J., Clayden, A.D., Husain, A. & Sipple, M.A. (1982). The Clinical Anxiety Scale: an instrument derived from the Hamilton Anxiety Scale. *British Journal of Psychiatry, 141,* 518-523.

Spielberger, C.D., Gorsuch, R.L. & Lushene, R.E. (1970). *STAI. Manual for the State-Trait-Anxiety-Inventory.* Palo Alto: Consulting Psychologists Press.

Steketee, G., Frost, R. & Bogart, K. (1996). The Yale-Brown Obsessive Compulsive Scale. Interview versus self-report. *Behaviour Research and Therapy, 34,* 675-684.

Taylor, J.A. (1953). A personality scale of manifest anxiety. *Journal of Abnormal Social Psychology, 48,* 285-290.

The International Study Group on Moclobemide in Social Phobia (1997). Moclobemide in Social Phobia. *European Archives of Psychiatry and Clinical Neurosciences,* (in press).

Turner, S.M., Beidel, D.C., Dancu, C.V. & Stanley, M.A. (1989). An emperically derived inventory to measure social fears and anxiety: the Social Phobia and Anxiety Inventory. *Psychological Assessment, 1,* 35-40.

Tyrer, P., Owen, R.T. & Cicchetti, D.V. (1984). The brief scale for anxiety: a subdivision of the Comprehensive Psychopathological Rating Scale. *Journal of Neurology, Neurosurgery and Psychiatry, 47,* 970-975.

Uhlenhuth, E.H., Glass, R.M., Habermann, S.J. & Kellner, R. (1982). Relative sensitivity of clinical measures in trials of antianxiety agents. In E.I. Burdock, A. Sudilovsky & S. Gershon (Eds.), *The behavior of psychiatric patients: quantitative techniques for evaluation* (pp. 393-409). New York, NY: Marcel Dekker Inc.

Vreven, D.L., Gudanowski, D.M., King, L.A. & King, D.W. (1995). The civilian version of the Mississippi PTSD scale: a psychometric evaluation. *Journal of Traumatic Stress, 8,* 91-110.

Watson, D. & Friend, R. (1969). Measurement of social-evaluative anxiety. *Journal of Consulting and Clinical Psychology, 33,* 448-457.

Wolpe, J. & Lang, P.J. (1964). A fear survey schedule for use in behavior therapy. *Behaviour Research and Therapy, 2,* 27-30.

Woody, S.R., Steketee, G. & Chambless, D.L. (1995). Reliability and validity of the Yale-Brown Obsessive-Compulsive Scale. *Behaviour Research and Therapy, 33,* 597-605.

Zaworka, W., Hand, I., Lünenschloß, K. & Jauernig, G. (1983). *Das Hamburger Zwangsinventar.* Weinheim: Beltz.

Zung, W.W.K. (1976). SAS. Self-rating Anxiety Scale. In W. Guy (Ed.), *ECDEU Assessment Manual for Psychopharmacology, Revised Edition* (pp. 362-340). Rockville: National Institute of Mental Health.

Evaluation der deutschen Version der PTSD Symptom Scale (PSS)

Rolf-Dieter Stieglitz, Ulrich Frommberger und Mathias Berger

Die diagnostische Kategorie der Posttraumatischen Belastungsstörung (PTBS)

Pathologische Reaktionen auf traumatische Ereignisse werden seit Homer in der Literatur berichtet. Jedoch erst 1980 wurden sie als eine eigene diagnostische Kategorie in das DSM-III unter dem Begriff "Posttraumatic Stress Disorder" (PTSD) aufgenommen und unter Angststörungen subsumiert, wo sie auch im DSM-IV zu finden sind. In der deutschsprachigen Version der ICD-10 wird diese Art von Störung als "Posttraumatische Belastungsstörung" (PTBS) bezeichnet und mit F 43.1 kodiert. Sie findet sich dort unter F 43 "Reaktion auf schwere Belastungen und Anpassungsstörung" im Abschnitt F 4 "Neurotische, Belastungs- und somatoforme Störungen". Seit der offiziellen Einführung dieser Störungsgruppe ist ein zunehmendes Interesse an ihrer empirischen Überprüfung festzustellen, wobei sich ein Großteil der Forschungsaktivitäten um die Entwicklung von Erhebungsinstrumenten (Selbst- und Fremdbeurteilungsverfahren, Interviews) zentriert. Aus Gründen der Ökonomie in der Erfassung posttraumatischer Symptome gewinnen insbesondere Selbstbeurteilungsverfahren an Bedeutung. Im englischsprachigen Bereich wurde von der Arbeitsgruppe um Foa die PTSD Symptom Scale (PSS) entwickelt (Foa et al., 1993). Nachfolgend sollen die Ergebnisse der Evaluation an einer deutschsprachigen Stichprobe von Patienten nach einem Verkehrsunfall berichtet werden. Im Vordergrund stehen Analysen zur Dimensionalität der Skala, sowie psychometrische Untersuchungen zur Reliabilität und Validität der Skala. Zum Einsatz kam die Übersetzung einer Göttinger Arbeitsgruppe (R. Steil, A. Ehlers).

Charakterisierung der PTSD-Symptom-Scale (PSS)

Bei der PSS handelt es sich um ein aus 17 Items bestehendes **Selbstbeurteilungsverfahren**, welches in enger Anlehnung an die DSM-III-R-Kriterien der PTSD entwickelt wurde. Die 17 Items sind in der Reihenfolge entsprechend der **DSM-III-R-Kriterien** aufgelistet (Item 1 - 4: Wiedererinnern; Item 5 - 11: Vermeidung; Item 12 - 17: Erregungsniveau). Die Items werden auf einer 4-stufigen Skala (0 - 3) hinsichtlich Häufigkeit beurteilt. Es läßt sich ein Gesamtskalenwert sowie 3 a-priori-Skalen (Wiedererinnern, Vermeidung, Erregungsniveau) bestimmen. In Tabelle 1 finden sich die diagnostischen Kriterien der Störungen in Anlehnung an das DSM-III-R sowie Beispiele ihrer Umsetzung in der PSS.

Tabelle 1 Diagnostische Kriterien der Posttraumatischen Belastungsstörung (Posttraumatic Stress Disorder; PTSD) nach DSM-III-R: Auszug, Beispiele und Umsetzung in der "PTSD Symptom Scale" (PSS)

Kriterium B	Das traumatische Ereignis wird ständig auf mindestens einer von vier möglichen Arten erlebt (Kriterien B-1 bis B-4).
	Beispiel:
	B-2 "wiederholte, stark belastende Träume"
	PSS-2 "Haben Sie wiederholt belastende Träume oder Alpträume von dem Unfall?"
Kriterium C	Anhaltende Vermeidung von Stimuli, die mit dem Trauma in Verbindung stehen, oder eine Einschränkung der allgemeinen Realität (war vor dem Trauma nicht vorhanden) in drei von fünf möglichen Merkmalen (Kriterien C-1 bis C-5).
	Beispiel:
	C-1 "Anstrengungen, Gedanken oder Gefühle, die mit dem Trauma in Verbindung stehen, zu vermeiden"
	PSS-5 "Haben Sie anhaltend versucht, Gedanken oder Gefühle zu vermeiden, die Sie an den Unfall erinnern?"
Kriterium D	Anhaltende Symptome eines erhöhten Erregungsniveaus (waren vor dem Trauma nicht vorhanden); zwei von sechs Symptomen (Kriterien D1 - D6).
	Beispiel:
	D-3 "Konzentrationsschwierigkeiten"
	PSS-14 "Haben Sie anhaltende Schwierigkeiten, sich zu konzentrieren?"

Empirische Überprüfung der PSS

Methode

Als Analysestichprobe dienten Patienten nach einem Verkehrsunfall einer noch laufenden prospektiven Untersuchung (N = 123). Die Patienten wurden ca. 8 Tage nach dem Unfall (Zeitpunkt I) mit der PSS sowie einer Reihe anderer Verfahren untersucht (vgl. auch Frommberger et al., 1996) sowie nochmals nach 6 Monaten (Zeitpunkt II). Die Diagnosen wurden mittels des Diagnostischen Interviews bei Psychischen Störungen (DIPS; Margraf et al., 1991) gestellt.

Reliabilität

Angaben zur Reliabilität (Innere Konsistenz nach Cronbach α) finden sich in Tabelle 2. Zu beiden Untersuchungszeitpunkten ergeben sich als günstig zu bewertende Koeffizienten (.85 sowie .86). Verglichen mit der Originalarbeit von Foa et al. (1993) aus dem US-amerikanischen Sprach- und Kulturbereich liegen diese in gleicher Größenordnung. Betrachtet man zusätzlich noch die Trennschärfekoeffizienten, so liegen auch die hier ermittelten Werte etwa in gleicher Größenordnung. Ein Trennschärfekoeffizient liegt unterhalb des von Lienert (1969) als kritisch angesehenen Wertes von .30.

Tabelle 2 Teststatistische Kennwerte der "PTSD Symptom Scale" (PSS; 17 Items)

Kennwerte	Foa et al. (1993) (N = 44)	eigene Daten	
		Zeitpunkt I (N = 121)	Zeitpunkt II (N = 122)
Cronbach α	.91	.85	.86
Trennschärfe ($r_{i(t-i)}$)			
- M	.60	.49	.58
- Range	.27 - .77	.28 - .67	.27 - .72
- $r_{i(t-i)}$ > .30	keine Angaben	16	16

Zeitpunkt I: ca. 8 Tage nach Unfall;   Zeitpunkt II: ca. 6 Monate nach Unfall

Validität

Unter der Validität lassen sich eine Vielzahl von unterschiedlichen Aspekten subsumieren (vgl. im Überblick Stieglitz, 1996). An dieser Stelle sollen folgende Aspekte herausgehoben werden: Faktorielle Validität, konvergente und divergente Validität sowie diskriminative Validität.

Faktorenanalysen (Hauptkomponentenanalysen) ergaben zu beiden Untersuchungszeitpunkten jeweils einen ersten Faktor, auf dem die Items Ladungen zwischen .35 und .72 resp. .31 und .81 aufwiesen. Zusammen mit den Trennschärfekoeffizienten, lassen sich diese Ergebnisse dahingehend interpretieren, daß es gerechtfertigt erscheint, einen Gesamtskalenwert zu berechnen. Eine Bestätigung der von Foa et al. (1993) postulierten 3 a-priori-Subskalen ließ sich an dieser Stichprobe dagegen nicht erreichen.

Zur Überprüfung der **konvergenten Validität** wurde die **Impact of Event Scale** (IES; Horowitz et al., 1979) herangezogen, die als "klassische Skala" im Bereich der PTBS-Forschung anzusehen ist. Die Korrelation der Verfahren zu beiden Untersuchungszeitpunkten sind als hoch einzustufen (. 71 resp. .68). Die gemeinsame Varianz von maximal ca. 50 % weist jedoch auch daraufhin, daß keine völlige Übereinstimmung zwischen beiden Skalen besteht, d. h. beide auch unterschiedliche Aspekte des Konstrukts abbilden. Dies ergibt sich im wesentlichen dadurch, daß mit der IES nur die Bereiche der Vermeidung und der Intrusionen erfaßt werden, während in der PSS zusätzlich noch der Bereich der Erregung abbildbar ist (vgl. auch Tabelle 1). Jedoch auch die Korrelationen zwischen den inhaltlich korrespondierenden Subskalen weisen auf spezifische Varianzanteile hin (Wiedererinnern - Intrusion: $r = .63$ bzw. .59; Vermeidung - Avoidance: $r = .50 - .51$).

Die **divergente Validität** wurde im Hinblick auf die Unterscheidung von anderen Aspekten psychischer Beeinträchtigung überprüft, wozu die **Symptom-Check-List** (SCL-90-R; Franke, 1995) herangezogen wurde. Eine faktorenanalytische Auswertung ergab zu beiden Untersuchungszeitpunkten eine zweifaktorielle Lösung mit einem Faktor, der primär Aspekte der PSS abbildete sowie die Skalen "Somatisierung" und "Depressivität" der SCL-90-R sowie einen zweiten Faktor, auf dem die anderen Skalen der SCL-90-R hohe Ladungen aufwiesen. Die Ergebnisse lassen sich so interpretieren, daß mit der PSS und der SCL-90-R verschiedene Aspekte der Beeinträchtigung abbildbar sind (vgl. im Detail auch Stieglitz et al., in preparation).

Ein weiterer wesentlicher Aspekt der Validität eines Verfahrens läßt sich aufgrund von Gruppenvergleichen abschätzen (**diskriminative Validität**). Hierzu wurde die Gesamtstichprobe der Unfallpatienten dahingehend unterteilt, ob Patienten nach dem Unfall das Vollbild einer PTBS oder ein subsyndromales Bild einer PTBS entwickelten, d.h. nur ein oder zwei der drei DSM-Kriterien erfüllten. Diesen beiden Patientengruppen wurden zwei Gruppen von Patienten gegenübergestellt, die keine psychiatrische Störung aufwiesen resp. die eine andere psychiatrische Störung diagnostiziert bekamen. Die Ergebnisse sind in Tabelle 3 zusammengefaßt.

Tabelle 3   Mittelwertsvergleiche diagnostische Gruppen: Zeitpunkt II

PSS	Varianzanalyse (df = 3, 119)	Mittelwertsvergleiche (Scheffé-Test, $p \leq .05$)
PSS-Summe	F = 26.68 **	PTBS > SPTBS, KEINE, ANDERE SPTBS > KEINE
Wiedererinnern	F = 13.37 **	PTBS > SPTBS, KEINE, ANDERE
Vermeidung	F = 19.94 **	PTBS > SPTBS, KEINE, ANDERE SPTBS > KEINE
Erregung	F = 22.56 **	PTBS > SPTBS, KEINE, ANDERE

PTBS : diagnostiziertes Vollbild einer PTBS   SPTBS : subsyndromale PTBS
KEINE : keine psychiatrische Störung   ANDERE : andere psychiatrische Störung
** : $p \leq .01$

Wie man aus den Mittelwertsvergleichen erkennen kann, unterscheiden sich Patienten mit einer Posttraumatischen Belastungsstörung zum Zeitpunkt II (Zeitpunkt der definitiven Diagnosestellung) durchweg von allen anderen Störungsgruppen, was unterstreicht, daß mittels der PSS eine hinreichende Diskriminierung zu erreichen ist. Zu beachten ist zusätzlich, daß die Patienten, die nicht das Vollbild einer PTBS erreicht haben, diejenigen sind, die die zweithöchsten Werte in der Skala aufwiesen. Interessanterweise lagen bereits die Ergebnisse zum Zeitpunkt I in gleicher Richtung, d.h. zu einem Zeitpunkt, an dem eine PTBS noch gar nicht diagnostiziert werden konnte (vgl. Zeitkriterium: mindestens 4 Wochen). Auf ihre Darstellung kann daher an dieser Stelle verzichtet werden.

Fazit

Mit der PSS liegt ein Selbstbeurteilungsverfahren im Bereich der PTBS-Forschung vor, das in enger Anlehnung an die diagnostischen Kriterien des DSM-III-R entwickelt worden ist. Es handelt sich um eine zeitökonomische Skala, für die zudem auch eine korrespondierende Fremdbeurteilungsversion existiert

(Foa et al., 1993). Die bisher vorliegende psychometrische Analyse an einer deutschsprachigen Stichprobe weist gute Ergebnisse auf und zeigt zudem eine relativ hohe Korrespondenz zur Originalskala von Foa et al. (1993). Im Hinblick auf die endgültige Abschätzung des Instruments sind jedoch weiterführende Untersuchungen notwendig. Dies betrifft zum einen Analysen, inwieweit neben einer dimensionalen Diagnostik mittels der Skala auch eine adäquate kategoriale Diagnostik möglich ist. Weiterhin gilt es zu überprüfen, ob die Skala auch ähnlich gute Ergebnisse bei Patienten mit anderen Traumata (z.B. Arbeitsunfällen) liefert. Zudem ist es notwendig, die a-priori-Subskalen einer weiteren empirischen Überprüfung zu unterziehen. Darüberhinaus wäre es wünschenswert, möglichst bald eine an DSM-IV adaptierte Version zu prüfen. Aufgrund der geringfügigen Änderungen von DSM-III-R nach DSM-IV sollten keine gravierenden Veränderungen, die psychometrische Qualität der Skala betreffend, resultieren. Zum gegenwärtigen Status kann man festhalten, daß mit der PSS ein interessantes Forschungsinstrument im Bereich der PTBS-Forschung vorliegt.

Literatur

Foa, E.B., Riggs, D.S., Dancu, C.V. & Rothbaum, B.O. (1993). Reliability and validity of a brief instrument in the assessment of post-traumatic stress disorder. *Journal of Traumatic Stress, 6,* 459-473.

Franke, G. (1995). *Die Symptom-Checkliste von Derogatis (SCL-90-R).* Weinheim: Beltz.

Frommberger, U., Käppler, C., Stieglitz, R.-D., Schlickewei, W., Kuner, E. & Berger, M. (1996). Die Entwicklung von Posttraumatischen Belastungsstörungen nach Verkehrsunfällen. Erste Ergebnisse einer prospektiven Studie. In H.-J. Möller, R.R. Engel & P. Hoff (Hrsg.), *Befunderhebung in der Psychiatrie. Lebensqualität, Negativsymptomatik und andere aktuelle Entwicklungen* (S. 309-312). Wien: Springer.

Horowitz, M.J., Wilner, N. & Alvarez, W. (1979). Impact of Event Scale: A measure of subjective stress. *Psychosomatic Medicine, 41,* 209-218.

Lienert, G.A. (1969). *Testaufbau und Testanalyse.* Weinheim: Beltz.

Margraf, J., Schneider, S. & Ehlers, A. (1991). *Diagnostisches Interview bei Psychischen Störungen (DIPS).* Berlin: Springer.

Stieglitz, R.-D. (1996). *Diagnostik und Klassifikation psychischer Störungen. Konzeptuelle und methodische Beiträge zur Evaluation psychiatrischer Diagnostikansätze.* Freiburg: unveröffentlichte Habilitationsschrift.

Stieglitz, R.-D., Frommberger, U. & Berger, M. (in preparation). *Psychometric properties of the PTSD Symptom Scale (PSS) in a German-speaking population.*

Entwicklung eines AMDP-Moduls zur Erfassung von Zwangssymptomen - Konzeptualisierung und erste empirische Ergebnisse

Hans-Jörgen Grabe, Andreas Thiel, Harald J. Freyberger, Norbert Kathmann, Reinhard J. Boerner und Paul Hoff

Einleitung

Im Rahmen der Weiterentwicklung des AMDP-Systems wird zur Ergänzung der zwei zentralen Systemkomponenten "Psychischer Befund" und "Somatischer Befund" an der Entwicklung weiterer Module gearbeitet (Rösler & Dietzfelbinger, 1997). Neben Fremdbeurteilungsverfahren zur Erfassung von schizophrener Negativ- und Positivsymptomatik, Depressionssymptomen, der Lebensqualität und Merkmalen von Persönlichkeitsstörungen werden derzeit Module zur Erfassung von Angst-, Zwangs-, dissoziativen und somatoformen Symptomen entwickelt.

Im bisherigen "Psychischen Befund" des AMDP-Systems (AMDP, 1995) finden sich zur Abbildung von Zwangssymptomen lediglich die Items Zwangsdenken (Nr. 30), Zwangsimpulse (Nr. 31) sowie Zwangshandlungen (Nr. 32). Der Einsatz dieser Items eignet sich als psychopathologisches Screeningverfahren, jedoch ist eine weitergehende Erfassung der Zwangssymptomatik mit dem bisherigen AMDP-System nicht möglich.

Ratinginstrumente zur Erfassung von Zwangssymptomen

Für spezifische Fragestellungen finden bisher andere Instrumente Verwendung (siehe Klepsch, 1990, sowie Buller in diesem Band). Hierzu gehören als Fremdrating vor allem die international etablierte **"Yale-Brown Obsessive Compulsive Scale"** (Y-BOCS; Goodman et al., 1989; deutschsprachige Version von Büttner-Westphal & Hand, 1991) mit einer zusätzlichen ausführlichen "Symptom Checkliste". Im Hinblick auf die Interrater-Reliabilität (Kappa > 0.85) und interne Konsistenz (Cronbach's Alpha = 0.89) erweist sich die Y-BOCS als reliables Instrument. Seltener wurde bisher die 9 Items umfassende **"National Institutes of Mental Health Global Obsessive Compulsive Scale"** (Murphy et al., 1982) eingesetzt. Als Selbstrating steht das

"**Hamburger Zwangsinventar**" (HZI) in Form einer langen Version mit 188 Items (Zaworka et al., 1983) sowie einer kurzen Version mit 72 Items (Klepsch et al., 1992) als reliables und valides Instrument zur Verfügung. Nur noch historischen Wert besitzen das **"Maudsley Zwangsinventar"** (MOCI) von Hodgson und Rachman (1977) zur Erfassung von Handlungszwängen sowie das **"Leyton Obsessional Inventory"** (LOI) von Cooper (1970). Darüberhinaus werden Zwangssymptome in der Symptom-Checkliste (SCL-90-R), einem Selbstbeurteilungsverfahren von Derogatis (1977) mit 10 Items erfaßt, wobei Zwangssymptome im engeren Sinne lediglich durch einen Teil der Items abgebildet werden.

Konzeption

Bei der Entwicklung des AMDP- Moduls zur Erfassung von Zwangssymptomen steht formal die Kompatibilität mit dem AMDP-System im Vordergrund. Bei der inhaltlichen Konzeption des Instruments wird eine mehrdimensionale Abbildung der Symptomatik angestrebt. Diese soll Aussagen über Qualität und Quantität der Zwänge sowie über den hervorgerufenen Grad an Beeinträchtigung und Leidensdruck gewährleisten. Ebenso sollen emotional-kognitive Aspekte abbildbar sein. Eine weitere Zielgröße stellt die Erfassung von psychopathologischen Änderungen quantitativer und qualitativer Art unter Therapiebedingungen dar, um somit einen Einsatz dieses AMDP-Moduls im Rahmen von psychotherapeutischen und psychopharmakologischen Therapiestudien zu ermöglichen.

Methodik

Itemselektion und Definition

Bei der Auswahl der Items standen klinisch-psychopathologische Aspekte im Vordergrund. Zum Teil wurden sie in Anlehnung an etablierte Instrumente (Y-BOCS und HZI) selektiert und definiert. Zur Strukturierung des Itempools wurden gemäß den Zielsetzungen drei Gruppen gebildet: "Inhaltliche Items", Items zu "Beeinträchtigung und Leidensdruck" sowie "emotional-kognitive" Items. Die jeweiligen Definitionen wurden gemäß der gängigen AMDP-Struktur für Itemdefinitionen vorgenommen, d.h. gleichfalls neben der Itemcharakterisierung Beispiele und Erläuterungen sowie Hinweise zur Itemabgrenzung hinzugefügt. Die Graduierung erfolgte von "nicht vorhanden" (0) über "leicht" (1), "mittel" (2) und "schwer" (3). Bei den "Inhaltlichen Items" erfolgte die Definition der Graduierungsstufen nach Zeitkriterien, die der übrigen Items erfolgte jeweils merkmalsspezifisch.

Pilotstudie

In einer ersten Untersuchung wurden 30 ambulante, unter Zwangssymptomen leidende Patienten der Bonner Universitätsklinik mit diesem AMDP-Modul untersucht. Zusätzlich wurde die Beschwerdesymptomatik mit der Y-BOCS, dem HZI (72 Item Version) und der SCL-90-R erfaßt. Alle Ratings wurden von einem Rater durchgeführt. Angaben zur Itemverteilung erfolgten über deskriptive Methoden. Berechnungen zur konvergenten Validität erfolgten über einen korrelativen Vergleich (Pearson-Korrelation; zweiseitig) von Y-BOCS und HZI-Items mit den entsprechenden AMDP-Items.

Ergebnisse

"Inhaltliche" Items

Durch die "inhaltlichen" Items werden auf deskriptiver Ebene Zwangssymptome abgebildet (vgl. Tabelle 1). Zwangshandlungen werden über 7 Items (1 - 7) erfaßt. Zwangsgedanken werden in 3 Items (8 - 10) abgebildet. Das 8. Item (Zwangsgedanken in Verbindung mit Zwangshandlungen) bezieht sich inhaltlich auf Zwangsgedanken, die mit Zwangshandlungen (z.B. Waschzwänge) assoziiert sind. Abgebildet werden diese Zwangsgedanken nur dann, wenn sie außerhalb der entsprechenden Zwangshandlung auftreten, somit nicht nur auf diese beschränkt sind. Das 9. Item (Zwangsgedanken ohne Zwangshandlungen) bezieht sich auf "reine" Zwangsgedanken, deren Inhalt nicht mit entsprechenden Zwangshandlungen in Verbindung steht.

Items zur Beeinträchtigung und zum Leidensdruck

Hier sollen die Folgen der Zwangssymptome in beruflichen und sozialen Bereichen sowie bei der Selbstfürsorge erfaßt werden. Das Ausmaß der Anspannung, durch die Zwänge hervorgerufen werden, wird für Zwangsgedanken und Zwangshandlungen getrennt abgebildet (vgl. Tabelle 1; Item 11 - 15).

"Emotional-kognitive" Items

Diese Items (vgl. Tabelle 1; Item 16 - 19) sollen es ermöglichen, zwangsassoziierte Denkmuster und subjektive kognitive Einstellungen zu erfassen. Das Impulshafte, mit dem Zwänge das Erleben mit großer Kraft plötzlich bestimmen können, wird ebenfalls hier erfaßt. Das zunächst noch konzipierte Item "Unvollständigkeitsgefühl" (incompleteness) wurde aufgrund von Schwierigkeiten bei der Definition und Abgrenzung nicht in die derzeitige Itemliste aufgenommen.

Tabelle 1 Vorläufige Itemliste des AMDP-Moduls zur Erfassung von Zwangssymptomen

"Inhaltliche" Items	Beeinträchtigung und Leidensdruck	"Emotional-kognitive" Items
1. Kontrollzwänge	11. Beeinträchtigung im Beruf	16. Impulscharakter der Zwänge
2. Waschzwänge		
3. Putzzwänge	12. Beeinträchtigung in sozialen Beziehungen	17. Magisches Denken
4. Ordnungszwänge	13. Beeinträchtigung in der Selbstfürsorge	18. Pathologischer Zweifel
5. Berührzwänge		19. unangemessene Risikoeinschätzung
6. Sprechzwänge	14. Anspannung durch Zwangsgedanken	
7. Zählzwänge	15. Anspannung bei Unterdrückung der Zwangshandlungen	
8. Zwangsgedanken in Verbindung mit Zwangshandlungen		
9. Zwangsgedanken ohne Zwangshandlungen		
10. Aggressive Zwangsgedanken		

Itemverteilung

Es wurde die Häufigkeit der verschiedenen Schweregradeinstufung aller Items untersucht. In Tabelle 2 sind die Ergebnisse der Itemverteilung der "Inhaltlichen" Items abgebildet. Bei fast allen Items findet sich eine Abbildung des Schweregrades über alle 3 Graduierungen. Lediglich das Item "Sprechzwänge" tritt nicht in der "schweren" Ausprägung auf. Auch die Items der "Beeinträchtigung und des Leidensdruckes" sowie die "kognitiv-emotionalen" Items sind über alle Ausprägungsgrade repräsentiert.

Tabelle 2   Itemverteilung der "Inhaltlichen" Items (N = 30)

Items	leicht (%)	mittel (%)	schwer (%)
Kontrollzwänge	33.3	16.7	13.3
Waschzwänge	10	16.7	10
Putzzwänge	10	16.7	3.3
Ordnungszwänge	13.3	13.3	3.3
Berührzwänge	10	6.7	3.3
Sprechzwänge	13.3	6.7	0
Zählzwänge	10	6.7	6.7
Zwangsgedanken mit Handlung	30	16.7	26.7
Zwangsgedanken ohne Handlung	26.7	16.7	30
Aggressive Zwangsgedanken	10	6.7	16.7

Validität

Zur vorläufigen Prüfung der Validität des Instrumentes wurden Korrelationen der AMDP-Items zu konzeptuell entsprechenden Items des HZI (vgl. Tabelle 3) und der Y-BOCS (nicht dargestellt) gerechnet. Sämtliche Korrelationen zu den entsprechenden HZI-Items (Selbstratinginstrument) sind signifikant (p < 0.05) und korrelieren mit r = 0.39 bis r = 0.78. Die Korrelationskoeffizienten im Vergleich der AMDP-Items zur Y-BOCS liegen im Bereich r = 0.64 bis r = 0.85 (p < 0.05).

Tabelle 3   Korrelation zwischen entsprechenden AMDP- und HZI - Items (N = 30). Korrelationskoeffizienten auf Signifikanzniveau (p < 0.05)

AMDP-Items	Kontrolle HZI	Waschen/ Reinigen HZI	Ordnungszwänge HZI	Zählen/ Berühren/ Sprechen HZI	Zwangsgedanken HZI	Aggressive Gedanken HZI
Kontrollzwänge	0.66	n.s.	0.38	0.47	0.49	n.s.
Wasch-/ Putzzwänge	n.s.	0.78	n.s.	n.s.	n.s.	n.s.
Ordnungszwänge	n.s.	n.s.	0.73	n.s.	n.s.	n.s.
Berühr-/ Sprech-/ Zählzwänge	n.s.	n.s.	n.s.	0.45	n.s.	n.s.
Zwangsgedanken ohne Handlung	n.s.	n.s.	n.s.	n.s.	0.39	n.s.
Aggressive Zwangsgedanken	n.s.	n.s.	n.s.	n.s.	0.42	0.78

Diskussion

Die vorläufigen Daten zur Itemverteilung und zur Validität des AMDP-Moduls zur Erfassung von Zwangssymptomen sprechen für die klinisch-psychopathologische Relevanz der Items sowie für eine angemessene Validität des Instruments. Der nächste Schritt bei der weiteren Entwicklung wird die Bearbeitung des Itempools auf der Basis einer umfangreichen Stichprobe sein. Hierbei wird es wahrscheinlich zu Ergänzungen kommen, welche z.B. die Bildung eines Summenscores ermöglichen (Item: "Zwangshandlungen insgesamt"). Zu diskutieren ist auch die Aufnahme des Items "Vermeidungsverhalten". Zugleich muß die Möglichkeit geprüft werden, inwieweit gewisse Items zusammengefaßt werden können (z.B. Berühr-/Sprech-/Zählzwänge). Weitere Schritte sind Untersuchungen zur Erfassung der Durchführungsobjektivität, Auswertungsobjektivität (Interrater-Reliabilität) sowie weitere Analysen zur

Validität des Instruments. Die für diese weiteren Entwicklungsphasen notwendigen Daten sollen nach vorheriger Raterschulung im Rahmen einer multizentrischen Anwendung erhoben werden.

Literatur

Arbeitsgemeinschaft für Methodik und Dokumentation in der Psychiatrie (AMDP) (1995). *Das AMDP-System: Manual zur Dokumentation psychiatrischer Befunde.* (5. neubearb. Auflage). Göttingen: Hogrefe.

Büttner-Westphal, H. & Hand, I. (1991). Yale-Brown Obsessive-Compulsive Scale (Y-BOCS). Autorisierte deutsche Übersetzung und Bearbeitung. *Verhaltenstherapie, 1,* 226-233.

Cooper, J. (1970). The Leyton Obsessional Inventory. *Psychological Medicine, 1,* 48-64.

Derogatis, C.R. (1977). *SCL-90. Administration, scoring and procedures. Manual-I for the R (evised) version and other instruments of psychopathology rating scale series.* John Hopkins University School of Medicine.

Goodman, W.K., Price, L.H., Rasmussen, S.A., Mazure, C., Fleischmann, R.L., Hill, C.L., Heninger, G.R. & Charney, D.S. (1989). The Yale-Brown Obsessive Compulsive Scale. I. Development, use and reliability. *Archives of General Psychiatry, 46,* 1006-1011.

Hodgson, R.J. & Rachman, S. (1977). Obsessional-compulsive complaints. *Behavioral Research and Therapy, 15,* 389-395.

Klepsch, R. (1990). Rückblick auf Operationalisierungsverfahren von Zwangscharakter / Analcharakter und Zwangssymptomatik. *Zeitschrift für Klinische Psychologie, 19,* 183-210.

Klepsch, R., Zaworka, W., Hand, I., Lünenschloß, K. & Jauernig, G. (1992). *Das Hamburger Zwangsinventar - Kurzform.* Weinheim: Beltz.

Murphy, D.L., Pickar, D. & Alterman, I.S. (1982). Methods for the quantitative assessment of depressive and manic behavior. In E.I. Burdock, A. Sudilovsky & S. Gershon (Eds.), *The behavior of psychiatric patients* (pp. 355-392). New York, NY: Marcel Dekker Inc.

Rösler, M. & Dietzfelbinger, Th. (1997). Das AMDP als modulares System. In H.-J. Haug & R.-D. Stieglitz (Hrsg.), *Das AMDP-System in der klinischen Anwendung und Forschung* (S. 42-45). Göttingen: Hogrefe.

Zaworka, W., Hand, I., Lünenschloß, K. & Jauernig, G. (1983). *Das Hamburger Zwangsinventar.* Weinheim: Beltz.

Wie sah es nach 20 Monaten aus? Zur Langzeitreliabilität von CIDI - Angstsymptomen in der Allgemeinbevölkerung

Hans-Rudolf Wacker

Einleitung

Ziel der vorliegenden Untersuchung war es, die Langzeitreliabilität (Stabilität) der mit Hilfe des **Composite International Diagnostic Interviews** (**CIDI**, Wittchen et al., 1990) erhobenen Angaben bezüglich lebenszeitlich vorgekommener Angstsymptome 20 Monate nach einer Erstbefragung bei Personen zu überprüfen, die anläßlich einer psychiatrisch-epidemiologischen Untersuchung in der Allgemeinbevölkerung von Basel-Stadt (Wacker, 1995) bereits einmal befragt worden waren.

Methoden

Anläßlich der Erstbefragung wurden von einer zufällig aus der Allgemeinbevölkerung von Basel-Stadt gezogenen Stichprobe (N = 900) 470 Personen (261 Frauen und 209 Männer) auf das **lebenszeitliche Vorkommen von Angststörungen und affektiven Störungen** mit Hilfe des CIDI durch sechs geschulte Interviewer befragt, die über klinisch-psychiatrische oder klinisch-psychologische Erfahrung verfügten. Ca. 20 Monate nach der Erstbefragung (M = 608.76, s = 76.72 Tage) wurde bei 85 Personen (60 Männer, 25 Frauen) mit dem gleichen Befragungsinstrument eine Nachbefragung durch einen Interviewer aus dem Interviewerteam durchgeführt, der die Probanden nicht kannte und dem die Ergebnisse aus dem ersten Interview nicht bekannt waren. Das mittlere Alter der Männer betrug zur Zeit der Erstbefragung 48.12 (s = 9.47) Jahre, jenes der Frauen lag bei 48.58 (s = 12.19) Jahren. Die nachbefragten Probandinnen und Probanden wurden vor dem Interview darüber informiert, daß dem Zweitinterviewer die Ergebnisse des Erstinterviews nicht bekannt seien und daß es darum gehe, die Fragen möglichst so zu beantworten, als würden sie in einem Erstinterview gestellt. Gemäß DSM-III-R wurden bei 35 der 85 nachbefragten Personen anläßlich der Erstbefragung lebenszeitlich irgendeine Angststörung und/oder eine affektive Störung diagnostiziert. Aus dem Angstteil des CIDI wurden alle jene Fragen auf Konsistenz der Beantwortung hin geprüft, die jeweils bei mindestens 10 Personen beim ersten und beim zweiten Interview gestellt wurden. Als Maße für die zufallskorrigierte Übereinstimmung wurden die Kappa-Statistik und Yules'Y verwendet.

Resultate

Wie der Tabelle 1 entnommen werden kann, stimmen die Angaben in den beiden Interviews bezüglich des Auftretens eines **plötzlichen und unerwarteten Angstanfalls** sowie eines situationsungebundenen Angstanfalls gut bis sehr gut miteinander überein. Die Angaben hinsichtlich des Erleidens von **agoraphoben Ängsten** und der **starken Angst, in der Öffentlichkeit zu sprechen** sowie die Angaben bezüglich bestimmter **einfach-phobischer Ängste** stimmen ebenfalls im Zweitinterview recht gut mit den im ersten Interview gemachten Angaben überein. Es wird aber auch deutlich, daß einzelne Fragen anläßlich des Zweitinterviews dermaßen häufig anders als beim Erstinterview beantwortet wurden, daß keine signifikante Übereinstimmung mehr zwischen den Angaben bei den zwei Interviews erzielt wurde. So erwies sich z.B. die Beantwortung der Frage nach einer "Brückenphobie" (d.h. einer derart unbegründet starken Angst, eine Brücke zu überqueren, daß es zu einer Vermeidung kommt oder, im Falle der Exposition, zu heftigen Reaktionen des autonomen Nervensystems) als erstaunlich wenig stabil. Auch für einzelne vegetative Symptome, die im Zusammenhang mit der Exposition gegenüber irgendeiner agoraphoben Situation auftreten können, wurden mehrfach diskrepante Beurteilungen anläßlich der beiden Interviews abgegeben. Einzig die bei agoraphobem Stimulus auftretenden Schwindelgefühle wurden anläßlich der beiden Interviews als signifikant übereinstimmend beurteilt (Kappa = 0.55, $p < 0.02$). Andererseits muß aber darauf hingewiesen werden, daß die Übereinstimmungen der Antworten in Bezug auf die Frage nach unbegründeter starker Angst in einzelnen "agoraphoben" Situationen (Menschenmengen, Verlassen des Hauses, öffentliche Plätze, Benutzung von Bus, Flugzeug oder Zug) bei den beiden Interviews mäßig bis gut oder sehr gut sind. Bemerkenswert ist jedoch, daß z.B. das **Vermeideverhalten** in Bezug auf solche Situationen in nicht signifikant übereinstimmender Weise beurteilt wurde (Kappa = 0.42, $p = 0.059$). Ebenso überrascht, daß die Beurteilung, ob eine bestimmte Form der Agoraphobie wesentlich in das normale Leben eingegriffen habe (Frage D27_3), beim Zweitinterview nicht signifikant übereinstimmend mit dem Erstinterview erfolgte. Der Grad der Übereinstimmung der Beantwortung auf die Frage nach "langandauernden Angstzuständen von 4 Wochen oder mehr", die mit "fast unablässiger Ängstlichkeit und Besorgtheit" verbunden sind, erreichte wohl ein Ausmaß, das sich gerade noch als signifikant erweist, jedoch ist diese

Übereinstimmung, wie der dazugehörige Kappa-Wert zeigt (Kappa = 0.25), als nicht akzeptabel einzustufen.

Tabelle 1 Langzeitstabilität von Angstsymptomen, Übereinstimmung auf Itemebene
(Grundrate > 10%, N > 10)

Item-Nr.	Kurzbezeichnung	N	%	K	Y
D1	**Panikstörung** Plötzlicher Angstanfall	85	87.1	0.57***	0.65
D2	Angstanfall ohne Gefahr	10	90.0	0.78***	0.69
D11	**Generalisierte Angststörung** Mehr als 1 Monat ängstlich	85	77.6	0.25*	0.35
D20	**Agoraphobie** Agoraphobe Ängste	85	89.4	0.69***	0.77
D20_A_1	Menschenmenge	14	92.9	0.81***	0.75
D20_A_2	Haus verlassen	14	85.7	0.59**	0.64
D20_A_3	Öffentliche Plätze	14	85.7	0.66**	0.67
D20_A_4	Bus, Flugzeug, Zug	14	71.4	0.46*	0.57
D20_A_5	Brücke überqueren	14	70.4	0.28	0.38
D22_1	Schwindelgefühle	14	78.6	0.55*	0.58
D22_2	Schwitzen	13	30.7	-0.35	-0.42
D22_3	Zittern	13	61.5	0.16	0.17
D22_4	Trockener Mund	12	66.7	0.33	0.38
D22_5	Herzklopfen	14	64.3	0.19	0.21
D23	Angst vor Kollaps	14	64.3	0.22	0.30
D24	Vermeideverhalten	14	85.7	0.42	0.54
D27	Gespräch mit Arzt	14	71.4	0.46*	0.57
D27_2	Einnahme von Medikamenten	12	100.0	1.00***	1.00
D27_3	Beeinträchtigung des Lebens	14	71.4	0.38	0.39
D28	Reiseunfähigkeit wegen Angst	14	85.7	0.71**	0.71
D29	Unfähig, das Haus zu verlassen	14	100.0	1.00***	0.84
D32_1	**Soziale Phobie** In der Öffentlichkeit sprechen	85	91.8	0.77***	0.82
D35	Gespräch mit Arzt	20	80.0	0.47*	0.57
D35_1	Gespräch mit anderem Fachmann	13	84.6	0.43*	0.56
D35_2	Einnahme von Medikamenten	17	94.1	0.76***	0.75
D35_3	Beeinträchtigung des Lebens	20	75.0	0.43*	0.46
D36	Aus der Fassung geraten	20	75.0	0.49*	0.50
D38	Arbeit beeinträchtigt	17	82.5	0.60**	0.63
D39	Meidung sozialer Anlässe	17	82.3	0.62**	0.65
D40	Panik in phobischen Situationen	17	76.5	-0.13	0.02
D41_1	Erröten in phobischen Situationen	17	82.3	0.60**	0.63
D41_3	Angst vor Peinlichkeit	17	76.5	0.43*	0.46

Tabelle 1 (Fortsetzung) Langzeitstabilität von Angstsymptomen, Übereinstimmung auf Itemebene

(Grundrate > 10%, N > 10)

Item-Nr.	Kurzbezeichnung	N	%	K	Y
	Einfache Phobie				
D42_1	Höhenangst	85	92.9	0.74***	0.77
D45	Gespräch mit Arzt	24	66.7	0.29	0.31
D45_3	Beeinträchtigung des Lebens	23	56.2	0.15	0.20
D46	Aus der Fassung geraten	24	58.3	0.17	0.18
D48	Arbeit beeinträchtigt	23	82.6	0.25	0.42
D49	Meidung sozialer Anlässe	23	60.9	-0.24	-0.30
D50	Panik in phobischen Situationen	10	50.0	-0.19	-0.22

(10% > Grundrate > 5%)

Item-Nr.	Kurzbezeichnung	N	%	K	Y
	Soziale Phobie				
D32_3	Öffentlich Essen oder Trinken	85	92.9	0.36**	0.63
D32_6	Vor einer Gruppe sprechen	85	89.4	0.47**	0.62
	Einfache Phobie				
D42_2	Fliegen	83	90.4	0.58***	0.70
D42_3	Angst, Blut zu sehen	85	90.6	0.55***	0.67
D42_4	Angst vor Stürmen, Donner, Blitz	85	91.1	0.32**	0.56
D42_5	Angst vor bestimmten Tieren	85	85.9	0.32**	0.49
D42_7	Angst vor Spritzen/Zahnarzt	85	89.4	0.47**	0.67
D42_10	Angst vor anderen Dingen	85	83.5	0.14	0.30
D45_2	Einnahme von Medikamenten	19	89.5	0.46**	0.63

K: Kappa, Y: Yule, * $p < 0.05$ ** $p < 0.01$ *** $p < 0.001$

In Bezug auf Fragen, die die **soziale Phobie** betreffen, fällt auf, daß die Fragen, ob die Probanden sich in den soziophoben Situationen jeweils "nervös oder panisch" fühlten, ob sie schwitzten, Herzklopfen hatten oder kurzatmig waren (Frage D40), in den beiden Interviews uneinheitlich beantwortet wurden. Die anderen beurteilbaren Items zeigten mäßige bis substantiell gute Übereinstimmungen.

In Bezug auf die Beurteilung des Übereinstimmungsgrades einzelner Items, die die **"einfache Phobie"** betreffen, ist anzumerken, daß nur bei der Höhenangst eine Grundrate von über 10% vorlag, so daß die übrigen 8 im CIDI aufgeführten einfachen Phobien nicht zuverlässig auf ihre "Langzeitstabilität" hin beurteilt werden können. Bei der Durchsicht der übrigen Fragen, die in diesem Abschnitt des Fragebogens an den Interviewten gerichtet werden, fällt auf, daß auch hier die Frage nach panikartigen Zuständen in phobischen Situationen mit heftigen Reaktionen des autonomen Nervensystems (Schwitzen, Herzklopfen, Atemnot) anläßlich der beiden Interviews nicht konsistent beantwortet wurde.

Diskussion

Im Gegensatz zur Prüfung der **"Kurzzeitreliabilität"** (Wacker et al., 1990; Wittchen & Semler, 1986), bei der die Zuverlässigkeit der Angaben bezüglich berichteter Beschwerden und Symptome von befragten Personen innerhalb von wenigen Tagen überprüft wird, ist die hier vorgestellte zweimalige Erfassung lebenszeitlicher Angstsymptome in einem mittleren Abstand von mehr als 1½ Jahren mit dem gleichen Instrument und dem gleichen Interviewerteam relativ ungewöhnlich. Wegen des zwischen den beiden Untersuchungen liegenden langen Zeitabschnittes werden Erinnerungseffekte, die das Zweitinterview beeinflussen könnten, praktisch unmöglich. Somit darf angenommen werden, daß sich aus dem Vergleich der von den Befragten gegebenen Antworten Rückschlüsse auf die Stabilität von Erinnerungen an erlebte und bewußt wahrgenommene Symptome und Beschwerden gestatten lassen, ohne daß dabei störende Einflüsse des Antwortverhaltens anläßlich des ersten Interviews die Ergebnisse des Zweitinterviews verzerrten. Die längste uns bekannte Nachfolgeuntersuchung, die die "Reliabilität" der auf die Lebenszeit bezogenen Symptome und Beschwerden erfaßte, ist die Studie von Bromet et al. (1986). Diese Autoren untersuchten im Abstand von 18 Monaten zwischen Erst- und Zweitinterview die Langzeitreliabilität für die Lebenszeitdiagnose einer Major Depression. Die Interviewer verfügten über eine langjährige klinisch-psychiatrische Erfahrung, und sie stellten die Diagnose mit Hilfe eines strukturierten Untersuchungsinstruments (SADS-L).

Anläßlich der vorliegenden Untersuchung wurde bei einer Vielzahl von Items des Angstteils des CIDI keine Konkordanz zwischen den beiden Beurteilungen erreicht, und zwar gerade bei solchen Fragen, von denen hätte angenommen werden können, daß sie in guter Übereinstimmung beantwortet würden, so z.B. das Vermeideverhalten und die symptombedingte Beeinträchtigung des Lebensvollzuges in der Agoraphobie, die Gefühle der "Panik" in phobischen Situationen bei der sozialen Phobie und die symptombedingte Beeinträchtigung des Lebensvollzuges bei der einfachen Phobie. In Bezug auf das Eingangsitem zur Frage nach einer **"Generalisierten Angststörung"** (D_11: mehr als 1 Monat ängstlich) kann gesagt werden, daß der Übereinstimmungsgrad zwischen der Erst- und der Zweitbeantwortung wenig befriedigend ist. In einer Studie zur Prüfung der Reliabilität der Erhebung von Angstsyndromen fanden Mannuzza et al. (1989), daß die Lebenszeitdiagnose für eine Generalisierte Angststörung nur unzuverlässig reproduziert werden kann, wenn der Abstand zwischen Erst- und Zweitinterview mehr als einen Monat beträgt. Leckman et al. (1982) fanden anläßlich einer methodologischen Untersuchung zur besten Schätzung von Lebenszeitdiagnosen, daß Generalisierte Angststörungen nur mit einer "marginalen" Zuverlässigkeit diagnostiziert werden können, und Di Nardo et al. (1983) stellten bei einer Untersuchung von 60 Patienten einer Angstklinik fest, daß sich die Generalisierte Angststörung nur mit einer geringen Zuverlässigkeit diagnostizieren läßt. Die Zuverlässigkeit der Diagnose der Generalisierten Angststörung ist verknüpft mit der Zuverlässigkeit der Angabe über die Dauer der Ängstlichkeit und Besorgtheit. In der benützten Fassung des CIDI lautet die Eingangsfrage zum Abschnitt "Generalisierte Angststörung", ob sich der oder die Befragte jemals länger als einen Monat während der meisten Zeit ängstlich und besorgt fühlte. Wird diese Frage verneint, dann kann der Interviewer gemäß Sprungregel zum nächsten Befragungsabschnitt, dem Agoraphobieteil, vorrücken. Erst wenn die Frage durch den Befragten bejaht wird, ist der Interviewer angehalten, sich nach der längsten Dauer der Ängstlichkeit und Besorgtheit zu erkundigen, um im Anschluß daran die weiteren Symptome zu erheben. Es stellt sich hier das Problem, ob die für die Generalisierte Angststörung vorgegebene Frage, die sich als wenig stabil in Bezug auf ihre Beantwortung erwies, geeignet ist, die Rolle als "Schlüsselfrage" zu übernehmen.

Aus den nur kursorisch diskutierten **Ergebnissen zur Langzeitreliabilität** von CIDI-Angstsymptomen kann geschlossen werden, daß das lebenszeitliche Vorkommen von relativ gravierenden und beeinträchtigenden Symptomen (plötzliche Angstanfälle, bestimmte agoraphobe Ängste, bestimmt soziophobe Ängste, z.B. in der Öffentlichkeit zu sprechen, sowie einzelne einfach phobische Ängste, z.B. Höhenangst, Fliegen, Angst, Blut zu sehen) in relativ stabiler Weise auch 20 Monate nach der Erstbefragung von Probanden angegeben wurde. Demgegenüber erwies sich aber die Angabe bezüglich Dauer bestimmter Angstsyndrome (generalisiertes Angstsyndrom) als relativ unstabil. Dies führt dazu, daß es auf diagnostischer Ebene zu Divergenzen zwischen den Ergebnissen von Erst- und Zweitbefragung nach einem längeren Zeitabschnitt kommen kann, ohne daß diese auf zwischenzeitlich aufgetretene Störungen hätten zurückgeführt werden können.

Zusammenfassung

Im Abstand von 20 Monaten wurden 85 Personen (25 Männer (mittleres Alter: M = 48.12, s = 9.47 Jahre) und 60 Frauen (mittleres Alter: M = 48.58, s = 12.19 Jahre)) mit dem Composite International Diagnostic Interview (CIDI) durch geschulte Interviewer auf das Vorliegen von Angstsymptomen befragt, um das Ausmaß der "Langzeitreliabilität" lebenszeitlich vorgekommener Angstsymptome zu überprüfen. Die Auswertung erfolgte mit Hilfe der Kappa- und Yules'Y-Statistik. Das lebenszeitliche Vorkommen von gravierenden und beeinträchtigenden Symptomen (plötzliche Angstanfälle, bestimmte agoraphobe Ängste, bestimmte soziophobe Ängste, z.B. in der Öffentlichkeit zu sprechen, sowie einzelne einfach-phobische Ängste, z.B. Höhenangst, Fliegen, Angst, Blut zu sehen) wurde in relativ stabiler Weise 20 Monate nach der Erstbefragung von den Befragten angegeben. Demgegenüber erwiesen sich jedoch die Angaben bezüglich der mehr als einen Monat dauernden generalisierten Ängstlichkeit als relativ unstabil. Ebenso zeigten sich die Angaben bezüglich einzelner psychovegetativer Symptome und des Vermeideverhaltens bei der Agoraphobie als wenig stabil, und bei der einfachen Phobie konnte ebenfalls keine befriedigende Übereinstimmung gefunden werden in Bezug auf die Phobie bedingte Beeinträchtigung des Lebens.

Literatur

Bromet, E.J., Dunn, L.O., Connell, M.M., Dew, M.A. & Schulberg, H.C. (1986). Long-term reliability of diagnosing lifetime major depression in a community sample. *Archives of General Psychiatry, 43,* 435-440.

Di Nardo, P.A., O'Brien, G.T., Barlow, D.H., Waddell, M.T. & Blanchard, E.B. (1983). Reliability of DSM-III anxiety disorder categories using a new structured interview. *Archives of General Psychiatry, 40,* 1070-1074.

Leckman, J.F., Sholomskas, D., Thompson, D., Belanger, A. & Weissman, M.M. (1982). Best estimate of lifetime psychiatric diagnosis. A methodological study. *Archives of General Psychiatry, 39,* 879-883.

Mannuzza, S., Fyer, A.J., Martin, L.Y., Gallops, M.S., Endicott, J., Gorman, J., Liebowitz, M.R. & Klein, D.F. (1989). Reliability of anxiety assessment. I. Diagnostic agreement. *Archives of General Psychiatry, 46,* 1093-1101.

Wacker, H.R. (1995). *Angst und Depression - eine epidemiologische Untersuchung.* Bern: Huber.

Wacker, H.R., Battegay, R., Müllejans, R. & Schlösser, C. (1990). Using the CIDI-C in the general population. In C.N. Stefanis, C.R. Soldatos & A.D. Rabavilas (Eds.), *Psychiatry: A world perspective,* Vol. 1. (pp. 138-143). Amsterdam: Elsevier Science.

Wittchen, H.-U. & Semler, G. (1986). Diagnostic reliability of anxiety disorders. In I. Hand & H.-U. Wittchen (Eds.), *Panic and phobias: Empirical evidence of theoretical models and longterm effects of behavioral treatment* (pp. 7-17). New York: Springer Publishing Co. Inc.

Wittchen, H.-U. & Semler, G. (1990). *Composite International Diagnostic Interview (CIDI). Interviewheft und Manual.* Weinheim: Beltz.

V.

Weitere diagnostische und methodische Untersuchungen

V.

Weitere diagnostische und mikrodische Untersuchungen

Selbst- und Fremdrating mit dem Münchner Persönlichkeitstest (MPT) bei Patienten mit und ohne Persönlichkeitsstörung

Hans-Jörg Assion, Horst Müller und Hans-Jürgen Möller

Einleitung

Wir untersuchten Patienten mit versus ohne eine Persönlichkeitsstörung mittels des Münchner Persönlichkeitstests (MPT). Ziel der Untersuchung war ein Vergleich der in diesem Test enthaltenen Selbst- und Fremdbeurteilungsskalen unter folgenden Fragestellungen:
1. Unterscheiden sich Selbst- und Fremdbeurteilung bei Patienten mit Persönlichkeitsstörungen?
2. In welchen Skalen zeigen sich bei Patienten mit einer Persönlichkeitsstörung im Vergleich zu anderen Patienten Unterschiede?

Methodik

Es nahmen 63 stationäre Patienten an der multizentrischen Studie zur Untersuchung von Persönlichkeitsmerkmalen psychiatrischer Patienten teil. Neben anderen Skalen bearbeiteten die Patienten den Münchener Persönlichkeitstest (MPT).

Der **Selbstbeurteilungsbogen** des MPT besteht aus 51 Items, die sich auf folgende 9 Persönlichkeits-Dimensionen beziehen: Neurotizimus, Isolationstendenz, Frustrationstoleranz, Rigidität, Extraversion, Esoterische Neigungen, Schizoidie, Normenorientiertheit und schließlich Motivation (Bronisch et al., 1993). Der **Fremdbeurteilungsbogen** des MPT enthält die gleichen 51 Fragen des Selbstbeurteilungsbogens (von Zerssen et al., 1988).

Bei unserer Untersuchung erfolgte die Fremdbeurteilung durch 40 Verwandte unserer stationären Patienten. 11 Patienten erfüllten die Kriterien einer Persönlichkeitsstörung nach DSM-III-R. Wir verglichen die Selbst- und Fremdbeurteilung dieser Patienten mit den 29 Patienten ohne eine Persönlichkeitsstörung.

Es wurde für jede Persönlichkeits-Dimension eine zweifaktorielle Varianzanalyse mit den Faktoren Selbst- / Fremdbeurteilung und Persönlichkeitsstörung / keine Persönlichkeitsstörung errechnet. Als Signifikanzgrenze wurde $p = .05$ festgelegt.

Um die verschiedenen Persönlichkeitsprofile von Patienten mit und ohne Persönlichkeitsstörung zu beschreiben, wurden standardisierte Scores mit einem Mittelwert von 100 und einer Standardabweichung von 15 bei dem gesamten Sample berechnet.

Ergebnisse

Bemerkenswert ist zunächst, daß sich bei keiner Dimension signifikante Unterschiede im Vergleich der Selbst- zur Fremdbeurteilung zeigten.

Signifikant unterschiedlich waren Patienten mit versus ohne eine Persönlichkeitsstörung bezüglich zweier Dimensionen der Persönlichkeit, die in Abbildung 1 dargestellt sind. So waren Patienten mit einer Persönlichkeitsstörung signifikant neurotischer und zeigten eine stärkere Isolationstendenz.

Tendenziell ($p < .20$) erschienen Patienten mit einer Persönlichkeitsstörung Frustrationen gegenüber weniger tolerant ($p = .14$), waren schizoider ($p = .06$) und weniger normorientiert ($p = .06$).

Eine Zusammenfassung zeigt die Abbildung 2 "Persönlichkeitsprofil" mit einer Gegenüberstellung der Patienten mit versus ohne Persönlichkeitsstörung. Da die Selbst- und Fremdbeurteilung zu den gleichen Ergebnissen führte, liegt dieser Abbildung nur die Fremdbeurteilung zugrunde.

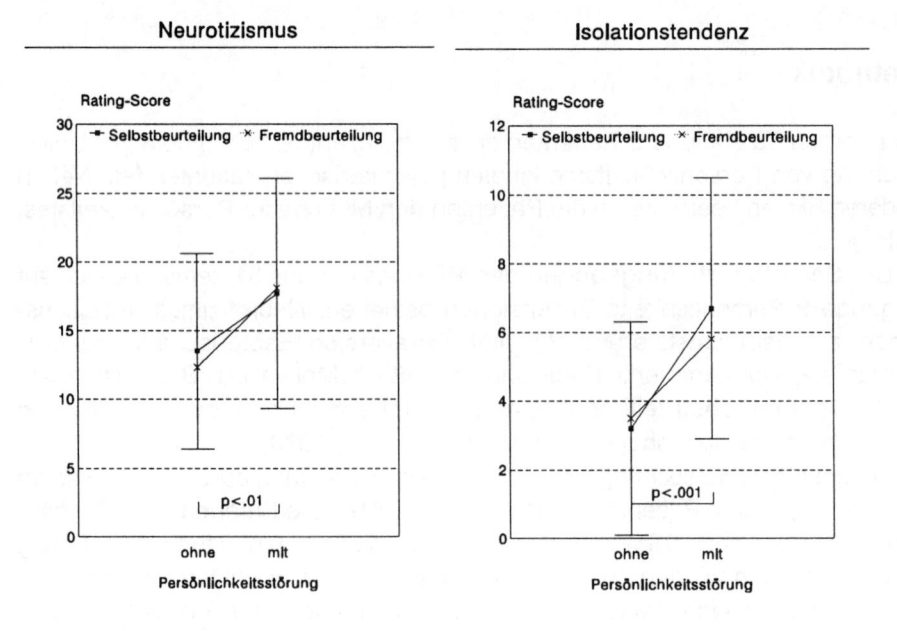

Abbildung 1 Dimensionen des MPT

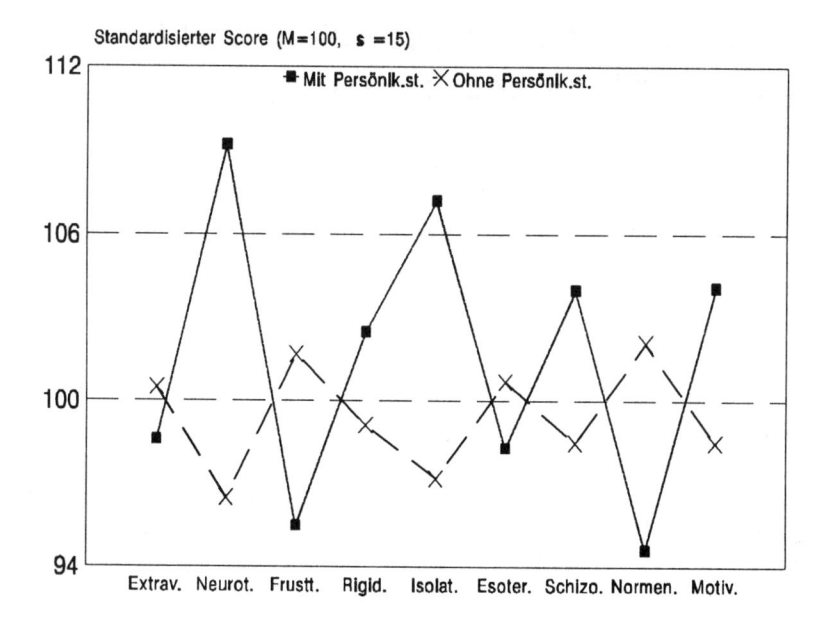

Abbildung 2 Persönlichkeitsprofil von psychiatrischen Patienten mit und ohne eine Persönlichkeitsstörung

Zusammenfassung

Die Ergebnisse belegen, daß durch den MPT Patienten mit Persönlichkeitsstörung von Patienten ohne Persönlichkeitsstörung unterschieden werden können. Hervorzuheben sind die ähnlichen Ergebnisse des Selbst- und Fremdratings bei Patienten sowohl mit als auch ohne Persönlichkeitsstörung.

Literatur

Bronisch, T., Flett, S., Garcia-Borreguero, D. & Wolf, R. (1993). Comparison of a self-rating questionnaire with a diagnostic checklist for the assessment of DSM-III-R personality disorders. *Psychopathology, 26,* 102-107.

Zerssen, D. von, Pfister, H. & Koeller, D.M. (1988). The Munich Personality Test (MPT) - a short questionnaire for self-rating and relatives' rating of personality traits: formal properties and clinical potential. *European Archives of Psychiatry and Neurological Sciences, 238,* 73-93.

Diagnostic Interview for Genetic Studies (DIGS): Interrater und Test-Retest Reliabilität für Alkohol- und Drogenerkrankungen

Alexandre Berney, Martin Preisig, Marie-Louise Matthey und François Ferrero

Einleitung

Das halbstrukturierte diagnostische Interview DIGS (**Diagnostic Interview for Genetic Studies**) wurde vom National Institute of Mental Health (NIMH) entwickelt mit dem Ziel, bei der Durchführung von genetischen Studien, insbesondere über die Schizophrenie und affektive Störungen, die Phänotypen genauer bestimmen zu können (Nurnberger et al., 1994). Die präzise Erfassung der Phänotypen ist für den Erfolg von künftigen genetischen Studien über psychiatrische Störungen von entscheidender Bedeutung, zumal die ungenaue Bestimmung der Phänotypen eine der Hauptursachen der fehlenden Replizierbarkeit von solchen Studien in den letzten Jahren gewesen sein könnte.

Ein besonderes Problem in der Psychiatrie liegt im häufig gleichzeitigen Vorliegen von mehreren Störungen, was die diagnostische Sicherheit erniedrigt. Besonders hoch ist die Komorbidität von affektiven Störungen, Alkohol- und Drogenerkrankungen. Das DIGS-Interview trägt dem Problem der **Komorbidität** Rechnung, indem es erlaubt, ein weites Spektrum der Störungen der ersten Achse des DSM-IV-Systems zu diagnostizieren und Informationen über den Verlauf und speziell über die chronologische Entwicklung von komorbiden Erkrankungen zu gewinnen. Sowohl herkömmliche kategoriale wie auch quantitative Phänotypen können mit Hilfe dieses Interviews erfaßt werden, um die Vulnerabilität ("susceptibility traits") für gewisse Störungen zu bestimmen.

Die Interrater- und Test-Retest Reliabilitäten der ursprünglichen englischen Version erwiesen sich für die diagnostischen Kategorien der Schizophrenie, der unipolaren und bipolaren affektiven Störungen als ausgezeichnet, für die schizoaffektiven Störungen hingegen als weniger gut. Unsere Forschungsgruppe in Lausanne hat zusammen mit jener des INSERM in Paris eine französische Version des DIGS erarbeitet. Diese wurde einer Reliabilitätsprüfung in Paris und Lausanne unterzogen (Veröffentlichung der Resultate in Vorbereitung). Neben den Kategorien der Schizophrenie, der schizoaffektiven und der affektiven Störungen wurden in unserer Klinik auch die Reliabilitäten der Alkohol- und Drogendiagnosen im Hinblick auf eine genetisch-epidemiologische Familienstudie getestet. Diese beiden diagnostischen Kategorien waren für das ursprüngliche englische Instrument nicht geprüft worden. Erste Ergebnisse unserer Auswertung in Bezug auf die Diagnosen von Alkohol- und Drogenerkrankungen werden hier berichtet.

Methodik

Stichprobe

Die Stichprobe bestand aus 118 Patienten der psychiatrischen Universitätsklinik oder Poliklinik Lausanne (53% Männer, Durchschnittsalter: 39 Jahre). Den Interviewern war nicht bekannt, wo und auf welche Art und Weise die Patienten behandelt wurden. Unter den Patienten, die mit der Diagnose einer Drogenerkrankung in der Studie aufgenommen wurden, waren alle außer einem einmal in Behandlung wegen Heroinabhängigkeit.

Untersuchungsablauf

Ein Interviewer-Team, bestehend aus 8 Psychologen oder Psychiatern, wurde während 4 Monaten zur Durchführung der Validierungsstudie ausgebildet. Während der Ausbildung wurden auf Video aufgezeichnete Interviews von erfahrenen Klinikern supervidiert, bis eine gute Reliabilität erreicht werden konnte.

Die Patienten, die ihre schriftliche Zustimmung zur Teilnahme gegeben hatten, wurden von einem Mitglied des Forschungsteams in Gegenwart eines Co-Raters interviewt. An der Retest-Untersuchung nach sechs Wochen beteiligten sich noch 70% der Patienten. Sie wurden von einem dritten Rater, der keine Information vom Ausgang des ersten Gesprächs hatte, interviewt.

Statistische Auswertung

Die Interrater- und Test-Retest-Reliabilität, basierend auf den Interviewer-Diagnosen, wurden für Alkohol- und Drogenerkrankungen bestimmt. Für Alkoholerkrankungen wurden zwei Kappa-Koeffizienten berechnet: ein Kappa unter Berücksichtigung der Unterscheidung zwischen Mißbrauch und Abhängigkeit, ein Kappa unter Zusammenlegung der beiden Diagnosen. In einem weiteren Schritt wurden die Interviewer-Diagnosen mit den klinischen Diagnosen verglichen.

Ergebnisse

Die Ergebnisse der **Interrater-Reliabilitätsprüfung** des DIGS-Interviews bezüglich der Alkoholdiagnosen sind in Tabelle 1 dargestellt.

Tabelle 1   Interrater Alkohol-Diagnosen

Rater	Interviewer		
	Nein	Mißbrauch	Abhängigkeit
Nein	65	3	3
Mißbrauch	1	5	4
Abhängigkeit	0	5	32

Die Interrater-Reliabilität bei Verzicht auf die Unterscheidung zwischen Mißbrauch und Abhängigkeit ist hoch (Kappa = 0.88), liegt aber etwas tiefer, wenn die Alkoholdiagnosen in Abhängigkeit und Mißbrauch unterteilt werden (Kappa = 0.75).

Noch höhere Interrater-Reliabilitäten wurden für die Drogendiagnosen gefunden (Tabelle 2). Hier lag der Kappa-Koeffizient bei 0.98. Da die Patienten fast ausschließlich wegen Drogenabhängigkeit behandelt wurden, konnte in der Auswertung zwischen Mißbrauch und Abhängigkeit nicht unterschieden werden.

Tabelle 2   Interrater Drogen-Diagnosen

Rater	Interviewer	
	Nein	Mißbrauch / Abhängigkeit
Nein	89	0
Mißbrauch / Abhängigkeit	1	28

Die Tabellen 3 und 4 zeigen, daß die **Test-Retest-Reliabilitäten** für Alkohol- wie auch für Drogendiagnosen niedriger lagen als jene für die entsprechenden Interrater-Reliabilitäten. Bei Unterscheidung zwischen Mißbrauch und Abhängigkeit wurde ein Kappa-Koeffizient von 0.61 für Alkoholdiagnosen gefunden, ohne diese Unterscheidung lag der entsprechende Wert bei 0.75.

Tabelle 3 Test-Retest Alkohol-Diagnosen

Interviewer	Retest		
	Nein	Mißbrauch	Abhängigkeit
Nein	43	1	2
Mißbrauch	5	0	4
Abhängigkeit	3	2	23

Für die Test-Retest-Reliabilität der Drogendiagnosen wurde ein Kappa-Koeffizient von 0.88 ermittelt.

Tabelle 4 Test-Retest Drogen-Diagnosen

Interviewer	Retest	
	Nein	Mißbrauch / Abhängigkeit
Nein	67	1
Mißbrauch / Abhängigkeit	2	13

Tabelle 5 veranschaulicht eine nur mäßige Übereinstimmung zwischen den durch das DIGS-Interview ermittelten Alkoholdiagnosen und den klinischen Diagnosen, wobei der Einbezug der Unterscheidung zwischen Mißbrauch und Abhängigkeit praktisch keinen Einfluß auf die Kappa-Koeffizienten hatte (Kappa mit Unterscheidung zwischen Mißbrauch und Abhängigkeit = 0.51; Kappa ohne Unterscheidung zwischen Mißbrauch und Abhängigkeit = 0.53).

Tabelle 5 DIGS- versus klinische Alkohol-Diagnosen

DIGS	Klinische Diagnosen		
	Nein	Mißbrauch	Abhängigkeit
Nein	61	4	1
Mißbrauch	8	2	3
Abhängigkeit	13	1	24

Die relativ schlechte Übereinstimmung zwischen den klinischen und den durch das DIGS-Interview ermittelten Diagnosen ist hauptsächlich auf Alkoholprobleme zurückzuführen, die im Laufe des DIGS-Interviews berichtet, in der Klinik aber nicht als Diagnosen festgehalten wurden.

In Bezug auf Drogenerkrankungen wurde hingegen eine deutlich höhere Übereinstimmung zwischen klinischen Diagnosen und jenen, die mit Hilfe des DIGS-Interviews gestellt wurden, ermittelt (Tabelle 6). Hier lag der Kappa-Koeffizient bei 0.83.

Tabelle 6 DIGS- versus klinische Drogen-Diagnosen

DIGS	Klinische Diagnosen	
	Nein	Mißbrauch / Abhängigkeit
Nein	87	3
Mißbrauch / Abhängigkeit	4	23

Schlußfolgerungen

Die Reliabilitätsprüfung des DIGS-Interviews bezüglich der diagnostischen Kategorien Alkohol- und Drogenerkrankungen zeigte folgende Resultate:

1. Die Interrater-Reliabilität bezüglich des Vorhandenseins oder Fehlens einer Alkohol- oder Drogenerkrankung ist ausgezeichnet. Auch bei Unterscheidung zwischen Alkoholmißbrauch und -abhängigkeit bleibt sie befriedigend hoch.

2. Die 6-Wochen Test-Retest-Reliabilitäten erwiesen sich ebenfalls für beide Diagnosen als befriedigend bis gut, wobei wiederum die Reliabilität bei Unterscheidung zwischen Alkoholmißbrauch und -abhängigkeit tiefer lag.

3. Die Übereinstimmung mit den in unserer Klinik gestellten Diagnosen war hoch für Drogenerkrankungen, aber relativ gering für Alkoholismus. Dies war hauptsächlich auf die im Vergleich zur klinischen Praxis höhere Sensitivität des DIGS-Interviews für Alkoholdiagnosen zurückzuführen.

Literatur

Nurnberger, J.I., Blehar, M.C., Kaufmann, C.A., York-Cooler, C.Y., Simpson, S.G., Harkavy-Friedman, J.H., Severe, J.B., Malaspina, D. & Reich, T. (1994). Diagnostic Interview for Genetic Studies. Rationale, unique features, and training. *Archives of General Psychiatry, 51,* 849-859.

Vergleich der AMDP-Syndrome bei schizoaffektiven Psychosen nach den Kriterien der ICD-9 und ICD-10

Ronald Bottlender, Christine Mirlach, Anton Strauß, Paul Hoff und Hans-Jürgen Möller

Einleitung

Das Konzept der schizoaffektiven Psychosen hat sich seit seiner Einführung in die psychiatrische Diagnostik vielfach gewandelt. Auch heute noch werden die schizoaffektiven Psychosen in den verschiedenen international gebräuchlichen diagnostischen Manualen (ICD-10 und DSM-IV) unterschiedlich behandelt. Anhand der AMDP-Daten unserer Klinik wurde überprüft, ob sich die unter den unterschiedlichen Kriterien des ICD-9 und ICD-10 diagnostizierten schizoaffektiven Psychosen auf AMDP-Syndrom-Ebene unterscheiden lassen. Dies wäre zu erwarten, da das Konzept dieses Krankheitsbildes im ICD-9 sehr viel weiter gefasst wurde als im ICD-10. Zur Beantwortung dieser Fragestellung wurden die AMDP-Aufnahme-Ratings aller schizoaffektiven Störungen der Jahrgänge 1984/85 (ICD-9-Gruppe, N = 251) und 1994/95 (ICD-10-Gruppe, N = 190) auf Syndrom- und Einzelsymptomebene miteinander verglichen.

Methodik

In die Studie wurden alle in der Psychiatrischen Klinik der Ludwig-Maximilians-Universität (LMU) unter der Diagnose einer schizoaffektiven Psychose stationär behandelten Patienten der Jahrgänge 1984/85 (ICD-9: 295.7) und 1994/95 (ICD-10: F25) aufgenommen. Zum statistischen Gruppenvergleich wurden die AMDP-Syndrome (paranoid-halluzinatorisches S., PARHAL; Depressives S., DEPRES; Manisches S., MANI; Apathisches S., APA) nach Gebhardt et al. (1983) und das NAMDP-Syndrom nach Angst et al. (1989) aus den AMDP-Aufnahme-Befunden berechnet. Die Statistik (t-Test für unabhängige Stichproben) wurde mittels SPSS durchgeführt.

Ergebnisse

Von den 3172 stationär behandelten Patienten der Jahrgänge 1984/85 wurde bei 251 Patienten (7.9%) eine **schizoaffektive Störung** nach den ICD-9-Kriterien diagnostiziert. Das durchschnittliche Alter lag bei 36.6 Jahren (s = 10.5 Jahre), das Verhältnis von Frauen zu Männern betrug 188 zu 63. In den Jahrgängen 1994/95 wurde bei insgesamt 3044 Patienten in 190 Fällen (6.2%) eine schizoaffektive Störung nach ICD-10-Kriterien festgestellt. In dieser Gruppe lag das durchschnittliche Alter bei 41.7 Jahren (s = 12.3 Jahre), das Verhältnis von Frauen zu Männern betrug 148 zu 42.

Auf **AMDP-Syndrom-Ebene** fanden sich signifikante Unterschiede (t-Test) für die ICD-9 und ICD-10-Gesamtgruppe der schizoaffektiven Psychosen lediglich in der paranoid-halluzinatorischen Symptomatik (Durchschnittssummenscore (PARHAL): ICD-9: M = 7.09, N = 251; ICD-10: M = 5.00, N = 190, p < .01), nicht aber für die affektive (MANI, DEPRES) oder negative (APA, NAMDP) Symptomatik. Der Unterschied im PARHAL-Syndrom zeigte sich am deutlichsten in der Gruppe der schizodepressiven Psychosen (ICD-9: M = 6.80, N = 101; ICD-10: M = 3.52, N = 75, p < .01).

Unter Berücksichtigung der Anzahl der bereits aufgetretenen **Krankheitsepisoden** zeigt sich, daß der Unterschied im paranoid-halluzinatorischen Syndrom in den beiden Klassifikationssystemen eindeutig zulasten der nach ICD-9 diagnostizierten schizoaffektiven Psychosen mit bis zu zwei Krankheitsepisoden geht (Tabelle 1). Für die Patientengruppe mit mehr als drei Krankheitsepisoden ist in der ICD-9-Gruppe ein deutlicher Abfall in der paranoid-halluzinatorischen Symptomatik festzustellen, wohingegen das Syndromprofil in der ICD-10-Gruppe stabil bleibt. Statistisch signifikante Unterschiede im Syndromprofil zwischen beiden Gruppen zeigen sich nun nicht mehr (Tabelle 2).

Tabelle 1 Syndromprofil bei Patienten mit bis zu 2 Krankheitsepisoden bei schizoaffektiven Psychosen nach ICD-9- und ICD-10-Kriterien

≤ 2 Episoden	ICD-9	ICD-10	t-Test
N gesamt	67	36	
PARHAL	9.13	4.97	< .01
NAMDP	6.73	7.08	n.s.
APA	3.04	4.05	n.s.
DEPRES	6.80	5.67	n.s.
MANI	4.73	4.44	n.s.

Tabelle 2 Syndromprofil bei Patienten mit mehr als 3 Krankheitsepisoden bei schizoaffektiven Psychosen nach ICD-9- und ICD-10-Kriterien

> 3 Episoden	ICD-9	ICD-10	t-Test
N gesamt	105	98	
PARHAL	5.07	4.53	n.s.
NAMDP	5.41	5.84	n.s.
APA	2.98	3.15	n.s.
DEPRES	6.76	6.04	n.s.
MANI	5.32	5.25	n.s.

Betrachtet man die Unterschiede in der paranoid-halluzinatorischen Symptomatik der Erst- und Zweiterkrankungen auf **Einzelsymptomebene**, so ergeben sich die in Tabelle 3 dargestellten Befunde. Die ICD-9-Gruppe erreicht in den meisten Wahnitems hochsignifikant höhere Durchschnittswerte als die ICD-10-Gruppe. Ebenso zeigten sich in der ICD-9-Gruppe signifikant höhere Werte für das Item "andere Fremdbeeinflussungserlebnisse", unter welchem das Schneider'sche Erst-Rang Symptom "Eindruck des von außen Gemachten" abgebildet werden kann.

Tabelle 3 Einzelsymptomvergleich des PARHAL-Syndroms bei schizoaffektiven Psychosen mit Erst- und Zweiterkrankungen

≤ 2 Episoden	ICD-9	ICD-10	t-Test
N gesamt	67	36	
Symptome (% / M)			
Wahnstimmung	52.2 / 1.27	11.1 / 0.22	< .01
Wahnwahrnehmung	31.3 / 0.70	11.1 / 0.19	< .05
Wahneinfall	43.3 / 0.89	8.3 / 0.17	< .01
Wahngedanken	68.7 / 1.51	27.8 / 0.58	< .01
System. Wahn	7.5 / 0.18	16.7 / 0.31	n.s.
Wahndynamik	22.4 / 0.48	16.7 / 0.39	n.s.
Beziehungswahn	40.3 / 0.93	41.7 / 0.92	n.s.
Beeinträchtigungswahn	65.7 / 1.46	44.4 / 0.92	< .05
Stimmenhören	22.4 / 0.46	30.6 / 0.64	n.s.
Körperhalluzinationen	9 / 0.18	11.1 / 0.31	n.s.
Depersonalisation	17.9 / 0.36	5.6 / 0.11	n.s.
Gedankenentzug	6 / 0.13	2.8 / 0.03	n.s.
and. Fremdbeeinflussung	26.9 / 0.58	11.1 / 0.19	< .05
PARHAL-Syndr.	9.13	4.97	< .01

Diskussion

Im syndromalen Vergleich der Gesamtgruppe der nach ICD-9 bzw. ICD-10 Kriterien diagnostizierten schizoaffektiven Psychosen zeigte sich ein hochsignifikanter Unterschied zwischen beiden Gruppen lediglich im paranoid-halluzinatorischen Syndrom, wobei dieses Syndrom in der ICD-9-Gruppe deutlich höhere Summenscores erzielte als in der ICD-10-Gruppe. Die affektive und negative Symptomatik war in beiden Gruppen etwa gleich ausgeprägt.

Unterscheidet man bei der Analyse der schizoaffektiven Psychosen Patienten mit einem bzw. zwei stationären Aufenthalten (niedrigere diagnostische Sicherheit, aufgrund des kürzeren Verlaufs) von solchen mit mehr als 3 stationären Aufenthalten (höhere diagnostische Sicherheit), so zeigt sich, daß der Unterschied in der paranoid-halluzinatorischen Symptomatik zwischen ICD-9 und ICD-10-Gruppe mit hochsignifikant höheren Summenscores für die ICD-9-Gruppe im Gesamtkollektiv der schizoaffektiven Psychosen vorwiegend durch die Patientengruppe mit einem bzw. zwei stationären Aufenthalten bedingt ist. Dieser Unterschied hebt sich auf, wenn man Patienten mit mehr als drei stationären Aufenthalten - Patienten also, bei denen die Diagnose bereits durch den Verlauf validiert ist - untersucht (Tabelle 2).

Im Untergruppen-Vergleich der schizoaffektiven Psychosen nach ICD-9 und ICD-10 findet sich der Unterschied im paranoid-halluzinatorischen Syndrom am stärksten in der Gruppe der schizodepressiven Psychosen ausgeprägt, wobei auch hier wieder die ICD-9 - Gruppe hochsignifikant höhere Summenscores erzielt. Da bei Vorliegen eines depressiven Syndroms neben der paranoid-halluzinatorischen Symptomatik die Differentialdiagnostik zwischen schizodepressiven Psychosen und Schizophrenien mit depressiver Begleitsymptomatik initial oftmals nur schwer zu treffen ist, kommt es gerade bei den Erst- und Zweiterkrankungen der nach ICD-9 diagnostizierten schizoaffektiven Psychosen möglicherweise zu einem durch fehldiagnostizierte schizophrene Psychosen bedingten Bias.

Vergleicht man die Syndromprofile der schizoaffektiven Psychosen mit denen der schizophrenen Psychosen bezüglich des Verhältnisses von produktiver zu affektiver Symptomatik, so wird deutlich, daß dieses Verhältnis bei den schizophrenen Psychosen ebenso wie bei den schizoaffektiven Psychosen (ICD-9-Gruppe) mit bis zu zwei Krankheitsepisoden deutlich zugunsten der paranoid-halluzinatorischen Symptomatik ausfällt. Demgegenüber stellt sich dieses Verhältnis in der Gruppe der schizoaffektiven Psychosen mit höherer diagnostischer Sicherheit (drei und mehr stationäre Aufnahmen) sowohl in der ICD-9 als auch in der ICD-10-Gruppe wesentlich ausgewogener als bei den Schizophrenien dar (Abbildung 1).

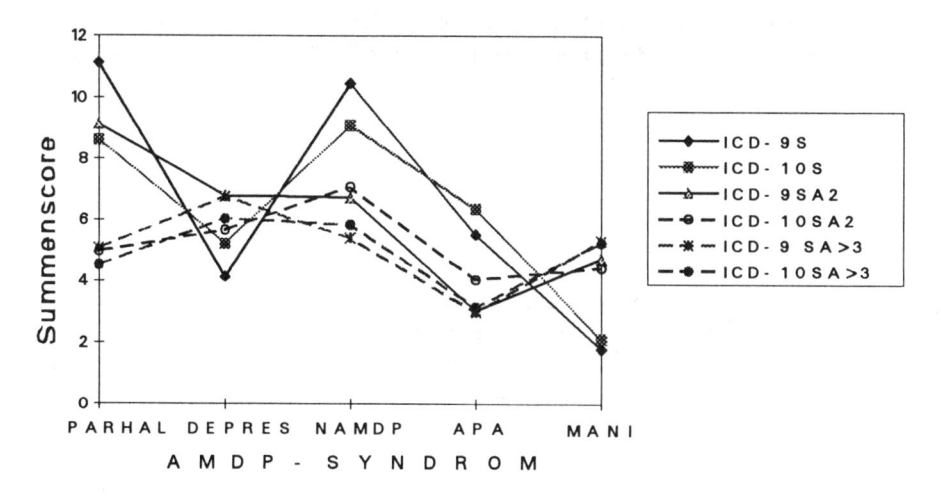

Abbildung 1 Syndromprofile der schizophrenen Psychosen (S) und schizoaffektiven Psychosen mit bis zu 2 Episoden (SA2) und mehr als 3 Episoden (SA3)

Zusammenfassend werden die Ergebnisse von uns dahingehend interpretiert, daß aufgrund des sehr weit auslegbaren Konzeptes der schizoaffektiven Psychosen des ICD-9 gerade bei den Erst- und Zweitaufnahmen häufiger eine Klassifizierung als "schizoaffektiv" denn als "schizophren" vorgenommen wurde, obgleich eine Klassifizierung als "schizophren" von der Symptomatik möglicherweise gerechtfertigt gewesen wäre. Diese Hypothese wird durch Ergebnisse, die sich aus der diagnostischen Reklassifizierung von als schizoaffektiv diagnostizierten ersterkrankten Patienten aus den Jahren 1980 bis 1982 ergeben, unterstüzt (unveröffentlichte Daten von Jäger). In dieser Untersuchung wurde anhand der AMDP-Aufnahmebefunde sowie der Krankenakten eine diagnostische Neuzuordnung mittels der ICD-10-Kriterien vorgenommen, wobei sich zeigte, daß die 56 nach ICD-9-Kriterien diagnostizierten Patienten mit einer schizoaffektiven Psychose in 17 Fällen, also in etwa einem Drittel der Fälle, die ICD-10-Kriterien für eine schizophrene Störung erfüllten. Ein weiterer Beleg für die oben genannte Hypothese ist das deutliche Überwiegen der Produktivsymptomatik mit den typischen Schneider'schen Erst-Rang-Symptomen (siehe Tabelle 3 und Abbildung 1) im Vergleich zur affektiven Symptomatik in der ICD-9-Gruppe der schizoaffektiven Psychosen. Dieser Befund zeigt sich in der nach ICD-10-Kriterien diagnostizierten Gruppe der schizoaffektiven Psychosen nicht. Die nach den eng definierten Diagnosekriterien des ICD-10 diagnostizierten schizoaffektiven Psychosen charakterisieren bereits bei den Erst- und Zweiterkrankungen ein homogenes Krankheitsbild, welches auch im weiteren Verlauf ein stabiles Syndromprofil aufweist (Abbildung 1, Tabellen 1 und 2). Die Trennschärfe der ICD-10-Kritierien für schizoaffektive und schizophrene Psychosen in der Gruppe mit Erst- und Zweitmanifestationen scheint jener der ICD-9-Kriterien überlegen.

Diese Überlegenheit des ICD-10 gegenüber dem ICD-9 hebt sich jedoch auf, wenn als zusätzliches Kriterium der Verlauf der Erkrankung mit in die Diagnosefindung einbezogen werden kann, wie dies in der Gruppe der Mehrfachhospitalisierten der Fall ist.

Literatur

Angst, J., Stassen, H.-H. & Woggon, B. (1989). Effect of neuroleptics on positive and negative symptoms and the deficit state. *Psychopharmacology, 99,* Suppl., 41-46.

Gebhardt, R., Pietzcker, A., Strauss, A., Stoeckel, M., Langer, C. & Freudenthal, K. (1983). Skalenbildung im AMDP-System. *Archiv für Psychiatrie und Nervenkrankheiten, 233,* 223-245.

Münchner Katamnese-Studie:
Erste Ergebnisse einer Verlaufsuntersuchung an Patienten mit schizophrenen Psychosen im Vergleich zu Patienten mit schizoaffektiven und affektiven Psychosen

Ulrike Wegner, Ronald Bottlender, Anke Groß, Paul Hoff, Anton Strauß, Johannes Wittmann, Hans-Jürgen Möller

Einleitung

Bei der Entwicklung und Validierung von Konzepten zur Klassifikation endogener Psychosen nimmt die Verlaufsforschung eine zentrale Stellung ein. Durch den Einsatz operationalisierter Diagnostik und die Verwendung standardisierter psychopathologischer Untersuchungsinstrumente hat sich der Qualitätsstandard der Verlaufsforschung deutlich verbessert. Neuere katamnestische Untersuchungen haben gezeigt, daß die traditionelle Verknüpfung von diagnostischer Kategorie und typischem Verlauf, wie sie seit Kraepelin in der Psychiatrie weit verbreitet ist, relativiert werden muß.

So konnte in Studien mit z.T. großen Fallzahlen (Schubart et al., 1986; Möller et al., 1986; Heiden et al., 1995) gezeigt werden, daß schizophrene Störungen nicht in jedem Fall ungünstig verlaufen und daß andererseits auch die affektiven Erkrankungen Subtypen mit persistierenden psychopathologischen Residuen aufweisen (Marneros et al., 1991). Die schizoaffektiven Psychosen werden - je nach Untersuchergruppe - hinsichtlich des Verlaufs mehr den schizophrenen oder mehr den affektiven Psychosen zugeordnet (Tsuang et al., 1979; Möller et al., 1989; Goldberg et al., 1995).

Die früheren deutschsprachigen Langzeit-Katamnese-Studien (Bleuler, 1972; Huber et al., 1979) wiesen bereits auf die Bedeutung psychopathologischer Symptome und Syndrome für den Langzeitverlauf hin.

Mit dem Einsatz standardisierter Beurteilungsmethoden zur Erfassung des psychopathologischen Befundes bei Aufnahme und Entlassung - insbesondere des AMDP-Befundes - besteht die Hoffnung, durch eine höhere Interrater-Reliabilität auch zu einer höheren prognostischen Validität dieser Daten zu gelangen. Zudem scheint gerade dem psychopathologischen Befund bei Entlassung hohe prognostische Relevanz zuzukommen (Möller & von Zerssen, 1986). Langzeitverlaufsuntersuchungen, die auf standardisiert erhobenen Daten beruhen, sind somit von hoher Bedeutung.

Die Münchner Katamnese-Studie

Das Vorhandensein einer umfangreichen Basis- und Befunddokumentation unter Einschluß standardisierter Daten zum psychopathologischen Befund bei Aufnahme und Entlassung der an der Psychiatrischen Klinik der Ludwig-Maximilians-Universität München stationär behandelten Patienten macht es möglich, in einem nachträglich prospektiven Untersuchungsansatz ersthospitalisierte Patienten aus den Jahren 1980-82 in einer 15-Jahres-Verlaufsstudie zu untersuchen. Kern dieser Verlaufsstudie ist eine psychopathologische 3-Punkte-Messung mit dem AMDP-System bei Aufnahme, Entlassung und 15-Jahres Katamnese. Diese Daten werden ergänzt durch detaillierte Daten zu psychopathologischen und sozialen Aspekten sowie zu den therapeutischen Maßnahmen im 15-Jahres-Verlauf und durch eine standardisierte Beurteilung der sozialen Adaptation und der Lebensqualität zum 15-Jahres-Katamnese-Zeitpunkt.

Besonderheiten der Studie

Im Gegensatz zur Mehrzahl früherer Katamnesestudien wird der Verlauf der Erkrankung bei Patienten untersucht, die in den Jahren 1980-82 erstmals stationär-psychiatrisch behandelt wurden, mit einem zum damaligen Zeitpunkt meist kurzen Krankheitsverlauf. Spezielle Berücksichtigung erfährt dabei der als prognostisch besonders relevant erkannte AMDP-Befund bei Entlassung aus der stationären Behandlung. Darüberhinaus werden zahlreiche Querschnitt- und Längsschnitt-Aspekte multidimensional erfaßt. Nicht zuletzt wurde bisher erst in wenigen Verlaufsstudien ein Katamnesezeitraum von mehr als 12 Jahren überblickt.

Ziele der Studie

Wichtigstes Ziel der laufenden Untersuchung ist es, **psychopathologische Verlaufsprädiktoren** in den verschiedenen Diagnosegruppen zu identifizieren. Unter Einbeziehung operationalisierter Diagnosesysteme sollen desweiteren affektive, schizophrene und schizoaffektive Erkrankungen miteinander verglichen werden, insbesondere deren unterschiedlicher Verlauf anhand großer Fallzahlen genauer charakterisiert werden. Darüberhinaus stellt die umfangreiche Erhebung der psychosozialen und beruflichen Entwicklung sowie die Erfassung der derzeitigen Lebensqualität der Betroffenen ein zentrales Ziel der Untersuchung dar.

Stichprobe

Die Stichprobe umfaßt die stationär-psychiatrischen Ersthospitalisationen der Psychiatrischen Klinik der LMU München der Jahrgänge 1980 bis 1982. Es werden jeweils 100 konsekutive Erstaufnahmen mit funktionellen Psychosen aus der Gruppe der schizophrenen, affektiven und schizoaffektiven Erkrankungen nachuntersucht.

Einschlußkriterien

- Diagnose einer affektiven, schizophrenen, schizoaffektiven oder anderen nicht-organischen Psychose bzw. eines paranoiden Syndroms zum Indexzeitpunkt (ICD-9: 296.x, 295.x, 297.x, 298.x)
- Wohnort zum Indexzeitpunkt im Stadt- oder Landkreis München / in den angrenzenden Landkreisen
- Alter zum Indexzeitpunkt unter 65 Jahren

Ausschlußkriterien

- Diagnose einer organischen Psychose, einer Alkohol- oder Drogenpsychose oder eindeutige Hinweise in der Krankenakte für eine organische Erkrankung des ZNS
- Vorangegangene stationäre psychiatrische Behandlung in einer anderen Klinik
- Unzureichende Kenntnisse der deutschen Sprache

Untersuchungsinstrumente

Indexzeitpunkt 1980-82

- Anamnese-Dokumentation (u.a. Strauss-Carpenter-Skala, Philipps-Skala)
- Basisdokumentation
- AMDP (Aufnahme und Entlassung)
- GAF (Global Assessment of Functioning Scale)
- CGI (Clinical Global Impressions)
- SKID (Strukturiertes Klinisches Interview für DSM-III-R)

- OPCRIT (zur Diagnosestellung nach ICD-10 und DSM-III-R anhand von Krankenakten)

Katamnesezeitpunkt

- Katamnese-Dokumentation (u.a. medizinische Daten, Rehospitalisationen, Medikamente, berufliche Entwicklung)
- AMDP
- Psychopathologie-Skalen (Positive and Negative Syndrome Scale for Schizophrenia, PANSS; Scale for the Assessment of Negative Symptoms, SANS; Brief Psychiatric Rating Scale, BPRS; Hamilton Depression Scale, HAMD; Young Mania Rating-Scale, YMRS)
- GAF (Global Assessment of Functioning Scale)
- CGI (Clinical Global Impressions)
- SKID (Strukturiertes Klinisches Interview für DSM-III-R)
- ICD-10 (Forschungskriterien)
- DAS-M (Disability Assessment Schedule - Mannheimer Skala zur Einschätzung soz. Behinderung)
- AIMS,EPS (Abnormal Involuntary Movement Scale, Extrapyramidal Symptom Scale)
- Neo-FFI (Neo-Fünf-Faktoren-Persönlichkeitsinventar)
- MLDL,LQLP (Münchener-Lebens-Dimensionen Liste, Lancaster Quality of Life Profile)

Vorläufige Ergebnisse der laufenden Studie

Bisher wurden 80 Patienten untersucht (18 Männer, 62 Frauen). Die Ergebnisse basieren auf der Auswertung der Daten, die an einer positiven Selektion erhoben wurden, d.h. an Patienten, die sich spontan auf eine schriftliche Einladung hin meldeten. Sie dürfen deshalb nicht überbewertet werden.

In den Abbildungen 1-3 werden die AMDP-Befunde zu den 3 Meßzeitpunkten (Aufnahme, Entlassung, Nachuntersuchung) bei affektiven, schizoaffektiven und schizophrenen Psychosen gegenübergestellt.

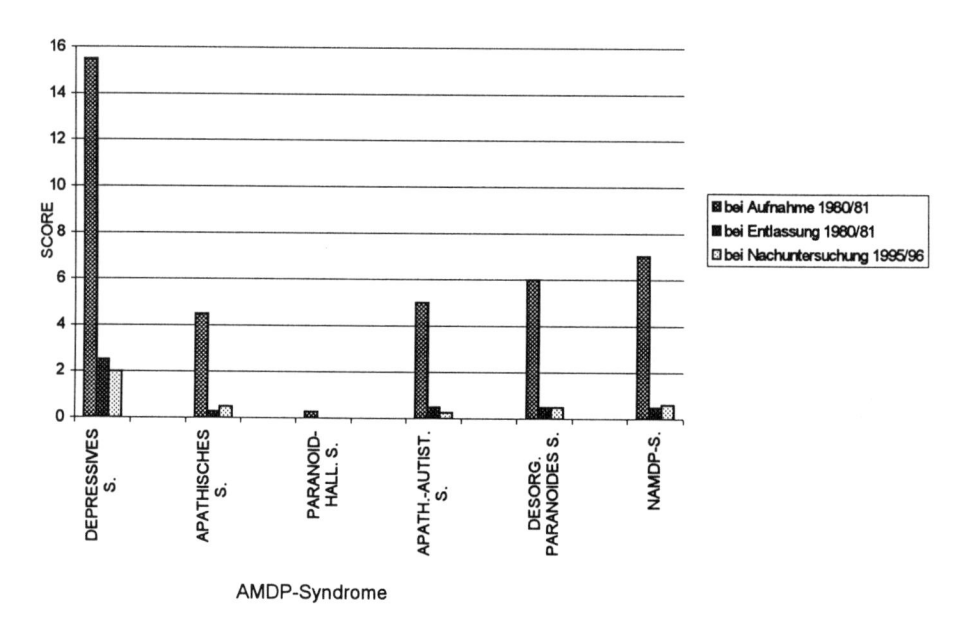

Abbildung 1 Affektive Psychosen nach ICD-9 (N = 19)

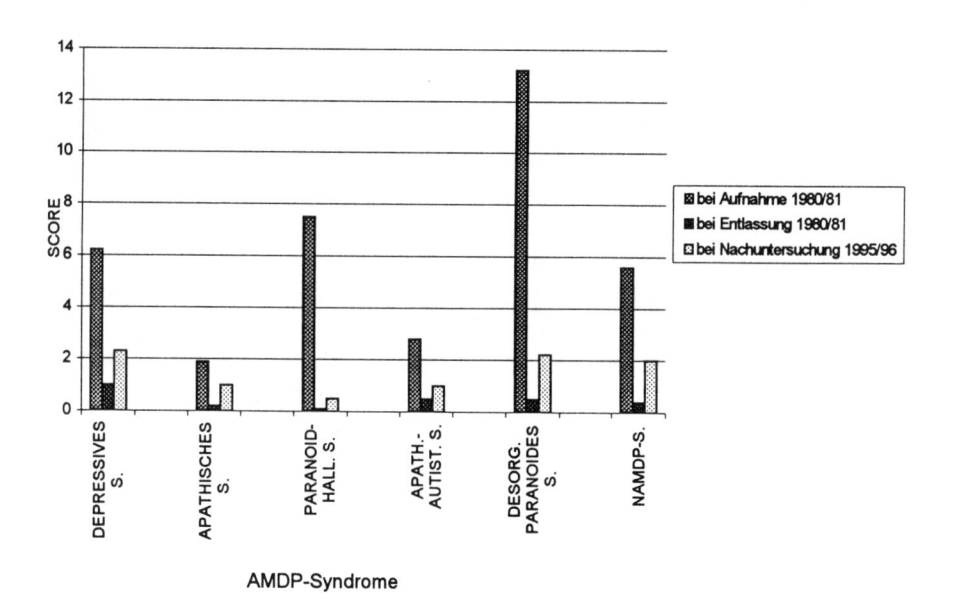

Abbildung 2 Schizoaffektive Psychosen nach ICD-9 (N = 23)

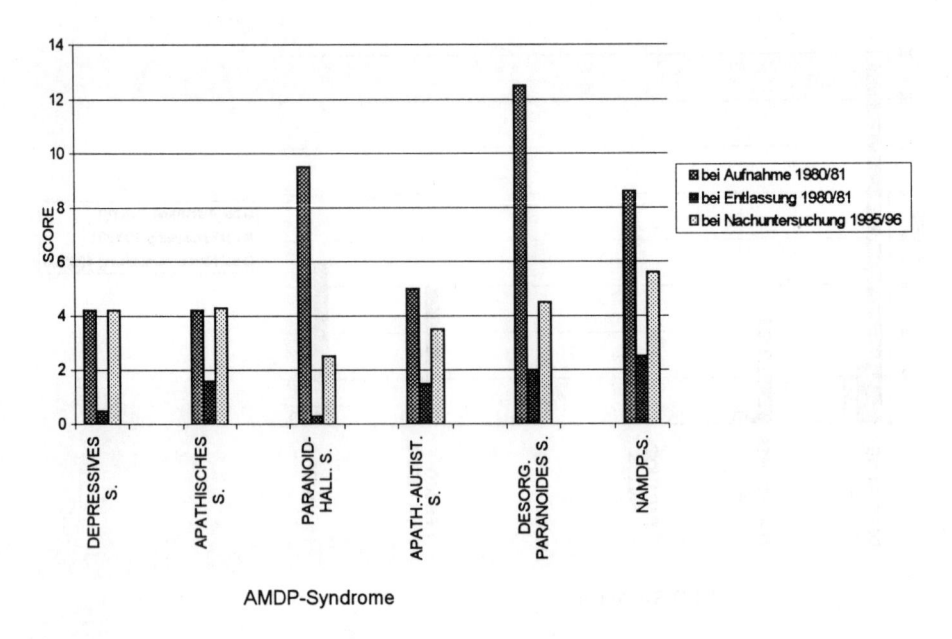

Abbildung 3 Schizophrene Psychosen nach ICD-9 (N = 38)

Im Überblick fällt auf, daß bei den Patienten mit affektiven Psychosen die Symptomatik zum Katamnesezeitpunkt in nahezu allen Skalen rückläufig ist gegenüber den Untersuchungsergebnissen bei Entlassung aus der stationären Behandlung. Auffällig ist außerdem, daß bei den Patienten mit schizoaffektiven Psychosen die Symptomatik zum 15-Jahres-Katamnesezeitpunkt in allen Skalen im Vergleich zum Entlassungsbefund zugenommen hat. Bei den Patienten mit schizophrenen Psychosen ist diese Zunahme der Symptomatik noch stärker ausgeprägt. Diese erreichen zum Katamnesezeitpunkt teilweise Werte auf dem Niveau der Aufnahmeuntersuchung.

Vergleicht man die Patienten mit schizoaffektiven versus schizophrenen Psychosen (wobei die Gruppierung nach der Diagnose bei Entlassung aus der stationären Behandlung erfolgt), zeigt sich (siehe Abbildung 2 und 3), daß die depressive Symptomatik bei den Patienten mit schizoaffektiven Psychosen im AMDP-Aufnahme-Befund stärker ausgeprägt ist als bei den Schizophrenen, während zum Katamnese-Zeitpunkt die schizophrenen Patienten deutlich höhere Werte beim depressiven Syndrom erreichen als diejenigen mit schizoaffektiven Psychosen.

Das desorganisiert-paranoide Syndrom, das nach Woggon et al. (1986) zur Erfassung schizophrener Negativsymptomatik dient, war zum Aufnahmezeitpunkt bei den bisher untersuchten Patienten mit schizophrenen und schizoaffektiven Psychosen etwa gleich stark ausgeprägt. Zum Katamnesezeitpunkt finden sich dagegen in allen drei Skalen zur spezifischen Erfassung negativer Symptomatik (apathisch-autistisches Syndrom, desorganisiert-paranoides Syndrom und NAMDP-Syndrom) deutlich höhere Werte bei den Patienten mit schizophrenen als bei solchen mit schizoaffektiven Psychosen.

Literatur

Bleuler, M. (1972). *Die schizophrenen Geistesstörungen im Lichte langjähriger Kranken- und Familiengeschichten.* Stuttgart: Thieme.

Goldberg, J.F., Harrow, M. & Grossman, L.S. (1995). Course and outcome in bipolar affective disorder: a longitudinal follow-up study. *American Journal of Psychiatry, 152,* 379-385.

Heiden, W., Krumm, B., Müller, S., Weber, I., Biehl, H. & Schäfer, M. (1995). Mannheimer Langzeitstudie der Schizophrenie. Erste Ergebnisse zum Verlauf der Erkrankung über 14 Jahre nach stationärer Erstbehandlung. *Nervenarzt, 66,* 820-827.

Huber, G., Groß, G. & Schüttler, R. (1979). *Eine Verlaufs- und sozialpsychiatrische Langzeitstudie.* Berlin: Springer.

Marneros, A., Deister, A. & Rohde, A. (1991). *Affektive, schizoaffektive und schizophrene Psychosen. Eine vergleichende Langzeitstudie.* Berlin: Springer.

Möller, H.-J., Schmid-Bode, W. & Zerssen, D. von (1986). Prediction of long-term outcome in schizophrenia by prognostic scales. *Schizophrenia Bulletin, 12,* 225-234.

Möller, H.-J., Schramm, M., Cording-Trömmel, C., Schmid-Bode, W., Wittchen, H.-U., Zaudig, M. & Zerssen, D. von (1989). The classification of functional psychoses and its implications for prognosis. *British Journal of Psychiatry, 154,* 467-472.

Möller, H.-J. & Zerssen, D. von (1986). *Der Verlauf schizophrener Psychosen unter den gegenwärtigen Behandlungsbedingungen.* Berlin: Springer.

Schubart, C., Schwarz, R., Krumm, B. & Biehl, H. (1986). *Schizophrenie und soziale Anpassung. Eine prospektive Längsschnittuntersuchung.* Berlin: Springer.

Tsuang, M.T., Wollson, R.F. & Fleming, J.A. (1979). Long-term outcome of major psychoses. *Archives of General Psychiatry, 39,* 1295-1301.

Woggon, B., Linden, M., Beckmann, H., Krebs, E., Küfferle, B., Müller-Örlinghausen, B., Pflug, B. & Schied, H.-W. (1986). The AMDP-system in international clinical trials: a double-blind comparison of fluperlapine and haloperidol. *Psychopharmacological Bulletin, 22,* 47-51.

Unterschiede in der Remission somatischer und depressiver Symptome bei türkischen und deutschen depressiven Patienten nach stationärer Therapie

Gerhard Heim und Albert Diefenbacher

Einleitung

Depressive Erkrankungen sind bei stationären Patienten türkischer bzw. islamisch geprägter Herkunft offenbar durch ein durchschnittlich höheres Ausmaß somatischer Symptomatik als bei deutschen Patienten charakterisiert (Diefenbacher & Heim, 1994; Diefenbacher et al., 1996).

Von diesem Ergebnis ausgehend, wird anhand des psychopathologischen Entlassungsbefundes (AMDP-System, 1981) untersucht, ob türkische und deutsche Patienten nach der stationären Standardtherapie (Pharmakotherapie, Milieutherapie, Physiotherapie etc.) in gleicher Weise remittieren. Unterschiede in der Remission der somatischen oder depressiven Symptomatik würden für eine Modifikation therapeutischer Strategien für stationär behandelte türkische Patienten sprechen.

Methode

Von insgesamt ca. 6000 Patienten, die zwischen 1981 und 1989 in der Psychiatrischen Klinik und Poliklinik der Freien Universität Berlin stationär aufgenommen wurden, liegen psychopathologische Befunde bei Aufnahme und Entlassung vor, die nach dem AMDP-System erhoben und dokumentiert worden sind. Alle türkischen Patienten mit depressiven Erkrankungen, d.h. einer entsprechenden ICD-9-Entlassungsdiagnose (ICD 296.1, 300.4, 309.0, 309.1; N = 28) wurden für die Studie ausgewählt. Islamische Patienten anderer Nationalität wurden ausgeschlossen, um eine größere Homogenität der untersuchten Gruppe zu erreichen. Diese Patientengruppe wurde retrospektiv mit einer nach Alter und Geschlecht vergleichbaren Zufallsstichprobe deutscher und nicht-islamischer Patienten (N = 28) hinsichtlich ihrer psychopathologischen und somatischen Symptomatik bei Aufnahme und bei Entlassung verglichen (zur Methodik im einzelnen vgl. Diefenbacher & Heim, 1994). Es wurden Vergleiche anhand der AMDP-Syndromskalen (Gebhardt et al., 1983) vorgenommen.

Ergebnisse

Tabelle 1 zeigt, daß hinsichtlich soziodemographisch und nosologisch relevanter Merkmale, insbesondere Geschlecht, Alter, Verteilung der Entlassungsdiagnosen (χ^2 = 2.41, p = .30) und Dauer des stationären Aufenthalts (t = -.77, n.s.) beide Gruppen ähnlich sind. Auch die Anzahl der manifesten Episoden stimmt noch knapp überein (χ^2 = 4.34, df = 2, p = .11). Nicht vergleichbar sind die beiden Gruppen jedoch hinsichtlich ihrer Zusammensetzung nach beruflichem Status (s. Tabelle 1), sowie Ausbildung, urbaner Herkunft und Familienstand. Die türkischen und deutschen Patienten wurden in ähnlicher Weise mit der stationären antidepressiven Standardtherapie (Pharmakotherapie, Ergotherapie, Physiotherapie, therapeutische Gespräche etc.) behandelt.

Tabelle 1   Soziodemographische und klinische Daten

	Türkische Patienten (N = 28)	Deutsche Patienten (N = 28)
Geschlecht - weiblich - männlich	21 7	21 7
Alter in Jahren	41 (s = 9)	40 (s = 10)
Entlassungs-Diagnosen (ICD-9) - unipolare Depression (269.1) - depressive Neurose (300.4) - reaktive Depression (309.0/1)	11 6 11	10 11 7
Dauer des stat. Aufenthaltes in Tagen	73 (s = 58)	62 (s = 47)
Beruflicher Status - Arbeiter - Angestellte - andere	19 4 5	3 14 11

Hinsichtlich des **Remissionsverlaufs** unterscheiden sich die beiden Gruppen nicht grundsätzlich. Für jedes der bei depressiven Erkrankungen relevanten AMDP-Syndrome zeigte sich eine signifikante Besserung ($F(1,54) > 13.92$, $p < .001$). Allerdings ergab sich beim Depressiven Syndrom eine Wechselwirkung zwischen Erhebungszeitpunkt und ethnischer Gruppe ($F(1,54) = 4.96$, $p = .03$), was auf einen geringeren Rückgang der depressiven Symptomatik bei den türkischen Patienten zurückzuführen ist. Abbildung 1 zeigt die Ergebnisse der unabhängigen t-Test-Vergleiche für die einzelnen AMDP-Syndromwerte bei Entlassung, d.h. ihren **Remissionsgrad**. Die Gruppe der türkischen Patienten unterscheidet sich von der deutschen durch ein signifikant höheres Ausmaß somatischer ($t(54) = 2.38$, $p = .02$) und ein tendenziell höheres Ausmaß depressiver Symptomatik bei Entlassung ($t(54) = 1.68$, $p = .07$).

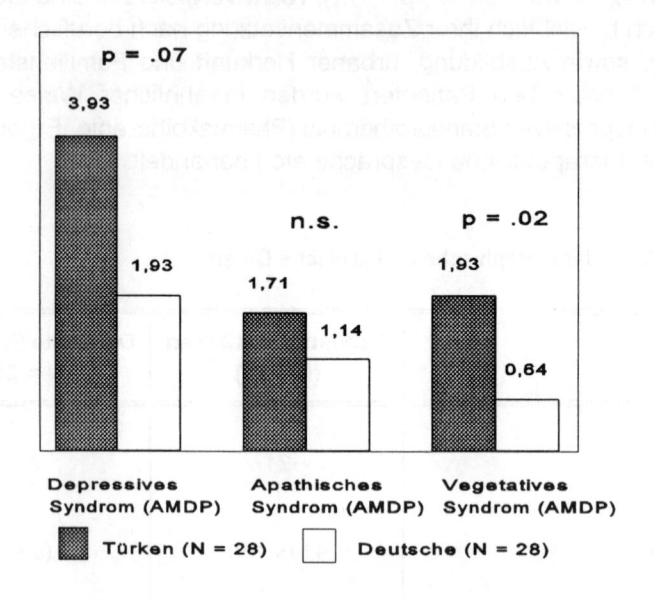

Abbildung 1 Psychopathologische Symptomatik bei Entlassung (AMDP)

Diskussion

Türkische Patienten mit depressiven Erkrankungen weisen nicht nur zu Beginn der stationären Behandlung ein höheres Ausmaß vegetativ-somatischer Symptomatik auf, sondern sie sind auch am Ende der stationären Behandlung mehr als deutsche Patienten durch depressive und somatisch gebundene Symptome belastet. Die beiden untersuchten Gruppen waren hinsichtlich relevanter nosologischer und demographischer Merkmale vergleichbar. Die türkischen Patienten profitieren aber möglicherweise weniger als die deutschen von der stationären antidepressiven Standardtherapie.

Diesen Sachverhalt könnte man zunächst damit erklären, daß bei türkischen wie bei anderen nicht deutschsprachigen Patienten aufgrund von verschiedenen sprachlichen und soziokulturellen Schwierigkeiten in Diagnostik und Therapie heterogenere oder ungünstigere Entlassungsbefunde resultieren. Auch die Unterschiede in beruflichem Status, Bildungs- und Familienstand sowie urbaner Herkunft, die zwischen unseren Patientengruppen bestehen, könnten dafür sprechen. In einer zusätzlichen Untersuchung (vgl. Diefenbacher & Heim, 1994) fanden wir jedoch bei deutschen Arbeitern und Angestellten keine Unterschiede in der depressiven und somatischen Symptomatik bei Aufnahme in die Klinik, die eine besondere Relevanz dieses soziologischen Faktors in der symptomatischen Ausprägung der depressiven Störung nahelegen würden. Schließlich ist zu erwähnen, daß auch bei einer hinsichtlich nationaler Herkunft inhomogenen islamischen Stichprobe (N = 42, vgl. Diefenbacher et al., 1996) für den Aufnahmebefund gleichfalls ein höheres Ausmaß somatischer Symptomatik im Vergleich zu deutschen, nicht-islamischen Patienten festgestellt wurde.

Das höhere Ausmaß vegetativ-somatischer Symptomatik der türkischen Depressiven bei Aufnahme und Entlassung könnte eher ein spezifischeres Charakteristikum ihrer kulturellen Zugehörigkeit sein. Auch bei in der Türkei lebenden Depressiven wurde ein höheres Ausmaß an Somatisierung gefunden (vgl. Ulusahin et al., 1994). Mit Blick auf den geringeren durchschnittlichen Remissionsgrad der depressiven Erkrankung bei den hier untersuchten türkischen Patienten erscheint eine Anpassung therapeutischer Strategien sinnvoll, um die antidepressive Behandlung dieser durch mehr leibnahe Beschwerden belasteten Patientengruppe zu verbessern.

Literatur

AMDP-System (1981). *Manual zur Dokumentation psychiatrischer Befunde* (4. korrigierte Aufl.). Berlin: Springer.

Diefenbacher, A. & Heim, G. (1994). Somatic symptoms in Turkish and German depressed patients. *Psychosomatic Medicine, 56,* 551-556.

Diefenbacher, A., Heim, G. & Diefenbacher, M. (1996). Transkulturelle Unterschiede somatischer Symptome bei Depression - eine psychopathologische Untersuchung islamischer und deutscher Patienten einer psychiatrischen Universitätsklinik in Berlin. In H.-J. Möller, R.R. Engel & P. Hoff (Hrsg.), *Befunderhebung in der Psychiatrie: Lebensqualität, Negativsymptomatik und andere aktuelle Entwicklungen* (S. 281-284). Wien: Springer.

Gebhardt, R., Pietzcker A., Strauss A., Stoeckel, M., Langer C. & Freudenthal, K. (1983). Skalenbildung im AMDP-System. *Archiv für Psychiatrie und Nervenkrankheiten, 233,* 223-245.

Ulusahin, A., Basoglu, M. & Paykel, E.S. (1994). A cross-cultural comparative study of depressive symptoms in British and Turkish clinical samples. *Social Psychiatry and Psychiatric Epidemiology, 29,* 31-39.

Dokumentation in der forensischen Psychiatrie - Zielsetzungen, Fehlerquellen und neuere Entwicklungen

Matthias Hollweg

Einleitung

Das schriftliche Erstellen sachverständiger Befundmitteilungen und Bewertungen, die den Gerichten als Hilfestellungen für Entscheidungen dienen sollen, stellt eine der Hauptaufgaben forensischer Psychiatrie dar. Neben der Bedeutung für Forschungsfragestellungen ist Gutachtendokumentation in der forensischen Psychiatrie zum einen für eine verbesserte Qualitätssicherung bei der Erstellung von Gutachten unverzichtbar (Kröber et al., 1994; Hollweg & Nedopil, 1996), zum anderen dient sie im Maßregelvollzug der Qualitätssicherung therapeutischen Vorgehens (Eucker et al., 1992). Die Erschließung der Dokumentation für die wissenschaftliche Auswertung ist bislang unbefriedigend.

Fehlerquellen

Grenzen der Anwendung von Dokumentationssystemen in der forensischen Psychiatrie ergeben sich bei fehlender konsequenter und unregelmäßiger Anwendung und durch Informationsverluste im Dokumentationsprozeß. In die Dokumentation gehen außerdem die Fehler der Befund- und Anamneseerhebung bei der Erstellung eines Gutachtens ein. Zudem ist zu beachten, daß es bei einer Vielzahl von Einzelschritten bis hin zur Veröffentlichung statistischer Auswertungen zu erheblichen Informationsverlusten kommen kann. Außerdem kann von Dokumentationssystemen immer nur ein gewisser Teilbereich des zu beurteilenden Begutachtungsgegenstandes abgebildet werden. Zum Beispiel aufgrund von Aggravation, Dissimulation und bewußt falscher Angaben des Probanden, aber auch durch bewußte oder unbewußte Verdrängungs- und Verleugnungsmechanismen, die im zeitlichen Abstand zum Untersuchungstermin zunehmen können, werden möglicherweise Informationen dokumentiert, die sich außerhalb des realen Begutachtungsgegenstandes befinden.

Problematisch ist ein großer zeitlicher Abstand zwischen Gutachtenerstellung (**"Primärdokumentation"**) und dem Ausfüllen eines Dokumentationsfragebogens

("**Sekundärdokumentation**"). Je länger dieser Zeitraum ist, desto mehr muß mit Erinnerungsverfälschungen und Beurteilungsfehlern gerechnet werden. Idealerweise sollte ein Dokumentationsfragebogen zeitgleich mit der Untersuchung ausgefüllt werden. Informationsverluste können ferner eintreten, wenn der Gutachter nicht selbst dokumentiert, sondern eine andere Person (beispielsweise ärztliche Mitarbeiter), welche die Aussagen im schriftlichen Gutachten möglicherweise falsch interpretiert. Besonders problematisch kann dies sein, wenn der Dokumentierende selbst über keine oder nur geringe Erfahrung in der Erstellung von Gutachten verfügt. Bei der Dokumentation erfordert die Unterscheidung zwischen nicht vorhandenen, nicht beurteilbaren oder nur fraglich vorhandenen Merkmalen besondere Beachtung. Eine mangelnde Differenzierung zwischen ihnen kann zu erheblichen Fehlbewertungen in der statistischen Analyse führen. Die Übertragung in ein EDV-Datenbanksystem kann als "**Tertiärdokumentation**" bezeichnet werden. Probleme können hierbei vor allem dann entstehen, wenn Fehler beim vorausgehenden Ausfüllen des Dokumentionsfragebogens übersehen und nicht korrigiert wurden. Hinzu kommen die Gefahren von Eingabefehlern am Computer sowie einer fehlerhaften Auswahl und Anwendung statistischer Prozeduren. Der letzte Dokumentationsschritt ("**Quartärdokumentation**") sollte eine abschließende Bewertung in einer wissenschaftlichen Auswertung sein. Fehler bei diesem letzten Schritt sind vor allem dann unvermeidbar, wenn die vorausgehenden Dokumentationsschritte hinsichtlich ihrer Bedeutung, ihres Ablaufs und ihrer Gefahr für Informationsverluste falsch eingeschätzt worden sind.

Neuere Entwicklungen

In den zurückliegenden Jahren wurden vermehrt Anstrengungen unternommen, ein in der forensischen Psychiatrie breit einsetzbares, **modular aufgebautes Dokumentationssystem** auf dem Boden des FPDS-Systems (Nedopil & Graßl, 1988) und in Anlehnung an das AMDP-System zu entwickeln, das sowohl den Forschungsbedürfnissen im Begutachtungswesen als auch denen des Maßregelvollzugs gerecht wird. Durch die Verwendung eines modularen Aufbaus soll dabei der Konflikt zwischen Ausführlichkeit eines Dokumentationssystems und praktischer Anwendung möglichst überwunden werden. Wesentliches Ziel dieser Bestrebungen ist es, Austausch und Vergleich von Daten zu Forschungszwecken zu erleichtern. Eine Arbeitsgruppe verschiedener Institutionen überarbeitet und verbessert die Dokumentation regelmäßig, um sie den jeweiligen Anforderungen anzupassen und eine möglichst breite Anwendung zu ermöglichen. Seit einiger Zeit befindet sich das Dokumentationssystem in der Erprobung (Hoenes & Hollweg, 1995). Die Entwicklung einzelner Module ist allerdings noch nicht abgeschlossen. Es ist zu hoffen, daß dieses System auf eine breite Akzeptanz stößt und so sein Ziel einer nützlichen Grundlage für wissenschaftliche Auswertung von Gutachten erreichen kann.

Literatur

Eucker, S., Müller-Isberner, R. & Gretenkord, L. (1992). Strukturierte Krankenblattdokumentation im Maßregelvollzug. *Recht und Psychiatrie, 10,* 20-26.

Hoenes, S. & Hollweg, M. (1995). IX. Forensische Herbsttagung am 21. und 22. Oktober 1994 in der Psychiatrischen Universitätsklinik München. *Monatsschrift für Kriminologie und Strafrechtsreform, 78,* 277-280.

Hollweg, M. & Nedopil, N. (1996). Dokumentation in der forensischen Psychiatrie: bisherige Entwicklungen, Möglichkeiten und Grenzen der Anwendung. *Monatsschrift für Kriminologie und Strafrechtsreform, 79,* 210-215.

Kröber, H. L., Faller, U. & Wolf, U. (1994). Nutzen und Grenzen standardisierter Schuldfähigkeitsbegutachtung. Eine Überprüfung des forensisch-psychiatrischen Dokumentationssystems. *Monatsschrift für Kriminologie und Strafrechtsreform, 77,* 339-352.

Nedopil, N. & Graßl, P. (1988). Das forensisch-psychiatrische Dokumentationssystem (FPDS). *Forensia, 9,* 139-147.

Darstellung der psychiatrischen Dokumentation in den Berufsgruppen der Ärzte, des Pflegepersonals und der Verwaltung des Zentrums für Psychiatrie Reichenau

Frieder Lehmann-Waldau und Klaus Hoffmann

Einleitung

Das Zentrum für Psychiatrie Reichenau verfügt über knapp 200 PCs. Diese Computer sind untereinander vernetzt. Somit hat jeder Arzt des Zentrums, jeder Psychologe, jede Sekretärin und jede Station einen eigenen PC zur Verfügung. Die Vernetzung ermöglicht eine Kommunikation unter den einzelnen Stationen und unter den einzelnen Therapeuten sowie der Verwaltung. Jeder Benutzer der EDV-Anlagen wurde zum einen über eine mehrtägige Einführung durch externe Firmen angeleitet sowie stundenweise durch die krankenhauseigene EDV-Abteilung weitergeschult.

Untersucht wurde das **Dokumentationsverhalten** auf einer allgemeinpsychiatrischen Aufnahmestation. Hierbei wurde besonderes Augenmerk auf das Verhalten der behandelnden Ärzte und des Teams gelegt. Ebenso wurde die Verwaltung, insbesondere der Aufnahmedienst, nach dem Dokumentationsverhalten patientenbezogener Daten befragt. Die EDV-Abteilung des Zentrums wurde nach dem Benutzungsumfang der zur Verfügung gestellten Speicherplatz und der zur Verfügung gestellten Beratungs-Service-Zeit der EDV-Abteilung befragt.

Die Dokumentationen der Stationsärzte wie der Pfleger wurden erfaßt durch Befragungen der beteiligten Ärzte, Befragungen der Verwaltung und der EDV-Abteilungen wurden ergänzend durchgeführt.

Ergebnisse

Ärztlicher Dienst

Die tägliche Dokumentation des gesamten Krankheitsverlaufs wird primär handschriftlich auf den dafür vorgesehenen Seiten des **Kardex** niedergelegt. Dazu gehört auch ein häufig mehrzeiliger Untersuchungsbefund, der psychopathologische Aufnahmebefund sowie die Anamnese, welche in den ersten Tagen nach der Aufnahme durch den Arzt erhoben wurde. Dieser Bericht wird handschriftlich im Kardex niedergelegt und zwar in einer Form, die auch andere Kollegen jederzeit lesen können, insbesondere die diensthabenden Ärzte für die Nacht. Erwünscht ist ferner ein Behandlungsplan, um für die diensthabenden Nachtärzte oder am Wochenende eine Handlungsvorgabe anbieten zu können.

Im **Krankenblatt**, einer zusätzlich geführten Krankenakte, befinden sich dann die handschriftlichen Aufzeichnungen der ausführlichen körperlichen Untersuchung und die evtl. bestehenden Unterbringungszeugnisse. In diesem Krankenblatt befinden sich auch frühere Krankengeschichten. Per Diktat, also per PC durch die jeweilige Stationssekretärin geschrieben, findet sich dann auch ein Verlauf, welcher vom Kollegen nach einer angemessenen Zeit des Aufenthaltes diktiert wird. Bei Entlassung folgt ein ausführlicher diktierter und PC geschriebener, häufig mehrseitiger **Arztbrief**. Dieser wird bisher nach der Niederlegung durch die Stationssekretärin ausgedruckt, dem Kollegen zur Korrektur vorgelegt und danach in der Endfassung geschrieben und ausgedruckt. Für die Zukunft wird wohl von den Therapeuten auch das Ausfüllen einer **Basisdokumentation** gefordert werden. Die Basisdokumentation soll aus einem Aufnahme- und Entlaßbogen bestehen. Beide Bögen sollen sofort in den PC eingegeben werden. Handschriftliche Notizen oder das Ausfüllen eines Fragebogens per Hand sind nicht geplant.

Die **Benutzung der EDV-gestützen Rechnersysteme** scheint für alle Therapeuten des Zentrums für Psychiatrie ähnlich zu sein. Die Benutzung der EDV und deren Akzeptanz wurde zuletzt im April 1996 durch einen Fragebogen erfaßt. Etwa 70% der Therapeuten benutzen ihren Computer täglich. 10% schalten ihren Computer einmal pro Woche ein und 20% noch seltener. Zufrieden mit dem Programmangebot am Computer waren etwa 70%. 10% war der Computer lästig und 20% schienen sich durch den Computer in ihrem Arbeitszimmer gestört zu fühlen.

Angeboten durch den Computer wird den Kollegen ein **Mail-System** (cc-Mail). Dadurch ist es möglich, mit den einzelnen Rechnern des gesamten Zentrums Kontakt aufzunehmen und direkt Nachrichten zu versenden. Auch Arztbriefe, Verläufe etc. könnten per PC verschickt werden. Ferner werden die Rote Liste, ICD-10 und ICD-9 für die psychiatrischen Diagnosen angeboten. An **Textverarbeitungsprogrammen** haben die Kollegen MS Word sowie MS Excel als **Tabellenkalkulationsprogramm**.

Fast alle Kollegen benutzen das Kommunikationsprogramm cc-Mail. 2/3 von ihnen gebrauchen die computerisierte Rote Liste, und etwa die Hälfte benutzt ICD-10 oder ICD-9. Word und Excel werden seltener benutzt.

Bei **Computerproblemen**, etwa beim Bearbeiten der Mails oder beim Benutzen der Textverarbeitungsprogramme, wenden sich 1/3 der Kollegen an die EDV-Abteilung. Die Übrigen helfen sich selbst oder fragen andere. Einige stellen das Arbeiten am PC ein.

Die EDV-Abteilung berichtete von einer Beanspruchung durch Anfragen von etwa 25% durch ärztliche Kollegen. Der Speicherplatz des ärztlichen Dienstes sowie des Schreibdienstes betrug 315 Mega Byte. Darunter waren dann auch die gesamten Arztbriefe abgespeichert.

Pflegerischer Dienst

Die Schwestern und Pfleger der Akutaufnahmestation dokumentieren primär im **Kardex** (Hinz-System). Dort findet sich ein Stammblatt. Dieses wird bei Aufnahme ausgefüllt. Ferner werden im Kardex von den Schwestern und Pflegern die Pflegeberichte erstellt. Diese werden für jede Schicht getrennt festgehalten (Frühschicht, Spätschicht, Nachtdienst). Dazu kommt dann noch die Pflegeplanung. Ferner gibt es spezielle Bögen im Kardex wie z.B. ein Aktivitätsplan, ein Terminplan oder ein Verlegungsbericht.

Die Eintragungen im Kardex sind handschriftlich, sollen lesbar sein und sind nicht EDV gestützt. Zusätzlich zu dieser Dokumentation kommt ein Aufnahmebuch sowie der Krankenstandnachweis. Auch diese Dokumentationen werden handschriftlich vorgenommen.

Jede Station ist mit einem **Stations-PC** ausgestattet. Zur Zeit wird auf diesem Stationscomputer die computerisierte Dienstplaneinteilung mit der Zeiterfassung bewältigt. Ferner nimmt die Station am **Kommunikationsprogramm** cc-Mail teil. Die Schreibprogramme werden benutzt, um Anforderungen, Anschreiben, Bekanntmachungen, Protokolle, Listen, Aufforderungen etc. zu erarbeiten.

Für das Ausfüllen des Stammblattes mit Aufnahmedaten und Pflegeanamnese werden von dem Pflegepersonal etwa 20 - 30 Minuten benötigt. Der Pflegebericht der Frühschicht und der Spätschicht scheint mit 5 Minuten angesetzt zu werden, die Nachtschicht scheint pro Patient 2 Minuten zu dokumentieren.

Die **Pflegeplanung** als Prozeß resultiert aus der Pflegeanamnese, d.h. die Probleme, welche vom Pfleger und Patienten festgestellt werden, werden festgehalten, und daraus werden dann Ziele und Maßnahmen erarbeitet. Die Pflegeplanung wird nicht gleich am ersten Tag erstellt, erfahrungsgemäß ist der dritte oder vierte Tag nach der Aufnahme ein guter Tag zur Erstellung der Pflegeplanung. Es werden dabei vom Pflegeteam auch Kontrollintervalle festgelegt, mindestens 30 Minuten werden veranschlagt. Teilweise benötigt das Team auch einen längeren Zeitraum. 60 Minuten alle 14 Tage werden als realistisch eingeschätzt.

In letzter Zeit versuchen die Schwestern und Pfleger Standards der Pflegeplanung mit einem Computer zu erarbeiten. Dabei sollen die Standards jederzeit abrufbar sein und evtl. dann in eine Pflegeplanung übernommen werden. Grundlage dieser Pflegeplanung sind die Aktivitäten des täglichen Lebens. Dabei handelt es sich um 18 Punkte. Dies ist eine Erweiterung der Pflegeplanung nach Henderson mit den bekannten 8 Punkten.

Die EDV-Abteilung berichtet von einer Beanspruchung ihrer Arbeitszeit durch

Anfragen der Stationen von etwa 15%. Der Speicherplatz, welcher durch den Pflegedienst benötigt wird, beträgt um die 40 - 50 Mega Byte.

Verwaltung

Die Verwaltung bearbeitet bei der Aufnahme den **Aufnahmebeleg**. Dies ist ein DIN A4 Blatt mit 15 Positionen. Dabei wird der Aufnahmebeleg von dem Aufnahmedienst der Verwaltung sofort in den PC eingegeben. Ebenso werden bei Aufnahme und Entlassung die nach ICD-9 verschlüsselten Diagnosen von der Verwaltung eingegeben. Der Aufnahmebeleg wird in der Nacht oder am Wochenende von der Station zusätzlich ausgefüllt.

Auch die Verwaltung/Aufnahme ist mit PC ausgestattet und beteiligt sich am krankenhausinternen Netz, alle Daten werden sofort voll computerisiert und ohne handschriftliche Belege in die Datenverarbeitung eingegeben. Dazu benötigt die Verwaltung einen unserer zwei AS 400 Computer. Angestrebt ist die Vernetzung dieser Erhebung mit der neuen Basisdokumentation.

EDV-Abteilung

Die EDV-Abteilung wurde befragt nach der **Inanspruchnahme**. Sie meldet 60% Inanspruchnahme durch die Verwaltung, 25% durch den Ärztlichen Dienst, sowie 15% durch die Stationen, die Schwestern und Pfleger. Für den Speicherplatz wurden für den allgemeinen Bereich und Programme 1.5 Mega Byte, für die Verwaltung 600 Mega Byte, für den Pflegedienst 40 - 50 Mega Byte und für den ärztlichen Dienst und Schreibdienst 315 Mega Byte gemeldet. Die beiden AS 400 Rechner wurden einmal zu 100% von der Verwaltung benötigt sowie der zweite Computer zu 100% zur Arbeitszeitdokumentation.

Diskussion

Alle Bereiche, der ärztliche Bereich, der pflegerische Bereich und auch die Verwaltung, erheben Daten der Patienten. In großem Umfang wird dokumentiert, häufige Redundanzen scheinen sich zu ergeben. Die Zusammenarbeit zwischen ärztlichem Dienst, pflegerischem Dienst und Verwaltung in der Dokumentation scheint noch verbesserungswürdig zu sein.

Nach der Verordnung über Maßstäbe für den Personalbedarf in der stationären Psychiatrie (Kurz: **Psych PV**; Kunze & Kaltenbach, 1994) in der Regelbehandlung stehen dem Stationsarzt pro Patienten und Woche etwa 7.8 Minuten für die gesamte Dokumentation des Verlaufs, der Aktenführung und des Arztbriefes ausschließlich der Dokumentation der Erstaufnahme zur Verfügung (Psych PV, S. 40). Diese 7.8 Minuten werden in der praktischen Arbeit bei weitem überschritten.

Nach Psych PV stehen dem Pflegedienst für die Pflegedokumentation pro Patient und Woche 13.6 Minuten zur Verfügung. Für die Aufstellung der individuellen Pflegeplanung einschließlich der Pflegeanamnese im Pflegeprozeß werden pro Patient 16.7 Minuten veranschlagt (Psych PV, S. 40). Auch diese vorgegebenen Zeiten werden bei weitem überschritten.

Die Dokumentation wird insbesondere von den Ärzten und von den Pflegern sehr genau genommen. Dabei bedient man sich aber nicht der überall vorhandenen Hilfsmittel der EDV. Während die Schwestern und Pfleger in zunehmendem Maße versuchen, das EDV-Angebot zu nutzen, hat sich beim ärztlichen Dienst eher ein Trend zur zunehmenden handschriftlichen Fixierung der Befunde durchgesetzt. Als Vorteil wird eine Unabhängigkeit von der zur Verfügung stehenden Technik genannt. Dabei erscheint der ärztliche Dienst durch ein Ausfallen des EDV-Netzes bei computergestützter Dokumentation "verwundbarer" zu sein als der pflegerische Dienst. Häufig wird geklagt, daß durch zunehmende administrative, bürokratische und ökonomische Zwänge die zur Verfügung stehende Zeit, sich als Arzt dem Patienten zu widmen, d.h. die Zeit für die eigentlichen Aufgaben, ständig stärker eingeengt wird.

Die Dokumentation und Verarbeitung der patientenbezogenen Daten könnte durch eine elektronische Datenverarbeitung eine wichtige **Hilfestellung zur Qualitätssicherung** bieten. Gerade diese Dokumentation wird aber nicht über die EDV- Komponente des Hauses betrieben. EDV wird vom ärztlichen Dienst gerne angenommen, um innerhalb des Krankenhauses besser zu kommunizieren. Während die Verwaltung die wenigsten patientenbezogenen Daten dokumentiert, ist sie doch in sehr viel größerem Maße als Ärzte und Stationen auf die EDV angewiesen und benutzt ein Mehrfaches des in anderen Bereichen benutzten Speicherplatzes.

Unklar ist, ob die Zunahme an Dokumentation und der damit betriebene zeitliche und personelle Aufwand im Rahmen einer Qualitätssicherung steht oder ob diese Zunahme lediglich die Tendenz zur Zunahme von Bürokratie bestätigt. Lösungen zur verbesserten Kommunikation, zu Diskussionen und Fallbesprechungen mit Kollegen und zum Absprechen und Planen von Maßnahmen werden durch die ärztlichen Kollegen und das Pflegeteam sehr gut genutzt. Eine einheitliche Datenlage im Zentrum ist nicht erkennbar und die Vernetzung der Daten unzureichend. Das reine Vorhandensein von Daten kann keine Qualitätssicherung ersetzen, die Mehrfacherfassung von Daten verbraucht auf allen Ebenen zusätzliche Arbeitszeit und bietet keine höhere Arbeitszufriedenheit und damit schließlich auch keine bessere Patientenversorgung.

Literatur

Kunze, H. & Kaltenbach, L. (Hrsg.) (1994). *Psychiatrie-Personalverordnung* (2. Auflage). Stuttgart: Kohlhammer.

Inspection Time und psychometrische Intelligenz

Wolfgang Satzger und Rolf R. Engel

Einleitung

Unter dem **Begriff "Mental-Speed"** werden Forschungsansätze gebündelt, die eine universelle, biologienahe Grundlage der menschlichen Intelligenz in der Effizienz physiologischer Parameter oder elementar-kognitiver Prozesse suchen (Neubauer, 1995). Die Grundannahme besagt, daß derjenige im Lauf des Lebens intelligenter wird, der äußere Reize schneller korrekt wahrnimmt, länger speichert, effizienter kortikal verarbeitet und rascher mit einer adäquaten Reaktion beantwortet. Die **Inspection Time (IT)** ist ein in diesem Zusammenhang seit Anfang der 70er Jahre favorisiertes Paradigma, da es unabhängig von der motorischen Geschwindigkeit und weitgehend unabhängig von komplexeren Denkprozessen ist (Vickers et al., 1972; Nettelbeck & Lally, 1976; Mackintosh, 1981). In der Standardanordnung muß von zwei tachistoskopisch dargebotenen, vertikalen Linien die kürzere erkannt werden. Gemessen wird in mehreren 100 Durchgängen, bei denen die kürzere Linie nach Zufall auf der linken oder rechten Position auftaucht, die Richtigkeit der Reaktion. Die Aufgabenschwierigkeit wird über die Darbietungsdauer variiert, wobei als Inspection Time diejenige Darbietungsdauer verstanden wird, bei der der Proband im Mittel eine fast perfekte Entscheidung treffen kann.

Kranzler und Jensen (1989) fanden in einer Metaanalyse einen Zusammenhang zwischen IT und allgemeinen Intelligenzmaßen von r = -.29. Wurden die Einzelkorrelationen für verschiedene Meßfehler korrigiert, erhöhte sich der Zusammenhang auf r = -.49. Intelligente benötigen somit kürzere IT-Darbietungszeiten für ein zutreffendes Urteil. Die einzelnen Ergebnisse zum IT-IQ Zusammenhang wiesen jedoch eine hohe Variabilität auf, was insbesondere auch für die Frage zutraf, ob die IT eher mit kristallisierten oder fluiden Intelligenzleistungen (Horn & Cattell, 1966) zusammenhängt (s.a. Lubin & Fernandez, 1986). Da der älteste Proband in den von Kranzler und Jensen eingeschlossenen Studien lediglich 52 Jahre alt war, könnte der Vergleich der IT-Leistung bei jungen und alten Probanden zu einer genaueren diesbezüglichen Einordnung der IT-Aufgabe beitragen. In der vorliegenden Studie sollten ferner zwei Versionen der IT verglichen werden. Während in älteren Studien die Stimulusdarbietung meist über Leuchtdioden vorgenommen wurde, wird in neueren Studien eine **PC-gesteuerte Stimulusdarbietung** am Bildschirm mit konstanter (Nicholls & Atkinson, 1993) oder mit adaptiver Stimulusfolge berichtet (Nettelbeck et al., 1986; Deary et al., 1991; Deary, 1993). Die Ergebnisse einer älteren Studie zum Vergleich einer konstanten oder adaptiven IT-Darbietung beruhten nur auf 10 Minderbegabten und 10 Studenten (Nettelbeck et al., 1982). Ein adaptives Vorgehen, bei dem die Reaktion des Probanden auf das eben gezeigte Item die Darbietungsdauer des folgenden Items bestimmt, könnte besonders im klinischen Bereich verschiedene Vorteile bieten wie z.B. kürzere Testdauer und damit geringere Belastung und höhere Aufmerksamkeit auf Seiten des Patienten sowie eine reliablere Messung gerade in dem monoton wachsenden asymptotisch verlaufenden Kurvenbereich mit sehr geringem Anstiegswinkel, bei dem eine genaue Schätzung der Darbietungszeit besonders problematisch ist (Schweizer, 1995, S. 39).

Methode

Im Rahmen eines Praktikums für Psychologiestudenten wurden aus dem Bekanntenkreis der Studenten 41 Gesunde rekrutiert, nach Zufall beiden IT-Versionen zugeteilt und für die insgesamt etwa zweistündige Leistungsuntersuchung geringfügig entschädigt. Ferner wurden 36 stationär-psychiatrische, testfähige Patienten eingeschlossen und ebenfalls zufällig auf die beiden IT-Versionen verteilt. Die Probanden mußten bezüglich Alter und Intelligenz folgende Auswahlkriterien erfüllen: "Junge" Probanden sollten zwischen 18 und 35 Jahren, "alte" Probanden zwischen 55 und 85 Jahren alt sein. Probanden aus der Gruppe "niedrige Intelligenz" sollten im Wortschatztest (WST, Schmidt & Metzler, 1992) einen IQ <= 107 und Probanden aus der Gruppe "hohe Intelligenz" einen IQ >= 118 erreichen. Auf diese Weise standen für jede IT-Version **vier Extremgruppen** (im Mittel 27jährige mit einem geschätzten mittleren HAWIE-R IQ von 91 bzw. von 130 und im Mittel 68jährige mit einem geschätzten mittleren HAWIE-R IQ von 94 bzw. von 140) zur Verfügung (vgl. Tabelle 1). In der Gesamtgruppe (N = 77) ergab sich im Mittel ein geschätzter HAWIE-R IQ von 106 (s = 30.8; Spannweite 48 - 150), wobei 24 Probanden einen IQ kleiner 85, 17 Probanden einen IQ zwischen 85 und 115 und 36 Probanden einen IQ über 115 erreichten. Für den WST-IQ war die Verteilung deutlich enger (M = 102, s = 17.7, Spannweite 71 - 139), wobei 12 Probanden einen IQ kleiner 85, 43 Probanden einen IQ zwischen 85 und 115 und 22 Probanden einen IQ größer als 115 erreichten. Im Vergleich zu einer Normalverteilung waren also die Extrembereiche der Intelligenz in der vorliegenden Studie stärker vertreten. Nach dem zu Screeningzwecken außerhalb der Klinik vorgegebenen WST erhielt jeder Proband in der Klinik die Subtests "Allgemeines Wissen", "Gemeinsamkeitenfinden" und "Zahlen-Symbol-Test" aus dem Hamburg-Wechsler Intelligenztest für Erwachsene Revision 1991 (Tewes, 1991), aufgrund derer ein geschätzter Gesamt-IQ berechnet wurde, den Trail-Making Test (Reitan, 1958), ein IT-Training, die konstante oder die adaptive IT-Version, die Subtests "Visuelle Aufmerksamkeit" und

"Visuelles Gedächtnis" aus dem Computerisierten Gedächtnis- und Aufmerksamkeitstest (München; Satzger & Engel, 1996) und den Continuous Performance Test - München (Kathmann et al., 1996).

Tabelle 1 Beschreibung der Stichprobe und IT-Ergebnisse (Anzahl bzw. Mittelwert (Standardabweichung))

	konstante IT-Version (N=38)				adaptive IT-Version (N=39)			
	jung, niedr. IQ	jung, hoher IQ	alt, niedr. IQ	alt, hoher IQ	jung, niedr. IQ	jung, hoher IQ	alt, niedr. IQ	alt, hoher IQ
Anzahl	9	13	9	7	12	12	8	7
Geschl. (w/m)	1/8	5/8	4/5	5/2	4/8	8/4	5/3	5/2
Alter (Jahre)	28.89 (8.21)	26.23 (5.12)	68.11 (6.15)	67.71 (4.92)	28.33 (7.28)	25.83 (4.69)	69.63 (6.46)	67.71 (6.42)
Visus	0.94 (0.33)	1.21 (0.09)	0.72 (0.20)	1.09 (0.22)	1.02 (0.32)	1.21 (0.10)	0.64 (0.12)	1.11 (0.13)
Ausbildungsjahre	11.11 (1.45)	16.77 (4.54)	9.67 (1.64)	16.29 (3.73)	11.50 (1.55)	15.71 (2.53)	8.88 (1.53)	16.14 (6.39)
WST IQ	89.33 (12.19)	112.77 (12.20)	91.22 (8.29)	118.71 (18.35)	89.25 (12.60)	112.83 (10.64)	89.38 (9.20)	115.75 (21.24)
HAWIE-R IQ	70.67 (20.07)	132.00 (11.90)	86.44 (11.67)	139.00 (9.90)	76.50 (21.68)	126.92 (10.70)	84.50 (11.72)	137.00 (11.55)
IT (ms)	161.0 (89.6)	51.8 (49.0)	187.6 (64.4)	151.2 (85.4)	131.6 (91.0)	74.2 (65.8)	205.8 (70.0)	121.8 (56.0)

Jedes IT-Item war folgendermaßen aufgebaut: Nach einem als Hinweisreiz für 500 ms zentral dargebotenen, kleinen, weißen Kreis wurde der Bildschirm für 500 ms dunkel. Der eigentliche IT-Stimulus wurde anschließend für 14 bis 238 ms als weiße Figur auf schwarzem Hintergrund dargeboten, wobei der kurze Arm (1.6 cm lang) nach Zufall in der rechten oder linken Position gezeigt wurde. Der IT-Stimulus wurde direkt anschließend durch eine weiße Maske (2 cm breit, beide Arme 2.9 cm lang bei 15 Zoll-Bildschirm) verdeckt ("maskiert"), die am Bildschirm variabel solange sichtbar blieb, bis der Proband seine Entscheidung über Tastendruck ("links", "rechts") getroffen hatte (vgl. Abbildung 1). Graphisch wurde für jeden Probanden über eine Kurvenglättung (LOWESS, Cleveland & McGill, 1984) diejenige Darbietungszeit ermittelt, bei der der Proband im Mittel 95% richtige

Entscheidungen traf. Immerhin 18 Probanden erreichten innerhalb der vorgesehenen Höchstzeit dieses Kriterium nicht und erhielten die längste Darbietungszeit als Schätzwert einer fast perfekten IT-Leistung.

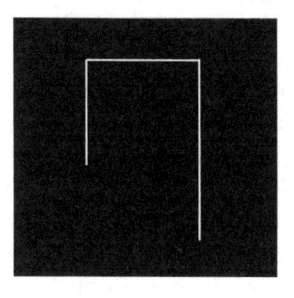

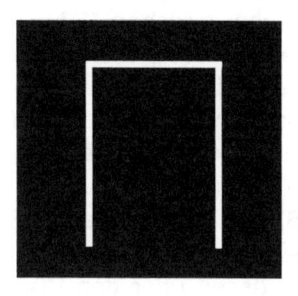

Abbildung 1 Inspection Time Stimulus und Maskierung

Das etwa einminütige, auf Wunsch wiederholbare IT-Training bestand aus 32 Items mit Darbietungszeiten zwischen 14 und 238 ms. Nach jedem Stimulus erhielt der Proband im Trainingsdurchgang eine automatische, auditive Rückmeldung über die Richtigkeit der Reaktion. Bei der konstanten und der adaptiven IT-Version wurden 304 Items mit Darbietungszeiten zwischen 14 und 238 ms, beginnend mit der längsten Darbietungszeit, vorgegeben. Die konstante IT-Version bestand aus zwei Stimuli mit 238 ms Darbietungsdauer und einer einmal erzeugten, dann aber für alle Probanden gleichbleibenden Zufallsfolge von jeweils 30 Stimuli mit den Darbietungszeiten 14, 28, 56, 112 und 224 ms. Zur Bestimmung der Testhälften-Reliabilität wurde diese Folge in der konstanten IT-Version zweimal nacheinander vorgegeben. Jeder Proband erhielt in der konstanten IT-Version dieselbe Abfolge der IT-Darbietungszeiten. Die adaptive IT-Version begann ebenfalls mit einem IT-Stimulus von 238 ms Darbietungsdauer. Bei richtiger Reaktion wurde der nächste IT-Stimulus um 14 ms kürzer dargeboten, bei falscher Reaktion um 42 ms länger. In der adaptiven IT-Version konnten somit in Schritten von 14 ms alle Darbietungszeiten zwischen 14 und 238 ms vorkommen, die Abfolge der Item-Darbietungszeiten hing von Geschick und Ausdauer des Probanden ab und war für jeden verschieden.

Ergebnisse

Die mittleren IT-Ergebnisse für jede Gruppe sind in Tabelle 1 dargestellt. Beide Testhälften korrelierten in der konstanten IT-Version $r = .93$ miteinander. Cronbach's Alpha für die mittlere IT-Leistung je Darbietungsdauer betrug für die konstante IT-Version (6 verschiedene Item-Darbietungszeiten) $r = .89$, für die adaptive IT-Version (17 Item-Darbietungszeiten) r = .97. In der Gesamtgruppe korrelierte die IT mit r = -.40 mit dem WST IQ und mit r = -.39 mit dem geschätzten HAWIE-R IQ. Die beiden IT-Versionen korrelierten vergleichbar hoch mit beiden Intelligenzmaßen (alle einzelnen IT-IQ Korrelationen lagen ebenfalls zwischen -.39 und -.40). Über alle Probanden gerechnet fanden sich mäßige Zusammenhänge zwischen IT-Leistung und altersstabilen Maßen wie Ausbildungsdauer (r = -.37), Wertpunkten im Allgemeinem Wissen (r = -.48) und Gemeinsamkeitenfinden (r = -.37). Die Zusammenhänge zwischen IT-Leistung und alterssensitiven Maßen wie Alter (r = .41), visueller Aufmerksamkeit (Richtige r = -.46, Zeit r = .41), visuellem Gedächtnis (Richtige r = -.57, Zeit r = .34, N = 51), CPT P(A) (r = -.24, N = 51), Trail-Making Test (Zeit Teil A r = .48, Zeit Teil B r = .48) und Wertpunkten im Zahlen-Symbol-Test (r = -.48) lagen etwas höher. Das Geschlecht hatte keinen Einfluß auf die IT-Leistung. Die Lesefähigkeit für Sätze gemessen über den Visus bei einer einfachen Sehtafel in 30 cm Abstand korrelierte mit r = -.53 mit der IT-Leistung (gute Sehfähigkeit entsprach kurzer IT-Darbietungsdauer). Die IT-Ergebnisse wurden in eine ANOVA mit den Faktoren IT-Version (konstant vs. adaptiv), Alter (jung vs. alt) und geschätzter HAWIE-R-IQ (niedrig vs. hoch) einbezogen. Während die Version keinen Einfluß auf die IT-Leistung hatte, benötigten alte bzw. niedrig intelligente Probanden signifikant längere Darbietungszeiten als junge bzw. hoch intelligente Probanden (Differenz bezüglich Alter 69 ms, $F(1,69) = 13,25$, $p = .001$; Differenz bezüglich Intelligenz 78 ms, $F(1,69) = 17,87$, $p < .001$). Die Wechselwirkungen waren nicht signifikant.

Diskussion

An zwei Alterskohorten, bei denen die Extrembereiche der Intelligenz stärker als bei einer Normalverteilung zu erwarten besetzt waren, wurden zwei Intelligenzmaße, verschiedene neuropsychologische Testverfahren und bei jeweils der Hälfte der Probanden eine konstante oder eine adaptive Version der IT durchgeführt. Beim **Vergleich der beiden IT-Versionen** fanden sich mehr Gemeinsamkeiten als Unterschiede. Beide IT-Versionen erwiesen sich in der vorliegenden Studie als hoch reliabel, wobei die Werte über der bei Kranzler und Jensen (1989) für Erwachsene berichteten mittleren Reliabilität von r = .73 liegen. Neben der Alters- und Intelligenzverteilung dürfte auch die Art der Reliabilitätsberechnung (Testhälften, innere Konsistenz vs. Retestreliabilität) die höhere Reliabilität in der vorliegenden Studie erklären. Entgegen den Ergebnissen von Nettelbeck et al. (1982) waren beide IT-Versionen in der vorliegenden Studie auch in der mittleren IT-Leistung vergleichbar. Neben unterschiedlichen Stichprobencharakteristika könnte auch der jeweils verwendete adaptive Algorithmus für diese Diskrepanz verantwortlich sein. Die weitgehend vergleichbaren Korrelationen zwischen konstanter bzw. adaptiver IT-Version und anderen neuropsychologischen Testverfahren einschließlich der Intelligenztests sowie zwischen konstanter bzw. adaptiver IT-Version und der Anzahl Richtiger im IT-Training (r = -.65 bzw. r = -.60) sprechen dafür, daß durch beide IT-Versionen, entsprechend den Ergebnissen bei Nettelbeck et al. (1986), weitgehend ähnliche Fähigkeiten erfaßt werden. Einen Vorteil der adaptiven Vorgehensweise könnte die Darstellbarkeit des Leistungsverlaufs über die Zeit sein. Einige IT-Probanden konnten sich rasch und dauerhaft zu kurzen Darbietungszeiten vorarbeiten, andere IT-Probanden benötigten hierfür entweder lange oder fielen wieder auf längere Darbietungszeiten zurück. Das Ausmaß dieser mangelnden Leistungskonstanz durch Aufmerksamkeits- oder Motivationsschwankungen könnte ein für psychiatrische Patienten relevanter Indikator sein.

Die IT korrelierte in der erwarteten Richtung und in der erwarteten Höhe mit beiden Intelligenzmaßen (rund 16% gemeinsame Varianz). Niedrig intelligente Probanden benötigten für eine fast perfekte Entscheidung längere IT-Darbietungszeiten als hoch intelligente Probanden. Die in dieser Studie gefundenen Werte von r = -.39 bzw. r = -.40 lagen etwas über den von Kranzler und Jensen (1989) in einer Metaanalyse für erwachsene Probanden für allgemeine Intelligenztests ermittelten IT-IQ Zusammenhang von r = -.30 und für verbale Intelligenztests ermittelten IT-IQ Zusammenhang von r = -.18. Die stärkere Spreizung der Intelligenzverteilung und der Einschluß einiger minderbegabter Probanden in die vorliegende Studie könnten hierfür ausschlaggebend sein, da Kranzler und Jensen (1989) und Schweizer (1995) in einer Nachauswertung der Daten von Kranzler und Jensen zeigen konnten, daß sich bei Minderbegabten und heterogenen Gruppen im Mittel deutlich höhere IT-IQ Korrelationen finden ließen als in der Gesamtgruppe. Zur Frage, ob durch die IT eher kristallisierte oder fluide Intelligenzanteile erfaßt werden, fanden sich in der vorliegenden Studie widersprüchliche Ergebnisse. Zum einen nahm die IT mit zunehmendem Lebensalter deutlich zu, andererseits fanden sich im Gegensatz zu den bei Nettelbeck et al. (1986) und Deary (1993) berichteten Ergebnissen insgesamt höhere, vor allem aber **vergleichbar** hohe Zusammenhänge zwischen IT und kristallisierten Intelligenzmaßen (Wortschatztest, Allgemeines Wissen, Ausbildungsdauer) wie zwischen IT und einem besonders altersensitiven, fluiden Intelligenzmaß (Zahlen-Symbol-Test).

Eine abschließende Wertung des Beitrags der IT zur Erklärung von Intelligenzunterschieden steht noch aus (Mackintosh, 1981; Vernon, 1986; Neubauer, 1995). Die Annahme von Brand und Deary (1982, S. 134), die IT erfasse "the brains's immediate reaction to sensory input - in the absence of any requirement for 'thought'", wurde durch das Ergebnis eingeschränkt, daß die Anwendung bestimmter Strategien beim Lösen der IT-Aufgabe die Leistung verbessern kann (Egan & Deary, 1992; Egan, 1994). Auch ist fraglich, ob die Aussage "on a continuum of complexity, the IT task must fall very close to the 'simple' pole, both in comparison to items on IQ tests and even relative to some RT tests" (Vernon, 1986, S. 718) zutrifft. Zwar ist die bei jedem einzelnen IT-Item geforderte Längenbeurteilung augenscheinlich "simpel" und Probanden dieser Studie akzeptierten die etwa 10minütige IT-Aufgabe durchaus kompliant, dennoch legte die mittlere Korrelation der IT mit dem Visus und die Verläufe in der adaptiven IT-Version die Annahme nahe, daß in die komplette IT-Aufgabe Aspekte wie Anstrengungs- und Ratebereitschaft eingehen. Auch schränkt die Beobachtung, daß andere neuropsychologische Verfahren in der vorliegenden Studie die Effekte von Alter und Intelligenz in sehr ähnlicher Weise abbildeten, die Einzigartigkeit des IT-Paradigmas ein. Eventuell wird erst die Kombination verschiedener elementar kognitiver Aufgaben wie z.B. der IT in Zukunft zu einer Messung der biologischen Intelligenz mit beitragen können.

Danksagung: Wir bedanken uns bei Ralf Mayr für die Programmierung des IT-Tests, bei den Studenten des Experimental-Psychologischen Praktikums für die Datenerhebung bei Gesunden und bei Nicole Saathoff für die Erhebung und Vorauswertung der Patientendaten.

Literatur

Brand, C.R. & Deary, I.J. (1982). Intelligence and "inspection time". In H. Eysenck (Ed.), *A model of intelligence* (pp. 133-148). New York: Springer.

Cleveland, W.S. & McGill, R. (1984). The many faces of a scatterplot. *Journal of the American Statistical Association, 79,* 807-822.

Deary, I.J. (1993). Inspection time and WAIS-R IQ subtypes: A confirmatory factor analysis study. *Intelligence, 17,* 223-236.

Deary, I.J., Hunter, R., Langan, S.J. & Goodwin, G.M. (1991). Inspection time, psychometric intelligence and clinical estimates of cognitive ability in pre-senile Alzheimer's disease and Korsakoff's psychosis. *Brain, 114,* 2543-2554.

Egan, V. (1994). Intelligence, inspection time and cognitive strategies. *British Journal of Psychology, 85,* 305-315.

Egan, V. & Deary, I.J. (1992). Does perceptual intake speed reflect intelligent use of feedback in an inspection-time task? The effect of restricted feedback. *The Journal of General Psychology, 120,* 123-137.

Horn, J. & Cattell, R.B. (1966). Refinement and test of the theory of fluid and crystallised intelligence. *Journal of Educational Psychology, 57,* 253-270.

Kathmann, N., Wagner, M., Satzger, W. & Engel, R.R. (1996). Vigilanzmessung auf Verhaltensebene. Der Continuous Performance Test - München (CPT-M). In H.-J. Möller, R.R. Engel & P. Hoff (Hrsg.), *Befunderhebung in der Psychiatrie: Lebensqualität, Negativsymptomatik und andere aktuelle Entwicklungen* (S. 331-338). Wien: Springer.

Kranzler, J.H. & Jensen, A.R. (1989). Inspection time and intelligence: A meta-analysis. *Intelligence, 13,* 329-347.

Lubin, M.-P. & Fernandez, J.M. (1986). The relationship between psychometric intelligence and inspection time. *Personality Individual Differences, 7,* 653-657.

Mackintosh, N.J. (1981). A new measure of intelligence? *Nature, 289,* 529-530.

Nettelbeck, T., Edwards, C. & Vreugdenhil, A. (1986). Inspection time and IQ: Evidence for a mental speed-ability association. *Personality Individual Differences, 7,* 633-641.

Nettelbeck, T., Evans, G. & Kirby, H. (1982). Effects of practice and inspection time for mildly mentally retarded and nonretarded adults. *American Journal of Mental Deficiency, 1,* 103-107.

Nettelbeck, T. & Lally, M. (1976). Inspection time and measured intelligence. *British Journal of Psychology, 67,* 17-22.

Neubauer, A. (1995). *Intelligenz und Geschwindigkeit der Informationsverarbeitung.* Wien: Springer.

Nicholls, M.E.R. & Atkinson, J. (1993). Hemispheric asymmetries for an inspection time task: A general left hemisphere temporal advantage? *Neuropsychologia, 31,* 1181-1190.

Reitan, R.M. (1958). Validity of the trail making test as an indicator of organic brain damage. *Perceptual and Motor Skills, 8,* 271-276.

Satzger, W. & Engel, R.R. (1996). *Der Computerisierte Gedächtnis- und Aufmerksamkeitstest (München) (CGT-(M)).* Göttingen: Beltz.

Schmidt, K.-H. & Metzler, P. (1992). *Wortschatztest (WST).* Weinheim: Beltz.

Schweizer, K. (1995). *Kognitive Korrelate der Intelligenz.* Göttingen: Hogrefe.

Tewes, U. (1991). *Hamburg-Wechsler Intelligenztest für Erwachsene (HAWIE-R).* Bern: Huber.

Vernon, P.A. (1986). Inspection time: Does it measure intelligence? *Personality Individual Differences, 7,* 715-720.

Vickers, D., Nettelbeck, T. & Willson, R.J. (1972). Perceptual indices of performance: the masurement of "inspection time" and "noise" in the visual system. *Perception, 1,* 263-295.

Vergleich deutscher und kanadischer AMDP-Befunde - ein Beitrag zur Bewertung der Übertragbarkeit psychopathologischer Befunde mit dem AMDP-System

Rainer T. Schaub und Bernd Ahrens

Einleitung

Die internationale, d.h. auch **multilinguale Vergleichbarkeit psychiatrischer Diagnostik** setzt voraus, daß die zu bewertenden Phänomene in gleicher Weise verstanden und benannt werden. Dabei stellt die Untersuchung der psychometrischen Qualität multilingualer psychopathologischer Beurteilungsverfahren ein Problem dar, das nur schwer zu lösen ist. So können Skalen zwar hinsichtlich klassischer psychometrischer Konzepte, wie z.B. innerer Konsistenz, miteinander verglichen werden, diese Vergleiche erlauben aber keine sicheren Rückschlüsse darüber, ob auch die zugrundeliegenden Konstrukte einander gleichen.

Auch sind die traditionellen Methoden zur Bestimmung der Interrater-Reliabilität nicht gut geeignet, da z.B. die oft verwendeten Videoaufnahmen oder Patienten-Demonstrationen kaum bilingual zu realisieren und somit für die psychopathologische Beurteilung nicht brauchbar sind, es sei denn, die Rater sind in der Lage, die jeweils erforderliche Sprache so zu verstehen, wie dies ein "native speaker" tun würde.

Die **Übertragbarkeit psychopathologischer Befunde** kann unter realistischen Bedingungen aber auch auf folgende Weise geprüft werden: an verschiedensprachigen Zentren werden Patienten nach möglichst identischen Kriterien ausgewählt, diese werden dann von den dortigen Ratern beurteilt. Die Erwartung besteht darin, daß die Unterschiede zwischen den Zentren statistisch nicht signifikant sind, vorausgesetzt, die "power" der Studie ist als ausreichend anzusehen. Unterschiede beziehen sich einerseits auf die Mittelwertsstrukturen, bei strengerer Betrachtung können auch die Varianz- und Kovarianzstrukturen verglichen werden, vorausgesetzt, es handelt sich um ein mehrdimensionales Instrument. Zum Vergleich deutsch- (Berlin) und englischsprachiger (Ottawa, Kanada) AMDP-Befunde (AMDP, 1982, 1995) wählten wir ein derartiges Vorgehen, d.h. zunächst wurden Mittelwerte der AMDP-Skalen verglichen, dann die Varianz-Kovarianz-Matrizen der Syndrom-Skalen auf Unterschiede hin geprüft.

Methoden

Im englischsprachigen Zentrum wurden über eine Zeit von etwa vier Jahren kanadische Kollegen mit der englischen Fassung des AMDP-Systems (Guy & Ban, 1982) trainiert. Ausgewählt wurden N = 229 Patienten (siehe Tabelle 1). Zu diesen Patienten wurden aus dem Berliner AMDP-Bestand jeweils Patienten nach folgenden Kriterien gematcht: Alter, Geschlecht, Erstmanifestation, vorangegangene Episodenanzahl und Diagnose. Letztere konnte nicht direkt gematcht werden, da die Berliner Datei nach dem ICD-9-Schlüssel organisiert ist, der nicht direkt mit DSM-III-R verglichen werden kann.

Tabelle 1   Stichprobenbeschreibung

	Berlin N = 229	Ottawa N = 229	Gesamt N = 458
Geschlecht:			
männlich	85	85	170
weiblich	144	144	288
Alter [M (s)]	41.3 (13.4)	41.5 (13.7)	41.4 (13.5)
Diagnosen:	ICD-9	DSM-III-R	
Schizophrenie, par.-hal.	49 (295.3)	49 (295.3)	98
Manie, bipolar	42 (296.2)	42 (296.4)	84
Depression, bipolar	20 (296.3)	20 (296.5)	40
Depression, unipolar, rezidiv.	118 (296.1)	56 (296.3)	
Depression, unipolar, Episode		62 (296.2)	236
Erstmanifestation	39	44	83

Wir gehen aber davon aus, daß die Erkrankungen an beiden Orten hinreichend ausgeprägt waren, um die Kriterien beider Klassifikationssysteme zu erfüllen, so daß beide Stichproben bezüglich ihrer Diagnosen hinlänglich vergleichbar waren. Für die Auswertung wurden die von Gebhardt et al. (1983) entwickelten Syndrom-Skalen zugrundegelegt, da diese eine handhabbare Aggregationsebene für Vergleiche bilden. Untersucht wurden im ersten Schritt die **AMDP-Syndromskalen** mit einem 2 x 2 - MANOVA - Modell, das neben dem Untersuchungsort als zusätzlichen Faktor die Variable Geschlecht enthielt.

Im zweiten Schritt wurden die Varianz-Kovarianzmatrizen beider Stichproben mit einem faktoranalytischen Modell (LISREL 8.03, Jöreskog & Sorbom, 1988) verglichen. Hierbei wurde unter der Annahme einer zunächst identischen Varianz-Kovarianz-Struktur ein Modell angepaßt, das durch sukzessive Schätzung einzelner Parameter Rückschlüsse auf Differenzen in der Varianz-Kovarianz-Struktur zwischen beiden Zentren ermöglicht.

Ergebnisse

Das **MANOVA-Modell** ergab signifikante Haupteffekte für Zentrum (p < .001) und Geschlecht (p = .024), sowie einen signifikanten Interaktions-Term (p = .029). Auf Einzel-Skalenebene fanden sich signifikante Haupteffekte für den Unterschied zwischen Berlin und Ottawa beim Hostilitätssyndrom (df = 1, 454; p < .001) und beim Zwangssyndrom (df = 1, 454; p < .001; siehe Abbildung 1).

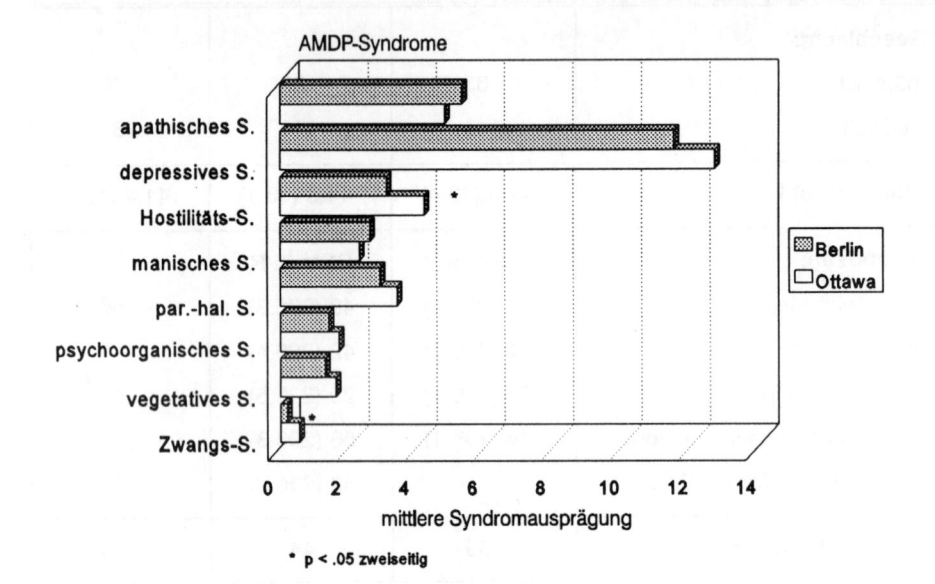

Abbildung 1 AMDP-Syndrome: Vergleich Berlin - Ottawa
Haupteffekt: Ort, diagnosen-unabhängig (N = 458)

Alle anderen Syndromskalen unterschieden sich nicht zwischen den Zentren (siehe Tabelle 2). Der zweite Faktor (Geschlecht) zeigte einen signifikanten Unterschied, der beim depressiven, hostilen und paranoid-halluzinatorischen Syndrom auftrat (p = .014; p = .031; p = .001). Ein Interaktionseffekt war beim Hostilitätssyndrom und beim psychoorganischen Syndrom signifikant (p = .003; p = .01). Für den eigentlich interessierenden Haupteffekt "Zentrum" wurde ein

Modell ohne die signifikanten Syndrom-Skalen untersucht. Dabei ergab sich dann kein signifikanter Gesamteffekt, d.h. der multivariate Unterschied kam nur durch die univariaten Effekte Hostilität und Zwang zustande.

Tabelle 2 MANOVA-Ergebnisse der 2 x 2 - faktoriellen Analyse (Zentrum x Geschlecht) über die AMDP-Syndrom-Skalen (Univariate F-Tests, df = 1, 454)

Variable	Zentrum		Geschlecht		Interaktion	
	F =	p =	F =	p =	F =	p =
APA	.11	.74	.02	.89	.01	.92
DEP	.02	.89	6.03	.01*	.00	.99
HOST	33.01	.00**	4.70	.03*	8.85	.00**
MAN	.22	.64	.85	.36	.00	.95
PARHAL	1.05	.31	11.21	.00**	2.26	.13
PSYORG	.05	.82	.61	.44	6.72	.01*
VEG	.71	.40	1.98	.16	.29	.59
ZWA	17.74	.00**	2.50	.12	.73	.39
p (multivariat) =		.00		.02		.03

Abkürzungen: APA apathisches Syndrom, DEP depressives Syndrom, HOST Hostilitäts-Syndrom, MAN manisches Syndrom, PARHAL paranoid-halluzinatorisches Syndrom, PSYORG psychoorganisches Syndrom, VEG vegetatives Syndrom, ZWA Zwangs-Syndrom. ** p < .01, * p < .05

Beim **Varianz-Kovarianz-Strukturvergleich** ließ sich ein befriedigendes, d. h. für beide Zentren gültiges Modell finden (χ^2_{24} = 28.7; GFI = .98, NNFI = .98, p = .23), wenn vorwiegend Abweichungen von der Annahme identischer **Varianzen** zugelassen wurden. Dies entspricht Unterschieden in der Metrik der entsprechenden Skalen, d.h. hauptsächlich der Schweregrad-Beurteilung. Vier der sechs zu schätzenden **Kovarianzterme** (d.h. Terme, für die die Gleichheitsannahme nicht aufrechterhalten werden konnte) bezogen sich auf die Skala Hostilität, die beiden übrigen auf die Skala für das manische Syndrom (siehe Tabelle 3).

Tabelle 3 Geschätzte Varianz-Kovarianzmatrix für die AMDP-Syndromskalen zwischen Berlin (B) und Ottawa (O).

Die *kursiv* gedruckten Parameter mußten geschätzt werden, um ein sehr gut "gefittetes" Modell (p = .23) zu erhalten. Sie entsprechen Differenzen zwischen den Zentren. Die übrigen Parameter waren identisch. In der Diagonale sind die geschätzten Varianzen wiedergegeben, die Nicht-Diagonalen-Werte stellen die Kovarianzen der Syndrom-Skalen dar. Abkürzungen wie in Tabelle 2.

		APA	DEP	HOST	MAN	PAR-HAL	ORG	VEG	ZWA
APA	B	1.10							
	O	*0.89*							
DEP	B	0.45	0.82						
	O		*1.15*						
HOST	B	-0.22	-0.27	1.14					
	O	*0.07*		*-0.07*			*0.79*		
MAN	B	-0.41	-0.26	0.60	1.01				
	O			*-0.43*			*0.32*		
PARHAL	B	0.12	-0.19	0.27	0.07	1.00			
	O								
ORG	B	0.16	-0.04	0.16	0.06	0.25	0.82		
	O			*0.37*	*0.31*		*1.18*		
VEG	B	0.07	0.25	-0.12	-0.15	-0.09	-0.05	0.75	
	O	*1.23*							
ZWA	B	0.00	0.08	-0.09	-0.07	0.00	0.00	0.08	0.58
	O								*1.35*

$X^2_{df=24} = 28.7$, RMSEA = 0.021, GFI = 0.98, NNFI = 0.98, p = .23

Diskussion

Die Ergebnisse legen nahe, daß die englische und deutsche Version des AMDP-Systems auf der Ebene der Syndrom-Skalen weitgehend vergleichbar sind. Die Abweichungen zwischen Berlin und Ottawa beziehen sich hauptsächlich auf die Skalen "Hostilität" und "Zwang", alle anderen Skalen weisen keine Differenzen der Mittelwerte auf.

Wichtig ist, daß die Skalen für das depressive, manische und paranoid-halluzinatorische Syndrom nicht überzufällig voneinander abweichen. Beim Hostilitäts- und Zwangssyndrom sind möglicherweise Stichprobenunterschiede, beim Zwangssyndrom zusätzlich die geringe Häufigkeit positiver Ratings sowie die geringere innere Konsistenz in Ottawa bedeutsam. Hinsichtlich der **Varianzen** fanden sich lediglich für das manische und das paranoid-halluzinatorische Syndrom gleiche Schätzwerte. Dies deutet auf unterschiedliche Skalen-Metriken hin, ein Problem, daß u.a. die aktuelle Revision des AMDP-Systems motivierte. **Kovarianzunterschiede** wurden in 6 von 27 Variablenpaaren zugelassen, um ein ansonsten äquivalentes Modell zu erhalten. Dies bedeutet, daß sich Zusammenhänge einzelner Syndromskalen zwischen Berlin und Ottawa unterschieden. Wiederum fanden sich die meisten abweichenden Kovarianzen beim Hostilitätssyndrom, mithin um einen psychopathologischen Bereich, der für die ausgewählte Patientenpopulation nicht spezifisch kennzeichnend war. Vorzeichenwechsel der geschätzten Kovarianzterme kamen (mit einer Ausnahme: -.22 vs. .07, "Apathisches" / "Hostilitäts"-Syndrom) nicht vor.

Beziehen wir die unterschiedlichen Randbedingungen in beiden Zentren mit ein (z.B. Diagnosesysteme, Raterzahl, Erfahrung mit AMDP, neue vs. Routinetätigkeit, usw.) so können diese Ergebnisse als zufriedenstellend in bezug auf die Übertragbarkeit der AMDP-Skalen in andere Sprachen gewertet werden.

Literatur

AMDP (1982). *Manual zur Dokumentation psychiatrischer Befunde.* Berlin: Springer.

AMDP (1995). *Das AMDP-System. Manual zur Dokumentation psychiatrischer Befunde* (5. neubearbeitete Auflage). Göttingen: Hogrefe.

Gebhardt, R., Pietzcker, A., Strauss, A., Stoeckel, M. & Langer, C. (1983). Skalenbildung im AMDP-System. *Archiv für Psychiatrie und Nervenkrankheiten, 233,* 223-245.

Guy, W. & Ban, T.A. (Eds.). (1982). *The AMDP-System. Manual for the assessment and documentation of psychopathology.* Berlin: Springer.

Jöreskog, K.G. & Sörbom, D. (1988). *LISREL 7: A guide to the program and applications* (2nd ed.). Chicago, IL.: SPSS.

Anwendung der nichtparametrischen Diskriminanzanalyse nach der k - nächste - Nachbarn - Methode für die polytome Klassifikation psychopathologischer Daten

Anton Strauß, Dieter Brothag und Hans-Jürgen Möller

Einleitung

Ausgehend von den Beobachtungsvektoren, in unserem Fall den AMDP-Syndromen, einer erhobenen Lernstichprobe von Merkmalsvektoren, wird bei der Zuordnung eines neu zu klassifizierenden Syndromvektors die kleinste Umgebung mit den k-nächsten Nachbarn betrachtet und diejenige Therapieklasse ausgewählt, deren Merkmalsvektoren in der betrachteten Umgebung anteilsmäßig am häufigsten vorkommen. Bei dieser Zuordnung wird auch die Häufigkeitsverteilung der Merkmale (Therapiemerkmale) in der Lernstichprobe, nach denen klassifziert wird, als a priori Wahrscheinlichkeit mitberücksichtigt. Die Diskriminanzanalyse nach der k-nächste-Nachbarn-Methode (Hand, 1982) stellt keine besonderen Anforderungen an die Verteilung der betrachteten Variablen, hier an die Verteilung der neun AMDP-Syndrome. Als Distanzmaß wird die Mahalanobis-Distanz gewählt, die über die jeweilige Varianz-Kovarianz-Matrix der Stichprobe berechnet wird. Für die Datenauswertung haben wir die Discrim-Procedur des Programmpaketes SAS verwendet. Zur Berechnung der Rate der Fehlklassifikationen wird die Kreuzvalidierung benutzt. Jeweils ein Syndrom-Vektor wird herausgegriffen und die Klassifikation mit den restlichen n-1 Fällen als Lernstichprobe durchgeführt. An einem Beispiel wird die Leistungsfähigkeit des gewählten Verfahrens für psychopathologische Untersuchungen dargestellt.

Fragestellung, Plan der Untersuchung und Daten

Overall et al. (1972) untersuchten die therapeutischen Entscheidungen in Richtung der Neuroleptika, Antidepressiva und Tranquilizer anhand der BPRS-Symptomprofile der Patienten mit der entsprechenden Therapie. Die Trennung der Therapieformen mit der linearen Diskriminanzanalyse wurde als befriedigend beurteilt, Raten der Fehlklassifikationen wurden nicht angegeben. Die

Logik der Therapieentscheidung, der wir folgen, ist hierarchisch (Bauer, 1982; Adelhard et al., 1996) und somit in dem hier verwendeten linearen Modell nicht voll nachvollziehbar. Danach erfolgt bei der Therapiefindung die oberste Entscheidung auf der diagnostischen Ebene und erst nachrangig erfolgt über eine Entscheidung auf der Symptomebene eine Verfeinerung der Therapiewahl. Diese Überlegung läßt erwarten, daß es im linearen Modell sehr schwierig sein wird, die Beiträge der Diagnose und der Symptomatik in der Therapieentscheidung voneinander zu trennen, d.h. additiv darzustellen.

Davon ausgehend untersuchen wir in dieser Arbeit die **Therapieentscheidungen für Patienten des Jahres 1987-1991** (Mindestdauer der stationären Behandlung 14 Tage), die mit genau einer der nachfolgenden Therapieformen für mindestens vier Tage innerhalb der ersten zwei Wochen des stationären Aufenthaltes behandelt wurden: Antidepressiva (AD; N = 876), Neuroleptika (NL; N = 1828) und der Kombinationstherapie mit beiden Medikamentengruppen (AD-NL; N = 1041). In der gewählten Stichprobe wurde ca. die Hälfte aller Anwendungen der Antidepressiva mit Neuroleptika und ca. ein Drittel der Neuroleptika mit Antidepressiva kombiniert. Da klare Richtlinien für die Anwendung der NL-AD Kombinationen fehlen, stellt die Trennung der ausgewählten drei Therapiemerkmale unter Zugrundelegung der Symptomatik ein schwieriges Problem dar und stellt hohe Anforderungen an jedes algorithmische Trennungsverfahren. Diese Arbeit ist eine Fortführung der Arbeit von Adelhard et al. (1996), wobei wir dort infolge der Beschränkung der CART-Methode nur zwei Therapiemerkmale betrachtet haben.

Wir führen die **Klassifikation mit neun Variablen**, nämlich den AMDP-Syndromen (paranoid-halluzinatorisches S., Depressives S., Psychoorganisches S., Manisches S., Hostilitätss., Vegetatives S., Apathisches S., Zwangss.; Gebhardt et al., 1983) und der Züricher AMDP-Negativskala (Angst et al., 1989) sowie **drei Therapiemerkmalen** in zwei Schritten durch. Im ersten Schritt erfolgt die Zuordnung unter alleiniger Verwendung der AMDP-Syndrome des Aufnahmebefundes. Im zweiten Schritt erfolgt zuerst die Zerlegung der gesamten Stichprobe in sechs diagnostische ICD-9-Gruppen und innerhalb jeder diagnostischen Gruppe erfolgt die Zuordnung zu den Therapiemerkmalen über die AMDP-Syndrome. Dieser Auswertungsplan wurde gewählt, um damit die Frage zu untersuchen, ob die Zuordnung zur Therapie über die Syndrome unter zusätzlicher Berücksichtigung der Diagnosen höchstens gleich bleibt, jedenfalls nicht verbessert wird, im Vergleich zu der Zuordnung zu den Therapiemerkmalen unter alleiniger Berücksichtigung der Syndrome. Der Vergleich der Leistungsfähigkeit der beiden Ansätze der Therapiefindung erfolgt über die Gesamtrate der Fehlklassifikationen. Die Arbeit verfolgt nicht das Ziel einer algorithmischen Therapiefindung, sondern mit Hilfe eines formalen Modells der Therapiefindung wird eine klinische Fragestellung, nämlich, ob die Diagnose einen Beitrag zur Therapiefindung liefert, der über den der Symptomatik hinausgeht, untersucht.

Ergebnisse

Die obige Diskriminanzanalyse wurde für k = 1 bis k = 100 Nachbarn durchgeführt. Hier werden die Ergebnisse für k = 4 Nachbarn mitgeteilt (vgl. Tabelle 1).

Tabelle 1   Prozentuale Verteilung der Treffer und des Gesamtfehlers

Patientengruppe	Treffer (AD)	Treffer (NL)	Treffer (AD-NL)	Gesamtfehler
alle Patienten (N = 3745)	69	89	54	26
depr. Psychose (N = 1225)	72	34	68	31
Manie/Mischzst. (N = 252)	0	100	44	8
Neurose (N = 411)	89	14	31	34
Schizophrenie (N = 1140)	0	97	36	13
schizoaff. Psych. (N = 616)	6	95	47	18
paranoide Syndr. (N = 101)	0	98	15	15

Die alleinige Zuordnung über die AMDP-Syndrome zu den drei Therapiemerkmalen ergibt eine Rate der Fehlklassifikation von 25.6%. Die Zuordnung über die AMDP-Syndrome über den Umweg in die dazugehörige diagnostische Gruppe zeigt eine Rate der Fehlklassifikationen von 21.5%. Somit führt die algorithmische Therapiefindung unter Hinzunahme der diagnostischen Gruppe zu einer 1.2-fachen Verbesserung der Therapiefindung. Die Zunahme ist statistisch hoch signifikant ($p < .001$). Eine Halbierung der Lernstichprobe führt zu dem identischen Ergebnis. Unerwarteterweise führt die Berücksichtigung aller AMDP-Symptome unter Weglassen des Zwischenschrittes der Syndromberechnung zum gleichen Ergebnis, wobei dieses Verfahren aufwendiger ist, da seltene Symptome weggelassen werden müssen, um die Invertierbarkeit der Varianz-Kovarianzmatrix sicherzustellen.

Daß es sich bei dieser Zunahme nicht um einen Zufallsbefund handelt, zeigt schon die Tatsache, daß innerhalb jeder diagnostischen Gruppe eine Therapieform jeweils ein starkes Übergewicht hat. Am wenigsten trifft dies für die "depressive Psychose" zu, da hier die AD-Therapie mit 668 Patienten vergleichbar ist mit der AD-NL-Therapie bei 553 Patienten. Möglicherweise hat sich das Problem bei der Zuordnung der Kombinationstherapie dadurch ergeben, daß wir die Behandlungsperiode auf vier Wochen ausgeweitet haben mit dem Ziel, auch hier eine hohe Fallzahl zu erreichen. Damit sollte der Zuordnungsalgorithmus auf eine harte Probe gestellt werden. Es ist auch zu erwähnen, daß die Globaldiagnosen "Neurose" und "depressive Psychose" mit einer Rate der

Fehlklassifikationen von 34% bzw. 31% einen geringeren Beitrag zur Therapiefindung liefern als die restlichen diagnostischen Gruppen, was dafür spricht, daß der Beitrag zur Diagnose umso größer ist, je feiner die diagnostische Zuordnung gewählt wird.

Bei den durchgeführten Auswertungsläufen für k = 1 bis k = 100 Nachbarn führt die Hinzunahme der Diagnose immer zu einer Erhöhung der Treffsicherheit um 2.5% - 4.5%.

Schlußfolgerung

1. Die Beschreibung der Indikationen einer Therapie unter alleiniger Angabe der Zielsymptome ist ohne Angabe der Diagnose unvollständig.
2. Diagnosen gehen neben der Symptomatik mit einem eigenständigen Beitrag in die Entscheidungsfindung des Psychiaters ein.
3. Die Diagnosen besitzen einen Inhalt, der über den der Symptomatik hinausgeht. Dies hat Folgen für die Frage nach der Genauigkeit der Trennbarkeit der Diagnosen unter Berücksichtigung der Symptomatik.
4. Die gewählte nichtparametrische Diskriminanzanalyse ist ein robustes und leicht anzuwendendes Verfahren für die Klassifikation psychopathologischer Daten.

Literatur

Adelhard, K., Strauß, A. & Möller, H.-J. (1996). Der Zusammenhang zwischen Symptomatik und Diagnose im pharmakotherapeutischen Entscheidungsprozeß. *Fortschritte der Neurologie und Psychiatrie, 64,* 123-131.

Angst, J., Stassen, H.H. & Woggon, B. (1989). Effects of neuroleptics on positive and negative symptoms and the deficite state. *Psychopharmacology, 99,* 41-46.

Bauer, M.J. (1982). *Die logische Struktur des pharmakotherapeutischen Entscheidungsprozesses in der Psychiatrie.* Dissertation, Ludwig-Maximilians-Universität, München.

Gebhardt, R., Pietzcker, A., Strauß, A., Stoeckel, M., Langer, C. & Freudenthal, K. (1983). Skalenbildung im AMDP-System. *Archiv für Psychiatrie und Nervenkrankheiten, 233,* 223-245.

Hand, D.J. (1982). *Kernel discriminant analysis.* New York: Research Studies Press.

Overall, J.E., Henry, B.W., Markett, J.R. & Emken, R.L. (1972). Decisions about drug therapy. *Archives of General Psychiatry, 26,* 140-144.

Krankheitsbezogenes Wissen von schizophrenen Patienten

Peter Streb und Hans-Joachim Haug

Einleitung

Die neuere Literatur zu Entstehung und Verlauf schizophrener Erkrankungen betont die Bedeutung der Miteinbeziehung der Patienten in den Behandlungsprozeß. Ziel von modernen Behandlungskonzepten ist u.a. die Verbesserung der Compliance im Sinne einer Übernahme von Verantwortung für die Behandlung durch den Patienten (z.B. bei der medikamentösen Behandlung). Eine hohe Compliance setzt dabei die möglichst umfassende Vermittlung von Wissen und Informationen über die Erkrankung (Entstehung, auslösende Faktoren, Behandlungsmöglichkeiten, Prognose) voraus. Dies bezieht sich vor allem auch auf die rechtzeitige Wahrnehmung von Frühwarnzeichen, die eine erneute psychotische Dekompensation ankündigen können (Bäuml, 1994; Birchwood, 1992; Hamera et al.,1991; Heinrichs et al., 1985; Herz & Melville, 1980; Norman & Malla, 1993; Roder et al., 1992; Wienberg, 1995).

In einer empirischen Studie untersuchten wir das krankheitsbezogene Wissen von stationär behandelten schizophrenen Patienten der Psychiatrischen Universitätsklinik Basel und die Zusammenhänge zwischen dem krankheitsbezogenen Wissen, dem psychopathologischen Befund zu Beginn und im Verlauf der Behandlung, sowie soziodemographischen Daten und Daten der Krankheitsentwicklung (Streb, 1996).

Methodik

42 (24 männliche und 18 weibliche) Patienten mit der Diagnose einer Schizophrenie nach ICD-10 wurden kurz nach ihrer Aufnahme mit einem an der Psychiatrischen Universitätsklinik Erlangen entwickelten und validierten **Fragebogen zur Erfassung des krankheitsbezogenen Wissens** (ERWIPA; Luderer et al., 1993) befragt. Der ERWIPA besteht aus zwei Unterformen A bzw. B mit je 20 Fragen zu Ätiologie, Symptomatik, Behandlung und Verlauf von schizophrenen Psychosen. Beide Unterformen wurden hinsichtlich Validität und Reliabilität untersucht und erwiesen sich als ausreichend reliabel und valide, die Items als ausreichend trennscharf. Soziodemographische und krankheits-

bezogene Daten, sowie der psychopathologische Befund wurden erhoben mittels des AMDP-Systems (AMDP), des Clinical Global Impressions (CGI), der Global Assessment Scale (GAS) und der Brief Psychiatric Rating Scale (BPRS). 19 Patienten wurden nach einer mehrwöchigen Behandlungsdauer ein zweites Mal befragt.

Die statistische Auswertung der erhobenen Daten (Häufigkeiten, Mittelwerte, Standardabweichungen, nonparametrische Signifikanztests, Korrelationen) erfolgte mittels der entsprechenden Funktionen des Statistikprogrammes "SPSS for Windows" (Norusis, 1993).

Ergebnisse

Im Laufe einer mehrwöchigen stationären Behandlung von schizophrenen Patienten kam es zu einer signifikanten Zunahme des krankheitsbezogenen Wissens, gemessen durch den "ERWIPA-SCORE" (Anzahl der richtig beantworteten Fragen; $p < .05$; vgl. Tabelle 1).

Tabelle 1   ERWIPA-SCORE (richtig beantwortete Fragen)

N	Mittelwert Erstbefr.	Mittelwert Zweitbefr.	p
19	8.4	9.5	< .05

Es konnte kein Zusammenhang zwischen soziodemographischen Daten und dem krankheitsbezogenen Wissen gefunden werden.

Das krankheitsbezogene Wissen zu Beginn der aktuellen Hospitalisation erwies sich als um so höher, je mehr Informationsquellen die Patienten im bisherigen Krankheitsverlauf als hilfreich erleben konnten ($r = .42$; $p < .05$).

Patienten, die zu Beginn der Behandlung besser informiert waren, zeigten ein niedrigeres Ausmaß an positiven Symptomen der Schizophrenie, insgesamt ein geringeres Störungsniveau und ein höheres psychosoziales Funktionsniveau. Signifikante Korrelationen bestanden zwischen den ERWIPA-Scores und den AMDP-Skalen "Paranoid-halluzinatorisches Syndrom" ($r = -.40$; $p < .01$), "Psychoorganisches Syndrom" ($r = -.30$, $p < .05$) und "Apathisches Syndrom" ($r = -.28$, $p < .05$).

Bei denjenigen Patienten, die zu Beginn der Behandlung gut über ihre Erkrankung informiert waren, kam es signifikant zu einer stärkeren Verbesserung des psychopathologischen Befundes als bei schlecht informierten Patienten. Ein hohes Informationsniveau zum Zeitpunkt der Erstbefragung (gemessen durch den ERWIPA-Score) ging mit einer Verbesserung vor allem der produktiven schizophrenen Symptomatik (AMDP-PARHAL, AMDP-MANI) bzw. einer Verbesserung des globalen Störungsniveaus (BPRS) einher (vgl. Abbildung 1 - 4).

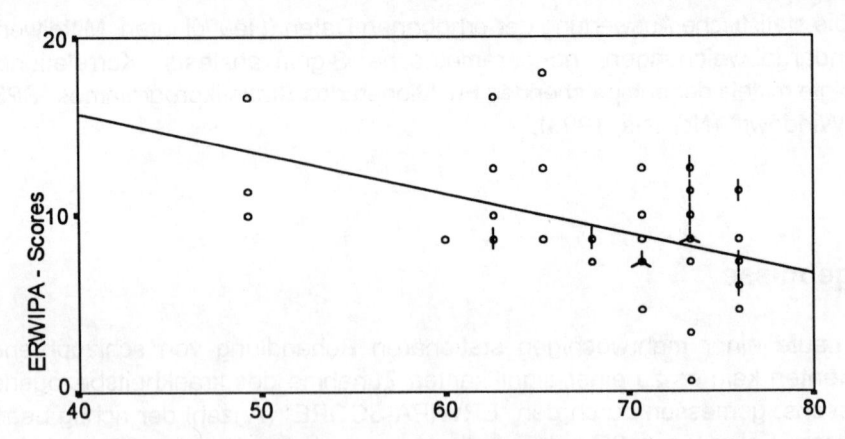

T-Werte auf der AMDP-Skala "Paranoid-Halluzinatorisches Syndrom"
N = 42; r = -0.40 (p < .01)

Abbildung 1 ERWIPA-Scores und AMDP-PARHAL-Scores

Veränderung der T-Werte auf der AMDP-PARHAL-Skala
N = 19; r = -0.54 (p < .01)

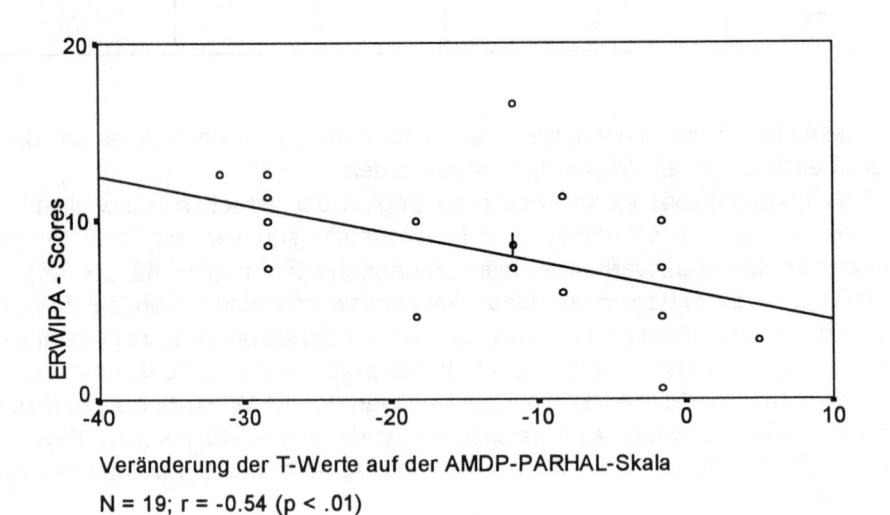

Abbildung 2 ERWIPA-Scores und Veränderung der AMDP-PARHAL-Scores

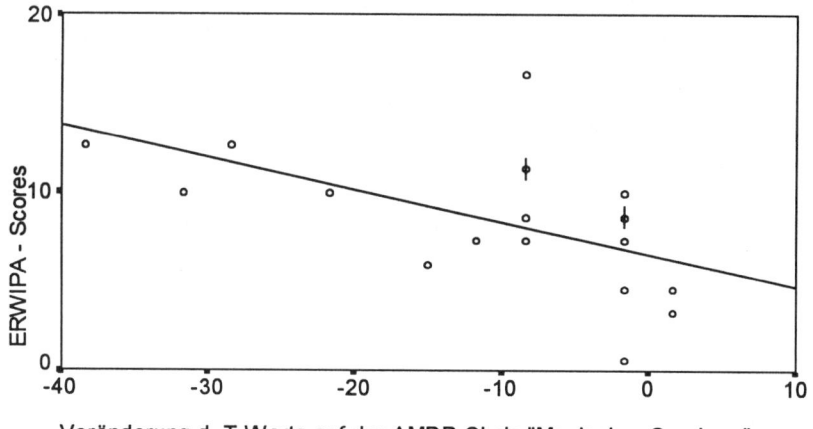

Veränderung d. T-Werte auf der AMDP-Skala "Manisches Syndrom"
N = 19; r = -0.63 (p < .01)

Abbildung 3 ERWIPA-Scores und Veränderung der AMDP-MANI-Scores

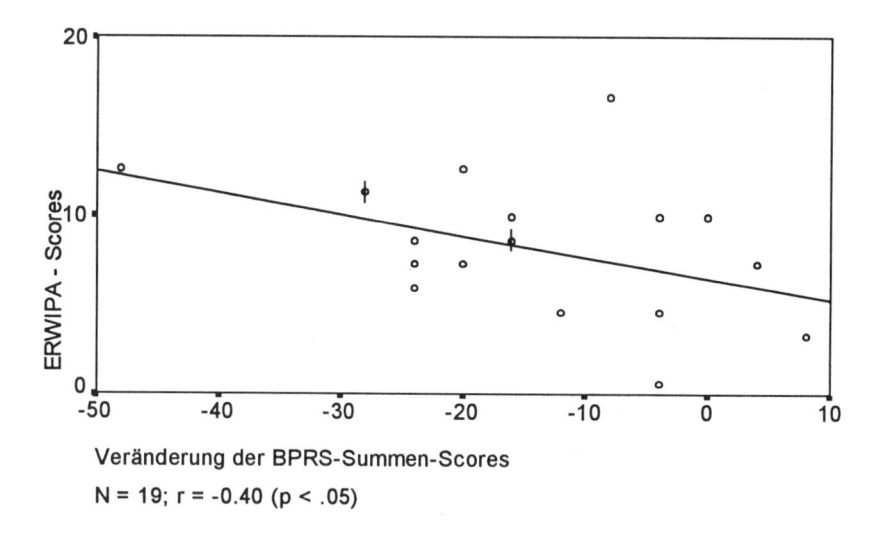

Veränderung der BPRS-Summen-Scores
N = 19; r = -0.40 (p < .05)

Abbildung 4 ERWIPA-Scores und Veränderung der BPRS-Summen-Scores

Diskussion

Der ERWIPA erwies sich als valides und reliables Instrument zur Erfassung des krankheitsbezogenen Wissens von Schizophreniekranken. Das Ausmaß des krankheitsbezogenen Wissens scheint von wichtiger prognostischer Bedeutung bezüglich des Verlaufes einer mehrwöchigen stationären Behandlung zu sein und korreliert positiv mit der Verbesserung des psychopathologischen Befundes.

Die AMDP-Skalen erwiesen sich als geeignetes Instrument zur differenzierten Beurteilung der Zusammenhänge zwischen dem krankheitsbezogenen Wissen und der Psychopathologie.

Es erscheint sinnvoll, im Rahmen nachfolgender Studien zu untersuchen, inwieweit sich spezifische psychoedukative Programme positiv auf den Wissensstand von Schizophreniekranken, die Compliance und den Behandlungsverlauf auswirken.

Literatur

Bäuml, J. (1994). *Psychosen aus dem schizophrenen Formenkreis - ein Ratgeber für Patienten und Angehörige.* Berlin: Springer.

Birchwood, M. (1992). Early intervention in schizophrenia: theoretical background and clinical strategies. *British Journal of Clinical Psychology, 31,* 257-278.

Hamera, E., Handley, S., Plumlee, A. A. & Frank-Ragan, E. (1991). Patient self-regulation and functioning in schizophrenia. *Hospital Community Psychiatry, 42,* 630-631.

Heinrichs, D.W., Cohen, B.P. & Carpenter, W.T. (1985). Early insight and the management of schizophrenic decompensation. *Journal of Nervous and Mental Disease, 173,* 133-138.

Herz, M.I. & Melville, C. (1980). Relapse in schizophrenia. *American Journal of Psychiatry, 137,* 801-805.

Luderer, H.J., Böcker, F.M., Anders, M. & Wurzner, P. (1993). ERWIPA - ein standardisiertes Verfahren zur Erfassung des krankheitsbezogenen Wissens bei Patienten mit Schizophrenien. *Psychiatrische Praxis, 20,* 227-230.

Norman, R.M.G. & Malla, A.K. (1993). Stressfull life events and schizophrenia I u. II. *British Journal of Psychiatry, 162,* 161-174.

Norusis, M.J. (1993). *SPSS® for Windows - base system user's guide. Release 6.0.* Chicago: SPSS Inc.

Roder, V., Brenner, H.D., Kienzle, N. & Hodel, B. (1992). *Integriertes psychologisches Therapieprogramm für schizophrene Patienten (IPT).* Weinheim: Psychologie Verlags-Union.

Streb, P. (1996). *Krankheitsbezogenes Wissen von schizophrenen Patienten.* Eine Verlaufsstudie. Unveröff. Diss., Universität Basel.

Wienberg, G. (Hrsg.). (1995). *Schizophrenie zum Thema machen.* Bonn: Psychiatrie-Verlag.

Erfassung differentieller Störungsmuster der Informationsverarbeitung bei schizophrenen, schizoaffektiven, depressiven und dementiellen Krankheitsbildern

Burkhard Wiebel

Einführung

Die neuropsychologische Testbatterie TESTBAT erfaßt mit unterschiedlichen Untersuchungstechniken unterschiedliche Aspekte der Aufmerksamkeit und des Gedächtnisses (vgl. Lezak, 1995, S. 39 - 40; Neumann, 1992): Phasische Alertness [PHAS], fokussierte oder selektive Aufmerksamkeit [SEL], Daueraufmerksamkeit [DA], Reaktionshemmung [UNT, SENS], Zahlenmerkspanne [ZV, ZR], verzögertes Wiedererkennen [WORT] und verzögerte Reproduktion [BILD]. Ferner wird ein einfacher Reaktionstest [REAK] und ein Wahlreaktionstest durchgeführt [WAHL]. Aus Hinweisen in der Literatur lassen sich Hypothesen über differentielle kognitive Störungsmuster bei Schizophrenen (vgl. Brand et al., 1996; Straube & Oades, 1992), Depressiven (vgl. Lezak, 1995, S. 325 ff) und Dementen (vgl. Lezak, 1995, S. 328) formulieren. Die Testbatterie soll einen Beitrag zur Erfassung dieser Störungsmuster leisten.

Methoden

Studiendesign und Stichproben

Die Evaluationsuntersuchung erfolgte über mehrere klinische Stichproben (Neurotische Störungen [NEU, N = 121], erstmals an Schizophrenie Erkrankte [SE, N = 45], mehrfach an Schizophrenie Erkrankte [SM, N = 123], schizoaffektive Psychosen [SA, N = 67], (monopolare) Depressionen [DP, N = 99] und Demenzen [DEM, N = 37]) sowie zwei Stichproben Gesunder (jünger als 38 Jahre [N < 38], älter als 37 Jahre [N > 37]). Die Diagnosen erfolgten nach ICD-10 (Dilling et al., 1991). Ausgeschlossen von der Datenanalyse waren Datensätze von Patienten mit einem IQ unter 80 und von Patienten mit kombinierten Diagnosen, für die kognitive Störungen symptomatisch sind (z.B. Schizophrenie und Drogenabhängigkeit). Die Vergleichsstichprobe Gesunder bestand aus Mitarbeitern des Krankenhauses, die freiwillig an der Untersuchung teilnahmen. Die Stichprobe NEU repräsentiert in dieser Untersuchung die unspezifische kognitive Beeinträchtigung bei stationärem bzw. tagesklinischem Aufenthalt. NEU dient als Referenz für die Stichproben DP, SM und SA. 60% der Patienten der Stichprobe NEU erhielten eine psychotrope Medikation, 70% hiervon ein Antidepressivum, 35% ein Neuroleptikum. In der Stichprobe DP wurden alle Patienten antidepressiv behandelt, 65% erhielten ein Neuroleptikum. In der Stichprobe DEM erhielten 80% ein psychotropes Medikament, 40% hiervon ein Antidepressivum, 30% ein Neuroleptikum. Nach Herberg (1993), Judd et al. (1987) und Wolschrijn et al. (1991) ist bei der Erfassung kognitiver Störungsprofile von Patienten, die unter psychotropen Medikamenten stehen, die medikamentöse Beeinflussung kognitiver Leistungen zu berücksichtigen. Bei Depressiven scheinen anticholinerge Wirkungen insbesondere der trizyklischen Antidepressiva zusätzlich zu einer Verschlechterung von Gedächtnisleistungen beizutragen (Judd et al., 1987).

Tabelle 1 Stichproben

	N < 38	N > 37	NEU	SE	SM	SA	DP	DEM
N	57	61	121	45	123	67	99	37
Alter	29.4	49.1	45.8	30.6	41.2 [3)]	42.1	58.2 [1)]	65.4 [1)]
m : w	24 : 33	28 : 33	48 : 73	31 : 14	50 : 73	22 : 45	32 : 67	20 : 17
Schule	3.9	3.2 [1)]	2.5	2.8	2.6 [2)]	3.5 [1)]	2.5	2.4
JERK	0	0	0.8	0	9.5	8.2	8.7	4.0
ZHOS	0	0	1.37	0	3.3	3.0	2.7	1.7
MED	0	0	0	236	241	218		

N < 38 Normstichprobe -jünger als 38 Jahre; *N > 37* Normstichprobe - älter als 37 Jahre; *NEU* Neurotische Störungen; *SE* Schizophrenie-Ersterkrankte; *SM* Schizophrenie-Mehrfacherkrankte; *SA* Schizoaffektive Psychose; *DP* Depression; *DEM* Demenz;
n Stichprobengröße; *m : w* Verhältnis männlich/weiblich; *JERK* Erkrankungsdauer in Jahren; ZHOS Anzahl bisheriger Hospitalisierungen; *MED* Chlorpromazin-Aquivalenz;
[1)] sign. vs. NEU; [2)] sign. vs SA; [3)] signifikant vs. SE

Der Neuroleptikaeinfluß wurde für die Patienten mit schizophrener oder schizoaffektiver Psychose über Chlorpromazin-Äquivalente kontrolliert (Jahn & Mussgay, 1989). Bei den durchschnittlichen Neuroleptikadosen ergaben sich keine signifikanten Unterschiede. Die Kontrollvariable "Schule" betrifft die Höhe des Schulabschlusses (0: kein Schulabschluß, 1: Sonderschule, 2: Hauptschule, 3: Realschule, 4: Gymnasium, 5: Fachschule, 6: Fachhochschule, 7: Hochschule). Gegenüber den Stichproben N > 37 und SA zeigte die Stichprobe NEU einen signifikant niedrigeren Schulabschluß, ebenso die Stichprobe SM gegenüber SA (t-Test bzw. Oneway-Varianzanalyse). Die Kontrollvariable Alter zeigte zwischen SE und SM und zwischen NEU und DP einen signifikanten Gruppenunterschied (t-Test, vgl. auch Tabelle 1).

Durchführung der Testuntersuchung

Die im Rahmen der Routinediagnostik durchgeführte Testung erfolgte morgens vor Verabreichung der ersten Medikation. Eine akute Symptomatik bestand zum Testzeitpunkt nicht mehr.

Neuropsychologische Testbatterie

Die Testbatterie setzte sich aus folgenden Verfahren zusammen:

- Reaktionszeit optisch   (REAK1, REAK2)
- Phasische Wachsamkeit   (PHAS)
- Daueraufmerksamkeit   (DA)
- Reizselektion   (SEL)
- Reaktionsunterdrückung   (UNT)
- Sensomotorische Flexibilität (SENS)
- Wahlreaktion   (WAHL)
- Zahlen vorwärts   (ZVOR)
- Zahlen rückwärts   (ZRÜCK)
- Wortliste Darbietung   (WORT1)
- Wortliste Rekognition   (WORT2)
- Bildertest Darbietung   (BILD1)
- Bildertest Reproduktion   (BILD2)

REAK1 und REAK2 betreffen einfache optische Reaktionsleistungen (Tastendruck bei Kreuz auf dem Bildschirm), bei PHAS erscheint kurz vor dem Kreuz ein akustischer Hinweisreiz, SEL betrifft das Reagieren auf Kreuz und das Nichtreagieren auf ein X, bei UNT wird bei X reagiert, bei Kreuz nicht. Bei dem visuellen Daueraufmerksamkeitstest (DA) sollen bei Wandern eines Punktes in einem Kreis relativ seltene kritische Reize (Doppelsprung) unter häufigen nichtkritischen Reizen (Einfachsprung) bei schneller Signalfolge entdeckt und durch Tastendruck beantwortet werden (vgl. Mackworth, 1948; Müggenburg, 1981). Im Test Sensomotorische Flexibilität (SENS) werden pseudozufällig links oder rechts von einem Fixationspunkt auftretende Reize (R bzw. L) mit Tastendruck links (für L) und rechts (für R) beantwortet. Unter inkompatiblen Reiz-Reaktions-Bedingungen (Fitts & Seeger, 1953) entsteht Interferenz, wenn R im linken Gesichtsfeld den rechtshändigen Tastendruck fordert oder L im rechten Gesichtsfeld den linken Tastendruck. Zur genauen Testbeschreibung sei auf das Testhandbuch (Wiebel et al., 1995) verwiesen.

Datenanalyse und statistische Verfahren

Grundlage der Datenanalysen sind die Mediane der Reaktionszeiten (rz), die richtigen Reaktionen (rr) oder die falschen Alarme (f) und Auslassungen bei den Reizantworten (miss). Aus der Addition von f und miss ergibt sich die Gesamtfehlerzahl fg (s. Tabelle 2). Die Datenanalyse erfolgte mit dem Statistikpaket SPSS für Windows (SPSS, 1993). Je nach Stichprobenvoraussetzung (Varianzhomogenität) wurden multiple Mittelwertsvergleiche über zwei Stichproben nach dem t-Test für gleiche bzw. ungleiche Varianzen gerechnet. Die Adjustierung des α-Fehlers bei mehreren Einzelvergleichen erfolgte nach Bortz (1989, S. 321-322). Multiple Mittelwertsvergleiche über drei Stichproben wurden mit der einfaktoriellen ANOVA durchgeführt - mit α-Adjustierung nach Bonferroni. Der Kruskal-Wallis-Test wurde bei Nichtvorliegen der Voraussetzung der Varianzhomogenität verwendet. Wenn ein signifikanter Altersunterschied zwischen zwei zu vergleichenden Stichproben vorlag, wurden die im Anschluß an die α-Korrektur verbleibenden Variablen mit signifikanten Mittelwertsunterschieden einer Kovarianzanalyse mit der Kovariate Alter unterzogen. Bei Signifikanz des Haupteffektes (p < .05) nach Herauspartialisierung des Effektes Alter galt das Ergebnis als bestätigt.

Ergebnisse

Deskriptive Ergebnisdarstellung

Tabelle 2 sind die Mittelwerte und Standardabweichungen der zu vergleichenden Stichproben zu entnehmen. Aufgrund von Testabbrüchen bei ca. 50% der Demenzkranken im Test Daueraufmerksamkeit ist dieser Test in der Stichprobe DEM nicht aufgeführt (s. Tabelle 2 und 3).

Tabelle 2 Mittelwerte und Standardabweichungen

	N < 38 (N = 57)		N > 37 (N = 61)		NEU (N = 121)		SE (N = 45)		SM (N = 123)		SA (N = 67)		DP (N = 99)		DEM (N = 37)	
	M	s	M	s	M	s	M	s	M	s	M	s	M	s	M	s
REAK1	232	55	224	57	270	115	256	68	289	116	303	148	297	111	409	342
PHAS1	210	40	211	45	265	119	254	85	284	129	287	125	319	319	411	254
PHAS2	207	36	203	40	264	153	267	96	298	148	286	117	294	134	449	309
REAK2	236	34	237	50	313	157	291	79	355	180	348	163	352	141	477	277
SEL-fg	1.1	1.1	1.6	1.2	1.5	1.6	2.0	1.9	2.3	2.7	2.4	2.3	3.1	3.7	6.4	5.2
SEL-rz	384	122	434	123	403	76	384	73	444	119	408	71	460	111	530	160
UNT-fg	0.7	0.9	1.1	1.2	1.1	1.2	1.7	2.1	1.6	2.0	1.6	2.0	2.2	3.2	6.6	8.4
UNT-rz	343	31	364	53	392	71	377	54	414	78	408	56	440	83	509	205
SENS-fg	9.6	5.8	11.5	13.8	15.4	15.9	20.9	18.6	20.9	18.9	15.8	13.4	20.2	21.8	50.7	36.4
SENS-rzlk	410	42	441	54	466	75	458	82	496	102	480	94	502	96	596	151
SENS-rzli	440	40	475	51	516	123	501	100	540	106	538	109	554	115	608	150
SENS-rzri	434	43	476	47	505	97	497	106	536	102	528	95	555	111	650	148
SENS-rzrk	394	48	431	58	457	96	438	63	485	96	469	87	488	96	574	215
WAHL-rz	509	76	576	85	648	167	610	138	734	233	676	156	781	196	955	276
DA-f	14.6	10.6	16.3	12.7	25.0	21.8	26.5	19.8	43.4	32.2	37.6	31.8	36.1	35.5		
DA-miss	20.8	15.4	19.6	12.8	32.1	23.5	40.4	24.5	55.9	23.8	45.3	24.7	40.5	27.3		
ZV	6.1	1.4	6.2	1.4	5.4	1.4	5.3	1.1	5.4	1.3	5.8	1.5	5.1	1.3	4.4	1.0
ZR	5.5	1.4	5.1	1.5	4.5	1.2	4.5	1.3	4.1	1.2	4.5	1.2	3.9	1.0	3.4	1.3
WORT-r	27.6	2.9	26.9	2.7	24.8	3.5	26.7	3.3	24.1	4.1	24.9	4.0	23.7	3.8	20.5	3.5
BILD-r	9.0	1.5	8.4	1.9	7.1	2.2	6.5	1.7	6.1	2.1	6.6	1.8	5.8	2.2	3.2	2.6

n Anzahl der Probanden; *M* Mittelwert; *s* Standardabweichung; *fg* Gesamtzahl der Fehler (*f* + *miss*); *f* Falsche Alarme; *miss* Auslassungen; *r* Anzahl richtiger Reaktionen; *rz* Reaktionszeiten (msec); *1, 2* Phase 1 und 2; *lk* links-kompatibel; *li* links-inkompatibel; *ri* rechts-inkompatibel; *rk* rechts-kompatibel; weitere Abkürzungen s. Tabelle 1 und im Text

Einfache und multiple Mittelwertsunterschiede

In Tabelle 3 sind die Ergebnisse der Mittelwertsvergleiche zusammengefaßt. Der Vergleich der nach dem Alter dichotomisierten Teilstichproben der Stichprobe Gesunder weist auf eine Altersabhängigkeit der Reaktionszeiten in den Verfahren SENS und WAHL hin.

Tabelle 3 Mittelwertsvergleiche

Mittelwertsunterschiede (t-Test; Unterstreichung: signifikant nach α-Adjustierung und ggf. Kovarianzanalyse mit der Kovariate Alter - $p < .05$)											Multiple Vergleichstests (Einfaktorielle ANOVA, α-Adjustierung nach Bonferroni; $p < .05$)			
	N<38 t	-N>37 p	N>37- t	NEU p	NEU t	-DP p	SE t	SM p	DP t	-DEM p	F/chi²	p	NEU SM	NEU SA	SM SA
REAK1			3.53	.001											
PHAS1			4.31	.000											
PHAS2			4.03	.000					2.87	.007					
REAK2			4.77	.000			3.18	.002	2.56	.014					
SEL-fg	2.22	.028			2.57	.011			3.55	.001					
SEL-rz	2.22	.028			4.37	.000	3.15	.002	2.83	.005	9.13	.010	.05$_a$		.05$_a$
UNT-fg					2.58	.011			3.09	.004					
UNT-rz	2.63	0.10	2.96	.004	4.52	.000	2.95	.004							
SENS-fg									4.54	.000	3.47	.029	.05		
SENS-rzlk	3.34	.000	2.52	.013	2.94	.004	2.27	.025	3.31	.002	3.37	.039	.05		
SENS-rzli	4.07	.000	3.13	.002	2.27	.024	2.12	.036	2.08	.039					
SENS-rzri	4.95	.000	2.68	.008	3.49	.001	2.15	.033	3.31	.002	3.08	.047	.05		
SENS-rzrk	3.63	.000	2.32	.002	2.25	.026	2.92	.004	2.23	.032					
WAHL-rz	4.50	.000	3.83	.000	5.39	.000	3.35	.001	4.05	.000	5.92	.003	.05		
DA-f			3.06	.003	2.11	.038	3.08	.003			10.1	.000	.05	.05	
DA-miss			4.15	.000	1.99	.049	3.66	.000			23.1	.000	.05	.05	.05
ZV			3.43	.001					2.97	.004					
ZR			3.10	.002	3.60	.000			2.09	.039					
WORT-r			4.32	.000	2.12	.036	3.57	.000	4.10	.000					
BILD-r	2.02	0.46	3.67	.000	4.38	.000	2.61	.010	2.59	.013	12.8	.002	.05$_a$		

t Wert der t-Verteilung; F: Wert der F-Verteilung; chi²: Wert der chi²-Verteilung; p: Irrtumswahrscheinlichkeit; fg: Gesamtzahl der Fehler (f + miss); f: falsche Alarme; miss: Auslassungen; r: Anzahl richtiger Reaktionen; rz Reaktionszeiten (msec); 1,2: Phase1 und 2; lk: links-kompatibel; li: links-inkompatibel; ri: rechts-inkompatibel; rk: rechts-kompatibel; $_a$ 1-Way-Anova n. Kruskal-Wallis; weitere Abkürzungen im Text und Tabelle1

Gegenüber den nicht wesentlich älteren Gesunden der Stichprobe N > 37 ergaben sich in fast allen Tests der Stichprobe NEU schlechtere Leistungen (Ausnahmen: SEL (fg und rz), UNT (fg) und SENS (fg)). Nach Herauspartialisierung des Alterseffektes ergaben sich keine signifikanten Unterschiede zwischen den Stichproben NEU und DP. Die Kovarianzanalyse mit der Kovariate Alter ergab für den Vergleich der ersterkrankten Schizophrenen mit den mehrfacherkrankten Schizophrenen einen signifikanten Unterschied im Abschneiden im Test Daueraufmerksamkeit. Demenzerkrankte (DEM) unterscheiden sich von Depressiven (DP) in 7 von 15 Leistungsmaßen (SEL, WAHL, SENS, ZV und WORT). Eine Kovarianzanalyse mit der Kovariate Alter führte nicht zu einer Veränderung des Ergebnisses. Auf der rechten Seite der Tabelle 3 sind die Ergebnisse der einfaktoriellen ANOVA mit den Stichproben NEU, SM und SA dargestellt. Mit F = 10.1 bzw. 23.1 differenzieren die falschen Antworten und die Auslassungsfehler im Test Daueraufmerksamkeit am meisten zwischen den Diagnosegruppen, letztere auch zwischen SM und SA. Da bis auf signifikant schlechtere Leistungen im Test Wahlreaktion mehrfach an schizoaffektiver Psychose Erkrankte sich nicht von Ersterkrankten unterschieden, wurden beide Teilstichproben zu einer Stichprobe (SA) zusammengelegt. SA unterschied sich von NEU ausschließlich im Test Daueraufmerksamkeit. In dem Parameter Auslassungen (miss) dieses Tests und in der Reaktionszeit im Test Reizsektion (SEL-rz) waren SA besser als SM.

Diskussion

Aufgrund von Hinweisen aus der Literatur (s. Einleitung) war bei älteren Gesunden (Stichprobe N > 37) im Vergleich mit jüngeren Gesunden (N < 38) mit verlangsamten Reaktionszeiten in dem Test zu rechnen, der die höchste Verarbeitungskapazität erfordert (vgl. Hasher & Zacks, 1979). Dies ist für Gesunde der Test Sensomotorik (SENS). Der Test Daueraufmerksamkeit (DA) erfordert für Gesunde, die die Kontextinformationen nutzen können, aufgrund teilautomatisierter Verarbeitung weniger Kapazität. Eine Altersabhängigkeit fand sich wie erwartet für die Reaktionszeiten bei SENS, darüber hinaus bei WAHL.

Die Stichprobe NEU faßt die im ICD-10 in den Kategorien F40 bis F49 aufgeführten Krankheitsbilder zusammen (Neurotische Störungen, Belastungsstörungen und somatoforme Störungen). Mit N = 55 dominieren die Belastungsstörungen, gefolgt von den somatoformen Störungen (F45: N = 21) und den "anderen Angststörungen" (F 41: N = 18). Daß im Vergleich mit der Stichprobe N > 37 in 14 von 16 Leistungsbereichen nach α-Adjustierung signifikante Mittelwertsunterschiede beobachtet wurden, kann nicht mit der durchschnittlich besseren Schulbildung in der Stichprobe N > 37 erklärt werden. Ebenfalls dürfte die bei ca. 42% der Patienten durchgeführte antidepressive Medikation nicht allein für diesen Leistungsunterschied verantwortlich sein (s. Studiendesign und Stichproben). Erhebliche Probleme in der Lebensbewältigung, die zu einem Aufenthalt in einer psychiatrischen Klinik führen, scheinen bei diesen Patienten in unspezifischer Weise verschiedene Bereiche der kognitiven Leistungsfähigkeit (Aufmerksamkeit, Sensomotorik, Gedächtnis) zu beeinträchtigen.

Bei der Testung Depressiver (vgl. Lezak, 1995, S. 325 ff) war mit verlangsamten Reaktionszeiten zu rechnen (Parameter rz, s. Tabelle 2 und 3) und mit schlechteren Reproduktionsleistungen (BILD, s. Tabelle 2 und 3). Diese Erwartung wurde im Vergleich mit der Stichprobe NEU auf den ersten Blick bestätigt. Nach Herauspartialisierung des Effektes Alter verblieb allerdings kein signifikanter Unterschied. Die spezifischen Leistungseffekte der Testbatterie interferierten hoch mit dem Effekt Alter. Erwartet wurde weiterhin, daß Demente bei Kapazitätsüberlastung inadäquat und perseverierend reagieren (s. Einleitung; vgl. Lezak, 1995, S. 328). Im Vergleich mit der Stichprobe der Depressiven zeigten Demente (DEM) signifikant erhöhte Fehlerquoten in den Tests SEL und SENS. Hinweisreize (cues) im Test WORT konnten nur wenig genutzt werden. Das schlechte Abschneiden in ZV weist auf eine reduzierte Kapazität der Kurzzeitgedächtnisses hin.

Erklärungsmodelle kognitiver Störungen bei Schizophrenen (vgl. Brand et al., 1996; Straube & Oades, 1992) ließen erwarten, daß - wie bei den Depressiven (s.o.) - die verzögerte Gedächtnisreproduktion (BILD) beeinträchtigt ist, dagegen weniger das Wiedererkennen (unter Nutzung von Hinweisreizen; WORT). Weiterhin war zu erwarten, daß solche Aufmerksamkeitstests Defizite bei Schizophrenen aufzeigen, bei denen für eine schnelle und genaue Reizerkennung und Reaktionsauswahl Kontextinformationen aufrechterhalten werden müssen (Test DA und SENS). Diese Erwartung wurde in der einfaktoriellen ANOVA bestätigt (s. Tabelle 3). Weiterhin sind die Leistungen der Diagnosegruppe SM in den Tests WAHL und SEL signifikant reduziert (vgl. Wiebel, 1996). Wie in früheren eigenen Untersuchungen (z.B. Wiebel, 1996) zeigen auch in dieser Untersuchung mehrfacherkrankte Schizophrene im Test Daueraufmerksamkeit (DA) signifikant schlechtere Leistungen als ersterkrankte Schizophrene. Dieses Ergebnis läßt sich in Konzepten schizophrener Minussymptomatik diskutieren (Wiebel, 1997). Minussymptomatik wird von einigen Autoren verstanden als eine Form der Adaptation des gestörten informationsverarbeitenden Systems i.S. eines "Potentialverlustes" (Huber, 1986). Auch die Dauer und Art der neuroleptischen Rückfallprophylaxe kann eine Rolle bei einer Verschlechterung kognitiver Leistungen im Verlauf spielen (Depolarisierung und Inaktivierung dopaminerger Zellen; vgl. Brand et al., 1996; Liddle, 1992). Der Test DA scheint ein trait-Merkmal für die Diagnosegruppe der schizophrenen Psychosen, nicht aber der affektiven Psychosen widerzuspiegeln.

Unterschiede im Krankheitsverlauf, im Remissionsgrad (Leonard, 1986; Marneros, 1993; Sauer, 1990), in den Störungsmustern der Informationsverarbeitung (Wiebel, 1997) und im Medikamentenmanagement (Neuroleptika bzw. Lithium-Salze in der Rückfallprophylaxe) lassen erwarten, daß mehrfacherkrankte Schizophrene deutlichere kognitive Beeinträchtigungen haben als Patienten mit einer schizoaffektiven Psychose. Diese Erwartung konnte für den Test DA in Bezug auf das Nichtreagieren auf den kritischen Reiz (Auslassungsfehler, DA-miss) bestätigt werden. Im Test SENS waren Schizoaffektive im Vergleich mit der Stichprobe NEU nicht beeinträchtigt, aber die mehrfach an Schizophrenie Erkrankten. In diesem Zusammenhang sei auf die Untersuchungsergebnisse von Lamberti et al. (1986) mit dem (im Ansatz ähnlichen) Farb-Wort-Interferenz-Test (FWIT, Stroop, 1935) hingewiesen. Hier zeigten sich bei akut paranoiden Schizophrenen initial recht hohe Interferenzwerte und eine schnelle, rapide Rückbildung, bei chronisch paranoiden mittlere bis starke Interferenzwerte mit unregelmäßigen und unsystematischen Schwankungen im weiteren Verlauf. Nach eigenen Untersuchungen (Wiebel, 1995, 1997) verbessern sich die Leistungen in diesem Test bei ersterkrankten Schizophrenen und Schizoaffektiven schneller als bei mehrfach erkrankten Schizophrenen. Dies könnte die Ursache für die besseren Leistungen der Schizoaffektiven im Test SENS sein.

Zusammenfassung

Mit der neuropsychologischen Testbatterie TESTBAT (Wiebel et al., 1995) wurden 492 psychiatrische Patienten und 118 gesunde Probanden untersucht. Im Gruppenvergleich können syndrom- bzw. diagnosespezifische Störungsmuster der Informationsverarbeitung identifiziert werden. Das Verfahren stellt einen Beitrag zu einer multidimensionalen Syndromdiagnostik (vgl. Gaebel & Wölwer, 1996) dar.

Literatur

Bortz, J. (1989). *Statistik für Sozialwissenschaftler.* Berlin: Springer.
Brand, A., Hildebrandt, H. & Scherer, E. (1996). Gedächtnisstörungen bei Schizophrenen. *Fortschritte der Neurologie und Psychiatrie, 64,* 49-65.
Dilling, H., Mombour, W. & Schmidt, M.H. (Hrsg.). (1991). *Internationale Klassifikation psychischer Störungen: ICD-10, Kapitel V (F), Klinisch-diagnostische Leitlinien.* Bern: Huber.
Fitts, R.U., & Seeger, C.M. (1953). S-R Compatibility: Spatial characteristics of stimulus- and response codes. *Journal of Experimental Psychologie, 46,* 199-210.
Gaebel, W., & Wölwer, W. (1996). *Affektstörungen schizophren Kranker.* Stuttgart: Kohlhammer.
Hasher, L. & Zacks, R.T. (1979). Automatic and effortful processing in memory. *Journal of Experimental Psychology: General, 108,* 356-388.
Herberg, K.W. (1993). Psychopharmaka und Verkehrssicherheit - Wie groß ist die Unfallgefährdung? *Therapiewoche, 43,* 1552-1557.
Huber, G. (1986). Psychiatrische Aspekte des Basisstörungskonzeptes. In L. Süllwold & G. Huber (Hrsg.), *Schizophrene Basisstörungen* (S. 39-139). Berlin: Springer.
Jahn, T. & Mussgay, L. (1989). Die statistische Kontrolle möglicher Medikamenteneinflüsse in experimentalpsychologischen Schizophreniestudien: Ein Vorschlag zur Berechnung von Chlorpromazinäquivalenten. *Zeitschrift für Klinische Psychologie, 18,* 257-267.

Judd, L.L., Squire, L.R., Butters, N., Salmon, D.P. & Paller, K. (1987). Effects of psychotropic drugs on cognition and memory in normal humans and animals. In H.Y. Meltzer (Ed), *Psychopharmacology: The third generation of progress* (pp. 1467-1475). New York: Raven Press.

Lamberti, G., Petermann, F. & Schultze-Schleithoff, E. (1986). Farb-Wort-Interferenz, Psychopathologie und Befindlichkeit im Rückbildungsverlauf schizophrener Psychosen - Verlaufsanalyse im Einzelfall. *Zeitschrift für Klinische Psychologie, 34,* 41-53.

Leonard, K. (1986). *Aufteilung der endogenen Psychosen und ihre differentielle Ätiologie* (6. Aufl.). Berlin: Akademie Verlag.

Lezak, M.D. (1995). *Neuropsychological assessment* (3rd ed.). Oxford: Oxford University Press.

Liddle, P.F. (1992). Mentale Kontrollfunktionen bei Schizophrenen: PET-Studien und Implikationen für die pharmakologische und psychosoziale Therapie. In A. Rifkin & M. Osterheider (Hrsg.), *Schizophrenie - aktuelle Trends und Behandlungsstrategien* (S. 173-182). Berlin: Springer.

Mackworth, N.H. (1948). The breakdown of vigilance during prolonged visual search. *Quarterly Journal of Experimental Psychology, 1,* 6-21.

Marneros, A. (1993). Behandlung schizoaffektiver Psychosen. In H.-J. Möller (Hrsg.), *Therapie psychischer Erkrankungen* (S. 351-356). Stuttgart: Enke.

Müggenburg, U. (1981). *Zur Beurteilung verschiedener Testverfahren und Einsatzmöglichkeiten des Vigilanzgerätes nach Quatember und Maly.* Unveröff. Diss., RWTH Aachen, Medizinische Fakultät, Aachen.

Neumann, O. (1992). Theorien der Aufmerksamkeit: von Metaphern zu Mechanismen. *Psychologische Rundschau, 43,* 83-101.

Sauer, H. (1990). Die nosologische Stellung schizoaffektiver Psychosen. Problematik und empirische Befunde. *Nervenarzt, 61,* 3-15.

SPSS for Windows, Professional Statistics, Release 6.0 (1993). SPSS Inc.

Straube, E. & Oades, R.D. (1992). *Schizophrenia: Empirical research and findings.* San Diego: Academic Press.

Stroop, J.R. (1935). Studies of inference in serial verbal reactions. *Journal of Experimental Psychology, 18,* 643-662.

Wiebel, B. (1995). Kognitiv-psychophysiologische Evaluation eines computergestützten Trainings basaler Funktionen der Informationsverarbeitung Schizophrener. *Schizophrenie - Beiträge zu Forschung, Therapie und psychosozialem Management, 10,* 6-15.

Wiebel, B. (1996). Messung kognitiv-psychophysiologischer Korrelate schizophrener Minussymptomatik. In H.-J. Möller, R. Engel & P. Hoff (Hrsg.), *Befunderhebung in der Psychiatrie: Lebensqualität, Negativsymptomatik und andere aktuellen Entwicklungen* (S. 249-262). Wien: Springer.

Wiebel, B. (1997). Differenzierung kognitiv-psychophysiologischer Korrelate schizophrener Minussymptomatik. In V. Dittmar, H.E. Klein & D. Schön (Hrsg.), *Die Behandlung schizophrener Menschen: Integrative Therapiemodelle und ihre Wirksamkeit* (S. 317-344). Regensburg: Roderer & Welz.

Wiebel, B., Happe, A. & Piekara, F.H. (1995). *Das neuropsychologische Diagnostikprogramm TESTBAT.* Dülmen: PSYMED

Wolschrijn, H., de Gier, J.J. & de Smet P.A.G.M. (1991). *Drugs & driving, a new categorisation system for drug affecting psychomotor performance.* University of Limburg, Institute for Drug, Safety and Behavior. Den Haag: Koninklijke Bibliotheek.

Psychiatrie

Henning Saß / Hans-Ulrich Wittchen,
Michael Zaudig u. Isabel Houben (dt. Bearb.)
Diagnostische Kriterien DSM-IV
1998, VIII/366 Seiten, Kleinformat, DM 98,–
sFr. 85,–/öS 715,– • ISBN 3-8017-0915-9

Für den alltäglichen Gebrauch ist es sinnvoll, schnell auf die diagnostischen Kriterien nach DSM-IV sowie auf die Schlüsselziffern und Codierungsregeln für die Diagnosestellung zurückgreifen zu können. Das vorliegende »Mini-DSM-IV« bietet dem Diagnostiker die Möglichkeit, durch schnelles Nachschlagen in der Untersuchungssituation das Vorhandensein oder das Fehlen störungsspezifischer Symptome zu prüfen und die komprimierten Kriterienlisten als Richtlinien zu verwenden.

Henning Saß / Hans-Ulrich Wittchen
und Michael Zaudig (dt. Bearb.)
Diagnostisches und Statistisches Manual Psychischer Störungen DSM-IV
2., verbesserte Auflage 1998, XXIV/968 Seiten,
gebunden, DM 248,–/sFr. 228,–/öS 1.810,–
ISBN 3-8017-1166-8

Das DSM-IV ist ein weltweit angewandtes Klassifikationssystem der psychischen Störungen. Durch die Angabe korrespondierender ICD-10-F-Nummern kann es nun in einem noch breiteren klinischen Gebiet Anwendung finden. Es enthält für jede psychische Störung genaue operationale diagnostische Kriterien und zeichnet sich durch sprachliche Klarheit bei der Beschreibung der einzelnen Störungsbilder und durch eindeutige Aussagen über die den Kriterien zugrundeliegenden Konstrukte aus.

Hogrefe - Verlag
Rohnsweg 25, 37085 Göttingen • http://www.hogrefe.de

Hogrefe Testverfahren

Klinische Diagnostik

Die Internationalen Diagnosen Checklisten (IDCL) wurden vor allem für die tägliche Routinediagnositk im Bereich der psychiatrischen und psychosozialen Versorgung entwickelt. Die insgesamt 31 Checklisten können dem Kliniker während des Explorationsgesprächs als Leitfaden dienen, um die diagnostischen Kriterien der wichtigsten und häufigsten psychischen Störungen nach dem DSM-IV systematisch zu überprüfen.

INTERNATIONALE DIAGNOSEN CHECKLISTEN FÜR DSM-IV (IDCL FÜR DSM-IV)
VON W. HILLER

Die jeweiligen Diagnosekriterien (z.B. Symptome, Zeit- und Verlaufsmerkmale, Schweregrad, Ausschlußkriterien) sind in übersichtlicher Form angeordnet, und die exakte Diagnosenstellung ist sofort während oder nach der diagnostischen Untersuchung möglich. Somit wird auch das Überprüfen komplexer Diagnosen vereinfacht, was dem Diagnostiker genügend Flexibilität im Umgang mit dem Patienten erlaubt.

01 220 01 Test komplett, bestehend aus:
Handanweisung und Testmaterialien   DM 198,–
(Verbrauchsmaterialien einzeln erhältlich)

Für Bestellungen und weitere Informationen zu unserem umfangreichen Testangebot wenden Sie sich an die

Testzentrale Göttingen
Robert-Bosch-Breite 25 • D-37079 Göttingen
Tel. 0551/50688-14/15 • Fax 0551/50688-24
http://www.testzentrale.de • testzentrale@hogrefe.de

Psychiatrie

Arbeitsgemeinschaft für Methodik und Dokumentation in der Psychiatrie (AMDP) (Hrsg.)
Das AMDP-System
Manual zur Dokumentation psychiatrischer Befunde
6. Auflage 1997, VIII/224 Seiten,
DM 39,80/sFr. 35,90/öS 291,– • ISBN 3-8017-1136-6

Beim AMDP-System handelt es sich um ein Verfahren zur Dokumentation psychiatrischer Befunde und anamnestischer Daten. Es besteht aus einem Manual und fünf Belegblättern. Bei der nun vorliegenden 6. Auflage handelt es sich um eine unveränderte Neuauflage der 5., neu überarbeiteten Version des Psychischen und Somatischen Befundes. Das Manual kann erfolgreich zur Aus- und Weiterbildung von Medizin- und Psychologiestudenten sowie in der Facharztweiterbildung eingesetzt werden und als Nachschlagewerk für in der Psychiatrie tätige Berufsgruppen dienen.

Hans Joachim Haug / Rolf-Dieter Stieglitz
Das AMDP-System in der klinischen Anwendung und Forschung
1997, XII/216 Seiten, DM 49,80/sFr. 44,80 öS 364,– • ISBN 3-8017-0945-0

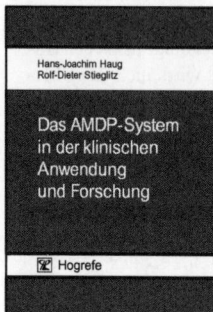

Das vorliegende Buch zur klinischen Anwendung des AMDP-Systems beinhaltet Anweisungen zum praktischen Ablauf von AMDP-Interviews und Trainingsseminaren. Weitere Kapitel befassen sich mit der Anwendung des AMDP-Systems im Krankenpflegeunterricht, bei der Ausbildung von Medizin- und Psychologiestudenten sowie in der klinisch-psychiatrischen Forschung. Der Leser kann sich hierdurch ein umfassendes Bild über die heutigen Anwendungsgebiete des AMDP-Systems verschaffen.

ℒ Hogrefe - Verlag
Rohnsweg 25, 37085 Göttingen • http://www.hogrefe.de

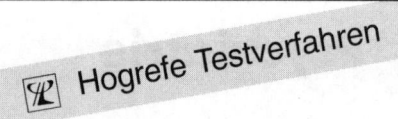

Hogrefe Testverfahren

Klinische Diagnostik

Die PAS dient der Bestimmung des Schweregrades einer Panikstörung mit oder ohne Agoraphobie bei Patienten ab 15 Jahren. Die Skala wurde speziell für die Evaluation des Therapieerfolges bei psychotherapeutischen oder medikamentösen Behandlungen entwickelt und ist als Fremd- und Selbstbeurteilungsskala verfügbar. Die PAS ist kompatibel mit den psychiatrischen Klassifikationssystemen ICD-10 und DSM-IV.

Panik- und Agoraphobie-Skala (PAS)
von Borwin Bandelow

Die PAS besteht aus 13 Items, die zu 5 Subscores zusammengefaßt werden. Diese erfassen den Schweregrad von (1) Panikattacken, (2) agoraphobischer Vermeidung, (3) antizipatorischer Angst, (4) Einschränkungen im täglichen Leben (Familie und Partnerschaft, Freizeitaktivitäten) sowie (5) Gesundheitssorgen (Befürchtung körperlicher Schäden bzw. einer organischen Ursache). Mit Hilfe der Subscores können differentielle Wirkungen von Behandlungen separat betrachtet werden.

01 219 01   Test komplett, bestehend aus:
Handanweisung und Testmaterialien   DM 84,–
(Verbrauchsmaterialien einzeln erhältlich)

Für Bestellungen und weitere Informationen zu unserem umfangreichen Testangebot wenden Sie sich an die

Testzentrale Göttingen
Robert-Bosch-Breite 25 • D-37079 Göttingen
Tel. 0551/50688-14/15 • Fax 0551/50688-24
http://www.testzentrale.de • testzentrale@hogrefe.de